POR UM COMUNISMO TRANSEXUAL

MARIO MIELI

POR UM COMUNISMO TRANSEXUAL
elementos de crítica homossexual

organização
Gianni Rossi Barilli e Paola Mieli

apêndice
textos de Tim Dean, Teresa de Lauretis, David Jacobson, Christopher Lane, Claude Rabant e Simonetta Spinelli

prefácio e notas à edição brasileira
Marília Moschkovich

tradução
Rita Coitinho

© Boitempo, 2023
© Giangiacomo Feltrinelli Editore Milano
Primeira edição em "Campi del sapere" novembro 2002
Primeira edição em "Universale Economica" – SAGGI novembro 2017
Traduzido do original em italiano *Elementi di critica omosessuale*

Direção-geral	Ivana Jinkings
Edição	Pedro Davoglio
Coordenação de produção	Livia Campos
Tradução	Rita Coitinho
Preparação	Marina Silva Ruivo
Revisão	Andréa Bruno
Capa	Cristina Gu
Diagramação	Antonio Kehl

Equipe de apoio Ana Slade, Davi Oliveira, Elaine Ramos, Frank de Oliveira, Frederico Indiani, Glaucia Britto, Higor Alves, Isabella Meucci, Isabella Teixeira, Ivam Oliveira, Kim Doria, Luciana Capelli, Marina Valeriano, Marissol Robles, Maurício Barbosa, Raí Alves, Renata Carnajal, Thais Rimkus, Tulio Candiotto, Victória Lobo, Victória Okubo

---

CIP-BRASIL. CATALOGAÇÃO NA PUBLICAÇÃO
SINDICATO NACIONAL DOS EDITORES DE LIVROS, RJ

M575p

Mieli, Mario, 1952-1983
    Por um comunismo transexual : elementos de crítica homossexual / Mario Mieli ; organização Gianni Rossi Barilli, Paola Mieli ; tradução Rita Coitinho ; apêndice Tim Dean ...[et al.]. - 1. ed. - São Paulo : Boitempo, 2023.

    Tradução de: Elementi di critica omosessuale
    Apêndice
    ISBN 978-65-5717-247-6

    1. Homossexualidade - Aspectos sociais - Brasil. 2. Movimento de Libertação Gay. 3. Identidade de gênero - Brasil. 4. Movimentos sociais - Aspectos políticos - Brasil. I. Barilli, Gianni Rossi. II. Mieli, Paola. III. Coitinho, Rita. IV. Dean, Tim. V. Título.

23-85697   CDD: 306.7660981
                               CDU: 316.346.2-055.3

Gabriela Faray Ferreira Lopes - Bibliotecária - CRB-7/6643

É vedada a reprodução de qualquer
parte deste livro sem a expressa autorização da editora.

1ª edição: setembro de 2023

BOITEMPO
Jinkings Editores Associados Ltda.
Rua Pereira Leite, 373
05442-000 São Paulo SP
Tel.: (11) 3875-7250 / 3875-7285
editor@boitempoeditorial.com.br
boitempoeditorial.com.br | blogdaboitempo.com.br
facebook.com/boitempo | twitter.com/editoraboitempo
youtube.com/tvboitempo | instagram.com/boitempo

A Marc de' Pasquali e Laura Noulian

Sumário

Nota da edição 9

Nota da tradutora 11

Prefácio – Traduzir o tempo: o materialismo histórico, uma ciência viada
Marília Moschkovich 13

Premissa 23

I. O desejo homossexual é universal 27
   1. O movimento gay em face da repressão 27
   2. Polimorfismo "perverso": universalidade do desejo homossexual.
      Bissexualidade e transexualidade 31
   3. Afirmação da heterossexualidade e desconhecimento da mulher em si 39
   4. Crítica do conceito de bissexualidade. "A neurose é, por assim dizer, o
      negativo da perversão" 47
   5. Os psiconazistas 51
   6. Os ditos "terapeutas" 63
   7. O dogma da procriação 68
   8. Édipo ou outro 71

II. Como os homossexuais, de fogueira em fogueira, tornaram-se gays 85
   1. A antítese homossexual e a Norma. A encenação do "amor" 85
   2. O tabu anti-homossexual. Origens 91
   3. A perseguição dos homossexuais ao longo dos séculos 98
   4. A legislação contemporânea. Origens do movimento homossexual nas
      reivindicações por direitos iguais 106
   5. Obscurantismo-progressismo eclesiástico 120
   6. Dessublimação repressiva. Proteção. Exploração. Falsa culpa. Reformismo 124
   7. Ideologia. Projeto homossexual revolucionário 132

III. Os "machões" heterossexuais ou: as criptobichas 141
   1. O esporte 141
   2. Álcool, patriotismo e outras drogas. Companheirismo e amizade 144
   3. As heterobichas. O culto ao gay superstar 148

  4. Ciúmes. Notas sobre masoquismo e sadismo. Homossexualidade na
   heterossexualidade 151
  5. A violência contra os homossexuais como extroversão negativa do
   desejo homoerótico censurado. Hipocrisia do machão heterossexual 155
  6. O carrasco é cúmplice da vítima. Vitimismo e masoquismo 161
  7. O homoerotismo sublimado como garantia de coesão social.
   Homossexualidade em Dante 167
  8. Apontamentos sobre o Eros platônico e a homossexualidade na religião....171
  9. Notas sobre o erotismo anal e a linguagem pornográfica. O dinheiro
   e a merda 178

IV. Dos delitos e das penas 189
  1. A homossexualidade disfarçada de heterossexualidade 189
  2. O assassinato de Pasolini 193
  3. Os "garotos de programa" 197
  4. Os "protetores" de esquerda 201

V. *Mens sana in corpore perverso* 209
  1. O "não desejo" e a negação. Os desejos reprimidos 209
  2. Paranoia e homossexualidade 213
  3. A viagem "esquizofrênica" e a transexualidade 221
  4. As mulheres e as bichas 230

VI. Rumo ao *gaio* comunismo 237
  1. Notas sobre o travestismo. Homossexualidade e "homossexualização" 237
  2. Angústia e recalque. As "porcarias" dos gays 243
  3. O medo da castração e a parábola da guerra 246
  4. A sublimação do Eros no trabalho 252
  5. A absolutização da genitália, ou o idiotismo heterossexual 258
  6. Os "normais" perante as travestis. Notas sobre a família 267
  7. A compulsão a repetir. O gueto. "Sair do armário" no local de trabalho..... 273
  8. Subjetividade revolucionária e sujeição 278

Fim 281

Apêndice 285

Premissa – *Paola Mieli* 287

"O meu tesouro." Notas posteriores – *Tim Dean* 293

A gaia ciência, ou a Norma corrompida – *Teresa de Lauretis* 301

Revelar-se ocultando-se – *David Jacobson* 311

A estética transexual de Mieli – *Christopher Lane* 321

Um clamor suspenso entre a vida e a morte – *Claude Rabant* 335

A revolução no corpo – *Gianni Rossi Barilli* 347

Paixões em confronto: Mieli e as lésbicas feministas – *Simonetta Spinelli*.... 359

Nota da edição

Esta é a primeira edição brasileira do célebre livro *Elementi de critica omosessuale*, de Mario Mieli, publicado na Itália em 1977. Demos a ela o título *Por um comunismo transexual*, apoiados em diversas passagens da obra e sobretudo na síntese do argumento que consta no tópico "Fim"[1]. Para facilitar a identificação por parte do leitor que já conhece o livro original, mantivemos *Elementos de crítica homossexual* como subtítulo. A proposta de nossa intervenção foi chamar a atenção para a radicalidade da tese defendida por Mieli, uma vez que já não é mais imperiosa a manutenção do título burocrático-acadêmico ao qual o autor precisou ceder quando da publicação da primeira edição.

Além das notas contextuais presentes no original italiano – chamadas por asterisco e assinaladas por (N. I.) –, este volume conta com notas redigidas especialmente para o público brasileiro, indicadas pelos mesmos asteriscos e por (N. E.).

---

[1] Por exemplo, nestas passagens da p. 284: "A (re)conquista de Eros determina a superação das atuais formas coagidas em que a heterossexualidade e a homossexualidade se manifestam. Isso significa que a liberação, que é sobretudo a liberação do desejo gay, levará não apenas à negação da heterossexualidade como Norma heterossexual mas também à transformação da homossexualidade, ainda hoje amplamente dominada pela ditadura dessa Norma. A antítese heterossexualidade-homossexualidade será assim superada e será substituída por uma síntese *transexual*: não haverá mais heterossexuais nem homossexuais, mas seres humanos *polissexuais*, transexuais; melhor: não haverá mais heterossexuais nem homossexuais, mas seres humanos. A espécie terá se (re)encontrado"; "O Eros livre será transexual também porque a liberação da homossexualidade e a abolição do repressivo primado heterossexual-genital terão favorecido e determinado a completa desinibição e liberação da natureza hermafrodita profunda do desejo, que é transexual (a psicanálise diria redutivamente bissexual) tanto para os 'objetos' *quanto para o sujeito*".

Também exclusivas desta edição são as notas da tradutora (N. T.), que servem para explicar opções da versão em português e explorar os sentidos da rica gama de neologismos empregada pelo autor.

Pela linguagem pouco usual nesse tipo de ensaio, pelo estilo, pelas torções nas teorias de que se vale e também pela obsolescência de uma série de conceitos e debates presentes no livro, esta publicação revelou-se desafiadora. Procuramos manter o uso pelo autor de termos que hoje escapam às melhores convenções, mas que registram a historicidade do material que agora entregamos aos leitores. Nos raros casos em que isso não pode ser feito, anotamos no rodapé.

Por fim, a Boitempo agradece a todos que cooperaram na produção deste livro, que contou com: edição de Pedro Davoglio, tradução de Rita Coitinho, preparação de Marina Silva Ruivo, revisão de Andréa Bruno, arte de capa de Cristina Gu e diagramação de Antonio Kehl, além do prefácio e das notas já mencionadas de Marília Moschkovich e de textos de capa especialmente escritos por Amara Moira e Rita von Hunty.

Nota da tradutora

Mario Mieli tem uma forma particular de se expressar. Uma tradução coerente com seu estilo não poderia, portanto, ceder ao que se costuma chamar "linguagem técnica" ou "acadêmica". Ao mesmo tempo que a obra que o leitor tem agora em mãos dialoga com conceitos complexos da psicanálise e da filosofia, com a história e a historiografia, com a teologia e a literatura, com o marxismo e a história das ideias, ela também enfrenta normas sociais estabelecidas. E esse enfrentamento acontece inclusive na esfera da linguagem: a norma idiomática padronizada do texto acadêmico cede espaço, em certas passagens, ao vocabulário corrente, ao modo de dizer do dia a dia, a uma "*gaia* forma de se expressar", para usar aqui um termo caro ao autor. Como lemos na "Premissa" desta obra, uma *gaia* teoria requer um palavreado desinibido, livre de amarras morais.

O leitor deve estar preparado, assim, para encontrar termos geralmente banidos das publicações acadêmicas. Mieli alterna entre gay, bicha (*checca*) e viado (*froccio*) para referir-se ao homem homossexual. Aqui eles são termos correntes, dos quais Mieli não se furta ao uso desinibido. Do mesmo modo, como se verá ao longo do livro, as palavras escolhidas para designar o ato sexual – seja hétero ou homo –, o flerte, os órgãos sexuais etc. são aquelas do uso corrente, e não as que se espera encontrar num artigo acadêmico ou numa bula de remédio.

Algumas palavras, quando necessário, foram mantidas como no original, acrescentando-se notas explicativas. Requer uma explicação mais detida o adjetivo "gaio" ou "gaia", recorrente em Mieli. *A gaia ciência* é o título de uma obra de Friedrich Nietzsche. Ali, a expressão remete ao "espírito livre" necessário à poesia e também ao domínio da técnica. Em Mieli, porém, a palavra gaia/gaio também estabelece uma relação de proximidade com o termo "gay" e passa a indicar um "modo gay" ou uma maneira livre. Por essa razão, mantivemos seu uso tal qual no original, sem buscar qualquer adaptação.

As recorrentes citações em latim, inglês e francês, que o autor não traduziu para o italiano, tiveram seu significado em português acrescido entre colchetes e notas de rodapé. Foram mantidas as notas do editor, Gianni Rossi Barilli, assinaladas por asterisco e identificadas como notas da edição italiana (N. I.). Os trechos de poemas citados foram traduzidos com algumas (poucas) alterações, visando manter a métrica – o que, no entanto, nem sempre foi possível. Foram acrescidas ainda notas da tradução para informações adicionais sobre termos específicos e personagens históricos que não estavam explicados ao longo do texto.

Prefácio
Traduzir o tempo: o materialismo histórico, uma ciência viada
Por Marília Moschkovich*

"Nós hoje rejeitamos aqueles que falaram por nós. [...] Pela primeira vez os homossexuais falam a outros homossexuais. Abertamente, com orgulho, nos afirmamos assim. Pela primeira vez o homossexual entra em cena como protagonista, contando em primeira pessoa sua história [...]. O grande acordar dos homossexuais começou. O mesmo ocorreu com tantos outros antes de nós – judeus, negros (lembram-se?), e agora chega nossa vez. O acordar será imediato, contagioso, maravilhoso!"

Angelo Pezzana, no primeiro editorial da publicação da organização Fronte Unitario Omosessuale Rivoluzionario Italiano, de que Mario Mieli foi cofundador

No número 33 da revista *Margem Esquerda*, publicado em 2019, a travesti e ativista Amanda Palha abria seu texto "Transfeminismo e construção revolucionária" com a proposta de "trazer provocações e reflexões iniciais sobre a pertinência de um olhar mais cuidadoso sobre as contribuições que o transfeminismo pode trazer para a ação política marxista"[1]. Ela reflete, em seguida, que, embora seja possível também operar o movimento analítico inverso – observando as contribuições do marxismo para o transfeminismo –, essa seria uma iniciativa não apenas menos original e já mais comum em nossa época mas também "mais confortável à arrogância intelectual que vem se mostrando tão frequente entre nós [marxistas],

---

* Marília Moschkovich é professora doutora do Departamento de Sociologia da Faculdade de Filosofia, Letras e Ciências Humanas da Universidade de São Paulo, na área de Sociologia dos Problemas Sociais Contemporâneos. É colaboradora do Instituto Gerar de Psicanálise e fundadora e coordenadora do Ímpar – Laboratório de Estudos Críticos da Família.

[1] Amanda Palha, "Transfeminismo e construção revolucionária", *Margem Esquerda*, n. 33, 2019, p. 11.

principalmente quando o assunto são as assim referidas 'pautas identitárias'"[2]. Nesse texto histórico, que marcou um avanço importante do debate comunista, socialista e marxista no Brasil, a autora parece concretizar um processo que, ainda que de forma menos madura, já era anunciado por Mieli neste *Para um comunismo transexual*, cuja publicação original foi em 1977: no capítulo inicial da presente obra, o militante italiano afirma de maneira contundente que "a libertação prática, sobretudo, favorecerá a análise"[3]. Mieli faz essa proposição ao constatar, após longo exame das ferramentas teóricas básicas disponíveis em sua época sobre o que hoje chamamos de "gênero e sexualidade", que essas seriam insuficientes para compreender em sua totalidade o fenômeno da homossexualidade e as suas origens e "universalidade"[4]. Ou seja, segundo o autor, apenas as relações materiais transformadas ao longo do tempo possibilitariam à teoria marxista avançar rumo a uma teoria marxista LGBT+ a ponto de aprofundar a compreensão do fenômeno de forma suficientemente complexa.

Nesse sentido, Mieli e Palha se aproximam: em 2019 as proposições da autora travesti brasileira convidam o marxismo justamente a se LGBTificar epistemologicamente, o que o autor bicha afeminada italiano já havia preconizado com sua ideia de uma *gaia ciência* (ou "ciência gay"), conceito central explicado nesta obra. Quer dizer, se hoje enfrentamos disputas e debates dentro da esquerda em relação a pautas ditas "identitárias", como aquelas ligadas à sexualidade, é preciso reivindicar que não se trata de uma contenda nova. O movimento organizado de pessoas LGBT+ está intrinsecamente ligado à história da esquerda, apesar do lugar marginal a que fomos relegados em diversas organizações políticas socialistas e comunistas em diferentes momentos da história. A população LGBT+, afinal, tem e sempre teve classe.

Cabe notar, porém, que o livro que a leitora[5] tem nas mãos não atravessou o último meio século – e tampouco o Atlântico – incólume. Muitos dos conceitos, terminologias, categorias, ideias e debates do contexto LGBT+ italiano dos

---

[2] Idem.
[3] Neste livro, p. 82.
[4] No caso de Mieli, a universalidade da homossexualidade não corresponde à universalidade da homossexualidade enquanto identidade, como discutido mais adiante neste prefácio e apontado nas notas críticas em diferentes pontos do livro.
[5] Refiro-me, no feminino, à totalidade das pessoas – no caso, leitoras, leitores e leiturus. A escolha é política e procura tensionar a normatividade heterossexual e masculina na qual a nossa língua foi forjada.

anos 1970 tiveram sua própria linha histórica aqui no Brasil ou foram reelaborados em um diálogo global que se intensificou a partir da década de 1990 com a institucionalização dos estudos de gênero e dos estudos sobre sexualidade nas universidades, culminando com a produção de uma teoria própria LGBT+, a *teoria queer*. Esses processos, claro, não estiveram isolados do contexto econômico e político da queda da União das Repúblicas Socialistas Soviéticas (URSS), da reconfiguração mundial da política de esquerda perante uma suposta falência do socialismo, do crescimento das práticas neoliberais no ativismo e na política, entre outros fatores. Quando Mieli fala sobre transexualidade, bissexualidade, monossexualidade e até mesmo na maneira de definir o que é a "homossexualidade", esses sentidos podem ser mais próximos e mais distantes da maneira de entender os mesmos termos no Brasil de 2023. Isso porque, como o próprio autor observava, as relações materiais se transformaram e possibilitaram novas construções teóricas, políticas e mesmo sexuais (como a noção de identidade não binária), capazes de desestabilizar aquilo que ele chama de "a Norma" (e que bem poderia ser, numa tradução-transposição para o nosso tempo, com alguma mediação, aquilo que Butler[6] chamou de "matriz heterossexual" ou "heteronorma"). Ler Mario Mieli em 2023 implica uma espécie de tradução do tempo, em que a leitora precisará desvendar novos sentidos e operar mediações para capturar a proposta revolucionária do autor. De modo curioso, é nessa tradução ainda que, compreendendo o sentido visionário da obra de 1977, se pode compreender melhor não apenas o estado atual das relações sociais ligadas ao gênero e à sexualidade mas também os pontos que permanecem obscuros de uma possível teoria marxista *gaia*.

Por isso é possível afirmar que a publicação da obra de Mieli pela primeira vez no Brasil, precisamente neste momento histórico, carrega uma série de sentidos políticos, filosóficos e práticos. Este prefácio procura elaborar alguns desses sentidos a fim de oferecer à leitura ferramentas que facilitem a compreensão de sua densidade e que colaborem para uma interpretação livre (ou quase livre, ou o mais livre possível) de anacronismos. Afinal, se fazemos parte do mesmo diálogo,

---

[6] Em *Problemas de gênero*, Judith Butler descreve o principal mecanismo normativo do sistema de gênero das sociedades de matriz simbólica ocidental como sendo a "matriz heterossexual", ou seja, um conjunto de normas de gênero que articula três dimensões: a classificação genital (de onde vem a ideia de "sexo biológico" e suas modalidades "masculino" e "feminino" como únicas possibilidades dentro da norma), a identidade e expressão de gênero (ser mulher/ser homem como únicas categorias aceitáveis na norma) e as práticas e desejos sexuais orientados pelo gênero (sendo sempre a heterossexualidade a norma). Ver Judith Butler, *Problemas de gênero: feminismo e subversão da identidade* (trad. Nuno Quinta, Rio de Janeiro, Civilização Brasileira, 2019).

tanto Mario Mieli em 1970 quanto Amanda Palha em 2019 e este singelo texto em 2023, não parece haver abordagem mais adequada para que a leitora entre na conversa do que a aposta metodológica mais marxista de todas, também para este prefácio: o materialismo histórico *gay* – ou, ainda, *queer*.

O ano é 2023 e temos um texto de 1977 nas mãos. São quase cinquenta anos entre a primeira publicação das palavras de Mieli na Itália e esta primeira edição da obra no Brasil. Na Itália, os *anni di piombo*, ou "anos de chumbo", que começaram no final da década de 1960 e perduraram por toda a década de 1970, foram um período de extremos embates políticos e radicalização da esquerda, diante de um movimento mais amplo que passava pelos impactos de Maio de 1968 na França. No Brasil, a expressão "anos de chumbo", da mesma época, tinha um significado distinto: embora igualmente tributário da Guerra Fria dos países capitalistas contra os movimentos de trabalhadores em todo o mundo e o apoio que recebiam da União Soviética, aqui o arrefecimento das lutas sociais na década de 1970 enfrentava uma ditadura civil-militar que marcaria para sempre as relações sociais do país. O golpe militar já havia instaurado bases sólidas desde 1964 e a ditadura teve na década de 1970 sua fase mais violenta, com o governo Médici e uma parte significativa da militância de esquerda sendo executada, torturada ou, ainda, exilada na esperança de continuar lutando.

Assim como a expressão "anos de chumbo" ganhou definições históricas e geopolíticas distintas entre Brasil e Itália, as categorias que permitiam compreender o gênero e a sexualidade em cada um desses países em 1977 e em 2023 se alteraram de alguma maneira. Esses processos, é claro, estão ligados diretamente à forma como os movimentos feminista e LGBT+ se configuraram em cada um desses países, mas também são tributários de dinâmicas globais mais amplas e do desenvolvimento de novas ferramentas de análise nesses espaços.

Em 1977, tanto no Brasil quanto na Itália, os movimentos organizados de contestação da ordem articulavam a luta da classe trabalhadora com outras pautas sociais importantes, como o fim da opressão de gênero reivindicado pelo movimento feminista ou mesmo a libertação sexual clamada pelo então chamado "movimento gay" ou "movimento homossexual". A lei do divórcio italiana é de 1970; a brasileira, de 1977. Também é 1977 o ano da legalização do aborto na Itália. Quando *Elementi di critica omosessuale*, título original da primeira edição deste livro, foi publicado, tanto o movimento gay quanto o movimento feminista italianos já se encontravam a pleno vapor em suas configurações mais modernas.

A Frente Unificada Homossexual Revolucionária Italiana, ou F. U. O. R. I. – Fronte Unitario Omosessuale Rivoluzionario Italiano, fora criada em 1971, com a participação do próprio Mieli.

A frente tinha orientação revolucionária e marxista desde sua fundação e se inspirava em organização semelhante criada na França na mesma época. "Bichas do mundo – uni-vos!" poderia ter sido o grito que entalhava o internacionalismo e as trocas globais entre organizações de homossexuais. No Brasil, por outro lado, o contexto de ditadura impunha barreiras ainda mais difíceis às militantes feministas e LGBT+ dentro das organizações de esquerda e nos movimentos populares. Se muitos camaradas não reconheciam a urgência dessas pautas em suas ações políticas, porém, era notório que a ditadura sabia quem eram suas inimigas – episódios diversos de perseguição a pessoas LGBT+, como o conhecido caso da Operação Tarântula em São Paulo, têm sido cada vez mais recuperados e investigados em um árduo e trabalhoso processo recente de memória realizado em nossa comunidade[7].

No caso do feminismo e dos direitos das mulheres, seu impacto e presença na luta da classe trabalhadora não era novidade. Desde a Comuna de Paris e a Primeira Internacional, as reivindicações das mulheres trabalhadoras fizeram parte da disputa construtiva do socialismo e do comunismo. Desde sempre as mulheres trabalhadoras procuraram, aos moldes do que propuseram Mieli e Palha, atingir a teoria marxista e a construção política revolucionária com suas experiências e reflexões. Contudo, como bem pontuado em *Mulher, Estado e revolução*[8] por Wendy Goldman, as relações sociais dos diferentes países onde foram implementados Estados socialistas sempre foram um obstáculo à criação de um socialismo feminista ou de um marxismo feminista – e não apenas de um feminismo que fosse socialista ou marxista.

É esse mesmo tipo de proposição epistêmica – e o mesmo tipo de dificuldade histórica – que encontramos na obra de Mieli. A novidade, na esquerda italiana de 1977, em relação a esse debate, era a organização política massiva de um movimento homossexual (que, nas décadas posteriores, se transformou de maneira a amplificar as suas bases, compondo o que hoje entendemos como o movimento

---

[7] Sobre as relações entre perseguição política do Estado na ditadura e ativismos LGBT+, ver Renan Quinalha, *Contra a moral e os bons costumes: a ditadura e a repressão à comunidade LGBT* (São Paulo, Companhia das Letras, 2021).

[8] Wendy Goldman, *Mulher, Estado e revolução: política da família soviética e da vida social entre 1917 e 1936* (trad. Natália Angyalonssy Alfonso, São Paulo, Boitempo, 2014).

LGBT+ ou LGBTQIAP+[9]). Esse movimento nascia articulado com o feminismo e, no que diz respeito à sua relação com a esquerda revolucionária, somava esforços não apenas para consolidar a urgência das pautas de gênero e sexualidade para uma sociedade verdadeiramente justa mas também para produzir política, filosofia e teoria que pudessem apoiar essa empreitada.

Alguns eventos dessa época são fundamentais para compreender o modo pelo qual chegamos, da Crítica Homossexual de Mieli em 1977, ao transfeminismo ou mesmo ao "marxismo transgênero" na década de 2020, quase meio século depois. O primeiro deles foi, já na década de 1970, a entrada massiva de mulheres nas universidades europeias e estadunidenses, um fenômeno que fez parte de um processo mais amplo de reconfiguração do próprio sentido do conhecimento universitário e acadêmico. Em paralelo, nesses países a juventude pós-Maio de 68 contestava de forma contundente e radicalizada o papel da universidade em relação às contendas políticas da época. A popularização e a democratização das universidades na Europa, sobretudo na Itália e na França, e até mesmo em alguns outros países como a Argentina, desdobradas ao longo da década de 1970, são bastante tributárias dessa turbulência em particular. Nesse contexto, foi possível que se desenvolvessem espaços institucionais de produção de conhecimento científico que carregavam novas preocupações políticas e epistemológicas. Os estudos de gênero, feministas e da mulher foram um dos primeiros espaços transdisciplinares desse tipo a serem institucionalizados em diferentes países[10]. Esses espaços, porém, não eram homogêneos, e as diferentes configurações filosóficas, políticas e históricas de cada um deles, em diferentes países e contextos linguísticos, oportunizaram diferentes conceitos e elaborações teóricas para interpretar e explicar o que hoje entendemos predominantemente como relações de gênero e sexualidade.

Duas grandes clivagens teóricas ocorreram na produção de conhecimento feminista, cada uma marcada por um conceito-chave: de um lado, entre as autoras

---

[9] Para uma compreensão mais refinada dos diferentes processos históricos e de construção de identidade na política que fizeram o movimento LGBT+ se delinear como hoje o conhecemos, ver Regina Facchini, *Sopa de letrinhas?: movimento homossexual e produção de identidades coletivas nos anos 90* (Rio de Janeiro, Garamond, 2005), e Renan Quinalha, *Movimento LGBTI+: uma breve história do século XIX aos nossos dias* (Belo Horizonte, Autêntica, 2022).

[10] Para um exame mais detalhado sobre a institucionalização dos estudos de gênero, feministas e da mulher, e sua relação com a produção teórica feminista nas universidades e, em particular, o caso brasileiro, ver Marília Moschkovich, *Feminist Gender Wars: the reception of the concept of Gender in Brazil and the production and circulation of knowledge in a global system* (tese de doutorado, Campinas, Faculdade de Educação da Universidade Estadual de Campinas, 2018).

francófonas, se propunha o conceito de "*rapports sociaux de sexe*" [relações sociais de sexo]; entre as anglófonas, foi elaborado o conceito de "sistema sexo/gênero" e, posteriormente, "gênero". O primeiro conceito, de relações sociais de sexo, introduziu no debate feminista a perspectiva de que não bastava refletir e investigar criticamente a mulher e sua posição na sociedade, mas que era necessário observá-las como parte de um sistema que também incluía – em posição de acúmulo de poder – os homens. Próximas do debate marxista, as autoras que deram origem ao que se entende hoje por feminismo materialista francês[11] também procuravam elaborar paralelos entre a opressão das mulheres pelos homens e aquela do proletariado pela burguesia. Na Itália, nessa época, o feminismo pautou de forma semelhante uma série de reivindicações ligadas ao trabalho doméstico (das quais o trabalho de Federici, hoje bastante lida no Brasil, é herdeiro) e a soluções para que a exploração desse tipo de trabalho no seio das famílias fosse no mínimo atenuada. Essas proposições vinham do mesmo tipo de aproximação analítica proposto pelo feminismo materialista francês. Já no espaço anglófono de trocas feministas, o conceito de gênero, apesar de assumir premissas semelhantes – a de que a opressão acontece por conta de um sistema simbólico que organiza as pessoas em categorias como "homem" e "mulher" e distribui desigualmente poder entre esses grupos –, dava um passo além ao recusar qualquer resquício de determinismo biológico, propondo que até mesmo o dimorfismo sexual preconizado em teorias feministas anteriores como um dado da natureza seria já um produto desse sistema. A partir dessa percepção, o conceito de gênero possibilitou um entendimento multidimensional das relações de poder entre homens e mulheres, incluindo a própria percepção de que, se genitália, identidade e desejo/prática sexual compõem três dimensões da normatividade sexual do gênero, nem sempre "homem" está em posição de poder em relação a "mulher", uma vez que há transversalidades como cisgeneridade e transgeneridade, heterossexualidade e homossexualidade, monossexualidade e bissexualidade etc.[12]

Nada disso estava posto quando Mario Mieli escreveu sua tese de láurea e a defendeu no início da década de 1970, e apenas os primeiros apontamentos desse debate começavam a surgir quando sua Crítica Homossexual foi publicada como

---

[11] Sobre as elaborações teóricas dessa linha de investigações e teoria feminista, ver Maira Abreu, "Feminismo materialista na França: sócio-história de uma reflexão", *Revista Estudos Feministas*, v. 26, n. 3, 2018.

[12] Uma discussão mais aprofundada sobre as relações entre o conceito de gênero e as teorias da sexualidade e suas implicações feministas pode ser encontrada em Marília Moschkovich, *Ebisteme: bissexualidade como epistemologia* (São Paulo, Linha a Linha, 2022).

livro pela primeira vez em 1977. Isso significa que o uso feito por ele de alguns termos, como bissexualidade, transexualidade e até mesmo homossexualidade, não implicam sentidos exatamente iguais aos que lhes atribuímos hoje. Embora sejam, sim, sentidos próximos, como procuro estabelecer nas notas críticas de rodapé ao longo do texto, a leitora deverá encontrar alguma variação. O caso particular da homossexualidade talvez seja o mais importante para o entendimento prévio à leitura.

O debate e as elaborações teóricas dos estudos da sexualidade mais recentes nos indicam, hoje, que *gay* é uma identidade. Assim como *hétero*, *bissexual* e outras formas do que se pode chamar de "identidades sexuais" (um termo preferível, para alguns pesquisadores, a "orientação" sexual, por exemplo). Uma vez que o avanço das teorias da sexualidade e do acúmulo prático e político da comunidade LGBT+ permitiu a separação entre práticas sexuais e desejo sexual, a noção de identidade ganhou força. Quer dizer, ninguém além do próprio sujeito tem acesso de fato ao conjunto completo de desejo e prática sexual experimentado por si. É nesse sentido, avaliando posicionamentos diversos de si no mundo, de outrem e de seus desejos e práticas, que se pode dizer que no processo de reconhecimento se forja, então, a identidade. Diversas identidades que articulam identidade sexual e performance de gênero, e às vezes até mesmo classe social, como "bicha afeminada" ou "POC", são mais bem compreendidas à luz de uma teoria de fato suficientemente complexa para tal. O acúmulo teórico atual também dá conta de localizar na história a elaboração dessas categorias como identidades. Assim, compreende-se, por exemplo, que nem toda prática/desejo sexual entre homens cisgênero possa ser chamado de "gay" ou "homossexual" nos mesmos termos contemporâneos com que utilizamos essa palavra. Quando Mieli, por exemplo, utiliza o termo "homossexual", ele se refere muito mais ao que hoje entendemos como um conjunto de desejo e práticas sexuais entre homens, ainda que essa categoria não existisse no contexto do qual ele falava. Apenas por isso é que o autor consegue falar em certa "universalidade" da homossexualidade, o que sabemos hoje ser uma forma de anacronismo. Ao mesmo tempo, essa associação impede o vislumbre de outros pontos potencialmente perturbadores e revolucionários de sua própria teoria – ao assumir as conexões sexuais desejo-práticas do tipo homem-homem como meramente "homossexuais", Mieli apaga que essas também são práticas bissexuais. No entanto, foi preciso que as experiências concretas e relações sociais de sexualidade avançassem desde 1977, assim como o acúmulo político coletivo do movimento, para que essa crítica pudesse ser feita aqui neste prefácio. Mesmo sem ela, contudo, é possível afirmar que a teoria contida nesta obra chega muito perto de desvendar, ainda na década de 1970, alguns desses grandes insights contemporâneos.

É também por isso que impressiona a sagacidade do autor em articular apontamentos filosóficos para muito além do que já estava estabelecido em sua época. Em seu texto, Mieli recorre com frequência a explicações que, embora não esmiuçadas, chegam muito, muito perto daquilo que apenas entre as décadas de 1990 e 2000 os estudos feministas e da sexualidade conseguiram mapear de fato. Essa articulação entre feminismo e movimento homossexual também aparece de maneira bastante explícita nas proposições filosóficas de Mieli. O autor declara, de saída, que a derrocada da opressão sexual só seria possível derrubando tanto a heterossexualidade quanto a masculinidade como sistemas. De maneira semelhante ao que o feminismo procurava fazer naquela época em relação às categorias binárias estruturantes do sistema de gênero, Mieli propõe diante dessa colocação que se investigue não apenas a homossexualidade, mas, sobretudo, a heterossexualidade como uma construção social, recusando qualquer caráter de natureza ou instinto a esse importante pilar da normatividade sexual. Está aí um dos grandes trunfos da obra. Essa investigação é possível para Mieli porque ele parte, como primeiro tijolo amarelo dessa estrada[13], da recusa radical em utilizar os princípios éticos e epistemológicos da heterossexualidade a fim de elaborar uma teoria epistemologicamente *gay*.

A leitura da obra de 1977 que temos em nossas mãos é avassaladora ainda em 2023 porque, ainda hoje, boa parte do conhecimento e das análises marxistas que temos (mesmo o nosso acúmulo sobre gênero, feminismo, sexualidade) toma como verdade "natural" os princípios binaristas e heteronormativos do nosso sistema de gênero. Quando Mieli propõe uma *ciência gaia* ou *gay*, o que ele está dizendo é que a experiência de ser gay num mundo regido pela norma heterossexual é uma experiência de negação capaz de oferecer uma perspectiva social revolucionária – da mesma maneira que, diante da norma da sociedade burguesa e do trabalho burguês, o proletário, enquanto negação produzida pela posição (norma), seria o sujeito social capaz de revolucioná-la. Não é à toa que, em 2019, a proposta de Amanda Palha é trazer a dimensão concreta da experiência travesti para compor

---

[13] A história e, sobretudo, o filme *O mágico de Oz*, na versão de 1939, tornou-se um ícone LGBT+ na segunda metade do século XX, especialmente no meio gay masculino. A referência aqui é à "estrada de tijolos amarelos" que leva à cidade mágica de Oz.

o que o materialismo histórico pode (e precisa) ser hoje. Trata-se do mesmo tipo de movimento epistêmico, como iniciei este prefácio indicando: a norma binária e cisgênera do gênero produz sua própria negação, capaz de perturbá-la criando fendas em sua estrutura; uma dessas fendas ou formas de negação é a experiência travesti. Se, como coloca Mieli, a "Norma" (nosso sistema de gênero e sexualidade) é fundamento do modo de produção capitalista e das relações de trabalho (algo que também vem sendo recuperado e apontado de maneira bastante complexa pelas autoras marxistas da chamada "teoria da reprodução social"), essas são rupturas imprescindíveis a qualquer construção verdadeiramente revolucionária.

É por isso que Mieli propõe, como citado no início deste texto, que "a libertação prática, sobretudo, favorecerá a análise". Ele continua, então, afirmando que "somente a emancipação universal da homossexualidade pode realmente lançar luz sobre a história de sua repressão e sua recorrência, sempre renovada apesar da perseguição, ao longo dos séculos". Quer dizer, por um lado, há a conotação já discutida aqui sobre uma epistemologia *gay*, ou uma *ciência gaia*. Por outro, Mieli também associa a existência da homossexualidade – fenda – à sua perseguição, dado que precisa ser produzida pela Norma. Isto é, se a história de todas as sociedades (com história – acrescentaria Pierre Clastres[14]) é a história da luta de classes, para Mario Mieli a história da homossexualidade é também a história de sua perseguição em diferentes contextos e momentos históricos, particularmente a partir do desenvolvimento do modo de produção capitalista. E se o materialismo histórico é uma ciência – a ciência imortal do proletariado, para seguir brincando aqui com clichês –, que se assuma hoje a partir daí que, para que realize materialmente seu propósito de libertação dos proletários, bichas ou não, de todo o mundo, essa ciência precisa ser LGBT+, viada, *gaia*.

---

[14] Em *A sociedade contra o Estado*, o antropólogo aponta um limite na proposição de Marx ao estudar sociedades "sem história", ou seja, que operam com matrizes simbólicas e culturais não ocidentais nem ocidentalizadas, e afirma que a sua história seria não a da luta de classes, mas a da luta permanente contra o Estado. Ver Pierre Clastres, *A sociedade contra o Estado: pesquisas de antropologia política* (São Paulo, Cosac Naify, 2013).

Premissa

Estamos inteiramente corretos quando dizemos que os únicos especialistas em homossexualidade são os homossexuais.
Herbert Spiers[1]

Este livro é uma adaptação da minha tese de láurea*, a qual tratou dos temas da homossexualidade masculina. Disso derivam, creio, algumas das suas limitações, que dizem respeito sobretudo a uma certa discrepância de estilo, em razão da mistura de tons escolásticos aborrecedores com estilos menos inibidos de uma forma gay de se expressar. Quanto aos conteúdos, penso que a diferença na escrita reflete o aprofundamento de alguns temas, enquanto outros, pelo contrário, ficaram mais ou menos no nível de um primeiro rascunho.

Como a tese, este livro trata principalmente da homossexualidade masculina, embora muitos dos tópicos abordados digam respeito à homossexualidade em sentido amplo. Como bicha**, preferi me referir o menos possível à homossexualidade feminina, pois as lésbicas são as únicas pessoas que sabem o que é lesbianidade e não dizem bobagens sobre isso.

Ademais, a partir do momento em que a questão homossexual é um *mare magnum**** e, sem dúvida, beira aquele oceano que é a questão feminina, decidi me limitar a abordar, em particular, seis temáticas:

---

[1] Herbert Spiers, "Psychiatric Neutrality: an Autopsy", *The Body Politics*, n. 7, Toronto, inverno 1973.
* A láurea equivale ao grau de bacharel no Brasil. (N. T.)
** No original, *checca*. Trata-se de gíria equivalente, entre outros termos, a "bicha". Vocabulário corrente empregado pelo autor como recurso estilístico, de modo intencional. (N. T.)
*** *Mare magnum*, literalmente, refere-se ao Mar Mediterrâneo. É uma expressão latina geralmente empregada para indicar que algum tema tem múltiplas abordagens ou muita produção a seu respeito. (N. T.)

1) Confrontei a meu ponto de vista, amadurecido e rejuvenescido no movimento gay, muitos dos clichês anti-homossexuais difundidos e algumas das teorias psicanalíticas mais conhecidas sobre a homossexualidade. Fiz isso porque ainda considero apropriado contrastar, mesmo no "contexto teórico", as opiniões de nós gays com aquelas tradicionais de héteros, que costumam compartilhar – mais ou menos voluntariamente, ou mais ou menos conscientemente – dos (pré)julgamentos de certa canalha reacionária, de todos aqueles médicos, psicólogos, sociólogos, magistrados, políticos, padres etc. que propagam as mentiras mais grosseiras – ou, muito raramente, sutis – como verdade sobre a questão homossexual. Nós, que não nos identificamos com sua "ciência", nos referimos a uma *gaia ciência* [*ciência gay*].

2) Em seguida, mencionei brevemente a repressão à homossexualidade na história (ou *pré-história*, no sentido marxista) para relembrar a *origem histórica* do tabu anti-homossexual e demonstrar quão terrível foi no passado e ainda é, até hoje, a perseguição perpetrada contra nós homossexuais.

3) Insisti na presença *universal* do desejo homoerótico, *normalmente* negado pela ideologia capitalista-heterossexual. Ainda hoje, a maioria acredita que a questão homossexual diz respeito apenas a uma minoria, a um número limitado de gays e lésbicas: não querem se dar conta, em vez disso, de que, enquanto a homossexualidade permanecer reprimida, a questão homossexual será um problema para todos, uma vez que o desejo gay está presente em todo ser humano, é congênito, ainda que atualmente, na maioria dos casos, seja reprimido ou quase reprimido*.

4) Procurei destacar a relação entre o homoerotismo e o que está além do "véu de Maya"**, ou seja, além da percepção comum, em geral considerada "normal" e hipostasiada pelo sistema. Indiquei a homossexualidade como ponte para uma dimensão existencial decididamente outra, sublime e profunda, que é aquela revelada de forma parcial pelas experiências ditas "esquizofrênicas".

---

* Como fica explícito adiante, no capítulo I, o autor refere-se aqui às teorias da sexualidade mais discutidas em sua época. Atualmente, o argumento de que a sexualidade é inata foi descartado pelos estudos de gênero e sexualidade, o que condiz com as proposições de Mieli, uma vez que para ele a heterossexualidade, tanto quanto a homossexualidade, se produz nos sujeitos como resultado de uma imposição normativa (ou seja, social) do recalcamento do desejo supostamente puro ou espontâneo bissexual e transexual na infância. Os termos "bissexualidade" e "transexualidade", contudo, não significam o mesmo para o autor que para nós, em 2023. Essas diferenças serão observadas nas notas ao longo do mesmo capítulo I. (N. E.)

** O "véu de Maya", conforme o hinduísmo, é aquele que recobre a realidade, de modo que a percepção humana seria ilusória, formada a partir de uma falha ou imprecisão dos sentidos. A expressão se popularizou no Ocidente a partir da obra de Arthur Schopenhauer. (N. T.)

5) Sublinhei a importância da libertação da homossexualidade no quadro da emancipação humana: de fato, para a criação do comunismo, é *conditio sine qua non* [condição essencial], entre outras, a completa desinibição das tendências homoeróticas, as quais somente quando livres podem garantir a realização de uma comunicação abrangente entre os seres humanos, independentemente do seu sexo.

6) Defini como *transexual** nossa disponibilidade erótica potencial, forçada pela repressão à latência ou sujeita à repressão mais ou menos severa, e por isso indiquei na transexualidade o *télos* (e o *télos* precisamente como fim interno) da luta pela libertação do Eros.

Espero que a leitura deste livro favoreça a liberação do desejo gay junto aos que o reprimem e ajude os homossexuais declarados que ainda são escravos do sentimento de culpa – induzida pela perseguição social – a se livrar da *falsa culpa*. É hora de erradicar o sentimento de culpa, funcional apenas para a perpetuação da dominação mortífera do capital e de uma oposição conjunta a tal dominação e à Norma heterossexual que ajuda a sustentá-la e que garante, entre outras coisas, a submissão do Eros ao trabalho alienado e a separação entre os homens, entre as mulheres e entre homens e mulheres.

Agradeço de coração a Rosa Carotti, Adriana Guardigli, Corrado Levi, Manolo Pellegrini e, em particular, Francesco Santini, por me ajudarem a escrever este livro; agradeço também a Angelo Pezzana, que me aconselhou a publicá-lo, a Myriam Cristallo, que foi a primeira leitora, e a Walter Pagliero, que me emprestou textos cuja consulta foi muito útil. Por fim, agradeço a Silvia Colombo, Marcello Dal Lago, Franco Fergnani, Maria Martinotti, Denis Rognon, Guia Sambonet, Anna Sordini, Aldo Tagliaferri e Annabella Zaccaria, por suas preciosas sugestões.

Utilizei os termos "homossexualidade" e "homoerotismo" como sinônimos, e "gay" como sinônimo de "homossexual" ou "homoerótico". Usei o termo "pederastia" apenas no sentido próprio, ou seja, para definir o desejo erótico dirigido aos muito jovens.

---

* No primeiro capítulo, Mieli detalha o sentido do termo "transexual" em sua teoria, que é distinto – mas não dissociado – do significado atual do termo. Embora o autor se baseie, como veremos, nas experiências e políticas de existência e resistência trans, a obra foi escrita décadas antes de a oposição transgênero-cisgênero ser conceituada, o que ocorreu principalmente nas décadas de 1990 e 2000. O pioneirismo de Mieli também é evidente nesse ponto, como mostrado no capítulo I. (N. E.)

I. O desejo homossexual é universal

1. O movimento gay em face da repressão

Os movimentos gays contemporâneos surgiram em países onde o capital atingiu o seu estágio de *domínio real*[1]. No entanto, já sob o *domínio formal* do capital, e pela primeira vez na história, os homossexuais se organizaram em movimento: isso aconteceu na segunda metade do século XIX, na Alemanha, graças à difusão das

---

[1] Ver Karl Marx, *Capítulo VI (inédito): Manuscritos de 1863-1867,* O capital, Livro I (trad. Ronaldo Vielmi Fortes, São Paulo, Boitempo, 2022). E ainda Jacques Camatte, *Il capitale totale* (Bari, Dedalo Libri, 1976). No *Capítulo VI*, Marx descreve as duas fases do desenvolvimento social do capitalismo: *submissão formal do trabalho ao capital (domínio formal) e submissão real do trabalho ao capital (domínio real).*
Quanto ao *domínio formal*, escreve: "O processo de trabalho se torna o meio do processo de valorização, o processo de autovalorização do capital – da fabricação de mais-valor. O processo de trabalho é subsumido (*subsumiert*) ao capital (é seu *próprio* processo) e o capitalista entra nele como dirigente (*Dirigent*), líder (*Leiter*); é, ao mesmo tempo, para ele, um processo direto de exploração do trabalho alheio. É o que chamo de *subsunção formal (formelle Subsumption) do trabalho ao capital*. É a forma *geral* de todo processo de produção capitalista; mas é, ao mesmo tempo, uma forma *particular* ao lado do *modo de produção especificamente capitalista desenvolvido*, porque este envolve o primeiro, mas o primeiro não envolve (*involviert*) necessariamente o segundo". Essa subsunção formal está ligada à produção de *mais-valor absoluto*. "O capitalista", escreve Camatte, "não pode obter um valor maior se não prolonga a jornada laboral. Não mudou ainda a base da sociedade. Apenas mudam os exploradores. Domínio formal é, assim, caracterizado por este elemento: do começo ao fim, o capitalismo se distingue dos outros modos de produção pelo fato de que não se detém na apropriação de mais-valia, mas na sua criação".
Quanto ao *domínio real (subsunção real do trabalho ao capital)*, Marx escreve: "Aqui permanece válida a característica *geral da subsunção formal*, ou seja, a *subordinação (Unterordnung)* direta do *processo de trabalho*, seja qual for o modo tecnologicamente operado, *ao capital*. Mas nessa

obras de Ulrichs[2] e à fundação do Comitê Científico Humanitário (1897), assim como, de outra forma, na Inglaterra e, depois, nas primeiras décadas do século XX, na Holanda, na Áustria, nos Estados Unidos da América, na União Soviética e em outros países. Nem sempre e nem em todos os lugares o movimento homossexual

---

base surge um *modo de produção* tecnologicamente e diversamente *específico* que *transforma a natureza real do processo de trabalho e suas condições reais* – o *modo de produção capitalista*. Tão logo isso ocorre, ocorre a *subsunção real (real Subsumption) do trabalho ao capital*. É com o fim da Segunda Guerra Mundial que a passagem do *domínio formal* ao *domínio real* do capital na área euro-norte-americana pode ser considerada definitivamente concluída. O *domínio real* pressupõe, para Marx, "uma revolução completa (que se aprofunda e renova constantemente) no próprio modo de produção, na produtividade do trabalho e na relação entre capitalista e trabalhador". Baseia-se na produção de mais-valor que não é mais absoluto, mas *relativo*. "A 'produção pela produção' – a produção como um fim em si mesma –", acrescenta Marx, "já ocorre com a *subsunção formal do trabalho ao capital*, tão logo a finalidade imediata da produção passa a ser produzir *a maior quantidade possível de mais-valor*, tão logo o valor de troca do produto se torna a finalidade decisiva. No entanto, essa tendência *imanente* à relação de capital só se *realiza* da *maneira adequada* – e ela mesma se torna uma *condição necessária (notwendige Bedidung)*, também *tecnologicamente* – assim que o *modo de produção especificamente capitalista* se desenvolve e com ele *a subsunção real do trabalho ao capital*". Com o *domínio real*, afirma Camatte, o capital manifesta "a tendência de dominar a lei do valor, explorando-a em seu benefício". Em um período de *domínio formal*, ainda para ele, "o capital domina o proletariado e seu domínio é o do capital variável. O capital tinha interesse em usar o máximo de operários para atingir o máximo de mais-valor. [...]. Quando passamos para o período de domínio real, o elemento essencial passa a ser o capital fixo". Tem lugar uma socialização não só da produção, mas do próprio homem (ambos em relação à desvalorização): "A grande indústria produz o trabalhador total *(Gesamtarbeiter)* que é a mesma base do homem social do futuro", diz Camatte. Depois de ter submetido toda a produção, o capital também submete a si mesmo os meios de circulação. Além disso, a dominação real envolve, como traços característicos: a autonomia do capital (ver *Il Capitale totale*, cit., p. 113 e seguintes); a expropriação dos capitalistas (p. 126); o pleno desenvolvimento dos juros e do crédito e a produção de capital fictício (p. 128 e seguintes); a absolutização do capital (sua aspiração à eternidade, à imortalidade: p. 133 e seguintes); a autonomização das formas derivadas do valor (p. 141 e seguintes.). A lei do valor torna-se a lei dos preços de produção.
O domínio real do capital se manifesta como "fascismo generalizado a todas as nações nas quais se desenvolveram as relações capitalistas de produção", escreve Jacques Camatte. "O Estado do Capital apresenta-se como o garante de uma distribuição equitativa entre todos os homens. As reivindicações não são mais feitas em nome de um ideal político, mas de um ideal social; não se coloca mais a questão do poder, mas a das estruturas e, mais uma vez, nos seguintes termos: as estruturas devem ser reformadas para que todos possam usufruir dos benefícios do crescimento econômico. É na democracia social que o fascismo se resolve. [...] As diversas justificativas da sociedade capitalista [...] derivam da autonomização das relações sociais e de sua reificação. 'São as crises que põem fim a essa aparência de autonomia dos diferentes elementos, em que o processo de produção se decompõe e se reproduz constantemente' (*História das teorias econômicas*, v. III, p. 525)".

[2] Karl Heinrich Ulrichs, *Vindex* e *Inclusa*. Ver John Lauritsen e David Thorstad, "Il primo movimento per i diritti degli omossessuali (1864-1935)", em *Gay gay: storia e coscienza omossessuale* (Milão, La Salamandra, 1976).

assumiu o caráter associativo que distinguiu o Comitê Científico Humanitário e sua emanação internacional (a Liga Mundial para a Reforma Sexual), mas em muitos países, mesmo sem produzir organizações formais específicas, o movimento homossexual efetivo deu lugar a um amplo debate sobre a homossexualidade que, pela primeira vez, envolveu um número considerável de "personalidades" culturais e políticas e trouxe à tona problemas e argumentos até então silenciados em decorrência dos mais severos tabus.

A violenta perseguição nazista, stalinista e fascista, perpetrada contra os homossexuais nos anos 1930 e durante a guerra, encerrou o movimento e, com ele, a memória dessa primeira importante afirmação homossexual internacional, restabelecendo de forma absoluta a ideologia da Norma. Por causa disso, e muito graças às pesquisas do novo movimento gay, nascido como Gay Liberation Front nos Estados Unidos em 1969, e posteriormente em diversos outros países, que muitos de nós homossexuais, em particular os que nasceram nas últimas décadas, ficamos sabendo da existência de um movimento gay anterior e nos demos conta de que integramos – contrariamente ao que acreditávamos – uma segunda onda do movimento de liberação, e não a primeira. Algumas das questões que nos colocamos hoje, por exemplo, são temáticas já enfrentadas no passado pelo primeiro movimento gay. Uma, principalmente, interessa aos homossexuais de hoje tanto quanto aos do passado: *por qual razão a sociedade nos marginaliza e nos reprime tão duramente?*

A essa e a outras interrogações tentamos responder com uma pesquisa que partisse da nossa experiência pessoal: seja falando, no decorrer de uma reunião geral dos grupos, da nossa condição existencial e social de homossexuais, comparando as diversas visões; seja nos dedicando de forma mais aprofundada à análise das experiências individuais por meio do "trabalho" de tomada de consciência realizado no âmbito dos pequenos coletivos (grupos de autoconsciência). Em suma, começamos a compreender melhor quem somos e por que somos reprimidos, comunicando-nos uns com os outros, conhecendo-nos e encontrando-nos com base no nosso desejo comum, na perspectiva da libertação.

Além disso, o novo movimento gay retomou a investigação histórica e antropológica iniciada pelo primeiro, ajudando a lançar luz sobre a perseguição aos homossexuais ao longo dos séculos e sobre a origem *histórica* da condenação antigay, uma condenação quase sempre apresentada como *natural* pela ideologia do primado heterossexual. E, embora o antigo movimento tenha se dedicado em grande parte à investigação médico-psicológica, o novo movimento formou grupos que também lidam com a psiquiatria, uma vez que lutam contra a perseguição anti-homossexual perpetrada sob a forma de tratamento médico-psiquiátrico. Em geral, o movimento gay refuta os (pré)julgamentos psiquiátricos reacionários sobre a homossexualidade, e os homossexuais revolucionários também se opõem à nova moda progressista e totalmente heterossexual da "homossexualidade" atualmente popular entre os antipsiquiatras*.

Por outro lado, o trabalho de conscientização levou-nos a um confronto imediato com os elementos da teoria psicanalítica relacionados à homossexualidade. Assim, descobrimos na psicanálise algumas noções importantes, tais como a de *inconsciente*, por exemplo, ou a de *recalque* [*rimozione*], que, pelo menos por enquanto, podem ser integradas à *ciência gay* [*gaia scienza*]. Entretanto, nós gays chegamos a uma primeira conclusão certa: esclarecemos que o ódio que a sociedade heterossexual sente por nós é *causado pelo recalcamento ou "quase recalcamento" da componente homoerótica do desejo em indivíduos heterossexuais manifestos*, que – como sabemos... – ainda constituem a maioria dos seres humanos. *O recalcamento geral da homossexualidade, em suma, determina a rejeição pela sociedade de expressões manifestas de desejo gay*. Trata-se agora de descobrir o que causou tal recalcamento: e, presumivelmente, as razões subjacentes são descobertas combatendo-se o próprio recalque, ou melhor, *batendo*[3]**, ou seja, espalhando os prazeres e o desejo da homossexualidade. E, ao nos libertarmos, podemos e conseguiremos entender por que fomos escravos até hoje – e isso vale para todos, homossexuais e heterossexuais. Porém, se o recalque é um conceito psicanalítico, também é verdade que, no contexto da cultura contemporânea, é

---

* A antipsiquiatria, ou psiquiatria alternativa, é uma orientação que contraria a função repressiva da psiquiatria tradicional e propõe uma nova forma de tratamento das doenças mentais, já não baseada no uso da violência e da segregação como "terapia", tampouco organizada em torno da centralidade do conceito de normalidade social. Desenvolveu-se em nível internacional entre o final dos anos 1960 e o início dos anos 1970. Seu representante mais relevante na Itália foi Franco Basaglia (1924--1980), a cujo trabalho deve-se a abolição dos manicômios pela Lei n. 80 de 1978. (N. I.)

[3] Neste livro, usarei sempre o termo *battere* no sentido gay de sair para procurar (ou desviar-se do caminho para encontrar, ou exibir-se à espera de) alguém para fazer amor. Se, na linguagem das prostitutas e prostitutos, *battere* significa procurar clientes, para nós homossexuais, por outro lado, *battere* não significa prostituir-se, mas simplesmente procurar outras pessoas "que estão no seu nível" (pode sempre acontecer, no entanto, de encontrar o americano ou o comasco [habitante da rica cidade de Como] que te oferece um jantar no Hilton e uma *corbeille* de rosas *baccarat*). No sentido gay, o *battere* italiano corresponde ao *draguer* francês; ao inglês *to cruise*, ao alemão... Não sei (tenho aqui comigo uma bicha vienense tão inocente que não conhece a expressão equivalente na sua língua materna).

** *Battere*, quando possível, será traduzido por "sair à caça", "pegar" ou outros termos utilizados no léxico gay brasileiro. Aqui, manteve-se o termo em italiano em respeito ao trocadilho desejado pelo autor, que não é possível em língua portuguesa: *combattere* + *battere*. (N. T.)

a psicanálise que afirma a *universalidade* do desejo homossexual. Queremos citar Freud? Tomemos um de seus trabalhos sobre o tema. Aqui: "A libido de todos nós", lê-se, "oscila normalmente, ao longo da vida, entre o objeto masculino e o feminino"[4]. Por que então, perguntamo-nos, se todas as pessoas são também homossexuais, tão poucas admitem que são e desfrutam de sua homossexualidade?

2. Polimorfismo "perverso": universalidade do desejo homossexual. Bissexualidade e transexualidade*

> *Era então um andrógino, um sexo em si mesmo, cuja forma e nome participavam do macho e da fêmea: agora não resta nada além do nome que soa vergonhoso.*
>
> Platão[5]

A psicanálise chega à constatação do polimorfismo "perverso" infantil e reconhece a presença em qualquer um de uma atitude erótica dirigida a pessoas do mesmo sexo.

Segundo Freud, a criança é "constitutivamente qualificada" para o polimorfismo "perverso": todas as chamadas "perversões" fazem parte da sexualidade infantil

---

[4] Sigmund Freud, "Sobre a psicogênese de um caso de homossexualidade feminina (1920)", em *Obras incompletas*, v. 5: *Neurose, psicose, perversão* (trad. Maria Rita Salzano Moraes, Belo Horizonte, Autêntica, 2022), p. 171.

* Tanto "bissexualidade" quanto "transexualidade" não indicam aqui o mesmo que hoje no discurso corrente ou especializado. As teorias da sexualidade, bem como as políticas sexuais, se desenvolveram muito a partir da década de 1970. Como ficará evidente na leitura do capítulo, Mieli não escapa a algumas tendências de sua época na maneira de conceber o que hoje entendemos como "identidade de gênero", de um lado, e "sexualidade", "orientação sexual" ou ainda "identidade sexual", de outro. No momento em que escreve, o próprio conceito de gênero não havia sido elaborado em trabalhos teóricos dos estudos feministas e, posteriormente, *queer*. Naquele contexto, se entendia que o que hoje chamamos de "identidade de gênero" comporia a mesma dimensão que a orientação/desejo sexual. Ou seja, não se questionava (e de certa maneira Mieli será um dos primeiros a apontar essa possibilidade) a percepção de que o "ser feminino" seria parte essencial, por exemplo, da homossexualidade masculina. No que diz respeito aos poucos estudos e discursos sobre a bissexualidade, ela era também misturada muitas vezes à transexualidade. Dizia-se "bissexual" muitas vezes para pessoas que teriam dentro de si "feminilidade" e "masculinidade" ao mesmo tempo, algo próximo do que hoje entenderíamos como não binariedade, ou mesmo como outras formas de transgeneridade. A "transexualidade" de Mieli diz respeito a uma potencialidade original de todo sujeito na infância, antes de ser – em tese – podado pela sociedade (educastração), de sentir-se e ver-se tanto no espectro feminino quanto no espectro masculino do erotismo. Esse binômio bissexualidade-transexualidade, conforme explica o autor nesta seção do capítulo, é o fundamento do erotismo humano, e sua realização material e empírica seria sinônimo da liberdade e da autonomia construídas por uma revolução comunista que levasse em conta a libertação sexual. (N. E.)

[5] Platão, "Simposio", em *Opere complete*, v. III (Bari, Laterza, 1974), p. 173.

(sadismo, masoquismo, coprofilia, exibicionismo, voyeurismo, homossexualidade etc.). Com efeito, "a predisposição às perversões seria a predisposição geral original do instinto sexual humano, da qual se desenvolveria o comportamento sexual normal, em consequência de alterações orgânicas e inibições psíquicas no decorrer da maturação"[6]. Entre os poderes inibitórios que limitam a direção do impulso sexual estão fundamentalmente "as construções sociais da moral e da autoridade"[7]. A sociedade repressiva e a moral dominante consideram "norma" apenas a heterossexualidade – e, em particular, a genitalidade heterossexual. A sociedade age de forma repressiva sobre as crianças, por meio da *educastração*, para constrangê-las a recalcar as tendências sexuais congênitas que considera "perversas" (e, na realidade, pode-se dizer que ainda hoje são considerados "perversos" mais ou menos todos os impulsos sexuais, incluindo os heterossexuais, uma vez que as crianças não têm o direito de gozar eroticamente). A *educastração* tem como objetivo a transformação da criança, que tende a ser polimórfica e "perversa", em um adulto heterossexual, eroticamente mutilado, mas em conformidade com a Norma.

A maioria dos psicanalistas reconhece as manifestações sexuais já nos primeiros meses e nos primeiros anos de vida e lista estágios evolutivos de tendências mais ou menos conscientes que podem ser resumidas no esquema *autoerotismo-homossexualidade-heterossexualidade*. Essa "evolução", porém, não é *natural*, pois reflete a influência repressiva do ambiente sociofamiliar sobre a criança, assim como a vida real não envolve necessariamente uma "superação" do autoerotismo e dos "estágios" homossexuais para a heterossexualidade exclusiva. O ambiente em que vivemos (em primeiro lugar a família, célula do tecido social) é heterossexual: como tal, constrange a criança, culpabilizando-a, a renunciar à satisfação de seus próprios desejos homoeróticos e obriga-a a identificar-se com um modelo monossexual de tipo heterossexual mutilado. Mas nem sempre se consegue isso, evidentemente.

A psicanálise define as primeiras manifestações de natureza erótica como "indiferenciadas" ou, pelo menos, pouco diferenciadas: em outras palavras, a escolha de um objeto, para a criança, se daria mais por circunstâncias do que por sexo (e as circunstâncias, durante o dia, mudam bastante). As meninas também são lésbicas, os meninos também são bichas.

---

[6] Sigmund Freud, "Três ensaios sobre a teoria da sexualidade", em *Obras completas*, v. 6: *Três ensaios sobre a teoria da sexualidade, análise fragmentária de uma histeria ("O caso Dora") e outros textos (1901-1905)* (trad. Paulo César de Souza, São Paulo, Companhia das Letras, 2016), p. 155.

[7] Idem.

Àqueles que se perguntam se se nasce ou se se torna homossexual, é preciso responder que se nasce com uma disponibilidade erótica muito ampla, dirigida primeiro a si mesmo e à mãe e depois gradualmente voltada para "todos" os outros, independentemente do sexo, e para o mundo, e que se torna, devido à educastração, ou heterossexual, ou homossexual (recalcando-se os impulsos homoeróticos no primeiro caso, recalcando-se os heterossexuais no segundo).

Neste ponto, porém, podemos nos perguntar se é correto falar de recalque das tendências gays ou hétero: segundo Georg Groddeck, por exemplo, nenhum heterossexual realmente recalca por completo seus desejos homoeróticos, por mais que finja tê-los recalcado. Mais do que isso, para a maioria das pessoas a homossexualidade é latente (assim como, geralmente, os desejos pelo outro sexo são latentes nos gays). De acordo com Freud, "possuímos dois tipos de inconsciente: o que é latente, mas capaz de consciência, e o reprimido, que em si e sem dificuldades não é capaz de consciência"[8]. Corretamente, portanto, devemos falar de desejos homossexuais latentes e de outros de fato recalcados: porém, como não é fácil distinguir, falarei algumas vezes de homossexualidade latente e em outros casos de recalque da homossexualidade, sem estabelecer distinções muito precisas e, assim, usando o conceito de recalque em um sentido um tanto elástico. Por outro lado, diante da hábil sedução de um gay, não há repressão ao desejo homossexual que perdure: os heterossexuais, de um modo ou de outro, o mantêm. São todos bichas latentes.

De fato, a homossexualidade latente existe realmente em todos aqueles que não são homossexuais manifestos, como resíduo da sexualidade infantil, polimórfica e "perversa" e, em consequência, gay: *residual* porque o homoerotismo é reprimido pela sociedade, condenado à latência e sublimado na forma de sentimentos de amizade, camaradagem etc. e/ou convertido, ou melhor, deformado, em síndromes patológicas[9].

Neste livro, chamo de *transexualidade* a disposição erótica infantil, polimórfica e "indiferenciada" que a sociedade reprime e que, na vida adulta, todo ser humano carrega dentro de si em estado de latência ou confinada aos abismos do inconsciente sob o jugo do recalque. *O termo "transexualidade" me parece o mais adequado para expressar, ao mesmo tempo, a pluralidade de tendências do Eros e o hermafroditismo originário e profundo de cada indivíduo.* Mas o que significa "hermafroditismo original e profundo"?

---

[8] Sigmund Freud, "O Eu e o Id", em *Obras completas*, v. 16: *O Eu e o Id, "Autobiografia" e outros textos (1923-1925)* (trad. Paulo César Lima de Souza, São Paulo, Companhia das Letras, 2011).
[9] Ver capítulo III.

Para a psicanálise, a observação do *polimorfismo "perverso"* infantil acaba sendo complementar à teoria da *bissexualidade originária** (e é à luz dessa teoria que se compreende ainda melhor o que quero dizer com transexualidade infantil e com a natureza *transexual* do profundo). A teoria da bissexualidade originária foi formulada – entre outras coisas – com a intenção de ilustrar as causas da chamada "inversão sexual" (homossexualidade)[10]. *Ela começa notando a coexistência no indivíduo de fatores somáticos pertencentes a ambos os sexos*: como observa Daniel Paul Schreber (que não era médico, mas *vieille tante, grande folle* [tia velha, grande louca]), "Nos primeiros meses de gravidez há elementos de ambos os sexos, e as peculiaridades do sexo que não vão se desenvolver permanecem, como vimos, por exemplo, no caso dos mamilos masculinos, na qualidade de órgãos rudimentares em menor grau de desenvolvimento"[11].

Um argumento semelhante também foi feito em relação ao clitóris nas mulheres. A partir de tais observações, parece que o sexo nunca é único, e que a monossexualidade esconde uma bissexualidade (um hermafroditismo). Segundo a psicanálise, somos todos seres bissexuais.

A questão foi investigada do ponto de vista genético e endocrinológico. Gilbert Dreyfus escreve:

> Embora o sexo genético seja determinado pela constituição do espermatozoide fecundante (o pai é, portanto, responsável apenas pelo sexo genético do nascituro), o embrião passa, no início de seu desenvolvimento, por uma fase aparentemente de

---

* Para Freud, as crianças muito pequenas e os bebês não fazem ainda distinção sexuada das carícias que recebem dos pais. Nesse sentido, até que se realize toda a operação edípica, todos os seres humanos seriam bissexuais. Mieli recupera esse ponto fundamental da teoria psicanalítica da sexuação e procura subverter seu sentido, conforme explica em seguida, ampliando a sua importância na compreensão não apenas da homossexualidade, mas sobretudo da própria heterossexualidade e da norma heterossexual (que ele chama de "a Norma" e que, com certa mediação, equivale de alguma maneira à estrutura simbólica que Judith Butler posteriormente nomeia "heteronorma" ou "matriz heterossexual"). O binômio bi-trans construído pelo autor reaparece aqui – se a bissexualidade é a orientação erótica de todos os bebês e crianças pequenas, e se a orientação erótica e o sentimento de si (para não utilizar aqui anacronicamente a ideia de "identidade") em relação à sexuação (o que hoje diríamos gênero) são uma coisa só, então essa bissexualidade denotaria também uma transexualidade originária. Curiosamente, ao percorrer esse caminho associando transexualidade e bissexualidade (em seus termos), mas utilizando duas palavras distintas para falar dessas duas dimensões, Mieli é um dos primeiros autores a operar conceitualmente uma separação entre ambas coisas. (N. E.)

[10] O termo "homossexualidade" (do grego homo ίσος: igual, similar + sexualidade) foi cunhado em 1869 pelo médico húngaro Benkert. Ver John Lauritsen e David Thorstad, "Il primo movimento per i diritti degli omosessuali (1864-1935)", cit., p. 9-12.

[11] Daniel Paul Schreber, *Memorie di un malato di nervi* (Milão, Adelphi, 1974), p. 73.

sexualidade indiferenciada. Somente a partir do segundo mês de vida fetal o esboço genital começa a se orientar para chegar, através de uma longa circum-navegação e dependendo se os cordões da primeira multiplicação se desenvolvem ou se atrofiam para dar lugar aos cordões de uma segunda multiplicação, à constituição de um testículo ou ovário: em adultos de ambos os sexos, persistirão resíduos do sexo oposto, que testemunham o duplo desenvolvimento masculino e feminino das gônadas embrionárias e o duplo sistema evacuador do qual o embrião é inicialmente dotado.[12]

Pode acontecer que, nessa jornada embrionária, apareçam discrepâncias entre sexo genético e sexo genital (*então, o filho de Hermes e Afrodite se confunde com o corpo da ninfa Salmacis*): o que resultará em combinações de caracteres masculinos e femininos, hermafroditismos, ou "pseudo-hermafroditismos", estados "intersexuais", ou melhor, "casos" de *transexualidade manifesta*[13]*.

No entanto, nem sempre os "casos" de transexualidade manifesta são determinados apenas com base em condições fisiológicas particulares dos sujeitos. Existem muitos transexuais conscientes, por exemplo, tão fisiologicamente masculinos quanto podem ser Alain Delon, Mr. Músculo ou Enrico Berlinguer.

Então, o que significa ser transexual declarado hoje? Em geral, chamam-se transexuais a todos os adultos que vivem conscientemente seu hermafroditismo e que reconhecem em si mesmos, em seu corpo e mente, a presença do "outro" sexo.

Atualmente, os "casos" de transexualidade manifesta refletem os problemas relacionados à contradição entre os sexos e à repressão do Eros, que é a expressão da disposição transexual humana *universal* (ou seja, polimórfica e hermafrodita): os transexuais manifestos, perseguidos por uma sociedade que não permite a *confusão* entre os sexos, muitas vezes tendem a reduzir sua transexualidade real à aparente monossexualidade, tentando identificar-se com o sexo histórico

---

[12] Gilbert Dreyfus, "L'omosessualità vista da un medico", *Ulisse*, fasc. XVIII, 1953, p. 642.

[13] Ver, para mais informações, o livro de Harry Benjamin, *Il fenomeno transessuale* (Roma, Astrolabio, 1968).

* Atualmente, entende-se se tratar de pessoas intersexo. O próprio movimento das pessoas intersexo apontou nas últimas décadas como o discurso do "hermafroditismo" serviu de base para violências e uma forte patologização de uma forma de corpo hoje compreendida nos estudos de gênero e sexualidade como apenas mais uma variação da anatomia humana. Mieli, nos limites dos estudos disponíveis à época, trata da experiência intersexo aproximando a formação genital do que hoje consideramos a identidade de gênero e a sexualidade ou orientação sexual. Ao mesmo tempo que separa certas categorias, o autor as junta de alguma maneira. As próprias palavras do autor situam melhor esses sentidos na sequência do texto. (N. E.)

"normal" em oposição ao sexo genital; assim, a mulher transexual se sentirá como um homem, escolhendo a virilidade, enquanto o homem transexual se sentirá como uma mulher, escolhendo a feminilidade. Um ser humano de sexo "não especificado" viaja pelas ruas da capital com muito menos facilidade do que um homem que *aparenta*, para todos os efeitos *externos*, ser uma mulher ou uma mulher que *parece* ser um homem. Por isso, hoje, muitas vezes quem se autodenomina transexual quer mudar de sexo (genital) e pode até optar por Casablanca ou Copenhague* para a "mudança de sexo" por meio de cirurgia ou então, mais frequentemente, pode limitar-se à identificação psicológica com o sexo "oposto".

A sociedade faz com que os transexuais manifestos se sintam monossexuais e ocultem seu verdadeiro hermafroditismo. Mas, para dizer a verdade, é assim que a sociedade se comporta com todos: *na verdade, todos nós somos, no fundo, transexuais, todos fomos crianças transexuais e eles nos forçaram a nos identificar com um papel monossexual específico, masculino ou feminino.* No caso dos transexuais manifestos, ou daquelas raras pessoas que não reprimiram sua transexualidade enquanto cresciam, o constrangimento social produz efeitos inversos aos "normais", pois o homem tende a se identificar com a mulher e a mulher com o homem.

Como veremos, a transexualidade manifesta não envolve necessariamente uma propensão particular para a homossexualidade: existem muitos transexuais heterossexuais. Mas então, por exemplo, se eles são homens e se sentem mulheres e desejam mulheres sexualmente, sua heterossexualidade é, de certa forma, a homossexualidade. Longe de ser particularmente absurda em si mesma, a transexualidade derruba as atuais categorias separadas e opostas de sexualidade consideradas "normais" cujo caráter absurdo ela destaca.

De qualquer forma, quem sabe que é transexual, hoje, manifesta a (bissexualidade)--transexualidade latente em tudo. Sua condição os aproxima ou os leva à consciência potencialmente revolucionária do fato de que todo ser humano, embriologicamente bissexual, conserva em si por toda a vida, do ponto de vista biológico e psicológico, a presença do outro sexo. Acredito que a superação das atuais categorias separadas e antitéticas da sexualidade será transexual e que na transexualidade

---

* Quando Mieli escreveu este livro, a cirurgia de mudança de sexo era proibida na Itália e quem desejasse se submeter a ela tinha de ir para o exterior. Casablanca e Copenhague eram duas das possibilidades mais conhecidas. A situação mudou após a lei de 1982 que reconheceu o direito à mudança de sexo também na Itália. (N. I.)

se reunirá a síntese una e múltipla das expressões do Eros liberado. Voltarei mais vezes a esses temas[14].

Por enquanto, vamos apenas notar que "nossa bissexualidade hormonal foi amplamente demonstrada"[15] e que a determinação do sexo "definitivo" e manifesto no nascimento em geral significa apenas sua "predominância" no indivíduo, mas de modo algum elimina a presença sexual "oposta".

Do ponto de vista filogenético, a concepção que deriva da observação desses dados biológicos, anatômicos e endocrinológicos "é a de uma predisposição originalmente bissexual, que no curso do desenvolvimento se transforma em monossexualidade, com alguns resíduos do sexo atrofiado"[16].

Muito importante é a transposição dessa concepção para o campo psíquico, o que leva à interpretação da homossexualidade "como expressão de um hermafroditismo psíquico"[17]. Mas se a teoria do hermafroditismo psíquico contribui para demonstrar, para a psicanálise, a possibilidade da chamada "inversão sexual", por outro lado ela investe de profunda interrogação a fixação da pulsão sexual de pessoas consideradas "normais" em "objetos" do sexo "oposto": "Na concepção da psicanálise, portanto, também o interesse sexual exclusivo do homem pela mulher é um problema que requer explicação, não é algo evidente em si, baseado numa atração fundamentalmente química"[18]. De acordo com Groddeck, é mais difícil explicar por que os impulsos heterossexuais são sentidos do que entender por que existem tendências homossexuais em todos, o que, em sua opinião, surge como uma consequência necessária do "amor a si"[19].

Existe, assim, uma estreita relação entre o hermafroditismo psicofísico e a homossexualidade? Sim, pois a homossexualidade é congênita e, logo, expressão

---

[14] Este livro tem, principalmente, caráter de divulgação. Logo, não abordarei as questões inerentes ao andrógino (ou hermafrodita) de um "ponto de vista" esotérico, também porque, diante do todo, apenas dei os primeiros passos – e poderia falar sobre minhas experiências, se tiver vontade, em um romance, mas certamente ainda não na forma de um ensaio (dada minha ignorância). De qualquer maneira, abordarei o tema transexual em relação à chamada viagem "esquizofrênica" no capítulo V.

[15] Gilbert Dreyfus, "L'omosessualità vista da un medico", cit., p. 643.

[16] Sigmund Freud, "Três ensaios sobre a teoria da sexualidade", cit., p. 29.

[17] Ibidem.

[18] Idem, p. 35 (nota acrescentada em 1914).

[19] Georg Groddeck, *O livro d'Isso* (trad. José Teixeira Coelho Neto, São Paulo, Perspectiva, 1997), p. 187.

do polimorfismo próprio do nosso ser transexual profundo e hermafrodita. Da mesma forma, também as tendências eróticas perante o sexo "oposto" fazem parte de nosso polimorfismo erótico e, por isso, são a expressão do hermafroditismo profundo. Tanto o desejo homossexual quanto o desejo pelo sexo oposto estão relacionados à natureza transexual do profundo.

Isso se revela tanto mais evidente na medida em que a própria heterossexualidade é muitas vezes acompanhada do que os médicos, com sua linguagem repressiva, definem como "perturbações morfológicas e hormonais". Ainda tomando emprestada a odiosa terminologia médica, observaremos como, muito comumente, os homens heterossexuais são "hipoviris" e "efeminados". A característica hormonal que acompanha essas formas de "hipovirilismo" "é o colapso da relação androgênio/estrogênio, seguindo o rebaixamento do numerador e a elevação do denominador"[20]. A heterossexualidade manifesta, portanto, é frequentemente acompanhada por expressões evidentes de hermafroditismo físico.

Por outro lado, apesar do lugar-comum que identifica a bicha com o "efeminado", uma alta porcentagem de homossexuais declarados não apresenta formas particulares de "hipovirilismo" nem de "feminilidade". Em suma, não existe uma relação geral de proporcionalidade direta entre "hipovirilismo" e homossexualidade masculina ou entre "hipofeminilismo"(!) e homossexualidade feminina. Mulheres "masculinas" podem ser francamente heterossexuais e mulheres gays, muito "femininas".

Sobre a suposta relação forçosamente existente entre "efeminação mental" e homossexualidade masculina e entre "masculinidade psicológica" e homossexualidade feminina, Freud observa que

> A literatura sobre a homossexualidade não costuma distinguir com suficiente clareza as questões sobre a escolha de objeto, por um lado, e sobre o caráter sexual e a posição sexual, por outro, como se a decisão sobre um desses pontos estivesse necessariamente ligada com a do outro. Entretanto, a experiência revela o contrário: um homem, com qualidades predominantemente masculinas, e que também exiba o tipo masculino de vida amorosa, pode ser invertido em relação ao objeto e amar apenas homens em vez de mulheres. Um homem, em cujo caráter predominam as qualidades femininas de maneira chamativa, e que se comporte no amor como uma mulher, deveria, em virtude dessa posição feminina, endereçar-se ao homem como objeto de amor;

---

[20] Gilbert Dreyfus, "L'omosessualità vista da un medico", cit., p. 644.

mas, apesar disso, ele pode ser heterossexual e não mostrar em relação ao objeto uma inversão maior do que uma pessoa normal. O mesmo vale para as mulheres; nelas, caráter sexual psíquico e escolha de objeto também não coincidem em uma relação fixa. Portanto, o mistério da homossexualidade não é, de maneira alguma, tão simples quanto comumente é apresentado no uso popular: uma alma feminina, que por isso precisa amar o homem e por infelicidade está instalada em um corpo masculino, ou uma alma masculina, que é atraída irresistivelmente pela mulher e infelizmente está desterrada em um corpo feminino.[21]

Em poucas palavras: além de todos os clichês, um bonitão pode ser uma bicha, uma figura elegante pode ser um mulherengo ávido e refinado, uma garota cândida pode ser uma lésbica, uma governanta alemã robusta pode ser irremediavelmente heterossexual. E assim vai o mundo.

Para concluir, diremos que, ainda que a homossexualidade ou a heterossexualidade manifesta não correspondam obrigatoriamente a características psíquicas, somáticas e hormonais específicas, tanto o desejo gay quanto o pelo outro sexo são expressões do nosso ser profundo transexual, tendencialmente polimorfo, forçado pela repressão a adaptar-se a uma monossexualidade que o mutila. Mas a sociedade repressiva considera "normal" apenas um tipo de monossexualidade, a heterossexual, e estabelece a educastração para determinar exclusivamente a heterossexualidade. A Norma, portanto, é heterossexual.

3. Afirmação da heterossexualidade e desconhecimento da mulher em si

A teoria da bissexualidade foi sustentada originariamente pela psiquiatria como fundamento da etiologia da "inversão sexual". Já vimos como a psicanálise, que a adota, é induzida a interrogar-se sobre as causas da fixação do desejo sobre o "objeto" de sexo oposto por parte das pessoas consideradas "normais" pela sociedade. A questão que agora se apresenta é a seguinte: *por que, no curso do desenvolvimento ontogenético, o indivíduo passa da disposição erótica "indiferenciada" voltada a ambos os sexos, própria da libido infantil, a uma fixação (de tipo hétero ou homossexual) em um único sexo como "objeto" de desejo?* Como diz Jacques Camatte, "*La question alors est de savoir comment on opte pour une unisexualité* [A questão agora é saber como optamos por uma unissexualidade]".

---

[21] Sigmund Freud, "Sobre a psicogênese de um caso de homossexualidade feminina (1920)", cit., p. 187.

A resposta imediata é que isso ocorre por obra da educastração, ou mesmo pela influência que exerce sobre o indivíduo a sociedade, o mundo "externo", no qual vige uma Norma monossexual, que a repressão perpetua de geração em geração. Todavia, a Norma monossexual é – como já foi dito – decisivamente heterossexual, e a educastração que tende a afirmá-la universalmente faz com que, em relação à maior parte das pessoas, a monossexualidade se apresente atualmente como heterossexualidade. A Norma rege-se sobre a mutilação do Eros e, em particular, sobre a condenação da homossexualidade. Resulta por isso evidente que, apenas quando se compreenda por que os impulsos homoeróticos são reprimidos na maior parte dos indivíduos, pela sociedade em seu conjunto, será possível entender plenamente o que determina a afirmação exclusiva ou ao menos altamente predominante do desejo heterossexual. De outra parte, o problema da repressão da homossexualidade é estreitamente ligado, hoje, também à afirmação do desejo homoerótico exclusivo ou prevalente que se manifesta nas bichas e nas lésbicas: porque, historicamente, é a repressão ao homoerotismo que, em larga medida, contribui para caracterizar a expressão atual da homossexualidade manifesta.

Sabemos como, crescendo, o menino é coagido a desenvolver aquelas tendências que são manifestações de sua "masculinidade" psicológica: quem o obriga é a sociedade, primeiro no seio da família, assim como, mediante a educação e a família, a sociedade constrange a menina a desenvolver aqueles aspectos de sua personalidade que são expressões da "feminilidade" psicológica. Desse modo, a educastração tende antes de tudo a negar o hermafroditismo psíquico e biológico presente em todos, fazendo da menina uma *mulher* e do menino um *homem* segundo os modelos sexuais contrapostos da polaridade *heterossexual*. A "masculinidade" e a "feminilidade" psicológicas, respectiva e separadamente explicitadas no menino e na menina por efeito da educastração (que é sobretudo relação de subordinação em face dos genitores e, de modo mais amplo, em face dos adultos), não fazem mais do que refletir as formas históricas contingentes e limitadas da virilidade e da feminilidade que a sociedade absolutiza e que se nutrem da sujeição-repressão das mulheres, da alienação do ser humano de si e da negação da comunidade humana.

O menino é induzido pela sociedade e pela família a tomar como modelo para a própria vida o pai; ele é constrangido a aspirar a ser como o pai em tudo e para tudo, mas isso não pode acontecer senão por meio da completa afirmação de si: assim, isso não acontece se não for por meio de uma *mutilação*. O pai, de fato, já foi educastrado, de modo que o filho não pode se identificar com ele sem se mutilar. Pouco a pouco, por meio dessa identificação, o menino, como o pai, *projeta* sobre a mãe e sobre as outras mulheres os elementos "femininos" existentes em sua própria psiquê; elementos que se lhe impõe que não componham a sua consciência, constrangendo-o e envergonhando-o, ainda que estes o atraiam profundamente como componentes fundamentais de seu ser. Disso deriva uma das maiores calamidades que assolaram a espécie: a refutação, por parte do homem, de reconhecer em si a "mulher", a transexualidade.

Para empregar as palavras de Jung, o pai se torna para o filho o modelo da *Persona*: "A persona é um complicado sistema de relação entre a consciência individual e a sociedade; é uma espécie de máscara destinada, por um lado, a produzir um determinado efeito sobre os outros e por outro lado a ocultar a verdadeira natureza do indivíduo"[22].

Por intermédio da identificação com o pai, a sociedade constrange o menino a construir para si uma personalidade artificial, consoante à Norma vigente no mundo "externo" e que, ao mesmo tempo, funcione como *defesa* contra o perigo do mundo "externo" ou como ilusionismo cênico das Personas.

Todavia, a "construção de uma persona coletivamente adequada significa uma considerável concessão ao mundo exterior, um verdadeiro autossacrifício, que força o eu a identificar-se com a persona. Isto leva certas pessoas a acreditarem que são o que imaginam ser"[23]. O filho não pode se identificar com o pai, isto é, não pode construir para si uma personalidade similar à paterna sem sacrificar a si mesmo, a própria transexualidade e, em particular, a própria "feminilidade". "A repressão de tendências e traços femininos determina um acúmulo dessas pretensões no inconsciente"[24].

Uma drástica repressão da homossexualidade tem lugar assim no curso da primeira infância: o pai se (re)presenta como Persona decisivamente heterossexual e refuta contatos eróticos evidentes com o filho (que deseja "indiferenciadamente" e, portanto, também deseja o pai), assim como os outros homens adultos, por força do tabu antipederasta, refutam relacionamentos sexuais com o menino. De maneira análoga, a mãe e as mulheres adultas refutam as aproximações sexuais com a menina (mesmo que, em geral, exista uma maior intimidade erótica entre a mãe e as

---

[22] Carl G. Jung, *O Eu e o inconsciente* (trad. Dora Ferreira da Silva, Petrópolis, Vozes, 2008), p. 79.
[23] Ibidem, p. 80.
[24] Ibidem, p. 76.

filhas do que há entre o pai e os filhos). Desse modo, os próprios relacionamentos sexuais e em particular os homossexuais entre os meninos são reprimidos.

O tabu anti-homossexual, que é muito severo entre os adultos, logo leva a criança a aprender que a homossexualidade é proibida, que não se pode nem falar dela ou que em todo caso só se pode falar dela em sentido pejorativo, e que se deve ter vergonha de seus impulsos gays, assim como se deve ter vergonha de sua "feminilidade". Aos olhos da criança, a homossexualidade acaba subitamente relacionada às tendências "femininas": na verdade, a atração sexual pelo sexo masculino é um impulso hoje culturalmente associado com a feminilidade – e essa cultura influencia negativamente a criança desde o nascimento.

A repressão da homossexualidade acaba sendo tão dura que obriga a criança a esquecer seu desejo gay, ou seja, a recalcá-lo (o que infelizmente quase sempre acontece). *A identificação com o pai baseia-se em grande parte na repressão do desejo erótico por ele.* A identificação constitui uma espécie de *introjeção* do pai que, como tal, alivia ou facilita a renúncia a ele como "objeto" sexual. Segundo Freud, pode-se pensar que "o caráter do Eu é um precipitado dos investimentos objetais abandonados, de que contém a história dessas escolhas de objeto"[25]. Por outro lado, "se o Eu assume os traços do objeto, como que se oferece ele próprio ao Id como objeto de amor, procura compensá-lo de sua perda, dizendo: 'Veja, você pode amar a mim também, eu sou tão semelhante ao objeto'"[26].

No caso da renúncia ao pai como "objeto" amoroso e da identificação com ele pelo filho, ocorre uma transformação da libido homossexual em libido narcísica: essa transformação, determinada não apenas pelo tabu do incesto mas também pela condenação da homossexualidade, está na base do Eu "normal", heterossexual e anti-homossexual, na base de seu Egoísmo. O homem heterossexual, ao recalcar o desejo gay, introjeta "objetos" homossexuais e coloca a si mesmo como o único "objeto homossexual", transformando a homossexualidade em autoerotismo e impondo seu autoerotismo às mulheres nas relações heterossexuais. Mas esse autoerotismo é alienado, pois se baseia na renúncia do pai como "objeto" sexual e, mais geralmente, no recalque do desejo gay, no sacrifício dos componentes "femininos" combinados com a homossexualidade e incompatíveis com a identificação com o pai e com a Norma. É esse autoerotismo masculino alienado que as mulheres rejeitam: ele implica uma tal concentração do desejo pelo homem

---

[25] Sigmund Freud, "O Eu e o Id", cit., p. 36.
[26] Idem.

no próprio homem que o torna uma condensação cega e egoísta de virilidade que pretende se impor às mulheres, que encarnam a própria feminilidade que ele negou a si mesmo, envergonhando-se dela. Os homens heterossexuais veem nas mulheres aquela parte de si mesmos que desde a infância eles se esforçam para esconder e recalcar: por isso "amam" da maneira tristemente conhecida.

O Eu masculino "normal" – para resumir – é em grande parte determinado por uma série de investimentos objetais homossexuais abandonados, transformados em libido narcísica, para a qual não existem metas heterossexuais. Nos "objetos" heterossexuais o homem projeta sua própria "feminilidade", antes recalcada. A mulher, portanto, está duplamente sujeita ao masculino: pois o homem lhe impõe sua própria virilidade (como condensação do desejo homossexual alienado) e sua própria "feminilidade". A mulher não é reconhecida como um ser autônomo, mas é historicamente qualificada em relação ao masculino a partir de uma completa heteronomia: e a heterossexualidade, como ocorre atualmente, baseia-se na heteronomia da mulher e tende a perpetuá-la. A Norma, por conseguinte, sustentada pela sociedade repressiva em que vigora a supremacia masculina, não pode deixar de ser heterossexual.

Como disse uma mulher[27],

> a feminilidade é uma travesti, é um homem que projeta uma ideia da mulher depois de tê-la censurado, sufocado, posto de lado, colocado em um gineceu. Ela não tem mais direito à fala, nem ao seu corpo, nem ao seu gozo [...]. Ele se apodera da representação, de um sistema de representação, de uma cena histórica que quer programar; a feminilidade será assim, será um homem disfarçado, após o que uma mulher poderá fazer o caminho inverso para um efeito duplicador dessa travesti e imitar o pederasta que imitou a feminilidade. Mulher, ainda não há. É difícil dizer, mas qualquer mulher pode senti-lo facilmente, compreendê-lo. A partir do momento em que ela começa a falar, a existir, ela se vê confrontada com problemas que são todos masculinos, e é isso que a coloca em perigo de morte – se ela não os toma para si, ela não existe e se ela os toma, morre dentro deles. É nesses limites que existimos e que travaremos a luta. As mulheres ainda não existem historicamente e o escopo de seu movimento é fazê-las existir, historicamente, como espaço diferenciado. Uma mulher é a alteridade.

Mas voltemos ao menino. Precisamente porque reprimidos, os traços psíquicos "femininos" são *projetados* por ele, ou seja, transferidos para uma pessoa do sexo

---

[27] Ver "Assenti e dappertutto", *L'Erba Voglio*, n. 26, jun.-jul. 1976, p. 7.

feminino, em geral a mãe. Uma espécie de cumplicidade íntima "homossexual" se estabelece entre mãe e filho: a mãe é a única que pode compreender, intuir as necessidades da "vida feminina" de seu filho e que pode satisfazê-las parcialmente (por exemplo, os pedidos de doçura, ternura, proteção, de ser amado, provido em suas necessidades). Forçado a reprimir seu próprio componente "feminino" para se identificar com o pai, o menino também é obrigado a reprimir sua propensão ao dom, à ternura, à sensualidade, à *maternidade*[28]*: isso, em particular, o induz a reivindicar ternura, afeto, sensualidade, entrega total e maternidade à mãe. É assim que desde cedo o homem é induzido a impor papéis à mulher.

Por sua vez, a mãe reserva para o filho "sentimentos que se originam de sua própria vida sexual: acaricia, beija e embala a criança, claramente a toma como substituto de um objeto sexual completo"[29]. No entanto, para a mãe, a pederastia é proibida, assim como o incesto, de modo que sua relação erótica com o filho se apresenta de forma indireta, alienada, e o filho de fato se coloca para ela como substituto de um "objeto" sexual completo. Essa primeira relação sexual reprimida deixa rastros nefastos na vida (erótica) de todos.

"Há, portanto, uma dupla série de contradições na relação mãe-filho na sociedade burguesa", observa Myriam Cristallo. "A primeira é que o ensinamento amoroso-sexual é dado, no ambiente fechado da família, pela mãe [...], com exclusão de uma relação dialética mais ampla com os outros. A segunda, intimamente entrelaçada com a primeira, é que o ensinamento amoroso transmitido já está viciado em si mesmo, pois vem das experiências concretas dos pais, realizadas no terreno alienado do mercado amoroso"[30].

Porém, é justamente por meio da relação com a mãe que a criança forma uma primeira ideia da mulher. Contribuem para a formação dessa ideia, além do contato direto com a mãe, a progressiva projeção sobre ela e sobre as demais mulheres do componente psíquico "feminino" do menino e a imagem de mulher, coletiva e

---

[28] Que as pessoas do sexo masculino têm desejo de maternidade é algo provado e descrito pela psicanálise. Ver, por exemplo, Georg Groddeck, *O livro d'Isso*, cit.

* A "maternidade", aqui, não significa construção social de um papel de cuidado dissociado de um processo fisiológico, como hoje é possível compreender. Trata-se de um sinônimo para a gestação, o parto e a amamentação, pois tem o mesmo sentido do que refletem os estudos psicanalíticos realizados até aquele momento, conforme indicação do autor. (N. E.)

[29] Sigmund Freud, "Três ensaios sobre a teoria da sexualidade", cit., p. 144.

[30] Myriam Cristallo, "Ma l'amor di madre resta santo", em Angelo Pezzana (org.), *La politica del corpo* (Roma, Savelli, 1976), p. 194.

herdada, que todo homem carrega dentro de si, um verdadeiro depósito de todas as experiências que a humanidade que nos precedeu viveu em relação à mulher *e, em particular, a respeito de sua repressão.*

Jung deu o nome de *Anima* à *imago* da mulher constituída pelo acúmulo no inconsciente do homem dos traços e tendências "femininos" recalcados e pela presença no inconsciente de uma imagem, coletiva e herdada, da mulher. A *Anima*, assim, acaba definindo o elemento "feminino" presente no masculino, enquanto o *Animus* seria o equivalente "masculino" da mulher. Mas, como o próprio Jung afirma, "se não é simples expor o que se deve entender por anima, é quase insuperável a dificuldade de tentar descrever a psicologia do animus"[31].

Em todo caso, segundo Jung, é justamente a projeção da *Anima* e do *Animus* que orienta sexualmente o menino para a mãe e a menina para o pai e que empurra o homem, na vida adulta, para a busca afetiva e sexual da mulher, e a mulher em relação ao homem. A heterossexualidade estaria, assim, baseada em um entrelaçamento de projeções.

"O homem, em sua escolha amorosa, sente-se tentado a conquistar a mulher que melhor corresponda à sua própria feminilidade inconsciente: a mulher que acolha prontamente a projeção de sua alma"[32].

A heterossexualidade baseia-se na projeção do outro sexo latente em nós sobre pessoas do sexo "oposto". Ela é determinada pela repressão da transexualidade, ou melhor, do hermafroditismo psíquico originário e das tendências ditas "perversas", em particular a homossexualidade.

O menino deseja "indiferenciadamente" até ser forçado a se identificar com o pai, afastando – como já disse – os impulsos homoeróticos e adaptando-se a um modelo heterossexual. A heterossexualidade masculina, tal como se apresenta atualmente, baseia-se, em consequência, no recalcamento da "feminilidade" do homem e na renúncia ao desejo gay e, como tal, representa uma forma de sexualidade alienada, *pois fundamenta-se no distanciamento do ser humano de si mesmo.* Tal como se manifesta, a heterossexualidade masculina é um desconhecimento de si mesmo e, assim, um desconhecimento do outro: já que, de fato, ao projetar sua própria "feminilidade" na mulher, o homem não reconhece mais sua própria "feminilidade", nem reconhece a mulher. O desejo heterossexual exclusivo e a

---

[31] Carl G. Jung, *O Eu e o inconsciente*, cit., p. 92.
[32] Idem, p. 76.

aspiração à *totalidade* através do desconhecimento da mulher em si (*em si*: isto é, da mulher como ela realmente é; e *da mulher em si*: isto é, da "mulher" que se oculta em cada homem).

A libertação de Eros e a realização do comunismo passam necessária e *gaiamente** pela (re)conquista da transexualidade e pela superação da heterossexualidade como ela se apresenta hoje. A luta pela (re)conquista da vida é também, e sobretudo, a luta pela libertação do desejo homoerótico. O movimento gay luta pela negação da negação da homossexualidade: para que a disseminação do homoerotismo mude qualitativamente a existência e a transforme, de sobrevivência, em vida. Referindo-se ao ensaio conclusivo da *Grande Encyclopédie des Homosexualités*[33], Luciano Parinetto afirma que, "se aceitamos a bipolaridade fundamental masculina-feminina do sexo humano, e se, ao mesmo tempo, se aceita o *recalcamento* capitalista e edipiano do feminino no masculino, então (já que só se rechaça aquilo que atrai em demasia) deve-se dizer dos *normais*: 'São vocês os homossexuais'". Se a contestação *homossexual* e *feminista*, acrescenta Parinetto,

> não deseja ser, tal como é o ateísmo em relação a Deus, uma posição por *negação* daquele capitalismo que os fez emergir pela *marginalização*, se não quer confirmar, precisamente, os papéis sexuais pela sua *negação*, na qual poderia se basear, deve apresentar-se como uma introdução à *transexualidade*, ou seja, a um *totalmente outro* tanto no que diz respeito à dita *normalidade* quanto no que diz respeito à sua *oposição* dialética.[34]

Parinetto certamente tem razão: mas me cabe recordar que a conquista da transexualidade passa necessariamente pelo movimento das mulheres e pela liberação completa do homoerotismo, bem como dos demais componentes do polimorfismo erótico humano; nem o ideal utópico da transexualidade, se quiser ser uma "utopia concreta", deve nos distanciar ou nos distrair da dialética concreta em curso atualmente entre os sexos e entre as diferentes tendências sexuais

---

* *Gaiamente*: de uma maneira gay. Um neologismo possível em português seria *gaymente*, usando-se a mesma lógica (gayamente) empregada na tradução de Joaquín Jordá para a edição em espanhol (Barcelona, Editorial Anagrama, 1979). Optamos, porém, por manter aqui a forma original em italiano. (N. T.)

[33] O número monográfico de "pesquisas" da *Grande Encyclopédie des Homosexualités* [A grande enciclopédia das homossexualidades], de curadoria de um grupo de escritores de que faziam parte Gilles Deleuze, Michel Foucault, Marie France, Jean Genet, Félix Guattari, Guy Hocquenghem, Jean-Jacques Lebel, Jean-Paul Sartre etc., foi publicado em Paris em março de 1973, e foi apreendido pela polícia no mesmo dia de seu lançamento. Ver, a propósito, o artigo de Paris-Fhar publicado em *Fuori!*, n. 10, jun.-jul. 1973.

[34] Luciano Parinetto, "L'utopia del diavolo: egualitarismo e transessualità", *Utopia*, dez. 1973.

(heterossexualidade e homossexualidade, sobretudo). Somente a luta daqueles que são os sujeitos históricos da antítese fundamental à Norma masculina heterossexual pode levar à superação da atual oposição entre os sexos e entre genitalidade heterossexual e homossexualidade ou outras ditas "perversões". Se a transexualidade é o verdadeiro *télos*, ela só pode ser alcançada quando as mulheres derrotarem o "poder" masculino baseado na polaridade dos sexos e os homossexuais tiverem abolido a Norma espalhando universalmente a homossexualidade. Além disso, dada a importantíssima funcionalidade ao prolongamento do capitalismo que têm a subordinação feminina e a sublimação no trabalho das tendências do Eros definidas como "perversas", a (re)conquista da transexualidade se dará com a queda do capitalismo e com a rejeição do trabalho alienado e alienante: a luta dos homossexuais e das mulheres é (fundamentalmente pela) a revolução comunista[35].

E, se a transexualidade é o *télos* da luta para a liberação de Eros, e o *télos* propriamente enquanto *fim interior*, futuro-passado-presente no inconsciente, potencialmente nos modos do ser reprimido e do ser-em-devir que hoje começa a se afirmar contra o capital e sua Norma: quem tem uma *Anima* ou um *Animus* para entender, que o entenda.

4. Crítica do conceito de bissexualidade. "A neurose é, por assim dizer, o negativo da perversão"

A teoria da bissexualidade originária e profunda, ou "ambissexualidade", para Ferenczi, não esclarece as causas da chamada "inversão sexual", o que, aliás, *justifica:* conforme Otto Weininger, autor de *Sesso e carattere* [Sexo e caráter] (1903) e enérgico defensor da teoria da bissexualidade, a homossexualidade não é vício nem é contra a natureza, uma vez que todo homem, sendo ele próprio também mulher, pode muito bem desejar outro homem (que por sua vez é também mulher), assim como toda mulher, sendo ao mesmo tempo homem, pode perfeitamente desejar outra mulher (que é também homem) como complemento de si.

Mas essa *justificativa* da homossexualidade é inútil (na verdade, ela se insere de modo pleno na ótica substancialmente reacionária da *tolerância*): *Weininger não faz nada além de adaptar o esquema bipolar da heterossexualidade ao homoerotismo*. A homossexualidade vem explicada recorrendo-se a categorias

---

[35] Retomo adiante esse importante argumento. Ver capítulo VI, parágrafo 4º.

heterossexuais. Creio, inversamente, que a homossexualidade contém, entre seus segredos, a possibilidade de compreender o hermafroditismo psíquico-biológico não tanto como bissexual, mas como erótico em um sentido novo (e mesmo remoto), polissexual, *transexual*. As categorias *heterossexuais* baseiam-se na censura ao hermafroditismo profundo, na submissão do corpo às diretivas neuróticas da mente censurada, na visão Egoística do mundo da vida determinada pela repressão das mulheres e do Eros, pela moral sexual coercitiva, pela negação da comunidade humana, pela atomização individualista. É inútil escavar em nossa *ratio* alienada categorias *bi*-sexuais, isto é *hétero*-sexuais, sobre a superioridade do latente e do reprimido: inútil *escavar*, a menos que estejamos satisfeitos com o desconhecimento da extensão da repressão que nos liga ao status quo; nós, revolucionários gays, queremos nos elevar, libertando-nos concretamente, à transexualidade.

Por ora, vou enfatizar mais uma vez como a mesma teoria psiquiátrica, psicanalítica e *hétero*-sexual da *bi*-sexualidade revela a contingência histórica do conceito de "normalidade" erótica. Não obstante esse conceito, a psicanálise nunca deixou de se colocar questões *em torno* do "desvio" homossexual – o tabu antigay acorrenta a psicanálise ao acúmulo fortemente *pré-judicial* de um ponto de vista *externo* à homossexualidade – em vez de questionar efetivamente as manifestações eróticas consideradas "normais" e sua absolutização ideológica. Em outras palavras, a psicanálise não investigou minuciosamente as causas da *inversão heterossexual*, pois ela depende demais da primazia heterossexual (assim como do conceito de inversão para, depois de fazer uso, livrar-se dele). Nesse caso, como em muitos outros, a psicanálise mostra-se demasiado fiel servidora da ideologia capitalista* e não se atreve a levar a fundo as suas próprias descobertas, desenhando os "extremos" com consequências teóricas (consequências que por vezes tangencia, evitando, no entanto, concentrar sobre elas uma atenção crítica plena).

---

* As críticas marxistas e de esquerda à psicanálise pontuaram, durante décadas, dentro e fora desse campo, a relação desse saber com as estruturas simbólicas do modo de produção capitalista e da dominação burguesa. No campo psicanalítico, além dessas críticas, diferentes práticas e experiências foram realizadas nas últimas décadas, procurando subverter esse lugar. As clínicas públicas de psicanálise, por exemplo, nascem dessa inquietação. Da mesma forma, como discutido adiante, o próprio movimento LGBT+ e os estudos feministas, de gênero e da sexualidade também transformaram as teorias psicanalíticas de modo substancial. Hoje o campo da psicanálise inclui abordagens contrárias a esse domínio ideológico da burguesia e à reafirmação da heteronorma e do machismo como padrão. (N. E.)

Assim, constatada a redução da "bissexualidade" originária à monossexualidade heterossexual, Freud obviamente não sonha em classificar a heterossexualidade entre "aberrações": isso implicaria a eliminação da própria noção de "aberração"; ao contrário, volta-se para o estudo da homossexualidade como protótipo de "perversão", comprometendo a análise desde o início.

Na realidade, em minha opinião, o conceito de "aberração" deveria ser substituído pelo de *mutilação*: de fato, todas as formas atuais de sexualidade, precisamente na medida em que são separadas, representam mutilações no que diz respeito à possível explicação polimórfica do Eros.

Se é verdade que Freud descreve o homoerotismo como um protótipo de "perversão", também é verdade que, para ser preciso, apenas o coito genital heterossexual não apresenta, segundo ele, "desvios": mesmo o boquete heterossexual é classificado por Freud entre os "desvios em relação ao objetivo sexual" e constitui a rigor um ato "perverso"; e isso apesar de ele mesmo afirmar que "em nenhum indivíduo são estaria ausente, em sua meta sexual normal, um ingrediente a ser denominado perverso"[36].

Com efeito, as atividades sexuais são consideradas "normais" ou "perversas" apenas com base em parâmetros relativos de julgamento, inerentes à época histórica. E, como veremos, uma causa econômica também está na base da repressão de Eros e da classificação dos atos e tendências sexuais como "aberrações". Marx adota a hipótese de Niebuhr, segundo a qual todos os antigos legisladores, "Moisés, antes de todos, fundaram o sucesso de seus preceitos para virtude, legalidade e bons costumes sobre a propriedade da terra ou, ao menos, sobre a posse hereditária da terra assegurada para o maior número possível de cidadãos"[37].

De um ponto de vista mais geral, Freud afirma:

> Precisamos ser capazes de falar sem que haja ofensa sobre aquilo que chamamos de perversões sexuais, a saber, as transgressões da função sexual no âmbito do corpo, bem como no do objeto sexual. A própria indeterminação dos limites do que deve ser chamado de vida sexual normal em diferentes raças e em diferentes épocas já deveria arrefecer os mais zelosos. Também não podemos esquecer que a mais adversa das perversões para nós, o amor sensual de um homem por outro homem, não apenas era

---

[36] Sigmund Freud, "Três ensaios sobre a teoria da sexualidade", cit., p. 56.
[37] Karl Marx, *Grundrisse: manuscritos econômicos de 1857-1858* (trad. Mário Duayer e Nélio Schneider, São Paulo, Boitempo, 2011), p. 392.

tolerada em um povo culturalmente muito superior a nós, os gregos, como também lhe confiavam importantes funções sociais.[38]

Malgrado esta e outras afirmações semelhantes, Freud não se pergunta quais razões específicas levaram a civilização ocidental, ao longo dos séculos, a transformar tão radicalmente sua atitude em relação à homossexualidade; basta-lhe que o amor sensual do homem pelo homem seja julgado abominável por seus contemporâneos para rotulá-lo como "perverso"*.

No entanto – já que estamos falando de Freud –, vale notar que ele nunca considerou a homossexualidade como patológica em si.

Pelo contrário, de acordo com seu ponto de vista,

> os sintomas [psiconeuróticos] não nascem apenas à custa do assim chamado instinto sexual *normal* (ao menos não exclusivamente ou predominantemente), que representam, isto sim, a expressão convertida de instintos que poderíamos denominar *perversos* (no sentido mais amplo), se pudessem manifestar-se diretamente em fantasias e atos, sem serem desviados da consciência. Assim, os sintomas se formam, em parte, à custa da sexualidade *anormal*; *a neurose é, digamos, o negativo da perversão*.[39]

Para Freud, a homossexualidade manifesta, assim como as demais "perversões", não é patológica em si: ao contrário, a psiconeurose deriva (em parte) justamente da conversão da chamada sexualidade "anormal" em síndromes patológicas. A neurose que aflige toda a humanidade é sobretudo causada pela repressão do Eros, pela mutilação de Eros que se reduz à monossexualidade (quase sempre heterossexual).

A neurose de nós bichas ou lésbicas (e hoje podemos falar da neurose dos homossexuais manifestos, já que é reacionário distinguir entre neuróticos e "saudáveis", pois somos todos, heterossexuais ou homo, mais ou menos neuróticos) não

---

[38] Sigmund Freud, "Fragmento de uma análise de um caso de histeria (caso Dora) (1905)", em *Obras incompletas*, v. 5: *Histórias clínicas: cinco casos paradigmáticos da clínica psicanalítica* (trad. Tito Lívio Cruz Romão, Belo Horizonte, Autêntica, 2022), p. 80.

* Apesar de escrever na década de 1970, Mieli não questiona a frase racista de Freud, o que sugere certa concordância com a narrativa eurocêntrica moderna segundo a qual a "civilização" grega antiga seria "superior" a quase todas (se não a todas) as experiências sociais humanas. Isso merece ser pontuado à luz das grandes contribuições da filosofia, das ciências sociais e de outras áreas das humanidades que desmontam esse tipo de mitologia com estudos científicos e elaborações teóricas – sobretudo as contribuições de autores negros e caracterizados como anticoloniais ou decoloniais, a exemplo de Frantz Fanon ou Lélia Gonzalez, e suas reflexões sobre "civilização" e dominação racial colonialista. (N. E.)

[39] Sigmund Freud, "Três ensaios sobre a teoria da sexualidade", cit., p. 63.

depende da nossa homossexualidade, mas pode ser causada pela tradução, em termos patológicos, do componente heterossexual e das tendências ditas "perversas" que, ao contrário da homossexualidade, temos geralmente recalcadas ou "quase recalcadas", em graus variados caso a caso.

É evidente, porém, que a neurose que aflige a nós, homossexuais manifestos, depende também, e sobretudo, da perseguição social que somos obrigados a sofrer precisamente por sermos gays. Em outras palavras, é a psiconeurose dos "normais" (baseada em grande parte na conversão patológica da homossexualidade e outras "perversões" reprimidas) que condena as expressões manifestas do homoerotismo, que provoca, em grande medida, a neurose dos homossexuais: é a psiconeurose baseada na repressão e no recalque do desejo homossexual que causa, principalmente, a psiconeurose de nós homossexuais manifestos. Não o homoerotismo, portanto, mas a perseguição do homoerotismo é patológica e patogênica.

5. Os psiconazistas

É também verdade que a opinião de Freud, segundo a qual a homossexualidade é uma "perversão" e *não* uma síndrome patológica, não é de forma alguma compartilhada por todos os psicanalistas e psiquiatras. Isso ocorre no contexto do completo recalcamento em geral operado pelas escolas psicanalíticas em relação aos aspectos mais disruptivos do pensamento freudiano (e esse recalque, particularmente no que diz respeito à homossexualidade, envolve o próprio Reich).

Sándor Ferenczi, por exemplo, distanciou-se claramente do pensamento freudiano no que diz respeito ao homoerotismo. Em 1909, definiu a homossexualidade como uma psiconeurose e, além disso, afirmou não acreditar na homossexualidade congênita[40]. Em outubro de 1911, por outro lado, durante uma conferência realizada no III Congresso da Associação Psicanalítica Internacional, em Weimar, Ferenczi defendeu uma distinção entre *homoerotismo de sujeito* e *homoerotismo de objeto*: "Um homem que se sente mulher em suas relações com os homens inverte-se em relação ao seu próprio Eu (homoerotismo por inversão do sujeito ou mais simplesmente homoerotismo de um sujeito) e se sente mulher não apenas durante a relação sexual, mas em todas as relações de sua existência"[41].

---

[40] Sándor Ferenczi, "Alcuni supplementi sul tema dell'omosessualità", em *Fondamenti di psicoanalisi*, v. IV (Rimini, Guaraldi, 1974), p. 134-140.

[41] Idem, "L'homoérotisme: nosologie de l'homosexualité masculine", em *Oeuvres complètes*, v. II (Paris, Payot, 1970), p. 117-129.

Esse tipo de homossexualidade constituiria (observe-se o simplismo apressado da definição de Ferenczi) um "estágio intermediário [...], portanto, uma pura anomalia de desenvolvimento".

Contraposta à figura do homossexual passivo, "afetado" pelo "homoerotismo de sujeito", Ferenczi pinta a imagem do "verdadeiro homossexual ativo", que "se sente inteiramente homem, e muitas vezes enérgico [...] e não tem nada efeminado, nem no plano psíquico nem no físico. Apenas o *objeto* de sua tendência é invertido e, portanto, poderia ser chamado de homoerótico por inversão do objeto de amor ou mais simplesmente homoerótico de objeto". Para Ferenczi, o homoerotismo de objeto seria uma neurose: mais precisamente, uma neurose obsessiva. Descrevendo o "homoerotismo de objeto" como síndrome patológica, ele admite estar em "oposição a Freud, que em sua 'teoria da sexualidade' define a homossexualidade como perversão e a neurose como negativo da perversão".

É evidente que, se o rótulo de "perversão" de Freud aplicado à homossexualidade denuncia o fundo reacionário de sua posição em relação aos gays (apesar de ele sustentar que o uso moralista do nome "perversão" seja inadequado), outros psicanalistas muito próximos de Freud – por exemplo, Ferenczi – podem ser mais abertamente reacionários, definindo a homossexualidade como patológica em si mesma.

Por outro lado, no que diz respeito ao homoerotismo, o pensamento de Ferenczi é muito contraditório: em alguns de seus escritos, nos quais a questão homossexual é tratada de forma menos direta, nota-se que ele não pode deixar de admitir, por baixo, a existência de uma homossexualidade congênita e, em consequência, a presença universal do desejo gay[42]. Mas então, se – como sugerem esses escritos – todo ser humano também é considerado homossexual, estaríamos todos sofrendo de neurose obsessiva ou de "pura anomalia de desenvolvimento" por causa disso? Não: não poderia ser, porque, como se sabe, o Dr. Ferenczi ainda distinguia entre

---

[42] No artigo intitulado "Le Rôle de l'homosexualité dans la pathogénie de la paranoïa", Ferenczi afirma, por exemplo: "O papel do álcool [não consiste] senão na destruição da sublimação, envolvendo a evidenciação da verdadeira estrutura sexual psíquica do indivíduo, isto é, uma escolha do objeto do mesmo sexo"; ver *Oeuvres complètes*, cit., v. I, p. 176. A homossexualidade, portanto, não é congênita, mas, sim, "verdadeira estrutura sexual psíquica do indivíduo".
Podem-se citar outros textos: Ferenczi dá provas constantes de estar convencido da presença universal do desejo gay. Ver, por exemplo, os seus *Symptômes transitoires au cours d'une psychanalyse*, p. 199-209; *L'Alcool et les néuroses*, p.189-93; *Un Cas de paranoïa déclenchée par une excitation de la zone anale* (onde se fala de uma "sublimação social da homossexualidade"), p. 146-9.

"neurótico" e "saudável". Claramente, segundo seu ponto de vista, a homossexualidade se manifesta como psiconeurose ou anomalia *apenas quando se manifesta,* justamente, pela superação da resistência e pela fuga ao recalque.

Acredito que interpreto a opinião de muitos homossexuais se digo que, ao contrário, acreditamos (e nisso estamos mais próximos do pensamento de Freud) que a neurose geral que a *todos* aflige depende em grande parte da repressão social do desejo gay, isto é, de seu recalcamento forçado e sua conversão em sintomas patológicos.

A essa "conclusão", plausivelmente, um Ferenczi não se aventura. Sua condição privilegiada, em conformidade com a Norma, de homem heterossexual, o impede de descobrir o protagonismo da repressão da homossexualidade na etiologia da neurose que tortura nossa sociedade, a *Kultur.* Para descobri-lo, ele teria primeiro que reconhecer sua *própria* "neurose obsessiva" e a anomalia de *seu* desenvolvimento com respeito a uma *livre* "evolução" pansexual; nesse ponto, perceber-se-ia como não é possível sentir-se verdadeiramente bem (tornar-se "saudável") sem que se libere o desejo erótico por pessoas do mesmo sexo: a homossexualidade manifesta não garante a felicidade por si só, mas não há libertação autêntica sem libertação do desejo gay. Para haver cura, é preciso agarrar *les fleurs du mal**.

Notaremos como na maioria dos estudos psiquiátricos sobre a homossexualidade há uma tendência a dividir em compartimentos estanques a categoria de homossexuais "masculinos" (os "homoeróticos de objeto" de Ferenczi) e a dos "femininos" (os "homoeróticos de sujeito"), conforme os modelos tradicionais opostos de papel heterossexual, de marcada diferenciação entre os sexos. Psiquiatras e psicanalistas que lidam com o estudo da homossexualidade não são capazes de se abster de aplicar a ela categorias interpretativas puramente heterossexuais. E os antipsiquiatras? Ah, eles entendem Lacan melhor do que entendem a homossexualidade (*"En voulez-vous de Lacan? C'est meilleur que la banane"***...)***.

---

* As flores do mal. Em francês no original, em alusão à obra de Charles Baudelaire. (N. T.)

** "Você quer Lacan? É melhor que banana". Em francês no original. (N. T.)

*** A referência é a uma canção que se popularizou na França na voz de Josephine Baker. A canção original dizia no primeiro verso *"Voulez-vous de la cane?"* (Você quer cana?), frase cujo final na pronúncia francesa se assemelha a "Lacan" (*la cane*/Lacan). O segundo verso, que compara a cana à banana, compunha insinuação sexual, pois era seguido de descrições humorísticas sobre "chupar a cana" e seu formato fálico. Por conta dessa ironia, a canção se popularizou no meio gay francês e possivelmente europeu em geral (ou ao menos italiano, para estar citada aqui carregada de ironia), nas décadas de 1960 e 1970, como uma espécie de hino ou brincadeira. (N. E.)

E assim se dá que, filtrados pela interpretação psicanalítica, nós, homossexuais, pareçamos completamente diferentes do que somos: enquanto, quase sempre, a opinião dos psicanalistas corresponde à perfeição das ideias estereotipadas e falaciosas que os heterossexuais ignorantes fazem de nós (e, no que diz respeito à homossexualidade, todos os heterossexuais são, mais ou menos, ignorantes). Longe de partir das aparências de nossa vida "exterior" de marginalizados, a fim de apreender, por meio da análise crítica, a realidade de nossa condição de homossexuais, a psicanálise, repleta de preconceitos, aplica categorias interpretativas preconcebidas a uma visão heterossexual típica da homossexualidade: em outras palavras, resume aparência a aparência, fomentando a ilusão, obstaculizando a crítica, sustentando a ideologia.

Posições substancialmente equivalentes às de Ferenczi são encontradas com muita frequência na história da psiquiatria e da psicanálise. Com muita frequência, os médicos integram a grande maioria ou mesmo a totalidade dos "casos" de homossexualidade manifesta no quadro das neuroses, definindo-os como psicopatológicos. Então, segundo eles, o homoerotismo seria neurose por "fixação infantil da libido e sobretudo fixação na fase sádico-anal"; "neurose por não liquidação do complexo de Édipo, por narcisismo persistente"; "neurose pelo recalque da heterossexualidade"; ou, como para Wilhelm Reich, "por um desenvolvimento defeituoso da primeira infância que consiste em ter tido muito cedo uma grave desilusão por parte do outro sexo". Esses são os *leitmotivs* mais comumente encontrados.

Depois, há quem considere o "temor pânico" do mistério da mulher (entre os homens) e do homem (entre as mulheres) a causa da homossexualidade, como Irving Bieber: "Consideramos a homossexualidade uma adaptação patológica, biológica, psicossexual, resultante dos medos que cercam a expressão dos impulsos heterossexuais".

Hipóteses desse tipo se revelam imediatamente acríticas e ilusórias assim que se percebe que partem do preconceito de que a heterossexualidade, ao contrário, deve ser considerada "normal" no sentido absoluto. E ainda, se seguirmos as teorias psicanalíticas inerentes à "patogênese" da homossexualidade, não podemos deixar de considerar, por analogia, também a heterossexualidade uma neurose, *neurose devida ao recalque da homossexualidade, por exemplo, ou uma neurose devida ao temor pânico das relações sexuais com pessoas do mesmo sexo*. Parafraseando Bieber, poderíamos dizer: "Consideramos a heterossexualidade uma adaptação patológica, biológica, psicossexual, resultante dos medos que circundam os impulsos homossexuais".

Não é divertido brincar de polemizar com psicanalistas (ou melhor, *psiconazistas**) nem é profícuo adaptar-se a um confronto no reduzido terreno por eles escolhido. Os médicos nos inundam de bobagens ditadas à sua (in)consciência pelo tabu anti-homossexual, e certamente não nos interessa considerar suas afirmações. No entanto, muita gente ainda pensa que eles têm razão e acredita que suas opiniões retrógradas confirmam as suas próprias, de modo que não se pode evitar completamente a comparação. Acredito que devemos ter em mente o que Domenico Tallone escreve sobre a equação psiquiátrica homossexualidade = doença: "Gostaríamos muito de não ter mais que discutir um tema que seria apenas idiota se não fosse o fato de que a imbecilidade teima em se sobrepor ao bom senso, e, quando ela é validada por títulos acadêmicos, é tanto mais temerosa quanto vazia de conteúdo"[43].

É claro que, se não tomamos para nós, mediocremente, os preconceitos atuais com base nos quais a heterossexualidade deve ser considerada "normal", "natural", e a homossexualidade, "anormal", "antinatural", dizer que a maioria dos "casos" de homossexualidade manifesta são psicopatológicos, dizer que o homoerotismo é uma neurose, obriga a admitir que também a heterossexualidade é psicopatológica em si mesma, que a heterossexualidade é uma doença. E então nos perguntamos a que serve e, sobretudo, a quem serve continuar-se a diagnosticar a "neurose" dos homossexuais e percebemos quão absurdo é pretender "curar" a homossexualidade como uma "doença" a partir de um ponto de vista supostamente saudável, mas na realidade neurótico, que é o ponto de vista heterossexual dos psiconazistas.

Por outro lado, por que julgar o homoerotismo como "anormal", "contrário à natureza"? Se considerarmos o ser animal do homem como um aspecto essencial de sua "natureza", perceberemos então como a homossexualidade é comum entre os animais, em certas espécies até mais difundida do que a heterossexualidade, tanto

---

* Se neste primeiro momento a associação tão direta com o nazismo pode soar forte ou mesmo descabida, é importante notar que a perseguição nazista a toda a comunidade LGBT+ foi muito violenta. Adiante no texto, Mieli recupera casos de diferentes Estados – incluindo o nazismo e a União Soviética – que realizavam sistematicamente operações de tortura na perseguição à população LGBT+. Nesse sentido, a aproximação aqui é cabível, pois ele se refere justamente aos psicanalistas, psicólogos e psiquiatras que, ao sustentar um discurso patologizante e desumanizador sobre a sexualidade não heterossexual, embasavam esse tipo de prática. Mieli não indica, aqui ou em outro momento da obra, que todo profissional "psi", como dizemos em gíria hoje, seria necessariamente um "psiconazista", mas aponta para essa aproximação histórica entre as teorias psi operantes a favor da "Norma" e a perseguição e tortura à comunidade LGBT+. (N. E.)

[43] Domenico Tallone, "Gli stregoni del capitale", em *La politica del corpo*, cit., p. 66.

a homossexualidade feminina quanto a homossexualidade masculina[44]. A homossexualidade é muito comum entre os macacos, assim como nos muitos mamíferos subprimatas, como o leão, o golfinho, o cachorro (quem não viu dois cachorros se pegando? Ou duas cadelas?), o gato, o cavalo, a ovelha, a vaca, o porco, o coelho, o porquinho-da-índia, o rato etc. Depois, há pássaros prevalentemente gays (o pato, por exemplo, para além de todos aqueles que conhecemos...). No entanto, esse tipo de prova e listagem não serve para abrir os olhos dos teimosos. Os heterossexuais com antolhos usam o conceito de "natureza", bem como o de "contranatureza" de acordo com suas próprias conveniências tacanhas. Leiamos o que escreve Eurialo De Michelis, por exemplo, no ensaio intitulado "L'omosessualità vista da un moralista" [Homossexualidade na visão de um moralista]: "E de que importa o argumento irresistível de que mesmo no reino animal existem amores contra a natureza? Isso pode ser inocente nos animais, mas não no homem, pois este vive muito mais em função de algo (ou vive *também* em função de algo) que o distingue dos animais"[45].

Esqueçamos, pois, os animais, visto que eles também amam "contra a natureza" e que o homem vive de acordo com alguma coisa (De Michelis *dixit* [corolário]). Por outro lado, porém, os antropólogos Clellan Ford e Frank Beach constataram que, examinando 76 formas diferentes de sociedade humana, a homossexualidade é desaprovada e mais ou menos reprimida em apenas 27 (ou 36%). O tabu anti-homossexual que caracteriza nossa civilização ocidental não é, portanto, um dado estrutural específico da "natureza humana" e tem uma certa origem histórica, embora misteriosa: *Sodoma e Gomorra não foram destruídas por ninguém*[46].

Por fim, já vimos como a psicanálise, pela voz de Freud, declara a presença universal do desejo homoerótico no ser humano. De tudo isso, deduziremos que a heterossexualidade, precisamente na medida em que baseia sua suposta primazia na afirmação completamente falsa de que a homossexualidade é "contra a natureza", "anormal" ou "patológica", revela-se *patológica*. Mais precisamente: se o amor de um ser humano por outro do sexo "oposto" não é absolutamente patológico, a heterossexualidade como se apresenta hoje, como Norma, é patológica, pois sua primazia é mantida despoticamente sobre a repressão de outras tendências do

---

[44] Ver Clellan Ford e Frank Beach, *Il sesso: nel comportamento degli uomini e degli animali* (Florença, Schwarz, 1961).

[45] Eurialo De Michelis, "L'omosessualità vista da un moralista", *Ulisse*, fasc. XVIII, p. 733.

[46] Ver capítulo II, parágrafo 2º.

Eros. A tirania heterossexual é um dos fatores determinantes da neurose moderna e – dialeticamente – é também um dos sintomas mais graves dessa neurose.

Em seu delírio, vários psiquiatras e psicanalistas, gendarmes do poder capitalista heterossexual, distinguem, do ponto de vista médico-psicológico, diferentes tipos de homossexualidade: segundo eles, não se deve falar de uma homossexualidade, senão de várias homossexualidades. Então, da mesma forma, poderíamos falar sobre *as* heterossexualidades em vez *da* heterossexualidade.

Há médicos que distinguem os diferentes tipos de homossexualidade de acordo com a idade do "objeto" amoroso: pedofilia ou pederastia, se for criança e adolescente, gerontofilia se for idoso. Mas e se o "objeto" sexual não for nem velho nem muito jovem?

Contudo, no que diz respeito à pedofilia, a etimologia grega não faz distinção de sexo: παις, παιδός significa tanto menino quanto menina. Devemos então distinguir a heterossexualidade pederástica de outras formas de heterossexualidade? Na realidade, quando, com suprema repugnância, os chamados "normais" assumem a "versão" pederástica nas relações entre pessoas de sexos diferentes, certamente não falam de heterossexualidade – pois heterossexualidade é para eles sinônimo de "normalidade" – nem de pederastia – pois sua ignorância os leva a considerar o termo "pederastia" estritamente sinônimo de homossexualidade masculina –, falam de "perversão" *tout court*, ou pior, de "crime hediondo": para o "normal", o heterossexual que anda com uma garotinha não é um heterossexual, mas um monstro. *Lolita*, no entanto, vende muito. Encontra-se nas prateleiras, nas fantasias e nos segredos das melhores famílias.

Há também médicos que se dão ao luxo de distinguir as homossexualidades segundo a modalidade, por assim dizer, da "técnica amatória" (sodomia, pedofilia etc.). Mas, novamente, qual é o sentido da distinção se *diversas* homossexualidades podem coexistir em um indivíduo? Se ele se entrega ao coito anal, ao boquete, aos beijos, às carícias, à masturbação alternada ou simultânea (sexy!), se é ativo ou passivo com um parceiro ou ativo e passivo com dois parceiros? E então, do ponto de vista da "técnica amatória", diferentes heterossexualidades podem coexistir em uma única pessoa: a heterossexualidade sodomítica, por exemplo – por que não? Mesmo que o *Último Tango* tenha sido condenado à morte –, e a heterossexualidade genital-frontal tradicionalíssima.

Finalmente, o que diria um Dr. Azzeccagarbugli de alguém que se entrega a *diversas* heterossexualidades e a *múltiplas* homossexualidades ao mesmo tempo?

Daquele sujeito que, por exemplo, enquanto tem seu ânus penetrado pelo punho de sua irmã, sodomiza o amante dela e também masturba a irmãzinha do amante de sua irmã e faz um boquete em seu sogro? (O sogro de quem?)

Com todas as suas distinções tão inúteis quanto altissonantes, nossos médicos tendem a fazer a figura do tio (só para ficar na família) no poema de Catulo:

> Sobre quem as coisas eróticas dizem ou fazem
> O tio de Gélio trovejou e retorquiu
> Gélio escapou à censura:
> Fodendo a esposa de seu tio
> Fez dele a estátua do silêncio.
> Fodendo também o tio
> O tio não diria nada.[47]

Ainda mais ridícula é a distinção que alguns psicanazistas fazem em relação às características do vínculo homossexual: "relações de nível sexual puramente instintivo ou de amor erótico mais complexo" (Tullio Bazzi). E, contudo, é precisamente esse tipo de diferenciação que permite à Igreja hoje julgar as relações homossexuais como mais ou menos pecaminosas, de acordo com seu caráter; *mais ou menos* pecaminosas, porque os pecados em todo caso permanecem para a moral católica.

Finalmente, para deixar seus traseiros em paz, os médicos muitas vezes distinguem formas de "verdadeira homossexualidade" de outras de "homossexualidade espúria ou pseudo-homossexualidade" (Bergler, Schneider, Servadio, apenas para citar algumas "boas" amostras).

1) A "verdadeira homossexualidade" só ocorreria quando "um homem com diretivas femininas as endereça a um homem com diretivas masculinas e um corpo masculino"[48]. Somente nesse caso, conforme os médicos, há uma "inversão psicossexual do sujeito".

2) Contrariamente, não devemos falar de "verdadeira inversão sexual" quando um homem com "diretivas masculinas" se volta para um homem com "corpo feminoide e diretivas masculinas": nesse caso, não seria "verdadeira homossexualidade", já que, de acordo com os médicos, o "objeto" não poderia amar o "sujeito". Mas por que não seria capaz de amá-lo? Não poderia nele aflorar,

---

[47] Catullo, *Le poesie* (Turim, Einaudi, 1969), p. 238.
[48] Tullio Bazzi, "L'omosessualità e la psicoterapia", *Ulisse*, v. XVIII p. 648.

apesar das "diretivas masculinas" (que os médicos evidentemente associam ao desejo heterossexual), o componente homossexual que sempre esteve latente? *Nós bichas sabemos perfeitamente que não existem heterossexuais inexpugnáveis: basta saber tomar o momento oportuno (nada muda se tem um corpo "feminoide" ou "viril")*. Kinsey e seus colegas disseram: "Um homossexual com alguma experiência pode, sem dúvida, encontrar mais parceiros entre os homens do que um homem heterossexual com alguma experiência encontrará entre as mulheres"[49]. Nada mais gay do que transar com o sujeito que estava convencido de que não tinha atração sexual por homens e que então, graças à sua habilidade artística de seduzir, percebe que está ardendo de desejo em seus braços. A diferenciação médica entre "verdadeira homossexualidade" e "pseudo-homossexualidade" é absurda: a homossexualidade é sempre verdadeira e realmente existe mesmo quando não aparece; quando, isto é, jaz latente.

Também no que concerne ao (cont)ato homossexual feminino ou masculino, está correto Hegel quando afirma: o *ato "é* assim e assim, e o seu ser não é um simples símbolo, é o próprio ato. É *isso*, e o ser humano individual é aquilo que é o ato. Pelo simples fato de que o ato é, o indivíduo é para os outros o que realmente é e com certa natureza genérica, e deixa de ser apenas algo que se 'pretende' ou 'presume' ser de certa forma. [...] Os atos *por si só* devem ser considerados seu ser genuíno, não sua figura ou forma [...]".

3) Mas os médicos evidentemente não leram Hegel, apesar de tentarem passar sua "filosofia" barata como ciência. De fato, segundo alguns deles, não se pode falar de "verdadeira homossexualidade" mesmo no "caso de um homem com diretivas masculinas dirigidas a um homem de corpo feminino e diretivas femininas"[50], ainda que nessa situação admitam – que bondade a deles! – que "uma ligação recíproca pode ser formada".

De fato, para os psiconazis, enquanto as "diretrizes" do "sujeito" permanecerem masculinas, não se pode falar de uma autêntica inversão psicossexual do "sujeito" e, portanto, da "verdadeira homossexualidade". Eis que os médicos, presos como estão à noção de "inversão psicossexual do sujeito" como condição *sine qua non* da "verdadeira homossexualidade" e à dicotomia ilusória de "sujeito" e "objeto" (na qual imediatamente salta aos olhos que, ao contrário, em uma relação todo

---

[49] Alfred C. Kinsey, Wardell B. Pomeroy e Clyde E. Martin, "Homosexual Outlet", em *The Homosexual Dialectic* (Englewood Cliffs, Prentice-Hall, 1972), p. 15.
[50] Tullio Bazzi, *L'omosessualità e la psicoterapia*, cit., p. 649.

sujeito é também objeto, bem como todo objeto é também sujeito), não percebem que esse terceiro "caso" que consideram uma manifestação de "homossexualidade espúria" é na verdade simétrico, no que diz respeito às "diretivas", ao "caso" primeiro, única forma – em sua opinião – da "verdadeira homossexualidade". Assim, ao negar o atributo de reciprocidade ao conceito de "verdadeira homossexualidade", *negam a possibilidade de uma relação autenticamente homossexual* e reduzem a "verdadeira homossexualidade" a uma mera qualificação de um determinado tipo de "sujeito".

Retomando: para muitos psiconazistas, a homossexualidade só é verdadeira quando acompanhada do que eles definem como "inversão psicossexual do sujeito", pois nesse caso "o sujeito possui uma psicossexualidade feminina e é compreensível que sinta atração pelo homem"[51]. Somente o perfeito *uranista**, portanto, *anima muliebris in corpore virili inclusa* [alma feminina em corpo masculino] (Ulrichs), seria verdadeiramente bicha. Todos os outros, pseudobichas. Acontece, porém, que as pessoas geralmente chamam de bicha qualquer homem que, de uma forma ou de outra, deseja fazer amor com outro homem. Será que o bom senso popular sabe mais que os médicos?

Na realidade, não é preciso muito para entender que os médicos, apesar de todos os seus sofismas e distintas definições, seguem mediocremente os clichês vulgares que atribuem rótulos "interpretativos" de natureza heterossexual à homossexualidade: segundo eles, é preciso possuir "diretivas" psicossexuais femininas para poder desejar um homem. Caso contrário, a homossexualidade é "pseudo-homossexualidade". Pelo contrário, é evidente que o próprio tipo de situação homossexual por eles definida como "verdadeira homossexualidade" é a que mais se assemelha à heterossexualidade. São incapazes de conceber a verdadeira homossexualidade como uma relação entre homens e a reduzem a um atributo essencial de certo tipo de "invertido" com desejos "femininos" dirigidos ao homem: o tabu antigay os impede de compreender que o homoerotismo não é um mimetismo da heterossexualidade, mas algo *diferente*, e faz com que eles vomitem rios de besteira.

Nós, ao contrário (ainda sem ter lido Hegel), consideramos verdadeiramente homossexuais todos os tipos de desejos, atos e relações sexuais entre pessoas do mesmo sexo. Óbvio, não? Claro que sim, mas deve-se dizer que, a respeito da

---

[51] Ibidem.

* Homossexual masculino "passivo". (N. T.)

homossexualidade, os heterossexuais ignorantes sabem definitivamente menos que sobre La Palisse*.

É verdadeiramente homossexual também o relacionamento erótico ocasional de uma mulher com uma mulher que geralmente só tem relações com homens (nada muda se ela está ciente disso ou não); mesmo o relacionamento ocasional de um homem com um homem que geralmente tem relações com mulheres (quer ele admita ou não) é verdadeiramente homossexual**.

De acordo com Kinsey, Pomeroy e Martin, em vez de usar os termos "heterossexual" e "homossexual" como "substantivos que definem pessoas, ou como adjetivos para descrever pessoas, eles poderiam ser usados mais apropriadamente para descrever a natureza da relação sexual manifestada ou o estímulo ao qual um indivíduo responde eroticamente". Basicamente, eles não estão errados, embora sua proposta revele-se, de fato, abstrata ou *que abstrai os fatos*: pois, dado o contraste histórico concreto entre indivíduos que reconhecem seus próprios desejos homoeróticos e outros que, de maneira oposta, os negam taxativamente, não se pode hoje evitar distinguir homossexuais declarados de heterossexuais (isto é, de bichas decididamente *refoulées****). Caso contrário, haveria um perigoso e ilusório achatamento terminológico da real contradição entre heterossexualidade e homossexualidade: *nesta noite, nem todas as vacas são gays*.

Mas voltemos às opiniões dos héteros. Muitas pessoas pensam que às vezes, devido a certos fatores externos, ambientais, o comportamento homossexual assume o

---

* La Palisse refere-se a uma "lapalissada", ou "verdade de La Palisse", ou seja, algo que é evidente, já sabido, que não precisa ser enunciado. (N. T.)

** Neste ponto, fica ainda mais evidente que a ideia de "homossexual" ou "gay" de Mieli não corresponde à terminologia hoje empregada no Brasil. Em nosso contexto, essas palavras dizem respeito a identidades particulares, uma delas (gay) ligada especificamente a uma posição de gênero. Quando fala da "homossexualidade" como algo universal, originário, Mieli não se refere ao desejo homossexual como algo exclusivo em termos de gênero. A passagem deixa claro, que, para ele, homossexualidade e heterossexualidade não são mutuamente excludentes na experiência dos sujeitos, embora a heterossexualidade seja produto do recalcamento da homossexualidade. Nesse sentido, sua noção de "homossexualidade" se aproxima em alguns pontos da compreensão contemporânea brasileira sobre o que seria a bissexualidade, embora haja diferenças importantes. Cabe ressaltar que os estudos bissexuais são ainda hoje pouco desenvolvidos dentro dos estudos sobre gênero e sexualidade, então não seria possível apontar uma suposta bifobia no texto de Mieli sem incorrer em anacronismos grosseiros. Contudo, é possível pontuar que, mesmo procurando romper com a mononormatividade, a escolha possível de categorias e debates conceituais do autor acaba acarretando esse problema (dados, claro, os limites da época e a compreensão da comunidade bi sobre sua experiência, que se fortaleceu a partir das décadas seguintes à publicação desta obra). (N. E.)

*** Reprimidos. Em francês no original. (N. T.)

sentido de uma satisfação puramente instintiva e paliativa: seria então uma espécie de "homossexualidade-substituta", destinada a desaparecer à medida que a situação muda. Isso ocorreria sobretudo entre os membros de "comunidades" masculinas que não podem ter relações com mulheres e entre as mulheres obrigadas a viver em "comunidades" femininas onde são proibidos encontros com homens (prisões, campos de concentração, colégios, conventos, navios, quartéis etc.). Na realidade, mesmo nesses casos é ilusório falar de "pseudo-homossexualidade" ou "homossexualidade-substituta": há que reconhecer expressões manifestas de desejo homoerótico que, se antes era latente, agora emerge, dadas as condições ambientais particulares, de forma mais ou menos alienada (e alienada, isto sim, pelas condições ambientais restritivas e desumanas).

Há também médicos que não consideram os homens que se prostituem com homens como "verdadeiros homossexuais": classificam-nos como "psicopatas amorais" (Tullio Bazzi). Mas, então, os homens que se prostituem com mulheres não seriam heterossexuais reais? Ou os homens que se prostituem com mulheres não se enquadram, na opinião dos médicos, na categoria de "psicopatas amorais"?

De qualquer forma, nos "mercenários" reconhecemos homossexuais que, devido à repressão do homoerotismo e à miséria em que são forçados a viver, só podem dar origem aos seus impulsos homoeróticos exibindo a seus próprios olhos e aos dos outros a necessidade (por mais ilusória quando se refere à homossexualidade) de ganhar dinheiro[52]. Também no caso do prostituto que vai com homens vale o que diz Hegel: "quando sua atividade é contrastada com suas possibilidades, capacidades ou intenções internas, somente a primeira deve ser considerada como sua verdadeira realidade, mesmo que ele se iluda sobre isso e, depois de passar da ação para si mesmo, pretenda ser, em seu 'mundo interior', algo diferente daquilo que foi no ato"*.

Em conclusão, menciono a opinião dos que consideram "psiconeurótica" apenas a homossexualidade daqueles que, longe de se orgulharem dela, se envergonham, a temem, se preocupam com ela e tentam livrar-se dela. Nesse caso, da mesma forma, podemos definir como psiconeuróticos todos os heterossexuais que negam absolutamente a presença em si dos impulsos homossexuais, pois justamente essa negação absoluta revela seu medo do reconhecimento de sua homossexualidade, que eles não aceitam: em uma palavra, sua natureza de *bichas enrustidas*.

---

[52] Ver capítulo IV, parágrafo 3º.

* Aqui novamente o autor classifica como incongruência, falta, falsidade etc. algo que hoje compreendemos como bissexualidade. (N. E.)

Os homossexuais que se envergonham de o ser são neuróticos como é neurótica a sociedade que rejeita o homoerotismo, julgando-o vergonhoso e abjeto e condenando-o à latência ou à marginalização. Os homossexuais que preferem ser heterossexuais são o espelho de uma sociedade que reprime o homoerotismo*.

Quando, por outro lado, um gay "aceita a si mesmo", em processo psicoterapêutico, muitos reconhecem que "os resultados são escassos ou nulos nos raros sujeitos que se prestaram a esse tratamento"[53]. Mas – objetar-se-á – como pode um homossexual aceitar a si mesmo e ao mesmo tempo submeter-se à terapia precisamente como homossexual? Evidentemente se dirá que basta que um gay não seja de fato um daqueles que esvoaçam dia e noite por causa de sua homossexualidade para defini-lo como um "homossexual que se aceita" e, em todo caso, tentar "curá-lo": mas um gay que se aceite de verdade, que se ame pelo que ele é e pelas ações que ele cumpre, que ame outros gays, nunca concordaria em se prestar a qualquer tipo de "cura" que tentasse transformá-lo em heterossexual (mesmo que a enfermeira fosse Delphine Seyrig)**.

De qualquer forma, "mesmo os psicanalistas ortodoxos, geralmente tão otimistas sobre as possibilidades de seu método, são muito céticos em relação a isto: Steckel afirma 'jamais ter visto um homossexual curado com psicanálise', e Nacht (1950) acredita que essa forma é inacessível a qualquer tipo de psicoterapia"[54]. *Claramente, não se pode curar ninguém de uma doença que não existe.*

6. Os ditos "terapeutas"

Resta tratar da opinião daqueles que arriscam alguma correlação entre comportamento homossexual e equilíbrio químico hormonal ("onde fica claro, minimamente", observa Altman de imediato, "que uma correlação não pode facilmente se tornar uma causa")[55]. Já disse que os chamados "desequilíbrios" hormonais

---

* Um dos argumentos bifóbicos mais comuns atualmente é o de que a bissexualidade não existe e, não existindo, essa prática sexual seria indicativa de uma verdade escondida, de uma falsidade, de mentiras da parte da pessoa que a realiza. O autor incorre aqui novamente em um argumento mononormativo, ainda que sua intenção política seja se distanciar disso. (N. E.)

[53] Tullio Bazzi, *L'omosessualità e la psicoterapia*, cit., p. 654.

** Atriz francesa (1932-1990), estrela de inúmeros filmes importantes, como *O ano passado em Marienbad*, de Alain Resnais (1961), e *O discreto charme da burguesia*, de Luis Buñuel (1973). (N. I.)

[54] Tullio Bazzi, *L'omosessualità e la psicoterapia*, cit., p. 654.

[55] Dennis Altman, *Omosessuale: oppressione e liberazione* (Roma, Arcana, 1974).

podem ocorrer indiferentemente tanto em heterossexuais quanto em homossexuais. "Além disso", observa com relutância o Dr. Dreyfus, "as dosagens hormonais observadas sistematicamente e em série em invertidos nunca permitiram o estabelecimento de uma fórmula hormonal própria à homossexualidade"[56]. Isso não impede que, com mais frequência do que se possa pensar, médicos, como perfeitos nazistas, se deleitem em experimentos de "terapia" hormonal para a homossexualidade: o "invertido" pode bem servir como cobaia. No entanto, o próprio Dreyfus é forçado a admitir: "Infelizmente, nunca vi uma homossexualidade masculina, qualquer que seja o substrato biológico, curar-se sob a influência única de um tratamento hormonal, mesmo que conduzido vigorosamente"[57].

Muitos médicos, além de serem criminosos, são imbecis: muitas vezes tendem a confundir homossexualidade com "masculinidade" nas mulheres ou "efeminação" nos homens. Isso acontece apesar do fato de que a psicanálise – como já vimos –, desde a época de Freud, chegou à conclusão de que "a medida do hermafroditismo físico é em alto grau independente da do psíquico"[58]. Chegamos assim, prescindindo dessa consideração e de seus corolários, a confissões como a de Robert Stoller, psiquiatra de Los Angeles, que escreve: "Os homossexuais masculinos são uma exceção a respeito da qual não me arrisco a pronunciar-me, porque ainda não a entendi". Nada de exceção e exceção! Os homossexuais "masculinos", sobretudo nos Estados Unidos, são muito mais numerosos do que os "efeminados", que, contudo, obviamente não passam despercebidos.

É claro que, se um psicanalista, diferentemente de Freud, considera a homossexualidade patológica, ele se inclina a avaliar a "terapia" como possível e aconselhável. Há quem, como Gian Franco Tedeschi, considere errado "o pessimismo generalizado sobre os resultados de uma intervenção terapêutica sobre a homossexualidade".

Freud, por outro lado, não identificando a homossexualidade com uma síndrome patológica, enfatizou como, na psicoterapia, provocar "essa operação de recalcar a inversão genital ou homossexualidade nunca pareceu fácil segundo a minha experiência". "Achei muito mais", escreveu ele,

> que ela só é bem-sucedida sob circunstâncias particularmente favoráveis, e mesmo assim o êxito consiste essencialmente em liberar a via – até então interditada à pessoa

---

[56] Gilbert Dreyfus, "L'omosessualità vista da un medico", cit., p. 644.

[57] Ibidem.

[58] Sigmund Freud, "Sobre a psicogênese de um caso de homossexualidade feminina", cit., p. 166.

estritamente homossexual – para o outro sexo, portanto, em restabelecer sua plena função bissexual. Dependia, então, de saber se preferia essa outra via proscrita pela sociedade, e em alguns casos foi o que se deu. É preciso pensar que também a sexualidade normal depende de uma limitação da escolha de objeto, e que, em geral, empreender a mudança de um homossexual declarado [*vollentwickelten*] em um heterossexual não é mais promissor do que o inverso [*umgekehrte*], exceto que, por boas razões práticas, este último caso nunca é tentado.[59]

"Via de regra", conclui ele,

> o homossexual não pode abandonar seu objeto de prazer; não é possível convencê-lo de que o prazer ao qual ele aqui renuncia seria reencontrado em outro objeto, no caso da mudança. Se acaso se submete ao tratamento é porque, em geral, motivos externos o pressionaram: as desvantagens sociais e os perigos de sua escolha de objeto; e esses componentes da pulsão de autoconservação demonstram ser muito fracos na luta contra as aspirações sexuais.

Em outro lugar, escrevendo para a mãe de um paciente americano, Freud afirma:

> Num determinado número de casos, logramos desenvolver os gérmens debilitados das tendências heterossexuais, os quais estão presentes em todos os homossexuais; mas na maior parte dos casos isso já não é mais possível [...]. Aquilo que a análise pode fazer pelo seu filho segue uma linha diversa. Se ele é infeliz, neurótico, acossado por conflitos, tem sua vida social inibida, a análise pode aportar-lhe harmonia, paz de espírito, eficiência total.[60]

Talvez essa carta contenha a menos reacionária das posições assumidas por Freud, gradativamente, em relação à homossexualidade. Mas, apesar de sua posição tolerante, que o distancia de psiconazistas como Ferenczi, Ernest Jones, G.B. Hadden, Irving Bieber, Erminio Gius etc., Freud, indiferente, *stands in the middle of the road* [fica no meio do caminho] e, diante dessa questão, lava belamente as mãos.

Alguns anos depois, Wilhelm Reich teria derrubado a concepção freudiana, afirmando que "com um tratamento psicológico particular todo homossexual pode deixar de sê-lo, enquanto nunca acontece que um indivíduo que se desenvolveu normalmente se torne homossexual após tal tratamento". De modo geral, tem razão

---

[59] Idem, p. 162-3.
[60] Sigmund Freud, "Carta a uma mãe preocupada com a homossexualidade de seu filho (1935)", em *Obras incompletas*, v. 7: *Amor, sexualidade, feminilidade* (trad. Maria Rita Salzano Moraes, Belo Horizonte, Autêntica), p. 350.

Angelo Pezzana quando argumenta que "o que Reich escreveu sobre a homossexualidade é de causar inveja nos mais empedernidos sexo-fascistas contemporâneos"[61].

Contudo, quer os reicheanos queiram quer não, uma vez que o movimento feminista e o movimento gay se desenvolveram, cada vez mais rapazes e moças, que até ontem eram exclusivamente heterossexuais, estão *virando a casaca*: em outras palavras, cada vez mais pessoas deixam de recalcar os seus desejos homossexuais. As "boas razões práticas" pelas quais Freud não considerou conveniente induzir um heterossexual à homossexualidade por meio da análise entraram em colapso. O homoerotismo corrói as bases da censura e espalha-se: graças à luta dos gays, o mundo torna-se mais gay*. Muitos jovens heterossexuais perceberam que, ao se deixar "infectar" pelos homossexuais, descobriam a *terapia* que mais provavelmente iria resolver muitos dos seus problemas. "*Gay is healthy*" [Gay é saúde] foi o slogan que soou nas primeiras manifestações do Gay Liberation Front estadunidense.

Mas os carrascos não desistem. Muitos psiquiatras modernos continuam a "curar" pessoas que são "afetadas" pela homossexualidade, usando, para além do tratamento hormonal, tratamentos psicofarmacêuticos e psicoterapia, terapia de eletrochoque e, por que não, *aversion-therapy*[62]. Os crimes que cometem são gravís-

---

[61] Angelo Pezzana, "Contra Reich", em *La politica del corpo*, cit., p. 75.

* Como apontado no prefácio, um dos trunfos da teoria de Mieli é a ideia de que a incorporação cotidiana e a aceitação das práticas que hoje chamamos de LGBT+ na sociedade transformam a própria visão de mundo dessa sociedade. A luta por direitos, as práticas concretas, os saberes acumulados – tudo isso provocaria, segundo o autor, transformações epistêmicas. Nas décadas seguintes, foi precisamente esse o processo que não apenas a sociedade italiana mas também a brasileira puderam experimentar. (N. E.)

[62] Ver Don Jackson, "Dachau for Queers", em Len Richmond e Gary Nogueira, *The Gay Liberation Book* (San Francisco, Ramparts Press, 1973), p. 42-9, que trata das inacreditáveis torturas a que eram submetidos os homossexuais em certas clínicas estadunidenses. A *aversion-therapy* (recorda-se do filme *Laranja mecânica*?) consiste em mostrar ao paciente imagens pornográficas de tipo homossexual enquanto o submetem a eletrochoques, por meio de um mecanismo ligado ao pênis que resulta em ereções. As consequências deletérias são inimagináveis (ou quase). Os médicos que praticam a *aversion-therapy* eu enforcaria voluntariamente com minhas próprias mãos.
Na União Soviética – onde, tal como nos Estados Unidos, é permitido o uso de eletrochoque na "terapia" da homossexualidade –, o tratamento mais popular é baseado na apomorfina. O que é isso? Cito da revista *L'Espresso*, n. 22, XXII, 30 maio 1976, artigo intitulado "Rapporto sui comportamenti sessuali in URSS: deviazionisti!" [Relatório sobre o comportamento sexual na URSS: desviante!] que contém extensos excertos do livro *Patologia sexual feminina* de A. M. Svyadosc, diretor do Laboratório de Patologia Sexual de Leningrado: "Toma-se uma solução, preparada no local, de 1% de cloridrato de apomorfina. Cinco minutos após a injeção, a apomorfina provoca uma sensação de náusea, acompanhada de batimentos cardíacos e uma ligeira falta de ar e vômitos. O paciente não é informado sobre os efeitos da apomorfina: acredita que

simos e o capital de hoje lhes permite agir com impunidade, assim como o capital de ontem favoreceu as monstruosas experiências médicas das SS.

Enquanto isso, o que é rotulado de "perverso" ainda parece, aos olhos da grande maioria, como absolutamente aberrante e, como tal, suscetível de condenação (i)moral e (in)civil. A opinião pública, escravizada pela ideologia da época, não leva em conta o valor historicamente relativo das definições de "perversão". Também nesse caso, diz Adorno, "a normatividade natural da sociedade é a ideologia, na medida em que se hipostasia como dado natural, imutável".

Quem hoje invoca severas sanções penais contra a homossexualidade certamente não leva em conta o fato de que, até algumas décadas atrás, a legislação de vários estados industriais condenava certos atos sexuais, como a masturbação, a *fellatio* [felação] e o *cunnilingus* [cunilíngua], atualmente em sua maioria considerados "normais"[63]. Aqueles que desprezam os homossexuais, os "invertidos", certamente não têm escrúpulos quanto ao suposto valor absoluto de seu (pré)julgamento. De fato, a grande massa pensa assim e a opinião da maioria dos "homens-meninos" e

---

lhe estão oferecendo medicamentos contra as tendências homossexuais. Todas as ideias e imagens referentes ao objeto do jogo homossexual e dos atos homossexuais se tornarão para ele, portanto, repulsivas e desagradáveis. No início do tratamento, injeta-se um ou dois décimos de um miligrama de apomorfina numa solução de 1%. Três ou quatro minutos após a injeção, incute-se no paciente a indiferença para com o parceiro e os atos homossexuais. Propõe-se a ele que olhe para a fotografia do seu parceiro ou que imagine relações homossexuais com ele. A sensação de náuseas e vômitos, causada pela apomorfina, é assim ligada ao coito homossexual e adquire um significado negativo. Se a dose inicial de apomorfina não tiver causado náuseas ou vômitos, a dose deve ser aumentada. A apomorfina é administrada antes do almoço ou duas horas depois de comer. Após doze ou quinze injeções, a apomorfina pode ser substituída por solução salina. É aconselhável acompanhar a terapia de apomorfina com sugestões e conselhos: no início o paciente deve ser convencido de que é indiferente, depois sentir repugnância pelo seu parceiro e por atos sexuais. Esse método tem sido utilizado com sucesso para eliminar a homossexualidade em sujeitos masculinos ativos".

Como podem ver, o psiconazi soviético usa com indiferença a palavra "doente" para definir o homossexual; e os editores de *L'Espresso* comportam-se, como é seu hábito, de forma reacionária, limitando-se a relatar – sem se desgastarem em comentários críticos – excertos do texto soviético, traduzidos com o habitual desleixo repugnante. Obviamente, os "progressistas" italianos anti-homossexuais vão gostar de ler isto: na Rússia, pelo menos, tratam as bichas como se deve!

Assim, eu também enforcaria com prazer os médicos soviéticos (e os editores do *L'Espresso*) com as minhas próprias mãos. Mas não tenho mãos suficientes: os nossos maoistas, de fato, teriam todos de ser cortados em pedaços, se se considera que na China os homossexuais são fuzilados se forem apanhados "em flagrante delito" após um período de alguns anos de "reeducação" forçada (e esse tratamento lhes era reservado mesmo enquanto vivia são Mao Tsé-Tung).

[63] Ver, por exemplo, Nell Kimball, *Memorie di una maîtresse americana* (Milão, Adelphi, 1975), p. 370.

"filósofos-meninos" (Hermann Hesse) se faz passar por juízo autêntico e, portanto, absoluto. A ideologia capitalista é decididamente anti-homossexual: a ciência psiquiátrica e a psicanálise, que se afirmam e se desenvolvem no leito da cultura burguesa, quase sempre reproduzem seus lugares-comuns. A *naturalidade* do status quo social e sexual, sustentada pela ideologia dominante, não é realmente questionada pela pesquisa científica. É verdade que agora existem uma antipsiquiatria e uma antipsicanálise: mas elas mesmas caem substancialmente naquela unidimensionalidade do pensamento científico contemporâneo que o movimento de libertação homossexual contribui para criticar. Enquadram-se na unidimensionalidade camaleônica do domínio real do capital.

7. O dogma da procriação

Nos *Três ensaios sobre a teoria da sexualidade* (1905), Freud chega à conclusão de que "não somos capazes de esclarecer satisfatoriamente a origem da inversão com o material de que dispomos no presente"[64]: parece-me no mínimo contraditório investigar a gênese da homossexualidade quando já se descobriu que ela é congênita. Somente em uma obra posterior, porém, Freud teria afirmado: "Não é papel da Psicanálise resolver o problema da homossexualidade"[65].

Por outro lado, é uma verdade indubitável que nós, homossexuais, não sofremos por causa da "inversão", mas por causa da perseguição socialmente perpetrada contra nós: "O homossexual sofre a repressão, e não a sua homossexualidade!", afirmou Domenico Tallone. Logo, é evidente que, muito mais do que a "origem" da nossa homossexualidade, interessa-nos identificar e nos concentrarmos nas razões da perseguição, de modo a tornar mais clara e eficaz a luta que travamos contra ela. Se tentarmos delinear uma etiologia do comportamento homossexual, por que não investigar ao mesmo tempo as razões da fixação do desejo, pela maioria, em "objetos" do sexo "oposto"? As duas questões são complementares, não se pode esclarecer uma sem questionar a outra. Certamente uma pesquisa etiológica completa, ou seja, que leve em conta também a segunda questão, e não deixe de enfrentá-la sob o pretexto de que se trata da disposição erótica e do comportamento definidos como "normais", poderia contribuir validamente para a descoberta das razões que determinam a perseguição à homossexualidade. Como diz René Schérer, não se deve perguntar por que o ser humano "pode se

---

[64] Sigmund Freud, "Três ensaios sobre a teoria da sexualidade", cit., p. 37.
[65] Idem, "Sobre a psicogênese de um caso de homossexualidade feminina (1920)", cit., p. 188.

tornar homossexual, mas por que a educação o levou a estabelecer uma diferença entre os sexos capaz de lhe dar prazer até o ponto do desenvolvimento, a partir da ambivalência absoluta da infância, de uma heterossexualidade exclusiva"[66].

Comumente, a heterossexualidade é considerada "normal" em virtude da equação *amor = procriação*. Nada mais falacioso: desejo erótico e reprodução da espécie não coincidem. *Considerar a sexualidade como voltada para a reprodução significa aplicar uma categoria interpretativa teleológica-heterossexual e, em consequência, reducionista, ao múltiplo complexo de funções libidinais existentes.* Como escreve Georg Groddeck,

> a atribuição das paixões, dos fenômenos de Eros, ao instinto de reprodução é uma das grandes besteiras de nosso século. Não há uma laranjeira cheia de frutos, uma flor, uma obra dos homens que não contrarie uma interpretação tão estreita dos objetivos de Deus e da natureza. Dos vinte mil germes fecundáveis com os quais a mulher vem ao mundo, quando ela chega à puberdade restam apenas algumas centenas e destes, na melhor das hipóteses, apenas uma dúzia serão fecundados; dos inúmeros milhões de espermatozoides do homem, perecem incontáveis legiões que nunca chegaram à matriz da mulher. As pessoas falam muita bobagem.[67]

A procriação procede de um ato sexual que está longe de esgotar em si mesmo toda a vasta gama do desejo, toda a ampla gama de suas nuances. Gide aponta como, "longe de ser o único 'natural', o ato procriador, na natureza, está entre as profusões mais desconcertantes, na maioria das vezes nada mais que um acontecimento fortuito". E acrescenta: "a vontade que o ato da fecundação traz consigo, em ambos os sexos, não [...] está necessária e exclusivamente ligada a esse ato". "Não é a fecundação que o animal procura, é simplesmente a voluptuosidade. Procura voluptuosidade – e encontra fecundação por acaso"[68].

Tal como acontece com os animais, assim também para a espécie humana considerar necessariamente a procriação como *finalidade* do sexo significa mistificar o *coito* heterossexual, atribuindo-lhe uma "finalidade metafísica"; significa principalmente desconsiderar o prazer como um fim em si mesmo, ou melhor, a satisfação do impulso sexual; significa ser hipócrita.

Na natureza, o sexo não se destina exclusivamente à reprodução; caso contrário, por que em tantas espécies animais as fêmeas entram no cio por curtos períodos

---

[66] René Schérer, *Emilio pervetito* (Milão, Emme Edizioni, 1976), p. 74.
[67] Georg Groddeck, *O livro d'Isso*, cit., p. 88.
[68] André Gide, *Corydon* (Milão, Dall'Oglio, 1952), p. 83.

do ano (*estações do estrogênio*), enquanto dos machos pode-se bem dizer que não conhecem intervalos? E então, justamente quando estão no cio, as fêmeas frequentemente se voltam para a homossexualidade. A porca "age como um javali", a égua "age como um garanhão", a vaca "age como um touro", "montando" outras fêmeas e, muitas vezes, os próprios machos[69].

Muita gente localiza um *fim* na sexualidade (a procriação), mas se esquece de que o *teleológico* é *uma* forma de seu *próprio juízo*: e assim, esquecendo-o, tendem a absolutizá-lo, sobrepondo à experiência da natureza uma particularidade historicamente determinada do pensamento humano, *uma forma particular de julgamento*, precisamente no momento em que, em vez disso, é necessária uma suspensão do julgamento para compreender o que realmente é o Eros além de todos os *preconceitos* e, finalmente, vivê-lo e gozá-lo em liberdade.

A perseguição à homossexualidade se encaixa perfeitamente no quadro mais amplo da repressão sexual geral. O dogma da procriação como único fim verdadeiro da sexualidade surgiu historicamente como coroamento ideológico da efetiva redução de Eros à heterossexualidade monogâmica e, ao mesmo tempo, como justificativa para a condenação emitida pelas sociedades contra todas as outras tendências libidinais, de modo que elas foram sublimadas na esfera econômica. Era preciso deixar claro que a sexualidade tinha como objetivo a *reprodução*, para ocultar o propósito autêntico da repressão sexual: a exploração de mulheres e homens na produção. Voltarei a esse argumento fundamental adiante[70].

Em todo caso, podemos ver agora como é absurdo continuar a rejeitar a homossexualidade porque ela é alheia à procriação, quando o planeta sofre, entre outras coisas, de superpopulação*. A superpopulação é determinada sobretudo pela persistência repressiva do tabu antigay.

Por outro lado, o dogma da procriação como único fim autêntico da sexualidade faz parte da religião e da cultura patriarcais e, consequentemente, é expressão das sociedades masculinas, nas quais a mulher, que é o verdadeiro

---

[69] Ver Enrico Fulchignoni, "L'omosessualità nelle donne", *Ulisse*, fasc. XVIII, p. 709.

[70] Ver capítulo VI, parágrafo 4º.

* Embora duramente criticado por socialistas e comunistas, o neomalthusianismo presente nessa ideia do autor era também comum entre camaradas e no próprio movimento gay em seus primórdios. Hoje os estudos populacionais, assim como movimentos sociais e os estudos de gênero e sexualidade, além do marxismo, rejeitam esse tipo de associação de que a "superpopulação" e, portanto, a "procriação" seriam problemas. (N. E.)

sujeito da reprodução (*o homem não gera, copula*), está repressivamente ligada a um papel subordinado*.

Agora – como chama atenção Adriana Guardigli – é evidente que só as mulheres podem descobrir e saber em que consiste realmente a procriação e o que a reprodução tem a ver com a sexualidade. Por outro lado, ao reprimir a mulher e a sexualidade, a sociedade reprime o instinto de procriação que faz parte do Eros e sobretudo do Eros feminino. Pode ser que as atuais relações de ambivalência entre genitores e filhos (ódio e amor) também estejam ligadas à repressão desse instinto**.

O dogma da procriação, dessa maneira, expressa não apenas a repressão da sexualidade em geral mas também – em particular – a alienação do instinto de procriação, que na verdade foi recalcado da espécie e que só emerge na forma de extraordinárias "reminiscências" nas experiências da maternidade.

8. Édipo ou outro

> *O trabalho neste campo é pioneiro. Muitas vezes me enganei e não raro tive que aprender tudo de novo. Mas sei – e por isso me conformei – que é só da noite que se faz o dia, e que a verdade sai do erro.*
> Carl G. Jung[71]

Em última análise, ainda não é possível explicar por que algumas pessoas se tornam gays e outras, heterossexuais. Por outro lado, não é difícil entender por que

---

* Esta passagem se mostra obsoleta de duas maneiras. A primeira, ao associar "ser homem" e "ser mulher" a possuir certo tipo de corpo e genitália, quando hoje se compreende nos estudos de gênero e sexualidade, e no acúmulo coletivo LGBT+ e marxista, que a construção da identidade passa pelo corpo sem se limitar a ele. A segunda, tem a ver com o caráter insustentável da teoria do matriarcado original, tão pouco crível quanto a universalidade da imposição patriarcal. Autoras LGBT+ como Gayle Rubin, por exemplo, demonstraram que essas teorias não se sustentam em evidências históricas, antropológicas e científicas. O próprio termo "patriarcado" é questionado nos estudos feministas. (N. E.)

** Este parágrafo também apresenta observações obsoletas e hoje consideradas machistas sobre a relação entre gestação, mulheres e sexualidade. O reconhecimento das gravidezes de homens transgênero deslocou o entendimento social da associação automática entre gravidez e mulheres como algo exclusivo. Diferentes textos de autoras feministas (como *O mito do amor materno*, de Elisabeth Badinter) remodelaram, nas décadas seguintes, as compreensões mitológicas sobre essa associação entre mulheres e maternidade, gestação etc. como algo instintivo, natural, obrigatório. Por fim, o avanço das tecnologias reprodutivas reorganizou o cenário das relações entre maternidade, gestação, parto e amamentação, além das adoções, dissociando esses processos de uma maternidade necessária. (N. E.)

[71] Carl G. Jung, *Psicologia do inconsciente* (trad. Maria Luiza Appy, Petrópolis, Vozes, 1980), p. 105.

a maioria das pessoas são heterossexuais e poucas são gays: isso – já o disse aqui – depende da repressão social, que tende a reduzir a riqueza polimorfa original do Eros (a *transexualidade*) à heterossexualidade rígida. Por que, no entanto, alguns, apesar da dura condenação das tendências homossexuais, se tornam gays, isso não é explicado no momento. Como, somando todas as diferentes hipóteses formuladas até agora em torno das causas da afirmação histórica do tabu anti-homossexual, ainda não se chegou a uma explicação exaustiva e certa, é muito difícil estabelecer o que levou nós gays a não nos identificarmos com a Norma e a reconhecer o nosso desejo na homossexualidade.

A homossexualidade é tão antiga quanto a espécie*, é até mais antiga e sempre se renova, mas, nesse campo, ainda hoje damos os primeiros passos para o seu esclarecimento. E como a voz dos gays geralmente é silenciada pela repressão, muito pouco se sabe. Poderíamos, se quiséssemos, rever as diferentes opiniões de psicanalistas e psicólogos sobre as razões que determinam a afirmação predominante do desejo homossexual. Mas isso já foi feito por outros[72], para dizer a verdade, com resultados escassos. Em geral, então, faz-se referência à psicanálise na tentativa de "estabelecer cientificamente", de uma forma ou de outra, uma opinião mais ou menos contrária à homossexualidade. Por outro lado, gostaria de lançar uma luz crítica sobre o tema na perspectiva prática da libertação: limitar-me-ei, assim, a considerar apenas duas ou três teorias, inerentes à relação existente entre a homossexualidade e o complexo de Édipo; teorias que, de uma forma ou de outra, me despertam certo interesse.

Há quem considere a heterossexualidade a solução "normal" do complexo de Édipo e a homossexualidade a solução "invertida". Mas não parece suficiente atribuir a uma exasperação particular, a uma amargura muito profunda, a sentir-se irremediavelmente traído, o drástico distanciamento do "objeto" feminino por aqueles que se tornarão homossexuais, que, uma vez verificado o pertencimento

---

* Novamente cabe aqui a lembrança de que o autor não fala de homossexualidade enquanto identidade, da maneira como entendemos hoje. A melhor adaptação de texto para a ideia desta passagem seria: "As práticas sexuais entre pessoas consideradas do mesmo sexo e/ou gênero são tão antigas quanto a espécie". (N. E.)

[72] Ver, por exemplo, Erminio Gius, *Una messa a punta dell'omosessualità* (Turim, Marietti, 1972). Esse é um dos trabalhos mais reacionários sobre homoerotismo publicados na Itália nos últimos anos. O autor é um padre (ou quase-padre), um professor, infelizmente, na Faculdade de Psicologia da Universidade de Pádua. Ele chega a citar, entre as várias opiniões "científicas" coletadas, o ponto de vista de Gino Olivari, por exemplo, um tal patife que durante anos se dedicou impunemente às mais absurdas experiências de "terapia" de homossexualidade.

exclusivo da mãe que tanto amam ao seu odiado rival, o pai, renunciariam a ela assim como a qualquer outra mulher, voltando seu desejo para o "objeto" masculino. Uma interpretação semelhante, *mutatis mutandis*, Freud nos oferece de um "caso" de homossexualidade feminina[73].

Mas que fatores específicos determinam o afastamento do sexo do genitor amado em vez da concentração do desejo sobre ele? Em outras palavras, do ponto de vista de Édipo, o que diferencia *ab origine* [originalmente] héteros de gays? Pois, de acordo com a concepção clássica do complexo de Édipo, em sua forma "normal" ou "positiva", mesmo aqueles que se tornam heterossexuais se exasperam, sentem-se traídos e amargurados pela evidência da superioridade e exclusividade da relação parental que impedem a realização da desejada relação amorosa da filha com o pai, do filho com a mãe. E, no entanto, se são homens, não renunciam ao sexo feminino como tiveram que renunciar à mãe: ao contrário, fixam nele o "objeto" de sua pulsão sexual; ao passo que, se forem mulheres, focam seu desejo no sexo masculino, em vez de se afastarem dele. Freud suspeita da existência de "um fator especial que favorece decisivamente um ou outro lado [*heterossexualidade ou homossexualidade*, M.M.] e talvez só tenha aguardado o momento propício para impor a escolha de objeto em seu proveito"[74]. Mas não acrescenta nada mais.

Segundo numerosos psicanalistas, o ingresso na fase edipiana, as características do complexo e seu declínio são determinados pelo modo como foram atravessadas tanto a fase oral quanto a fase anal. A escola inglesa de psicanálise insiste na importância da agressividade oral infantil, suas "projeções" e a função delas na afirmação da homossexualidade. No ensaio "Uma lembrança de infância de Leonardo da Vinci" (1910), Freud considera a "fixação" oral no pênis como um deslocamento direto do apego primário ao seio. A homossexualidade derivaria da "fixação às necessidades amorosas ligadas à mãe"[75]. Em 1921, Freud chegou a esta conclusão:

---

[73] Ver Sigmund Freud, "Sobre a psicogênese de um caso de homossexualidade feminina (1920)", cit., p. 169.

[74] Ibidem, p. 171.

[75] Sigmund Freud, "Uma lembrança de infância de Leonardo da Vinci (1910)", em *Obras incompletas*, v. 3: *Arte, literatura e os artistas* (trad. Ernani Chaves, Belo Horizonte, Autêntica, 2015), p. 116. No "Caso clínico do pequeno Hans (1908)", Freud apresenta a seguinte hipótese: "Naqueles que mais tarde serão homossexuais, que, segundo minha expectativa e de acordo com as observações de I. Sadger, passaram todos por uma fase anfígena na infância, encontramos a mesma preponderância infantil da zona genital, em particular do pênis. De fato, essa valorização do membro masculino torna-se o destino dos homossexuais. Em sua infância, escolhem a

A gênese da homossexualidade masculina é, numa grande série de casos, a seguinte: o menino esteve fixado em sua mãe, no sentido do complexo de Édipo, durante um tempo inusitadamente longo e de maneira intensa. Por fim, ao se completar o processo da puberdade, chega o momento de trocar a mãe por um outro objeto sexual. Nesse momento ocorre uma viragem repentina: o menino não abandona a mãe, mas se identifica com ela, ele transforma-se nela e, então, procura objetos que possam substituir seu Eu, os quais ele pode amar e cuidar, assim como ele aprendeu com sua mãe. Esse é um processo frequente que pode ser confirmado quantas vezes se quiser, e que naturalmente é inteiramente independente de qualquer suposição que se faça sobre a força pulsional orgânica e sobre os motivos dessa transformação repentina.[76]

Mais uma vez, Freud nem sequer toca no que mais nos interessa, a saber, as causas e mecanismos específicos dessa transformação que levaria à identificação com a mãe e à afirmação da homossexualidade na puberdade. Voltarei adiante e de forma um pouco mais detalhada a discutir a presente hipótese freudiana, quando me preocupar em destacar o caráter ideológico da adesão de Franco Fornari a ela[77]. Por ora, gostaria de sublinhar novamente a incongruência presente no pensamento de Freud: sua *Teoria da sexualidade* constata a existência, em qualquer pessoa, de tendências homoeróticas, e em particular nas crianças ("polimórficas e perversas"), e, portanto, chega ao reconhecimento de uma homossexualidade

---

mulher como objeto sexual, enquanto puderem presumir também nela a existência dessa parte do corpo que lhes parece imprescindível; uma vez convictos de que a mulher os enganou nesse quesito, a mulher passa a lhes ser inaceitável como objeto sexual. Não podem dispensar o pênis na pessoa que deve estimulá-los ao ato sexual e fixam sua libido, em caso favorável, na 'mulher com o pênis', o jovenzinho com aparência feminina. Portanto, os homossexuais são pessoas que através da importância erógena de seu próprio genital foram impedidas de renunciar, em seu objeto sexual, a essa concordância com sua própria pessoa". Ver Sigmund Freud, "Análise da fobia de um garoto de 5 anos (caso pequeno Hans)", em *Obras incompletas*, v. 5: *Histórias clínicas: cinco casos paradigmáticos da clínica psicanalítica* (Belo Horizonte, Autêntica, 2021), p. 287-8. O erro de Freud está em generalizar a hipótese acima, que não diz respeito a todos os "casos" de homossexualidade, mas pode encontrar relativa validade em alguns. Em várias de suas obras, Freud tende a fornecer uma interpretação o mais "definitiva" possível do fenômeno homossexual. Todavia, de tempos em tempos, suas interpretações variam. Nenhuma deve ser considerada, portanto, como a verdade simplesmente porque foi exposta em termos objetivos pelo pai da psicanálise. Cada uma deve ser entendida apenas como uma hipótese, às vezes como mera opinião: apenas comparando as diferentes hipóteses e tentando uma síntese – iluminada por um espírito crítico revolucionário – pode ser proveitosamente usada pelos meios psicanalíticos para lançar luz sobre a questão homossexual.

[76] Sigmund Freud, "Psicologia das massas e análise do Eu", em *Obras incompletas*, v. 10: *Cultura, sociedade, religião: O mal-estar na cultura e outros escritos* (Belo Horizonte, Autêntica, 2020), p. 182.

[77] Ver capítulo VI, parágrafo 5º.

congênita; mais tarde Freud – como na passagem citada – questiona a gênese da homossexualidade. Mas, se a homossexualidade é *congênita*, obviamente não faz sentido tentar estabelecer sua *gênese*: deve-se antes perguntar-se o que determina sua repressão entre a maioria e o que, ao contrário, permite a afirmação do desejo homossexual entre poucos.

A identificação com a mãe, é verdade, está presente na consciência de muitos homossexuais do sexo masculino, assim como com o pai (enquanto os homens héteros geralmente só percebem de modo consciente a identificação com o genitor do mesmo sexo). Isso acentua a *ambiguidade* transexual do nosso ser-em-devir, mais próximo da transexualidade profunda do que da rígida monossexualidade dos héteros; nossa ambiguidade está mais próxima do jeito de ser das crianças. Não é à toa que somos gays, somos *folles* [loucas]; e, por um mundo melhor, penso mesmo que a "educação" dos pequeninos deve ser confiada às bichas e às lésbicas: *deixai vir a nós os pequeninos!*

Devo dizer também que, lendo um poema de Pasolini, veio-me à mente a interpretação freudiana que relatei aqui (não vejo nem procuro associações precisas entre a interpretação de Freud e este poema: eu mesmo fiz a *associação*, ligando-os imediatamente, de memória, entre si). Claro que esse poema reflete um caso singular, no qual nem todos os homossexuais se reconhecerão e talvez muito poucos, mas sua beleza é tal que contém em si uma verdade muito profunda (e que pelo menos para mim, em certo sentido, tem validade). Desejo, portanto, transcrevê-lo na íntegra. Chama-se "Supplica a mia madre" [Súplica à minha mãe]:

> É difícil dizer com palavras de filho
> aquilo a que no coração tão pouco me assemelho.
> Tu és a única no mundo que sabe do meu coração,
> que sempre esteve à frente de qualquer outro amor.
> Por isso devo dizer-te isto que é horrendo conhecer:
> é dentro da tua graça que nasce a minha angústia.
> És insubstituível. Por isso está condenada
> à solidão a vida que por ti me foi dada.
> Eu não quero ficar só. Tenho uma fome sem fim
> de amor, do amor dos corpos sem alma.
> Porque a alma está em ti, és tu, mas tu
> és minha mãe e teu amor é minha escravidão:
> passei a infância escravo deste sentimento

> alto, irremediável, de um empenho imenso.
> Era o único modo de sentir a vida,
> a única cor, a única forma: agora é resumida.
> Sobrevivemos: e é uma confusão
> de uma vida renascida fora da razão.
> Suplico-te, ah, te suplico: não quero morrer.
> Estou aqui, contigo, em um futuro a florescer...[78]*

Não acredito na identificação exclusiva do homossexual com a mãe (nem na teoria segundo a qual o gay buscaria no parceiro o substituto de seu Eu). Acredito, como disse, que a identificação com ambos os pais, a existência em nós dos dois sexos, está mais presente em nossa consciência do que nos héteros. Uma coisa, porém, é certa: o amor verdadeiro pela mãe impede o homem de aceitar a Norma heterossexual que é ofensa, objetificação e opressão da mulher. Mas isso não impede ninguém de amar outras mulheres: e acho que quanto mais a homossexualidade for liberada no mundo, mais os gays desfrutarão do amor e da compreensão erótica com as mulheres. O amor genuíno pelo outro sexo só pode andar de mãos dadas com um desejo completo, auto e aloerótico pelo próprio sexo[79].

É também verdade que as motivações histórico-sociais aproximam muito mais os gays do que os homens heterossexuais da condição das mulheres, embora em nós haja sempre, em quantidade e qualidade que variam de caso para caso, privilégios e gratificações decididamente masculinas, que se expressam a nível social, psicológico e muitas vezes sexual, apesar da dureza da perseguição e da marginalização – *que, naturalmente, dizem respeito a nós homens homossexuais como homossexuais, e não como homens.*

Mas, na sociedade em que a subordinação do sexo feminino está intimamente ligada ao desejo erótico da mulher pelo homem (a maioria das mulheres é heterossexual) e à supremacia masculina na relação heterossexual, talvez não se possa supor que os homens que geralmente abstêm-se de relações sexuais com mulheres e que, de qualquer forma, não as *tratam* como objetos sexuais, enquanto sentem desejo por homens, aproximam-se em certa medida da condição das mulheres, ao menos limitadamente a alguns de seus aspectos? Um gay sabe o que significa

---

[78] Pier Paolo Pasolini, "Supplica a mia madre", em *Poesia in forma di rosa* (Milão, Garzanti, 1976), p. 25.

* A tradução de alguns versos não é literal. (N. T.)

[79] Ver capítulo V, parágrafo 4º.

dormir com um homem hétero, do tipo que geralmente transa com mulheres e ocasionalmente vai com um cu "só para provar sua potência": ele sabe o que significa ser tratado como um buraco, como um *objeto* sexual sobre o qual o macho, convencido de sua "superioridade", desencadeia um desejo medíocre, neurótico e egoísta. Muitos gays também sabem o que significa andar por aí vestido "de mulher": em uma palavra, eles sabem o que significa ser considerado um ser humano de segunda ordem, como o *segundo sexo*.

Até que ponto, contudo, os homossexuais vivenciam situações semelhantes às vivenciadas pelas mulheres, não é possível estabelecer. As situações, por outro lado, variam de caso para caso; e, entre os próprios gays, os mais "afeminados", as bichas, muitas vezes sofrem humilhações e violências que os mais viris, os mais *straight**, as bichas veladas, apenas imaginam com horror. Estou feliz por ser uma bicha óbvia, "feminina": o sofrimento que isso acarreta nesta sociedade é ao mesmo tempo a medida ou, se preferir, o espelho da beleza dura mas frágil e preciosa da *minha vida*. É um grande destino possuir e tentar viver com clara consciência uma existência que a massa *regular*, em sua cegueira idiota, despreza e tenta sufocar. Um companheiro do Fhar (Front Homosexuel d'Action Révolutionnaire)** escreveu: "Nós reivindicamos nossa 'feminilidade', a mesma que as mulheres rejeitam, e ao mesmo tempo declaramos que esses papéis não têm sentido"[80]. Por sua vez, Daniele Morini admitiu:

> Sei o quanto me custou reconhecer meu desejo de bicha pelo que é: prensado entre duas censuras (não posso porque NÃO sou homossexual, não posso porque sou politizada demais para ter um desejo alienado) há outro medo: o de me descobrir mulher diante de um desejo explicitamente ligado ao masculino. A recusa em viver um papel alienado aqui esconde o medo do que poderia revelar vivê-lo em plenitude. Ou o medo de ser homem?[81]

Para tentar entender o que permite a viva afirmação do desejo homossexual por alguns indivíduos, malgrado a condenação social do homoerotismo, creio que

---

* Em inglês no original. No texto, refere-se aos homossexuais com aparência de heterossexuais, que não "aparentam" exteriormente sua condição. (N. T.)

** Frente Homossexual de Ação Revolucionária, grupo radical ativo na França no começo dos anos 1970. (N. I.)

[80] Ver "Dov'e andato il mio cromosomo?", em Fhar, *Rapporto contra la normalità* (Rimini, Guaraldi, 1972), p. 83.

[81] Daniele Morini, "La Bella e la Bestia", em Collettivi Omosessuali Milanesi (org.), *Il Vespasiano degli omosessuali*, jun. 1976, p. 16.

seja o caso de levar em consideração o complexo edipiano *completo*: isto é, tanto seu aspecto considerado "normal" ou "positivo" quanto seu aspecto dito "negativo" ou "invertido". Ou seja, é preciso ter em mente o que Freud chamou de "o caráter triangular da situação edipiana e a bissexualidade constitutiva do indivíduo"; eu direi a *transexualidade* constitutiva do indivíduo.

De fato, uma análise aprofundada revela que o complexo de Édipo

> é duplo, um positivo e um negativo, dependente da bissexualidade original da criança; isto é, o menino tem não só uma atitude ambivalente para com o pai e uma terna escolha objetal pela mãe, mas ao mesmo tempo comporta-se como uma garota, exibe a terna atitude feminina com o pai e, correspondendo a isso, aquela ciumenta e hostil em relação à mãe. Essa interferência da bissexualidade torna muito difícil compreender as primitivas identificações e escolhas objetais, e ainda mais difícil descrevê-las de modo inteligível. Também pode ser que a ambivalência constatada na relação com os pais deva se referir inteiramente à bissexualidade.[82]

Para se ter uma ideia do complexo de Édipo em sua totalidade, é necessário, portanto, levar em conta tanto as tendências hétero quanto as homoeróticas da criança. Aqueles que se limitam a levar em consideração apenas o aspecto "positivo" do complexo acabam interpretando a infância (e a puberdade que muitas vezes envolve um renascimento de Édipo) segundo categorias exclusivamente *heterossexuais*: fazendo-se assim, não se consegue apreender a complexidade da situação edipiana, pois a infância é "pervertida de modo polimorfo", e não apenas heterossexual; tampouco se consegue compreender a complexidade da adolescência, visto que a puberdade, como se sabe, apresenta uma rica recorrência de desejos gays, muitas vezes mais numerosos e intensos que os heterossexuais, no contexto do despertar parcial do Eros que a caracteriza. Por quais motivos o menino, cuja disposição polimórfica "indiferenciada" é conhecida, deve ter ciúmes da mãe e sentir sentimentos de rivalidade em relação ao pai e não tudo ao mesmo tempo e vice-versa? E a menina ter ciúmes do pai em vez da mãe? A própria psicanálise – veremos adiante[83] – reconhece o ciúme entre adultos heterossexuais como uma manifestação disfarçada de desejo homoerótico: isso significa que, por exemplo, no caso de um homem, ele sente ciúmes de sua amada que está sendo cortejada por outro porque, sem saber, é ele quem deseja esse outro. Mas a infância é muito menos mascarada: a homossexualidade ainda não foi recalcada, então, no ciúme

---

[82] Sigmund Freud, "O Eu e o Id", cit.
[83] Ver capítulo III, parágrafo 4º.

edipiano "positivo" da criança pela mãe, deve-se também reconhecer o desejo pelo pai: entrelaçam-se o aspecto dito "positivo" e aquele "negativo" do complexo.

Freud acrescenta:

> A experiência analítica ensina, então, que em bom número de casos um ou outro componente dele se reduz a traços quase imperceptíveis, de modo que se produz uma série, numa ponta da qual está o complexo de Édipo normal, positivo, e na outra ponta aquele contrário, negativo, enquanto os elos intermediários exibem a forma completa, com participação desigual dos dois componentes. Na dissolução do complexo de Édipo, as quatro tendências nele existentes se agruparão de forma tal que delas resultará uma identificação com o pai e uma identificação com a mãe, a identificação com o pai mantendo o objeto materno do complexo positivo e ao mesmo tempo substituindo o objeto paterno do complexo contrário; as coisas sucederão de forma análoga na identificação com a mãe. O peso maior ou menor das duas disposições sexuais será refletido na diferente intensidade das duas identificações.[84]

Não creio que o significado diferente assumido pelas duas identificações dependa apenas do maior ou menor peso das duas predisposições sexuais (a homossexual e a heterossexual): estou certo de que depende também da educastração, ou melhor, da repressão sociofamiliar que empurra o menino a se identificar com o pai e a renunciar ao "objeto" masculino, e a menina a se identificar com a mãe renunciando ao "objeto" feminino.

Pode-se talvez levantar a hipótese de que quem se torna homossexual, graças à riqueza particular de sua predisposição ao homoerotismo, não renuncia ao "objeto" masculino (o "objeto" paterno) se for homem, ou ao "objeto" feminino (o "objeto" materno) se for do sexo feminino: *e que a força da disposição homoerótica congênita é potencializada por uma certa tendência (não importa se consciente) do genitor do mesmo sexo em estabelecer com o filho uma relação homoerótica, uma relação afetiva particular.*

De modo geral, em razão do tabu anti-homossexual (e do relativo ao incesto), a escolha objetal afetiva do filho pelo pai é castrada, negada pelo próprio pai; e a da filha em relação à mãe, pela própria mãe. Isso leva, "normalmente", ao predomínio da identificação com o pai no masculino e da identificação com a mãe no feminino: como explica Freud, a identificação assume um valor substitutivo em relação ao "objeto" vedado – e o "objeto mais estritamente proibido" é o do

---

[84] Sigmund Freud, "O Eu e o Id", cit., p. 42.

complexo de Édipo "invertido". Tal identificação prevalente com o genitor do mesmo sexo induz à manutenção apenas do tipo heterossexual de escolha objetal, uma vez que se baseia principalmente no recalcamento do desejo homoerótico e porque o genitor *introjetado* pela identificação é heterossexual. Isso explicaria a repressão da homossexualidade em indivíduos ditos "normais".

Pode-se pensar, por outro lado, que o desejo homossexual não é recalcado por aqueles que encontram no genitor do mesmo sexo uma certa correspondência ao seu investimento objetal homoerótico: aqueles em cuja infância, então, a tendência edipiana "negativa" ou "invertida" não sofre uma repressão brutal, mas encontra algum espaço de expressão na dialética das relações familiares. A renúncia aos "objetos" do sexo "oposto" dependeria, ao contrário, da identificação muda com o genitor do mesmo sexo e, logo, com seu comportamento heterossexual, e também do *sentimento de culpa*, ou melhor, da internalização da condenação social que afeta aqueles que não se identificam completamente com o genitor do mesmo sexo (com o modelo patriarcal preestabelecido do homem ou da mulher), que não se conformam à Norma. O sentimento de culpa induz a sentir-se inferior às pessoas "normais", indigno de uma escolha de objeto considerada socialmente superior, positiva, "normal". Pode-se, assim, supor que o recalque do desejo pelo outro sexo nos homossexuais se deve à condenação social da homossexualidade, o que leva o homossexual a se sentir culpado e, portanto, indigno da escolha definida como "normal", incapaz de agradar as pessoas de outro sexo; além disso, a repressão obriga o homossexual a lutar constantemente contra os perseguidores externos e o sentimento de culpa induzido, o perseguidor interno, para defender – apenas contra todos – sua própria escolha "anômala", seu próprio desejo homoerótico, concentrando todas as energias libidinais nisso. A liberação da homossexualidade na sociedade e o cancelamento do sentimento de culpa (da *falsa culpa*) levariam, portanto – e disso estou convencido –, à redescoberta, pelos gays, de seu desejo erótico por pessoas do sexo oposto e à descoberta da atração particular que as pessoas do sexo oposto sentem por eles.

Teria preferido não ter que constranger o leitor a me acompanhar nesta complicada, hipotética discussão, mais do que carente de vários pontos: mas o tema, como disse, é difícil e poucos se preocuparam em explorá-lo. Poderia apresentar outras hipóteses também... mas nenhuma, suponho, interessante o suficiente para trazê-las à atenção do público. Penso que a libertação prática, sobretudo, favorecerá a análise: somente a emancipação universal da homossexualidade pode realmente lançar luz sobre a história de sua repressão e sua recorrência, sempre renovada apesar da perseguição, ao longo dos séculos.

O movimento das mulheres descobriu a importância da relação amorosa de cada mulher com sua mãe, do complexo de Édipo "invertido". Em um artigo de 1974, algumas feministas milanesas revelam que "a *homossexualidade*, em um sentido amplo, como um relacionamento com a mãe, é o relacionamento fundamental primário de todas as mulheres". Melanie Klein "insiste nas tendências edipianas que 'naturalmente' empurram a menina para o pai, mas depois não explica por que o pai é muitas vezes internalizado como um pai sádico, exceto pelo retorno ao relacionamento frustrante com a mãe". Ao contrário, a rivalidade com o sexo masculino é para as mulheres uma consequência da relação homossexual fundamental com a mãe. Na verdade, "a mãe decepciona a criança não porque ela 'incorpora o pênis paterno', mas porque ela é *possuída* pela lei do pai. Através do desejo da mãe, o 'pênis' adquire grande prestígio aos olhos da criança, torna-se objeto de admiração e desejo". Somente a posse do "pênis" garante a onipotência e, assim, o poder sobre a mãe (poder de possuí-la e de destruí-la). *A identificação/assimilação com o macho*, movida pela inveja do pênis, precede, portanto, o amor pelo macho.

> Na menina, as pulsões sádicas associam-se logo à fantasia de possuir um "pênis" destrutivo, enquanto o objeto do desejo e da agressão *permanece* o mesmo, a *mãe*. Com o homem, por outro lado, estabelece-se uma espécie de "cumplicidade pederástica" por meio da qual ou ele assume características masculinas, ou repete, por meio da sedução e do ato sexual, a introjeção simbólica do pênis. O amor heterossexual é, em consequência, para as mulheres, em geral, a reafirmação da posição masculina. Neste ponto seria correto modificar a afirmação usual de que uma mulher busca no homem a sua mãe, e dizer, ao contrário, que através do amor do homem – reapropriação repetida do pênis – a mulher visa, na verdade, à posse da mãe.[85]

Do ponto de vista gay, assim como do feminista, não se pode falar de complexo de Édipo sem que haja uma refundação completa das teorias que o concebem, sem realmente levar em conta o complexo como um todo. Segundo Deleuze, não se deve "acreditar que a homossexualidade é suficiente para sair das categorias psicanalíticas clássicas: Édipo – castração – pulsão de morte"[86]. Mas, embora reconhecendo que também a homossexualidade, analogamente à heterossexualidade, se baseia em uma concepção profundamente enraizada da diferença entre os sexos, uma diferença

---

[85] Alcune Femministe Milanesi, "Pratica dell'inconscio e movimento delle donne", *L'Erba Voglio*, n. 18-19, out. 1974-jan. 1975, p. 12-13.
[86] Gilles Deleuze, "Intervento al Convegno di studi tenuto a Milano 1'8-9", maio 1973, em Collettivo di Semeiotica e Psicanalisi (org.), *Psicanalisi e politica* (Milão, Feltrinelli, 1973), p. 45.

que encontra sua base no contexto da triangulação edipiana que a transexualidade arraigada disputa, nós, gays, não nos reconhecemos na categoria psicanalítica clássica de Édipo, pois a homossexualidade, de certa forma, *nega* Édipo. Veja-se Guy Hocquenghem: "a manifestação imediata do desejo homossexual se opõe às relações de identidade, aos papéis necessários que Édipo impõe para garantir a reprodução da sociedade. A sexualidade reprodutiva é também a reprodução de Édipo; a heterossexualidade familiar não só assegura a produção de filhos, mas sobretudo a reprodução de Édipo como diferenciação entre pais e filhos". O desejo homoerótico ameaça a reprodução edipiana: "O desejo homossexual é o não-gerante-não-gerado, o terror das famílias porque ocorre sem se reproduzir"[87]*.

Tratando da afirmação da heterossexualidade, vimos como sua supremacia (que é determinada pela fase edipiana) repousa na repressão das tendências homoeróticas. A luta revolucionária homossexual, portanto, combate uma forma de repressão *que está acima de Édipo. Nega a Édipo porque nega suas premissas.* O próprio Deleuze, com entusiasmo benevolente, admite: "Não que haja menos potencial revolucionário em certos grupos homossexuais. Acredito que não seja simplesmente porque são homossexuais, e muito mais, porque, por meio de sua homossexualidade, puderam questionar o próprio problema das diferenças entre os sexos. E, através desse questionamento, tornam-se capazes, como marginalizados, de se perguntar, de assumir o problema do desejo sexual como um todo"[88]. Muito obrigado.

Nós gays revolucionários sabemos ver na criança não tanto o Édipo, ou o Édipo futuro, mas *o ser humano potencialmente livre.* Nós, sim, podemos amar crianças. Podemos desejá-las eroticamente respondendo ao seu desejo por Eros, podemos agarrar avidamente e de braços abertos a sensualidade inebriante que elas emanam, podemos fazer amor com elas**.

---

[87] Guy Hocquenghem, *Le Désir homosexuel* (Paris, Éditions Universitaires, 1972), p. 72.

* Essa afirmação também precisa ser reelaborada dentro do campo da psicanálise. Isso porque, além da compreensão sobre a transgeneridade – que reconfigurou a noção de homossexualidade rompendo com a cisgeneridade obrigatória no entendimento dessa categoria (então um casal de homem trans e homem cis, por exemplo, seria um caso no qual tipicamente o sexo pênis-vaginal pode acarretar em reprodução biológica) –, as próprias técnicas reprodutivas permitem que, por exemplo, casais de mulheres cisgêneras lésbicas e/ou bissexuais façam inseminações caseiras ou *in vitro*, o que não pode ser dissociado de sua experiência de desejo. (N. E.)

[88] Gilles Deleuze, "Intervento al Convegno di studi tenuto a Milano l'8-9", cit., p. 45.

** Esse trecho, em uma primeira leitura, pode parecer uma ode à pedofilia, e cabe um ponto de atenção para que alguns aspectos desse parágrafo e do seguinte não se misturem. Em primeiro lugar, vale recuperar que o Brasil de 2023 se depara com uma onda de pânico moral sobre a

É por isso que a pederastia[89] é tão duramente condenada: dirige mensagens amorosas à criança que a sociedade, por outro lado, por meio da família, traumatiza, educastra, nega, rebaixando seu erotismo pela régua edipiana. A sociedade heterossexual repressiva força a criança a um *período de latência*; mas o período latente nada mais é do que a introdução mortal à prisão perpétua de uma "vida" latente. A pederastia, por outro lado, para tomar as palavras de Francesco Ascoli, "é uma flecha de luxúria disparada contra o feto".

---

sexualidade, intensificada nos últimos anos. O crescimento da extrema direita com as pautas contrárias à educação com perspectiva de gênero e sexualidade parece ter contaminado também o debate da esquerda, de forma que um olhar menos moralista e pouco alarmista – e possivelmente mais franco – se torna quase impossível nas contendas da arena pública. Nesse contexto, "pedofilia" e "abuso sexual de menores" são fenômenos tomados de forma apressada como equivalentes, ignorando o acúmulo de estudos sobre esses temas. Para colocar em termos objetivos, a "pedofilia" se refere a um tipo particular de desejo sexual e erotismo – que pode ser vivido e experimentado sem nenhuma interação abusiva real com crianças (há um filão no mercado da pornografia que utiliza atores e atrizes adultos que se parecem crianças, de modo a atender fantasias do público sem incorrer em questões éticas e legais), enquanto "abuso sexual de menores" é um tipo criminal para uma forma de violência cometida por um adulto contra uma criança, entendida legalmente como alguém que não tem condições de consentir com a atividade sexual ou erótica. O abuso sexual de menores em grande parte das vezes não está ligado a pedofilia, e a pedofilia em grande parte das vezes não está ligada a abuso de menores. Os abusos são entendidos nos trabalhos mais recentes sobre o tema como práticas de poder – como em qualquer estupro, parece ter menos a ver com o desejo sexual, fetiche ou fantasia do agressor, e mais com a demarcação de uma posição de poder em relação à vítima. Dito isso, é importante observar que o texto de Mieli dialoga por meio de ironia com as visões preconceituosas sobre a população LGBT+ repetidas à sua época (e infelizmente também em voga em alguns círculos LGBTfóbicos no Brasil de 2023). Um dos mitos da homofobia e da LGBTfobia é o de que seríamos ameaças às crianças, por sermos pedófilos e pedófilas – especialmente os homens cisgênero gays e as mulheres trans. A implicação do parágrafo de Mieli é esta: "[Uma vez que] nós gays revolucionários sabemos ver na criança não tanto o Édipo, ou o Édipo futuro, mas o ser humano potencialmente livre [para a sociedade baseada na Norma heterossexual], nós sim pode[ría]mos amar crianças; desejá-las eroticamente respondendo a seu desejo por Eros, pode[ría]mos agarrar avidamente e de braços abertos a sensualidade inebriante que emanam, poder[ría]mos fazer amor com elas". Ao fazer essa reflexão, Mieli se insere em um diálogo mais amplo que conta, na mesma época e em décadas posteriores, com contribuições de autores como Michel Foucault e Gayle Rubin, que também refletiram sobre a questão do pânico moral "contra a pedofilia/pederastia", sua base LGBTfóbica e outros temas correlatos em construções históricas que exigem cuidado na leitura. (N. E.)

[89] Por pederastia me refiro ao desejo erótico dos adultos por crianças (de ambos os sexos) e as relações sexuais entre adultos e crianças. Pederastia (literalmente) e pedofilia são comumente usados como sinônimos.

II. Como os homossexuais, de fogueira em fogueira, tornaram-se gays

1. A antítese homossexual e a Norma. A encenação do "amor"

Pode-se afirmar que existe de fato uma relação antitética entre heterossexualidade e homossexualidade, *tanto na sociedade quanto em cada existência individual*. Assim como há uma dialética entre os sexos, há uma dialética entre tendências e comportamentos sexuais. A relação de antítese entre heterossexualidade e homossexualidade deve ser analisada com profundidade: de fato, o caminho direto para a superação da monossexualidade e a afirmação do sexo feminino e da transexualidade passa necessariamente pelo desenvolvimento da contradição entre hétero e homoerotismo.

Salvo raras exceções que confirmam a regra, a heterossexualidade exclui a homossexualidade e vice-versa. As "raras exceções" são os "casos" de *bissexualidade* propriamente dita (ou "inversão anfígena"), aqueles "casos" de pessoas que experimentam atração sexual consciente por ambos os sexos e que dão acesso "livre" ao seu próprio *desejo bissexual* (e aqui penso que o termo "bissexualidade" pode ser usado corretamente: na verdade, neste momento, o fato de se sentir atraído por ambos os sexos não é por si só suficiente para superar a contradição bipolar entre os sexos, da bissexualidade). *Os bissexuais, no entanto, são quase todos predominantemente heterossexuais ou homossexuais*: os primeiros, em geral, se comportam de maneira decididamente coerente com a Norma (*são exceções – pode-se dizer – que confirmam a Norma*), enquanto os segundos costumam ser mais facilmente identificados como "homossexuais de estrita observância" (como os nomeia Francesco Pertegato) do que como bissexuais predominantemente heterossexuais*.

A bissexualidade pode ser considerada um compromisso, com frequência mesquinho, entre a Norma repressiva e a transexualidade. Mas não é com compromissos que se faz a revolução: um homossexual revolucionário, hoje, ainda que tenha relações sexuais com mulheres, certamente não se definirá como bissexual, até porque, se por bissexualidade se entende a soma de heterossexualidade e homoerotismo, ele com certeza se recusa a definir como heterossexuais seus relacionamentos com as mulheres. *Dirá, ao contrário, que seus encontros com mulheres são ainda amplamente prejudicados pelo condicionamento à heterossexualidade, um condicionamento que pretende combater e superar de qualquer maneira.* A heterossexualidade, de fato, é a Norma fundada na repressão do Eros, e um gay revolucionário que não aceita a Norma decerto não viverá suas relações eróticas com mulheres em um sentido heterossexual, isto é, *normal*; ao contrário, ele as viverá muito melhor eliminando os pesados resíduos de heterossexualidade que ainda as recobrem**. Voltarei a esse tópico adiante[1].

De todo modo, entre a maioria das pessoas, o desejo heterossexual manifesto exclui o desejo homossexual e vice-versa; e, no entanto, a peculiaridade de um não existe sem a simultânea, antitética e latente presença do outro. Na sociedade, a heterossexualidade não poderia ser considerada "normal" se a homossexualidade

---

* Conforme indicado nas notas do capítulo anterior, a visão de Mieli sobre a bissexualidade "propriamente dita" precisa ser lida com cautela. Em primeiro lugar porque não havia, à época, acúmulo coletivo de um movimento bissexual que permitisse pensar essa forma de sexualidade fora da mononormatividade. Em segundo lugar por conta justamente da mononormatividade das proposições do autor, decorrente desse contexto. Entender a bissexualidade como Mieli propõe aqui implica reproduzir e aceitar a mononormatividade sexual como padrão. Entendimentos mais atuais sobre a bissexualidade podem ser lidos em Shiri Eisner, *Bi: notas para uma revolução bissexual* (trad. Hailey Kaas, São Paulo, Linha a Linha, 2020) e Marília Moschkovich, *Ebisteme: bissexualidade como epistemologia* (São Paulo, Linha a Linha, 2022). (N. E.)

** Este parágrafo enuncia de forma inacabada uma percepção que o movimento bissexual formularia décadas mais tarde: a noção de que, dentro de uma Norma que é mononormativa, em que homossexualidade e heterossexualidade são polos aceitáveis (mesmo havendo hierarquia entre eles), a bissexualidade é invisibilizada, ainda que as pessoas bissexuais pareçam se encaixar (ou predominantemente se encaixar) ora em um polo monossexual, ora em outro. Mieli propõe que a forma de relacionamento de uma pessoa bissexual não é a mesma que a de uma pessoa monossexual, ainda que em sua prática possa haver predominância de relacionamento com um ou outro gênero. Evidentemente, a questão do não binarismo de gênero ainda não havia sido formulada naquela época. (N. E.)

[1] Ver capítulo V, parágrafo 4º.

não fosse julgada como "perversão". A condição dos homossexuais é a imagem espelhada de uma sociedade que se reconhece heterossexual.

Por um lado, a heterossexualidade detém, digamos, o "poder": é heterossexual a Norma que o sistema sustenta; por outro lado, a homossexualidade desempenha o papel do negativo, do antitético à "normalidade" institucionalizada. Andre Morali-Daninos escreve: "Se a homossexualidade obtivesse, mesmo em teoria, uma aparência de aprovação, se fosse permitido sair apenas parcialmente do quadro da patologia, isso logo levaria à abolição do casal heterossexual e da família, que são os fundamentos da sociedade ocidental em que vivemos"[2*].

Se o casal parental sobre o qual se funda a família constitui uma relação heterossexual, a educação das crianças e dos jovens assenta-se num modelo heterossexual. O objetivo da educastração é a formação de um novo casal heterossexual: todo ser humano é seduzido e mutilado pela ditadura da *genitalidade* heterossexual (e *genitalidade*, na linguagem dos sexofóbicos-sexólogos, significa justamente a penetração do órgão sexual feminino pelo masculino, para fins de procriação).

A ideologia da primazia heterossexual obscurece as mentes de muitos autodenominados "revolucionários"; basta ler um livro como a *Gramática da vida* para perceber como Cooper, por exemplo, ainda está atrelado a uma concepção da heterossexualidade como principal manifestação do Eros. A ideologia heterossexual estrutura o pensamento de Reich, convencido da necessidade de uma "evolução" que abolisse os estágios anteriores (pré-genital, anal-homossexual) para fundi-los no perfeito orgasmo genital heterossexual. Schérer escreve que Reich, "apesar da magnitude de seu trabalho, continua sendo o teórico esclarecido e ávido da sexualidade

---

[2] Andre Morali-Daninos, "Sociologie des relations sexueles", em Fhar, *Rapporto contra la normalità*, cit., p. 88.

[*] A proposição citada por Mieli e discutida nos parágrafos a seguir conecta de modo pioneiro a normatividade sexual heterossexual a estruturas como o casamento, a família, a monogamia. No entanto, após décadas de significativa (embora insuficiente) integração das pessoas homo e bissexuais aos espaços sociais comuns, com avanços de direitos (inclusive de família) e despatologização dessas formas de sexualidade, é possível observar que, embora as estruturas estejam de fato atreladas, a solução integrativa não faz desmoronar as instituições. Pelo contrário, o processo em questão se deu justamente com a flexibilização desses espaços e estruturas, de modo que a estrutura social e produtiva geral pudesse se manter operante. Nesse sentido, Judith Butler aponta, em "O parentesco é sempre tido como heterossexual?", a maneira como o movimento LGBT+, ao tomar partido dessa integração (casamento, adoção etc.), perdeu parte importante de seu potencial revolucionário. (N. E.)

frontal"³. Muitos pretendem "liberar o sexo" sem questionar a ideologia da primazia heterossexual. O cu, em particular, continua proibido (*o cu masculino, é claro*).

A religião consagra no matrimônio, no entanto, a relação hétero, que o Estado institucionaliza. Nesta sociedade, a concepção difundida de "amor" é puramente heterossexual. O "romantismo" erótico – em um sentido muito amplo – é quase sempre heterossexual: *Morte em Veneza* é excepcional; ainda hoje, *Ernesto* suscita calafrios. E, se o homoerotismo é banido da sociedade ou, no máximo, tolerado, o ideal do "amor" heterossexual é propagado de todas as formas: esse "amor" publicizado não é *amor*. O capital propaga a alienação do amor: o casal dito "normal" baseia-se em um vínculo amoroso alienado, pois a mulher objetificada e estereotipada não é a mulher, mas a *negação da mulher*, e o homem fálico e deficiente não é o homem, mas a *negação do homem e da mulher*. Não se pode identificar o espetáculo da heterossexualidade ao desejo amoroso profundo: a heterossexualidade como se apresenta hoje é apenas a forma "normal" dominante do Eros mutilado e é primeiramente a negação do amor entre pessoas de sexos diferentes, além de ser uma negação do homoerotismo.

O espetáculo capitalista representa o máximo estranhamento alcançado pela espécie humana na *pré-história*. Contudo, precisamente o caráter espetacular geral da sociedade contemporânea induz aqueles que a recusam a reconhecer os detalhes da *encenação* em todas as absolutizações de hoje e do passado: apreender a encenação na ideologia que apresenta a heterossexualidade como forma única, "natural" e eterna do Eros. A crítica revolucionária da *sociedade do espetáculo* desmascara a ideologia do primado heterossexual.

O desejo amoroso profundo é captado e intuído sob, através e além das atuais manifestações contraditórias do "amor". O *amor* talvez seja a tendência a superar o delírio individualista, solipsista, idealista, "normal"; o *amor* é a tendência a aniquilar as categorias frustradas, neuróticas e egoístas do "sujeito" e do "objeto". À sua maneira, Feuerbach havia percebido isso. Marx também.

A publicidade espetacular da heterossexualidade alienada só pode ser, explícita ou implicitamente, antigay, pois a repressão da homossexualidade é indispensável à determinação desse tipo de heterossexualidade. Mas se a imprensa, a publicidade e os meios de comunicação de massa em geral enaltecem a heterossexualidade, a moda reflete claramente o gosto homossexual *prostituído* à produção capitalista, explorado pelo sistema.

---

³ René Schérer, *Emilio pervertito* (Milão, Emme Edizioni, 1976), p. 60.

A mulher-objeto, *sexy*, "encantadora", bem-vestida, bem maquiada, perfeitamente penteada, simulacro vazio que se impõe como mercadoria no mercado e que provoca fantasias nos héteros, é a criação nascida de uma fantasia *estética* de homossexuais masculinos: e estética também no sentido de αἴσνησις [sensação] se se leva em conta a presença, quase sempre em nível latente, do desejo sensual pelas mulheres que nós homossexuais manifestamos. Homens heterossexuais se excitam com a imagem de uma "mulher" artificial decorrente da censura do desejo erótico por mulheres que costuma distinguir os homossexuais masculinos (fotógrafos, alfaiates, cabeleireiros, maquiadores, produtores): mais do que a mulher, os heterossexuais desejam uma fantasia homossexual disfarçada de "mulher" e masturbam-se por ela. Tiziana V. argumenta que a mulher-objeto criada por alfaiates, cabeleireiros etc. não é nada mais que um *falo disfarçado de mulher*, ou melhor, *uma mulher disfarçada de falo*. Se isso é verdade, então é verdade que o desejo do heterossexual por essa mulher-objeto, por essa aparência feminina, é propriamente um desejo homossexual, um *desejo fálico*. Manolo Pellegrini chama-me a atenção para como a mulher reificada das revistas pornográficas (como *Playboy* ou *Playmen*), fotografada e posicionada principalmente por fotógrafos gays, tem como característica a rigidez das formas (seios eretos, nádegas firmes etc.), enquanto em geral as mulheres, ainda mais que os homens, tendem à suavidade das formas, ao relaxamento dos tecidos*. O que esconde esse desejo de mostrar – por parte do fotógrafo gay – e esse desejar – por parte dos héteros – um corpo túrgido, ereto, firme, que é raro de se encontrar realmente, se não a secreta intenção de expor, pelo lado dos gays, e o secreto desejar, por parte dos héteros, um corpo *masculino*, túrgido e duro como um pênis ereto?**

Portanto, a "heterossexualidade" também se impõe graças à escravização do gosto e da imaginação homossexuais[4]. A heterossexualidade se impõe mesmo quando sua forma abrange conteúdos de tipo claramente homossexual. A heterossexualidade triunfa.

---

* Esse é um ponto de vista estereotipado e machista sobre o que são corpos femininos e masculinos. Associar o feminino à suavidade, ao macio, às curvas e o masculino à rigidez, à dureza, às linhas retas é um efeito característico do sistema de gênero machista, que conforma o discurso do senso comum. Mieli aqui reforça tais estereótipos. (N. E.)

** Embora ligeiramente diferente, o argumento de Mieli repete o senso comum de que todo homofóbico é um gay enrustido. Os estudos de sexualidade e gênero nos últimos 50 anos caracterizaram a homofobia como uma violência de base do sistema simbólico que organiza nossa sexualidade e nossa expressão sexual. Trata-se de uma questão estrutural. Ao mesmo tempo, a discussão sobre a invisibilidade da bissexualidade também questiona a figura do "gay enrustido". (N. E.)

[4] Ver capítulo VI, parágrafo 1º.

Em oposição, o amor entre pessoas do mesmo sexo é um tabu. Fala-se pouco a seu respeito e ele não é levado em consideração. Se for mencionado, é apenas por brechas linguísticas, por deslizes; quando se fala dele, é apenas em tom de desprezo, de comiseração, de condenação, de desgosto (ou tolerância), como se se mencionasse uma doença, um vício, uma fétida chaga social.

A sociedade heterossexual é animada por uma profunda "forma de 'racismo'", escreve Francesco Saba Sardi,

> diante do homossexual e do desviante em geral, prescreve-se a linguagem usada: são as simbologias e as alusões usadas para indicar o "bicha", a "sapata", o "viado", o "traveco" e assim por diante; ali, a própria abundância de sinônimos e os sorrisos que quase sempre os acompanham demonstram a atenção e a curiosidade enviesada dirigidas ao fato, assim como a inevitável tendência de recorrer, em direção ao desviante, ao que os ingleses chamam de *lavatory humour* [humor de latrina], humor desabonador e desdenhoso. E de fato as piadas sobre loucos e homossexuais são muito comuns.[5]

Por parte de muita gente, o amor e o desejo sexual entre pessoas do mesmo sexo são tratados da mesma forma que a prostituição; aos olhos da maioria dos chamados "normais", a heterossexualidade está para a procriação como a homossexualidade está para o vício e a prostituição. Com base nesse lugar-comum, a *mulher da vida* [*malafemmina*] é uma prostituta e uma lésbica; a concepção depreciativa do travestismo coloca-o como um *trait d'union* [elo] entre a prostituição e a homossexualidade; o "invertido" é um indivíduo sinistro que faz porcarias e alicia crianças em jardins públicos ou em cinemas vagabundos[6].

Quando acontece de uma pessoa famosa, como Pasolini, por exemplo, ser brutalmente assassinada por um "prostituto", a sociedade abre os olhos com surpresa para este fenômeno contraditório que se oculta em seu seio (e que diz respeito às únicas relações de fato existentes entre homossexualidade e prostituição, independentemente da prostituição a que muitas travestis* são forçadas): o dos jovens,

---

[5] Francesco Saba Sardi, "La società omosessuale", *Venus*, n. 7, nov. 1972, p. 37.

[6] Quando era criança, procurei em vão por alguém que me "aliciasse".

* No texto original em italiano a palavra "travesti" vem sempre acompanhada de pronomes masculinos, assim como foi na linguagem comum do português brasileiro até recentemente. No entanto, as disputas das pessoas trans e travestis lograram o reconhecimento bastante amplo de que se trata de identidades femininas, sendo adequado o acompanhamento pelos pronomes femininos. Esta nota procura registrar uma característica original do texto do autor, situado em sua época. (N. E.)

"prostituídos", sim, mas também *heterossexuais* ("Vê-se imediatamente que Pelosi não é gay: se faz isso é porque está com fome"...), que se vendem por algum dinheiro e um prato de espaguete a homossexuais em busca de companhia robusta[7]. Na realidade, de todas as expressões atuais do gueto homossexual, nenhuma é tão profundamente afim, tão evidentemente conforme à sociedade heterossexual, como os "prostitutos" parasitários e violentos: talvez seja por isso que, aos olhos das pessoas "normais", os prostitutos *soi-disant* [ditos] "heterossexuais" passam tão facilmente despercebidos para os homossexuais. E por essa realidade passa despercebido um dos muitos canais de exploração operados pela sociedade heterossexual em relação a nós gays.

2. O tabu anti-homossexual. Origens

Deve-se ter em mente que a homossexualidade "era um fenômeno frequente, quase uma instituição dotada de funções importantes, em povos antigos que estavam no apogeu de sua cultura"[8].

Por meio da investigação histórico-antropológica, o psiquiatra dinamarquês Thorkil Vanggaard chega ao reconhecimento da universalidade do desejo homoerótico. Por sua vez, Robert J. Stoller escreve:

> Em outros tempos e lugares, ao contrário do que acontece em nossa sociedade ocidental, um ato homossexual pode ser uma importante afirmação da identidade masculina do indivíduo, cheia do sentimento de uma orgulhosa virilidade. Vanggaard e Karlen relatam casos em que o ato homossexual foi usado formal, pública e religiosamente para que a virilidade fosse transmitida de um homem para um menino e para estabelecer entre amantes adultos os laços de uma honrosa virilidade.[9]

Géza Róheim descreve os costumes de algumas tribos australianas nas quais os ritos de iniciação e a circuncisão são acompanhados por relações homossexuais entre adultos e garotos[10].

---

[7] Ver capítulo IV, parágrafo 3º.
[8] Sigmund Freud, "Três ensaios sobre a teoria da sexualidade", em *Obras completas*, v. 6: *Três ensaios sobre a teoria da sexualidade, análise fragmentária de uma histeria ("O caso Dora") e outros textos (1901-1905)* (trad. Paulo César Lima de Souza, São Paulo, Companhia das Letras, 2016), p. 26.
[9] Robert J. Stoller, "Faits et hypotheses", *Nouvelle Revue de Psychiatrie*, n. 7, 1973.
[10] Ver Géza Róheim, *Héros phalliques et symboles maternels dans la mythologie australienne* (Gallimard, Paris, 1970).

Clellan Ford e Frank Beach revelam o papel fundamental desempenhado pela homossexualidade entre numerosas tribos do norte da África, na Nova Guiné e na Austrália; Marise Querlin estuda o comportamento homossexual de algumas tribos norte-americanas, das quais Margaret Mead também nos fala; Ruth Benedict cita os povos siberianos; Malinowski descreve a severa repressão da homossexualidade entre os trobriandeses do nordeste da Nova Guiné[11].

Por fim, Freud observa como, na concepção científica do homoerotismo, os pontos de vista patológicos deram lugar aos antropológicos[12].

A homossexualidade floresceu em todo o mundo antigo: entre os escandinavos, os gregos, os celtas, os sumérios e no "berço da civilização", os vales do Tigre e do Eufrates, bem como no vale do Nilo e em toda a bacia do Mediterrâneo. A profunda consideração em que se mantinha o amor entre pessoas do mesmo sexo, muitas vezes exaltado, encontra evidências contínuas na arte e na literatura dos povos antigos.

O tabu anti-homossexual que caracteriza nossa civilização ocidental é – aparentemente – de origem judaica: os judeus antigos condenaram a homossexualidade pela primeira vez na história[13].

Na Bíblia são mencionados dois famosos episódios de homossexualidade coletiva, os de Sodoma e Gomorra (Gênesis 20) e o dos gabaítas e benjaminitas (Juízes 19,20). "Em ambos os casos", escreve Pietro Agostino d'Avack,

> os habitantes de Sodoma e Gibeá, sabendo da chegada de estrangeiros (os dois anjos no primeiro caso, o Levita no segundo), buscam com violência fazer com que os anfitriões deles os entreguem (Lot no primeiro episódio, o Efraimita no segundo), para satisfazer os seus desejos lascivos, e em ambos os casos, para respeitar os deveres sagrados da hospitalidade, os anfitriões não apenas se recusam, mas chegam a oferecer em troca suas próprias filhas. Nos dois casos, a vingança do Senhor atinge os ímpios da maneira mais terrível, e Sodoma e Gomorra são completamente destruídas por uma

---

[11] Ver Clellan Ford e Frank Beach, *Il sesso: nel comportamento degli uomini e degli animali* (Florença, Schwarz, 1961); Marise Querlin, *Women without Men* (Londres, Mayflower Books, 1965); Margaret Mead, *Macho e fêmea: um estudo dos sexos num mundo em transformação* (trad. Margarida Maria Moura, São Paulo, Vozes, 2020); Ruth Benedict, *Padrões de cultura* (São Paulo, Vozes, 2013); Bronislaw Malinowski, *Sexo e repressão na sociedade selvagem* (São Paulo, Vozes, 2012).

[12] Ver Sigmund Freud, "Três ensaios sobre a teoria da sexualidade", cit., p. 26.

[13] Ver John Lauritsen, *Religious Roots of the Taboo on Homosexuality* (Nova York, Come! Unity Press, 1974).

chuva de fogo que cai do céu sobre elas, enquanto os gabaítas e todas as tribos de benjaminitas, que se precipitaram em seu auxílio, são por ordem do Senhor combatidos e aniquilados em batalha pelas outras tribos de Israel, e todas as suas cidades e aldeias abandonadas às chamas e homens e animais passados no fio da espada.[14]

A Bíblia faz remontar o cataclismo de Sodoma até a época de Abraão (a cronologia baseada em dados bíblicos situa Abraão por volta de 2000 a.C.). Porém, não parece certo que o tabu anti-homossexual tenha se afirmado entre os judeus em uma época tão antiga.

Uma proibição explícita da homossexualidade está contida nos livros de Moisés. A Lei mosaica ameaça os homens que mantêm relações carnais uns com os outros "como se fosse com uma mulher" com a pena de morte, a fim de evitar que o povo eleito tenha costumes semelhantes aos povos que o rodeiam: "*Cum masculo non commiscearis coitu femineo quia abominatio est*"[15] (Levítico 28,22) e ainda: "*Qui dormierit cum masculo coitu femineo, uterque operatus est nefas, morte moriantur: sit sanguis eorum super eos*"[16] (Levítico 20,13). De acordo com o que havia sido o castigo divino do "crime" cometido pelos habitantes de Sodoma, a pena capital adotada pela legislação judaica era a de queimar na fogueira.

É mais do que provável, entretanto, que as leis anti-homossexuais judaicas não datem sequer do tempo de Moisés, isto é, do tempo da saída do Egito e da conquista da Palestina. De fato, parece que a parte legislativa dos livros de Moisés foi compilada sobretudo durante o exílio da Babilônia (século VI a.C.), quando a atividade dos sacerdotes e levitas foi particularmente intensa.

Em sua obra *Religious Roots of the Taboo on Homosexuality* [Raízes religiosas do tabu sobre a homossexualidade], John Lauritsen declara-se inclinado a aderir à opinião daqueles estudiosos para quem o tabu anti-homossexual teria se estabelecido entre os judeus somente após o exílio babilônico: anteriormente, a

---

[14] Pietro Agostino d'Avack, "L'omosessualità nel diritto canonico", *Ulisse*, fasc. XVIII, p. 682.
[15] "Não te deitarás com homem como com mulher, porque é abominação".
[16] "Não tereis relações carnais com um homem como tendes com uma mulher" (Levítico 28,22). "Se um homem tem uma relação masculina com um homem, tal como com uma mulher, ambos cometeram uma abominação; eles devem ser mortos, e seu sangue cairá sobre eles" (Levítico 20,13). Luciano Parinetto observa: "Como o caso do orgasmo de próstata demonstra, é naturalmente impossível que *entre homens* possam ocorrer relações sexuais como as que *se têm com uma mulher*, a menos que se leve em conta apenas a *fantasia* da relação. Mas a deus-pai-lei não interessa a *verdade*, mas a *proibição*, que induz à consolidação de papéis"; ver "Analreligion e dintorni. Appunti", *L'Erba Voglio*, n. 26, jun.-jul. 1976, p. 20.

homossexualidade era não apenas aceita mas investida de importantes funções religiosas; na verdade – diz Lauritsen –, os prostitutos homossexuais já foram sagrados e praticavam sua arte amorosa no templo[17].

Ainda não se sabem os motivos *reais* que levaram os antigos judeus a condenar o homoerotismo. John Lauritsen observa quão pouco convincentes são todas as hipóteses apresentadas pelos estudiosos a tal respeito. De minha parte, penso que somente um estudo aprofundado da história judaica antiga, realizado a partir de um ponto de vista homossexual, pode nos permitir elaborar algumas hipóteses hermenêuticas válidas. Mas, tanto quanto sei, esse trabalho ainda está por começar.

De qualquer forma, parece haver uma relação entre a preservação da tradição nacional – e em particular do monoteísmo – pelos judeus e a rejeição da homossexualidade. Os judeus acabaram identificando "práticas" homossexuais às religiões e costumes dos pagãos: a catástrofe de Sodoma e Gomorra, aos seus olhos, havia sido causada pela ira de Yahweh contra um povo estrangeiro por seus costumes *estrangeiros*.

Algumas passagens do Antigo Testamento ligam o homoerotismo ao culto de Astarte (a grande divindade feminina dos semitas do Norte, que provavelmente representava a terra fertilizada e era a protetora da prostituição sagrada) e de seu cônjuge celestial, Baal, culto no qual os judeus eram particularmente propensos à "decadência", dada sobretudo a sua coexistência e fusão, em solo da Palestina, com os cananeus (Salomão, por exemplo, erigiu altares a Astarte, que foram posteriormente destruídos pelo rei reformador Josias). Parece que o culto cananeu a Baal estava relacionado com "práticas obscenas" (Números 25). Foi também interessante descobrir que o correspondente de Astarte, *'Athar*, era uma divindade masculina entre os semitas do Sul, o que levou alguns a lançar a hipótese da existência remota do culto de uma antiga divindade de caráter andrógino, que mais tarde se tornou uma deusa entre os semitas do Norte e um deus entre os do Sul. Trata-se, porém, apenas de hipóteses, e há outras tão convincentes quanto esta.

O certo é que, por intermédio do cristianismo, chegou até nós a condenação judaica da homossexualidade.

Mas em que sentido podemos hoje falar de tabu anti-homossexual? Segundo Freud, "o significado de 'tabu' se divide, para nós, em duas direções opostas. Por

---

[17] John Lauritsen, *Religious Roots of the Taboo on Homosexuality*, cit., p. 6.

um lado quer dizer 'santo, consagrado'; por outro, 'inquietante, perigoso, proibido, impuro'"[18]. Ora, que o homoerotismo seja considerado perturbador em nossa sociedade, perigoso, proibido, impuro, é uma realidade da qual não é difícil dar-se conta. Contudo, pode-se dizer ao mesmo tempo que a homossexualidade é hoje um tabu no sentido de coisa sagrada, consagrada, da qual é necessário manter uma distância segura?

Por um lado, vimos como originalmente, e antes de ser perseguida, a homossexualidade masculina constituía algo sagrado entre os judeus e como, na forma de prostituição, era exercida no templo; além disso, os judeus ligavam a homossexualidade ao culto de divindades adoradas por outros povos. A tradição moral e religiosa judaico-cristã tem caracterizado as sociedades ocidentais até hoje. Em certo sentido, portanto, *pode-se dizer que hoje o tabu anti-homossexual esconde a sacralidade originária de seu objeto*. Além disso, mesmo a cultura grega antiga influenciou profundamente a civilização ocidental até os dias atuais: e, para os gregos, *a homossexualidade originalmente tinha um caráter sagrado, para além de erótico e cavalheiresco*[19].

Por outro lado, hoje, mesmo que muitas pessoas não acreditem mais no diabo, a homossexualidade ainda mantém para a maioria a conotação de diabólica: "viciosa, perversa, desonrosa, impura, revoltante", ela continua sendo um pecado "contra a natureza" e, para a Igreja, todo pecado é inspirado pelo demônio. *Mas o diabólico apresenta-se como um intermediário entre o sagrado e o impuro*: "Precisamente para esse significado ainda indiferente e mediano de 'demoníaco', 'que não pode ser tocado', é apropriado o termo 'tabu', pois sublinha um traço que, afinal, sempre permanecerá comum ao sagrado e ao impuro: o temor de seu contato"[20].

Em face da homossexualidade, a sociedade heterossexual sofre do que Freud definiria como uma "doença tabu", uma neurose obsessiva (a sociedade é obcecada pela presença de nós gays):

> Como no tabu, a interdição principal e núcleo da neurose é a de contato, daí o nome "medo do toque", *délire de toucher* [delírio de tocar]. A proibição se estende não só ao contato direto com o corpo, abrangendo o que designamos, em linguagem figurada,

---

[18] Sigmund Freud, "Totem e tabu", em *Obras completas*, v. 11: *Totem e tabu, Contribuição à história do movimento psicanalítico e outros textos (1912-1914)* (trad. Paulo César Lima de Souza, São Paulo, Companhia das Letras, 2012), p. 42.

[19] Ver Carlo Diano, "L'Eros greco", *Ulisse*, fasc. XVIII, p. 698-708.

[20] Sigmund Freud, "Totem e tabu", cit., p. 51.

com a expressão "entrar em contato". Tudo que dirige os pensamentos para a coisa proibida, que produz um contato em pensamento com ela, é proibido tanto quanto o contato físico direto.[21]

A sociedade heterossexual veta, ou em todo caso rejeita, as relações homossexuais, o contato erótico entre corpos do mesmo sexo, assim como refuta entrar em contato com homossexuais declarados, o que não por acaso os obriga a ocultarem-se, marginaliza-os e os exclui. Também condena qualquer pensamento ou fantasia de claro conteúdo homoerótico (logo, pensamentos e fantasias gays – em especial de héteros... – devem permanecer em segredo). Muitos heterossexuais recalcam decididamente seu desejo homossexual e, se isso não acontece com o mesmo rigor, escondem dos outros suas fantasias gays, como se fossem uma coisa íntima e essencialmente reprovável, que não deve ser comunicada.

Mas a proibição anti-homossexual deve sua força e seu caráter de constrição justamente à relação com sua contraparte inconsciente, o desejo latente e não eliminado da homossexualidade, ou seja, essa necessidade profunda que carece de reconhecimento consciente: "*o fundamento do tabu é uma ação proibida, para a qual há um forte pendor no inconsciente*"[22].

Veremos adiante como o desejo homossexual se movimenta continuamente para superar a barreira que o obriga a permanecer inconsciente e busca substitutos para o "objeto" proibido: "objetos" e práticas substitutas que se inserem nesse complexo de fenômenos que podem ser interpretados ao mesmo tempo à luz da noção de sublimação (ou conversão em sintomas patológicos) do desejo gay.

O tabu anti-homossexual é tanto mais severo à medida que a proibição em que consiste atinge atividades para as quais há uma forte inclinação latente: para os heterossexuais, a homossexualidade representa uma "tentação instintiva".

As proibições inerentes à homossexualidade foram transmitidas de geração em geração, por meio da tradição representada pela autoridade da sociedade e dos pais e apesar de cada existência individual propor, uma vez mais, no curso da infância, o impulso homossexual congênito em toda a sua riqueza potencial. O desejo gay também subsiste muito fortemente mesmo entre aqueles povos que respeitaram o tabu anti-homossexual por milênios: caso contrário, hoje o tabu não teria razão de existir e ser sustentado com tanto rigor.

---

[21] Ibidem, p. 54.
[22] Ibidem, p. 61, grifo meu.

A sociedade em que vivemos revela uma atitude ambivalente em relação às proibições que o tabu antigay lhe impõe: em nível inconsciente, individual e coletivo, nada seria mais prazeroso do que as transgredir, mas as pessoas as temem. E o medo é mais poderoso do que o desejo de desfrutar. De acordo com Freud, "o desejo [de transgredir o tabu] é inconsciente em cada indivíduo desse povo, tal como no neurótico"[23]; invertendo sua afirmação, podemos dizer: a população é neurótica, pois o prazer da transgressão (neste caso em relação à norma sexual) é inconsciente em cada indivíduo. *Para a liberação, deve-se aprender a desfrutar abertamente da transgressão.*

O homossexual declarado que transgrediu o tabu antigay torna-se, ele próprio, um tabu, "porque tem o perigoso atributo de tentar outros a seguir seu exemplo. Ele provoca inveja; por que lhe deveria ser permitido o que a outros é proibido? Ele é, portanto, realmente *contagioso*, na medida em que todo exemplo convida à imitação, e por isso tem de ser evitado"[24]. É por inveja que nós gays somos marginalizados, insultados, ridicularizados, culpados; as pessoas tentam exorcizar, marginalizar o desejo gay que nossa presença traz à tona na sociedade, obrigando todos a se confrontarem com ele. Se os outros não punissem e culpassem nossa transgressão homossexual, acabariam deixando claro que desejam praticar os mesmos atos praticados por nós, os transgressores. Por outro lado, deve-se reconhecer que, se o exemplo de uma pessoa que violou o tabu antigay seduz outros a imitá-lo, a desobediência à proibição se espalha como um "contágio".

A luta homossexual revolucionária não visa alcançar a tolerância social para os gays, mas liberar o desejo homoerótico em todo ser humano: enquanto houver pessoas "normais" que "aceitem" os homossexuais, a espécie não terá reconhecido seu próprio desejo homossexual profundo, não terá se dado conta de sua presença universal e sofrerá sem remédio as consequências desse recalcamento que é repressão. Nós, revolucionários homossexuais, hoje, seduzimos os outros a nos imitar, a *vir conosco*, para que todos juntos alcancemos a subversão da Norma que reprime o (homo)erotismo.

Hoje, a persistência do tabu antigay garante uma arma muito poderosa ao arsenal capitalista: serve para entorpecer as pessoas, para mantê-las "calmas", neuróticas e submissas. O tabu transforma uma das tendências fundamentais do Eros em fonte de horror e culpa, nega ao ser humano a possibilidade de ter relações eróticas com metade da população, separa e mantém as pessoas à distância, impede o amor do homem pelo homem e o da mulher pela mulher, contribuindo

---

[23] Idem.
[24] Ibidem, p. 62.

essencialmente para a perpetuação da contraposição entre os sexos. As pessoas "sabem muito bem" (mesmo que não estejam claramente conscientes disso) que têm impulsos homossexuais: por isso o sistema joga bem ao culpá-las, proibindo estritamente a homossexualidade, o que lhe imprime o estigma de infâmia. As pessoas "normais" se sentem culpadas porque, no fundo, sabem que tendem a ser (um pouco) bichas. Mas o sentimento de culpa e o cordão umbilical que liga a espécie humana ao capital tentam estrangulá-las. Se quisermos viver, só podemos cortar esse laço monstruoso de uma vez por todas.

Hoje, o grande medo que envolve a homossexualidade não desapareceu: em seu âmago, todos seguem sentindo o odor do sangue que há milênios foi derramado para que o tabu anti-homossexual fosse respeitado e temido (sob pena de castração, cárcere, proscrição, tortura, morte). Em seu íntimo, todos sabem que estão potencialmente condenados à fogueira.

3. A perseguição dos homossexuais ao longo dos séculos

Em que pese sua rigidez, a atual repressão aos homossexuais é apenas o eco de uma horrenda perseguição perpetrada por milênios. Como já foi dito, a condenação judaica anti-homossexual se espalhou com o cristianismo no Ocidente.

Todavia, já no fim da era republicana, Roma ditava uma *Lex Scantinia** contra "abusos masculinos" *inter ingenuos* [entre homens livres], que incutia uma multa de dez mil sestércios aos "culpados"[25].

É, portanto, evidente que o cristianismo encontra em Roma um ambiente predisposto à imposição de sanções antigay (mas por quais razões?). No tempo de São Paulo a pena pecuniária prevista pela *Lex Scantinia* foi elevada ao confisco de metade do patrimônio**.

---

* *Lex Scantinia*. As fontes latinas não permitiram estabelecer a data exata, o conteúdo, nem mesmo o nome dessa lei. Admite-se, com razão, que puniu, com sanção pecuniária, tanto a sedução de menores de condição livre quanto as relações *inter ingenuos*, ou seja, entre cidadãos romanos adultos. Neste último caso, porém, é provável que a multa tenha afetado apenas o parceiro passivo de uma relação homossexual. (N. I.)

[25] Ver Pietro Agostino d'Avack, *L'omosessualità nel diritto canonico*, cit., p. 682.

** "Os estudos mais recentes apontam que a hipótese de um endurecimento das sanções contra os homossexuais no início da era imperial é infundada"; ver E. Cantarella, *Secondo natura, la bisessualità nel mondo antico* (Milão, Rizzoli, 1995), p. 182-5. (N. I.)

No final do Império, a legislação assume uma aspereza (até então) inaudita. No início do século IV, o cristianismo tornou-se a religião oficial do Império Romano. Já o Concílio de Elvira, no ano 300, havia estabelecido que aos "sodomitas" no final da vida fossem negados os últimos ritos religiosos, bem como após a morte. Em 342, um decreto do imperador Constâncio impôs a pena de morte para o "crime de sodomia". Uma constituição mais tardia, de Teodósio, Valentiniano e Arcádio, condenou os homossexuais a serem queimados em praça pública (ano 390). Por séculos o suplício da fogueira, em memória do incêndio de Sodoma, foi a pena comumente adotada nas legislações e nos códigos.

Em 538, Justiniano prescreveu tortura, mutilação e castração para homossexuais; finalmente, ele estendeu à "sodomia" a mesma pena de morte de decapitação com a espada à qual já era condenado o adultério[26].

Sob Justiniano, todavia, o homossexual confesso só era decapitado quando, depois de uma primeira prisão, deixasse provas de perseverar em suas "práticas aberrantes", recusando-se a submeter-se às rigorosas penitências canônicas impostas da primeira vez. Essa aparente "clemência" era na verdade compensada pelo fato de que qualquer um poderia ser acusado de "sodomia": bastava o suspeito testemunho de uma criança ou de um servo para condenar um infeliz à infâmia e à morte, de modo que, como já afirmou Edward Gibbon, a "sodomia tornou-se o crime daqueles a quem nenhum crime poderia ser imputado"). Em suas sucessivas *Novellae Constitutiones, Novella 77* e *Novella 141*, Justiniano definiu a homossexualidade como "*diabolica atque illicita luxuria*" [luxúria diabólica e ilícita], admoestando os súditos a se absterem de tal "*impia et nefaria actione, quae ne a brutis quidem animalibus commissa*"[27] [ímpia e nefasta ação, que nem sequer os brutos e os animais cometem]: evidentemente o imperador via apenas o que queria ver, não tendo visto sequer dois cães trepando. Justiniano declarou-se um instrumento da "*justa Dei ira et vindicta*" [justa ira e vingança de Deus] contra os "culpados de sodomia" que, com seus "crimes, causaram carestias, terremotos e pestilências"...

Leis anti-homossexuais não menos severas e duramente repressivas foram promulgadas nos séculos seguintes por todas as autoridades civis e eclesiásticas desde o período medieval mais antigo até a Revolução Francesa (e mesmo além).

---

[26] Pietro Agostino d'Avack, *L'omosessualità nel diritto canonico*, cit., p. 683.
[27] Idem.

A *Lex Visigothica* condenou os "sodomitas" à castração e prisão severa e, se fossem casados, à sucessão imediata de bens em favor de seus filhos e outros herdeiros; além da castração, a *Lex Visigothica* contemplava a pena de morte (livro III, título V, capítulos V e VII). Por sua vez, os dinamarqueses condenaram os "sodomitas" à fogueira (*Jura Danica*, livro VI, cap. XIII, §1), e as *Capitulares Francas* de Angesiso e Benedetto Levita impuseram a pena de morte aos homossexuais masculinos, bem como aos homens incestuosos e que faziam amor com animais (*bestialitas* ou *sodomia ratione generis*) (livro VII, cap. CCLXXIII). Uma *Capitular* posterior de Ludovico Piu, rei dos francos e imperador (778-840), confirmou a pena de fogueira para esses "crimes", referindo-se ao direito romano.

Segundo essas *Capitulares*, a homossexualidade era então muito difundida entre espanhóis, provençais e borgoneses e isso levou os legisladores a recomendar uma aplicação rigorosa das penas previstas para que o "vício antinatural" não contaminasse seriamente outros povos.

Com o passar do tempo, em algumas cidades os homossexuais não eram mais queimados vivos, e sim enforcados em praça pública e depois queimados quando morriam (por exemplo, em muitos centros italianos, como Milão, Bolonha, Aviano, Ferrara, Roma, Trieste, Osimo, Collalto e na Valtellina). O "crime de sodomia" foi um dos crimes para os quais foi autorizado o recurso à tortura durante o julgamento, a fim de obrigar o acusado e os seus "cúmplices" à confissão.

Em vez de serem queimados vivos, ou enforcados e depois queimados, os nobres homossexuais eram preferencialmente decapitados, após terem perdido todos os privilégios feudais, os quais não podiam ser transmitidos aos herdeiros. No entanto, é sabido que muitos aristocratas ou, em todo caso, ricos conseguiram escapar à condenação pagando grandes somas de dinheiro aos seus potenciais delatores ou às próprias autoridades, sendo submetidos, contudo, a constante e pesada chantagem.

Em geral, se os acusados eram menores de dezoito anos e se limitavam ao "papel passivo", em vez de serem condenados à morte, eram punidos com açoites, longa reclusão em masmorras, queimadura não fatal ou, na Espanha e na Sicília, com a condenação temporária ou perpétua às galés.

Os estatutos de Tarvisio, "com um espetacular sentido do macabro", previam que "*Masculus omni vestimento nu datus, in platea carubii, supra palum confixum eius membrum virile cum uno aguto sive clava figatur et sic illic permaneat to ta die et tota nocte; sequenti true die igne comburatur extra ci vitatem. Mulier autem in stalls* *carubii ligetur ad palum omni nu vestiment, et ibi per totam diem et noctem manere debeat, sequenti vero die cremetur extra civitatem*"[28]*.

Como podemos ver, as lésbicas não foram menos horrivelmente perseguidas: ainda mais tarde, o famoso criminalista Prospero Farinacci (1544-1618) lembrou-se de ver queimar em Roma, no Campo das Flores, *"plures feminae quae taliter deliquerant"* [muitas mulheres que cometeram crimes].

As pessoas suspeitas de homossexualidade eram com frequência punidas severamente, inclusive quando não havia evidência direta de sua "culpa". Em Veneza, um homem acusado de "sodomia" em 1282 foi condenado à perda de ambos os olhos, embora não tivessem conseguido extrair sua confissão.

Na Toscana, onde a homossexualidade era generalizada, a perseguição era um pouco menos dura, pois – na opinião de alguns juristas da época –, se a pena de morte tivesse sido imposta para todo "crime de sodomia", o país inteiro estaria repleto de fogueiras e forcas. De qualquer forma, em Lucca a pena capital subsistia para o "sodomita ativo", enquanto o "passivo" era condenado a penas menores; em Florença, só os homossexuais reincidentes, na segunda ou terceira vez que fossem pegos em flagrante, eram queimados na fogueira.

Segundo numerosos historiadores e cronistas da época, a homossexualidade, no entanto, difundiu-se muito na Itália, em particular após a peste de 1348: será talvez porque, entre o risco de morrer de peste e o de ser assado na fogueira, muitas pessoas deram-se conta de que valia a pena gozar antes da morte? De qualquer forma, os estatutos, desde então, multiplicaram e agravaram as disposições penais repressivas.

Em Milão, na virada do século XV, os homossexuais eram marcados na testa. Por causa disso, aqueles que mais tarde usavam uma franja que cobria a testa eram chamados de "sodomas", e a franja em si era chamada de "*copriculo*" [tapa-cu].

Nos séculos seguintes, a legislação penal manteve-se substancialmente inalterada

> e foi, mais ou menos, idêntica ou quase idêntica tanto na Itália como nos outros Estados europeus, como evidenciam os estatutos de Bolonha de 1561, os de Ferrara

---

[28] Pietro Agostino d'Avack, *L'omosessualità nel diritto canonico*, cit., p. 682.

* Tradução aproximada do latim: o homem é privado de todas as vestes e na rua seu membro masculino é pregado em uma estaca, com uma faca afiada ou porrete, e assim ele permanece lá dia e noite; no dia seguinte, ele é queimado até a morte fora da cidade. A mulher será amarrada à estaca, nos estábulos, vestida, e deve permanecer lá dia e noite, mas no dia seguinte ela será queimada fora da cidade. (N. T.)

de 1566, os de Milão, Roma, Marche etc. do século XVII, os Bandos florentinos de 1542, 1556 e 1669, a pragmática siciliana de 1504, a Constituição Criminal Carolina de Carlos V, a Constituição Teresiana de Maria Teresa, a Ordenança Régia Portuguesa, a Nova Recopilação Espanhola etc.[29]

Na Idade Média, a perseguição aos homossexuais estava intimamente relacionada com a repressão às heresias: "heresia e homossexualidade tornaram-se uma e mesma coisa", afirmou Thomas S. Szasz. "Na Idade Média", escreve Westermarck,

> os hereges eram comumente acusados de vícios antinaturais. Com efeito, o conceito de sodomia estava tão intimamente associado ao de heresia que o mesmo nome foi aplicado a ambos. Na *Coutume de Touraine Anjou*, a palavra *herite*, uma antiga forma de *hérétique* [herege] parece ter sido usada no sentido de sodomita; e a palavra francesa *bougre* (do latim *Bulgarus)*, bem como seu sinônimo inglês *bugger*, foi originalmente o nome atribuído a uma seita de hereges da Bulgária no século XI, e posteriormente foi usada para nomear outros hereges, mas na época também foi amplamente utilizada para definir pessoas culpadas de atos contra a natureza. Nas leis medievais, a heresia era repetidamente mencionada junto com a sodomia, e a punição era a mesma para ambas.[30]

Hoje, em inglês se diz *bugger-off* no sentido de "vá tomar no cu" [*vaffanculo*]. A palavra italiana *buggerare* também deriva do latim tardio *Bulgari*, "então *Bugari* e *Bugeri*, que na Idade Média, depois que esse povo abraçou a heresia patarina*, também significavam 'hereges' e, portanto (dada a identidade da punição), 'sodomitas'"[31].

O termo *faggot*, usado ainda hoje pelos anglo-saxões quase sempre em sentido pejorativo para definir o homossexual masculino [bicha], significa "feixe de lenha" (não é difícil compreender o laço que liga esse nome à terrível memória da fogueira). Expressões medievais como "fire and faggot" e "to fry a faggot" referem-se ao suplício infligido aos hereges e aos "sodomitas". Os hereges que, para escapar

---

[29] Pietro Agostino d'Avack, *L'omosessualità nel diritto canonico*, cit., p. 685.

[30] Edward Westermarck, "The Origin and Development of the Moral Ideas", em Jonh Lauritsen, *Religious Roots of the Taboo on Homosexuality*, cit., p. 12.

* Os patarinos eram os membros de um movimento sociorreligioso milanês do século XI, os quais lutavam contra Guido de Velace, arcebispo nomeado e imposto pelo imperador romano, em detrimento de outros nomes defendidos pela população. O arcebispo de Velace defendia a supremacia do poder imperial, enquanto os patarinos eram favoráveis ao poder espiritual do papa. O interessante é que o termo "patarinos", ou "patarenes", não foi criado pelo próprio movimento, tratando-se de uma forma pejorativa utilizada pelos seus adversários políticos. (N. T.)

[31] Ver *Dizionario Garzanti della lingua italiana*, 1974, verbete *buggerare*.

da pena de morte, abjuravam, eram obrigados a bordar a imagem de um feixe nas mangas. Assim, a palavra *faggot* acabou simbolizando a fogueira e, quando se cessou de falar de heresias, ou em todo caso de reprimi-las mortalmente, a palavra seguiu nomeando o homossexual (na Inglaterra, a pena de morte para "sodomia" foi abolida apenas em 1861 e, na Escócia, em 1889). Em 1533, durante o reinado de Henrique VIII, a pena de morte para o "crime" de homossexualidade foi alterada de fogueira para enforcamento.

Na Espanha do século XIII, os homossexuais eram condenados à castração e ao apedrejamento. Foram Fernando de Aragão e Isabel de Castela, em 1479, que introduziram a fogueira[32]. Em 1451, o papa Nicolau V confiou à Inquisição plenos poderes para a repressão à homossexualidade. No século XVII, em Portugal, as leis previam a condenação à fogueira, à flagelação ou às galés.

Em 1730, em Amsterdã (hoje o centro da Europa gay), 200 homens e meninos foram julgados por "sodomia": 57 foram condenados à morte. Houve então na Holanda uma verdadeira caça aos "sodomitas": as ruas estavam repletas de avisos e cartazes convidando a população a denunciar às autoridades qualquer suspeito de ser homossexual.

A perseguição civil sempre foi apoiada pela moral religiosa (católica e protestante). Em alguns Estados, como a Espanha, as autoridades públicas delegaram aos tribunais eclesiásticos a tarefa de julgar os "sodomitas".

Por sua parte – como explica Pietro Agostino d'Avack –, a Igreja sempre se "interessou" pela homossexualidade sob dois aspectos distintos:

> como problema moral antes de tudo, tornando-o objeto da teologia moral e do foro sacramental interno; e como um problema jurídico ao mesmo tempo, tornando-o objeto do direito canônico e do foro jurídico externo. Com sua singular peculiaridade, aliás, de sempre fazer coincidir o lícito e o ilícito moral com o justo e o injusto legal, a Igreja, tanto do ponto de vista moral quanto no foro interno, considera a homossexualidade um pecado, do qual o fiel deve prestar contas a Deus, e essa o golpeia; assim, com penitências sacramentais, desta forma, do ponto de vista jurídico e no foro externo, [a homossexualidade] é classificada como um crime, do qual o culpado é responsável perante a *societas Ecclesiae* a quem ela pune com sanções penais.[33]

---

[32] Ver Thomas S. Szasz, *The Manufacture of Madness* (Nova York, A Delta Book, 1970), p. 164.
[33] Pietro Agostino d'Avack, *L'omosessualità nel diritto canonico*, p. 681.

Logo, o extermínio dos homossexuais sempre foi perpetrado pelas autoridades eclesiásticas ao lado das civis; e ainda hoje a Igreja é responsável direta ou indiretamente pela repressão antigay.

O pensamento da patrística é repleto de ternas referências à homossexualidade. São Paulo chama a atenção ao mérito especial de Cristo por ter salvado os cristãos desta "imundície", fonte de horrenda contaminação e desonra do corpo e do espírito e, no entanto, tão difundida entre os pagãos (Epístola aos Romanos 1,26-27; 1 Epístola aos Coríntios 6,9 e seg. etc.). "Uma antiga tradição cristã, aliás, lembrada por São Jerônimo e repetida nos séculos seguintes por escritores eclesiásticos como uma data histórica certa, queria acrescentar que o nascimento do Salvador, o 'redentor *ordinis naturae*' [ordem da natureza], tivesse resultado na morte súbita de todos os sodomitas *contra naturam viventes* [que vivem contra a natureza], entre os quais o poeta Virgílio"[34]. Mas, dada a grande difusão do homoerotismo naquela época, é evidente que, se isso realmente tivesse acontecido, teria sido "uma mortandade geral, que teria até despovoado o Império Romano"![35]

Santo Agostinho, nas palavras de d'Avack, "que por sua juventude libertina tornou-se o conhecedor dos pecados carnais entre os Padres da Igreja", considerava a homossexualidade um vício mais grave e abominável que o adultério e o incesto. Segundo São Tomás de Aquino, a homossexualidade é um pecado vergonhoso que desonra o próprio sexo ("*non servatur debitus sexus*") e que é somente inferior às *bestialitas* [bestialidades], vício ainda mais grave, "*non servatur debita species*" [não destinado/reservado devido à espécie][36]. De outro lado, São Tomás considerava a masturbação um pecado bem mais grave do que a violência carnal cometida contra uma mulher: de fato, a seu ver, "a justa razão declara que o fim prescrito dos atos sexuais é a procriação". Isso dito, é evidente que, se do estupro pode nascer um filho, de uma masturbação não pode nascer nada.

Inútil prosseguir elencando as várias posições assumidas no confronto da homossexualidade por parte de teólogos e estudiosos dos cânones no decorrer dos séculos; inútil resumir todas as várias penas previstas nos diversos códigos (penas que vão, geralmente, dos dez anos de cadeia à prisão perpétua), nem as diversas bulas papais contra a "sodomia", "*horrendum illud scelus*" [este crime horrível], como a definiu o papa Pio V. A homossexualidade, tradicionalmente *peccatum illud*

---

[34] Ibidem, p. 686.
[35] Idem.
[36] *Suma teológica II*, 2, q. 154, art. 12, ad. 4.

horribile inter Christianos non nominandum [pecado horrível que não deve ser mencionado entre os cristãos], foi assim definida pelos canonistas setecentistas, com afetação barroca, "*materia foetida, detestabilis, pessima, infamis, turpis, horrenda, enormis, nefanda*" [matéria fétida, odiosa, péssima, infame, feia, horrenda, ultrajante, hedionda] e ainda "*turpissimum, gravissimum, spurcissimum, abominabile et perexosum peccatum*" [o pecado mais vergonhoso, mais grave, mais imundo, abominável e odioso]...

Tampouco podemos seguir, em todos os seus detalhes, a curiosíssima (para nós, lamentavelmente curiosa) disputa da doutrina canônica em torno do coito interrompido entre homens: a Igreja queimou pestanas a tentar estabelecer se um homem que fode o outro mas que não ejacula no ânus – *immissio veretri in vase praepostero senza effusio seminis* [penetrar o pênis em um recipiente absurdo/impróprio sem absorção de sêmen] – deve ser considerado menos culpável do que aquele que ejacula dentro – *con effusio seminis* [com absorção de sêmen], isto é, *in vase praepostero* [em recipiente absurdo/impróprio]. Também não podemos acompanhar as disputas relativas à homossexualidade feminina: tendo estabelecido que um coito "contra a natureza" com *immissio veretri* [penetração] era indispensável para caracterizar um "ato de sodomia", os teólogos se perguntavam em que sentido se poderia falar de autêntica "sodomia" em uma relação entre mulheres, dada a ausência de *immissio veretri*. *Believe it or not* [Acredite ou não], eles acabaram por assumir como critério discriminante o maior ou menor desenvolvimento do clitóris da *foemina incuba* [fêmea incubada/oculta]. Se por meio de uma perícia "ginecológica" fosse estabelecido que ela poderia servir-se do clitóris ao modo de um pênis, dado o seu desenvolvimento singular, o tribunal procedia sem mais à tortura para extrair dela e de sua parceira a confissão judiciária e "imputar às envolvidas as sanções penais relativas"[37].

Nesse meio-tempo, enquanto o tabu homossexual fazia milhares de vítimas na Europa, o homoerotismo continuava a prosperar nas áreas externas à influência judaico-cristão. O tabu antigay não era conhecido na China, no Japão, na Índia, nos países árabes, na África, na Austrália, na Sibéria nem na América pré-colombiana[38].

---

[37] Pietro Agostino d'Avack, *L'omosessualità nel diritto canonico*, cit., p. 697.
[38] Ver John Lauritsen, *Religious Roots of the Taboo on Homosexuality*, cit., p. 2.

4. A legislação contemporânea. Origens do movimento homossexual nas reivindicações por direitos iguais

Este que segue é o diálogo entre Zame (personagem que no romance filosófico de Sade representa a figura do legislador ideal de uma desconhecida ilha do Pacífico) e um francês típico do Antigo Regime. Quem fala na primeira pessoa é Zame.

> Certa vez passei um dia em Paris naquela arena de Temas onde seus pretores, com seus elegantes paletós sob as saias pretas, voltando de seus banquetes com suas meretrizes, tão alegremente condenam à morte indivíduos que às vezes valem mais do que eles. Estava a ponto de se iniciar um espetáculo para aqueles açougueiros de carne humana...
>
> "Que culpa cometeu aquele infeliz?", perguntei.
>
> "É um pederasta", me respondem; "note bem que é uma culpa horrível, impede o aumento da população, perturba-a, destrói-a... esse patife deve ser por sua vez destruído."
>
> "Bem dito", respondi ao meu filósofo, "o cavalheiro me parece um gênio..."
>
> Segui uma grande multidão que não muito longe dali entrava em um monastério e vi uma pobre menina de dezesseis ou dezessete anos, fresca e bela, que pouco antes fizera um ato de renúncia ao mundo e jurara enterrar-se viva na solidão em que se encontrava... "Amigo", eu disse ao meu vizinho, "o que essa moça está fazendo?"
>
> "É uma santa", respondem-me, "ela renuncia ao mundo, vai enterrar nas profundezas de um claustro a semente de vinte filhos que um dia daria ao Estado."
>
> "Que sacrifício!"
>
> "Oh! Sim, senhor, é um anjo, e já tem seu lugar no céu."
>
> "Insensato", disse eu ao homem, não sendo capaz de suportar aquela incoerência, "deixas queimar um miserável cujo erro dizes que impede a propagação do gênero humano, e coroas aqui uma jovem que está prestes a cometer o mesmo crime! Ponha-se de acordo nessas coisas, francês, ou não admira que um estrangeiro munido de razão, viajando em sua terra, interprete-a como sendo o centro da loucura e do absurdo."[39]

Assim escreveu o Marquês de Sade, *libertin outré* [libertino ultrajado], na Bastilha, um ano antes da eclosão da Revolução Francesa. Em nome da razão, como observaram Horkheimer e Adorno, "sua obra desmascara o caráter mitológico dos princípios sobre os quais, segundo a religião, repousa a civilização: o decálogo, a autoridade paterna, a propriedade privada".

---

[39] Donatien-Alphonse-François de Sade, *Aline e Valcour ovvero il romanzo filosofico* (Milão, Sugar, 1968), p. 345-6.

Em 1791, no espírito do Iluminismo e em nome da razão (Diderot via a homossexualidade como um remédio natural para a superpopulação... e a sífilis!), a Assembleia Constituinte francesa aboliu a pena de morte para o "crime de sodomia".

Em 1810, ao aceitar uma nova proposta de lei do ministro Cambaceres, que era gay, Napoleão acabou legalizando a homossexualidade: as relações homossexuais privadas consentidas entre adultos deixaram de ser consideradas crime nos países onde vigorava o código napoleônico, entre eles a Itália[40].

Após a queda de Napoleão, as leis italianas retomaram parcialmente o antigo caráter persecutório. O código da Sardenha de 1859, no artigo 425, previa a homossexualidade como crime, se houvesse violência ou escândalo. No entanto, quando se tratou de estender o código da Sardenha às províncias do Sul em 1861, o artigo 425 foi revogado.

Durante o fascismo, embora não tenham sido introduzidas leis anti-homossexuais específicas, a ilha de Ventotene foi usada, entre outras coisas, como local de confinamento para gays*. Além disso, permaneceu em vigor até 1941 o antigo código penal para o Exército e o Militar-Marítimo de 1869, que previa sanções "disciplinares" particulares (até dez anos de trabalho forçado...) para "ofensas libidinosas contra a natureza".

A atual legislação italiana não prevê a relação homossexual como crime independente; de fato, de acordo com o relatório ministerial sobre o projeto de código penal,

> o torpe vício [...] não é tão difundido na Itália a ponto de exigir a intervenção do direito penal. Este deve obedecer a um critério de absoluta necessidade em suas criminalizações: e, portanto, novas considerações sobre o crime não podem encontrar justificativa se o legislador não se deparar com formas de imoralidade que se apresentam na convivência social de modo alarmante. E isso na Itália não é, felizmente, um vício que cause alarde. Essas razões contrárias à criminalização da homossexualidade me convenceram...[41]

---

[40] Ver Marc Daniel e Andre Baudry, *Gli omosessuali* (Florença, Vallecchi, 1974) e John Lauritsen, *Religious Roots of the Taboo on Homosexuality*, cit.

* Os homossexuais também foram enviados para confinamento em outras ilhas, em particular nas Ilhas Tremiti. Após 1985, graças à disponibilidade de nova documentação, alguns estudos históricos reconstituíram um quadro articulado das medidas de repressão à homossexualidade no período fascista. Ver a esse respeito Alberto Burgio (org.), *Nel nome della razza. Il razzismo nella storia d'Italia 1870-1965* (Bolonha, il Mulino, 1999). (N. I.)

[41] O supracitado relatório ministerial foi reportado por Salvatore Messina no artigo "L'omosessualità nel diritto penale", *Ulisse*, fasc. XVIII, p. 675.

Logo, se a homossexualidade não constitui um crime em si mesmo hoje na Itália, isso se deve à precária informação estatística dos legisladores que aprovaram o código penal; se os legisladores soubessem que, pelo menos, os homossexuais manifestos são 4,5% da população italiana e os chamados "bissexuais" muitos, mas muitos mais, provavelmente a homossexualidade teria sido criminalizada[42].

De todo modo – independentemente da opinião dos ministros sobre a propagação do "torpe vício" na Itália –, a legislação atual

> prepara meios indiretos contra a homossexualidade: no sentido de que a condenação do homossexual pode ser destacada como um fato ilícito apenas quando ataca interesses legalmente protegidos, que não o interesse ao qual está ligada a luta contra a homossexualidade. Logo, o fato pode ser punido se ocorrerem os extremos do estupro (ou atos libidinosos violentos) e se o ato obsceno for realizado em local exposto ao público: em casos específicos, pode configurar-se o crime de corrupção de menores.[43]

Além disso, a acusação de sedução [*plagio**] sempre pode intervir para mergulhar qualquer Braibanti** na desgraça judicial-prisional.

Mas, se a legislação italiana é relativamente permissiva em relação à homossexualidade, a repressão policial é extremamente dura. Além disso, se a jurisdição ameaça punições apenas de forma indireta, as normas morais proclamam a interiorização consciente de uma lei muito severa.

Por fim, ao longo dos últimos trinta anos, várias vezes e de diversas direções partiram tentativas de introduzir precisas sanções penais antigay na Itália: em 5 de

---

[42] A Organização Mundial da Saúde estima que na Itália os homossexuais "reais" (trata-se da distinção psiconazi usual entre a verdadeira homossexualidade e a pseudo-homossexualidade) são um total de 2.475.000: cerca de 4,5% de toda a população masculina e feminina. Além de 1.120.000 homossexuais masculinos "reais", há, novamente na Itália, pelo menos 5 milhões de homens bissexuais: isto é, homens que mantêm relações sexuais com mulheres e homens.

[43] Salvatore Messina, "L'omosessualità nel diritto penale", cit., p. 473.

* No original, *plagio*, termo italiano que tem o sentido da ação de influenciar a atitude de alguém mediante qualquer ardil ou pressão psicológica que levem a pessoa a cometer atos que ela não faria por livre e espontânea vontade. Traduzimos por "sedução" na falta de termo exato correspondente. (N. T.)

** Aldo Braibanti (1922), intelectual de esquerda que em 1968 foi condenado a nove anos de prisão pelo crime de *sedução* cometido contra dois rapazes, tendo sido especialmente censurado por ter tido relações sexuais com eles. A pena (reduzida a seis anos após apelação) causou escândalo e, com a indignação que suscitou, acabou sendo um bumerangue para os juízes que queriam dar a Braibanti uma punição exemplar e para o conservadorismo moral de que eram representantes. (N. I.)

abril de 1972, por exemplo, o Centro Italiano de Sexologia (CIS)* organizou em San Remo o primeiro festival internacional de sexologia, reunindo aqueles que "pretendem recolher [...] os argumentos para apresentar um projeto de lei [do Partido Socialista Democrático Italiano] PSDI tendente a colocar a homossexualidade fora da lei"[44].

Na França, a situação é semelhante. No decorrer do século XX, parece não ter havido condenações por homossexualidade até o regime de Vichy. Pétain emitiu uma portaria antigay em 6 de agosto de 1942. Guy Hocquenghem destaca que o novo código penal francês, nascido da Libertação, contém um artigo que retoma exatamente, quase *palavra por palavra*, os termos da portaria do marechal: é a lei de 8 de fevereiro de 1945 (artigo 331), que pune "com reclusão de seis meses a três anos e com multa [...] quem cometer ato obsceno ou antinatural com pessoa de seu sexo menor de 21 anos"[45]. A segunda lei sobre homossexualidade, relativa a "crimes de ofensa ao pudor", foi aprovada em 1960 após o retorno de De Gaulle ao poder. Até então, o código penal não distinguia entre a ofensa ao pudor cometida por homossexuais e a cometida por heterossexuais. O artigo 330, inciso II, de 25 de novembro de 1960, especifica: "Quando o ultraje público ao pudor consistir em ato contra a natureza com pessoa do mesmo sexo, a pena consistirá em reclusão de seis meses a três anos e em uma multa de 1.000 a 15.000 francos". Hocquenghem observa que a ofensa heterossexual ao pudor custa menos: a multa varia de 500 a 4.500 francos, apenas.

Em 1964, os tribunais franceses sentenciaram 331 pessoas por atos "contra a natureza" e 424 em 1966: uma feroz perseguição policial continua a combater o que o deputado Paul Mirguet, em 18 de julho de 1961, definiu, ao lado da tuberculose e do alcoolismo, como um dos mais perigosos "flagelos sociais". Foi precisamente em referência às palavras de Mirguet que os camaradas do Fhar intitularam seu primeiro boletim de "*Fleau social*" [flagelo social].

---

* Não há certeza de que as intenções do Centro Italiano de Sexologia, órgão de inspiração católica, fossem realmente promover uma lei para punir a homossexualidade. O escopo declarado do encontro em San Remo era fazer um balanço das mais modernas terapias do desvio sexual, que na maioria das vezes incluíam tratamentos psiquiátricos humilhantes e violentos. Foi nessa ocasião que o movimento gay italiano organizou sua primeira grande iniciativa pública, contestando ferozmente a conferência e chamando a atenção da mídia. Leis contra homossexuais, enfim, não são mais discutidas. (N. I.)

[44] Alfredo Cohen, "Introduzione", em *La politica del corpo* (Roma, Savelli, 1976), p. 18.
[45] Ver Guy Hocquenghem, *Le Désir homosexuel* (Paris, Éditions Universitaires, 1972), p. 26.

Só recentemente (em 1969 e, depois, em 1973) a República Federal da Alemanha modificou o parágrafo 175 do código penal, que até então estabelecia o crime de relações homossexuais entre homens, sem considerar as relações femininas.

Foi na Alemanha que, pela primeira vez no mundo, no final do século XX se formou um movimento de libertação gay que tinha sobretudo – para usar a expressão de Thorsten Graf e Mimi Steglitz – um "caráter pequeno-burguês democrático"[46].

Em 1897, dois anos após a morte de Karl Heinrich Ulrichs, um grande pioneiro da luta de libertação homossexual na Alemanha[47], a primeira organização oficial para a afirmação da igualdade de direitos para os gays, o Comitê Científico Humanitário (WHK), foi estabelecida em Charlottenburg. O Komitee foi fundado e dirigido por mais de 35 anos por Magnus Hirschfeld, autor, entre outras coisas, de uma espécie de enciclopédia da homossexualidade intitulada *Die Homosexualität des Mannes und des Weibes*[48]. A atividade principal dessa organização foi, durante três décadas, a campanha de assinaturas contra o parágrafo 175 do código penal alemão. O apoio à petição não veio apenas de homossexuais: mais de seis mil "personalidades" da época assinaram, metade das quais eram médicos. Em 13 de janeiro de 1898, o líder social-democrata August Bebel falou ao *Reichstag* para apoiar a petição, que foi assinada, entre outros, por Kautsky e Bernstein.

Na Berlim dos espartaquistas a questão homossexual tornou-se muito popular: parecia ser discutida em todos os lugares[49]. Em dezembro de 1922, o *Reichstag* votou para levar a petição à atenção do governo, mas ela permaneceu lá por anos e nada foi feito. Finalmente, "em 16 de outubro de 1929, a Comissão de Direito Penal da Câmara dos Deputados do *Reich* estabeleceu que 'atos imorais entre homens' não mais constariam na nova lei penal. A disposição da lei relativa ao parágrafo 175 foi revogada [...], graças à linha comum de conduta dos deputados comunistas e social-democratas"[50].

---

[46] Thorsten Grafe e Mimi Steglitz, "La repressione degli omosessuali nella società borghese", em *Gay Gay: storia e coscienza omosessuale* (Milão, La Salamandra, 1976), p. 118.

[47] Ver John Lauritsen e David Thorstad, "Il primo movimento per i diritti degli omosessuali (1864-1935)", em *Gay gay: storia e coscienza omosessuale*, cit., p. 68.

[48] Magnus Hirschfeld, *Die Homosexualität des Mannes und des Weibes* (Berlim, L. Marcus Verlagsbuchhandlung, 1920). Ver também *Sexualpathologie. Ein Lehrbuch für Ärzte und Studierende* (Bonn, A. Marcus und E. Webers, 1922).

[49] Ver Ivan Goll, *Sodoma e Berlino* (Milão, Il Formichiere, 1975).

[50] Thorsten Graf e Mimi Steglitz, "La repressione degli omosessuali nella società borghese", cit., p. 92.

Enquanto isso, o Comitê Científico Humanitário promoveu uma Liga Mundial para a Reforma Sexual. Foi assim que Hirschfeld e outros de seus principais expoentes viajaram por todo o mundo, particularmente para os Estados Unidos, o Oriente e até a China, e realizaram conferências em todos esses lugares sobre temas da emancipação homossexual. Na época de sua maior expansão (no final da década de 1920), mais de 130 mil pessoas pertenciam a organizações afiliadas à Liga Mundial para a Reforma Sexual.

A vitória do nazismo em 1933 impediu que a revogação das leis anti-homossexuais contidas no parágrafo 175 alcançasse validade jurídica. Entre 1933 e 1935, o movimento gay foi brutalmente *aniquilado* pelos nazistas: em 1935, as leis contra a homossexualidade foram não apenas restauradas mas também endurecidas. As sanções penais do parágrafo 175 foram estendidas para incluir, como infração penal, beijos, abraços e fantasias homossexuais...

A última de uma série clandestina de reportagens do Comitê Científico Humanitário foi publicada em fevereiro de 1933 por Kurt Hiller[51]. Magnus Hirschfeld emigrou para a França, onde morreu pouco depois. Em 1933, uma incursão nazista devastou o Instituto de Ciência Sexual de Berlim, sede do Komitee e da Liga Mundial para a Reforma Sexual: mais de dez mil volumes da biblioteca do instituto foram destruídos. Um busto de Hirschfeld foi carregado em procissão com tochas e depois lançado às chamas.

Em junho de 1934 foi ordenado o massacre das SA, os "camisas pardas" de Ernst Röhm. Na "noite dos punhais", o próprio Röhm foi surpreendido pelas SS enquanto estava na cama com um jovem: foi levado para Munique e morto na prisão de Stadelheim; a maioria dos membros das SA que participaram da reunião de Wiessee foram massacrados no local. A imprensa oficial organizou, nas palavras de Thomas Mann, "A idiota encenação de 'crimes morais' conhecidos de todos há algum tempo".

Desde então os campos de concentração começaram a fervilhar de homossexuais com a túnica e a perna direita da calça "enfeitada" com um triângulo rosa com cerca de sete centímetros de altura, como sinal de reconhecimento que os distinguia de judeus, ciganos, presos políticos etc. "A partir de 1939, homossexuais de outros países ocupados pelos nazistas foram enviados para campos de concentração

---

[51] Kurt Hiller foi um dos expoentes mais conhecidos do movimento homossexual pela reivindicação de direitos iguais. Faleceu em 1972, aos 87 anos.

austríacos e alemães"⁵². Os "invertidos" eram com frequência castrados por médicos oficialmente incumbidos de fazê-lo: muitos morriam entre os destinos exaustivos de trabalhos forçados e/ou doenças contraídas nos campos de concentração; muitos acabaram nas câmaras de gás. Hoje, um dos emblemas dos grupos de libertação homossexual na República Federal da Alemanha (Homosexuelle Aktion Gruppen) representa um triângulo rosa.

Embora as vítimas homossexuais dos nazistas sejam estimadas em várias centenas de milhares, não se sabe exatamente quantos homens e mulheres gays foram exterminados em campos de concentração. "Uma estimativa exata é impossível", escrevem John Lauritsen e David Thorstad, "porque os homossexuais, em especial os das Forças Armadas, eram rotineiramente fuzilados sem julgamento. Os registros dos campos de concentração, que poderiam fornecer informações, foram sistematicamente destruídos quando a derrota da Alemanha ficou evidente"⁵³.

Sabe-se, contudo, que só entre 1937 e 1939, 24.450 homens foram condenados por "atos contrários à natureza" e internados⁵⁴.

Na Inglaterra – como já foi dito – *a pena de morte para o "crime de sodomia" foi abolida apenas em 1861 (na Escócia apenas em 1889).*

Uma influente campanha pela libertação homossexual foi travada na Grã-Bretanha no século XVIII pelo escritor socialista Edward Carpenter, destinado a ocupar um papel de destaque no panteão gay. Suas obras logo ficaram conhecidas também no exterior: foram traduzidas para os idiomas alemão, italiano, norueguês, holandês, búlgaro, russo e japonês. A histeria anti-homossexual que eclodiu na Inglaterra após o julgamento de [Oscar] Wilde impediu a publicação naquele país da obra-prima de Carpenter, *Love's Coming of Age* [O amadurecimento do amor] (1896). Uma década antes, a publicação de *Leaves of Grass* [Folhas de relva] (1885) pelo americano Walt Whitman, que Carpenter encontrou por duas vezes e estimava profundamente, exercera uma considerável influência emancipatória entre os homossexuais anglo-saxões⁵⁵.

---

[52] John Lauritsen e David Thorstad, "Il primo movimento per i diritti degli omosessuali (1864-1935)", cit., p. 44.

[53] Idem.

[54] Ver "Lo sterminio degli omosessuali nel Terzo Reich", *Fuori!*, n. 52, primavera 1974, p. 30-9.

[55] Ver John Lauritsen e David Thorstad, "Il primo movimento per i diritti degli omosessuali (1864-1935)", cit., p. 76-84.

O julgamento contra Oscar Wilde, acusado de *gross indecency* [indecência grosseira] por suas relações homossexuais, ocorreu em Londres em 1895. O processo "causou uma virada na vida intelectual e social inglesa muito parecida com o que aconteceu na França com o caso Dreyfus. Decerto a Inglaterra não se dividiu politicamente e ninguém tinha a menor dúvida sobre a culpa do acusado, mas, em ambos os casos, os conservadores dementes da sociedade se sentiram ameaçados"[56].

Enquanto isso, diz-se que os trens estavam carregados de gays que se apressavam em deixar a Inglaterra em direção ao continente. E, por sua vez, os irlandeses ficaram agitados: começaram a espalhar o boato de que Wilde havia sido caluniado pelos "abomináveis juízes ingleses"[57].

Os mesmos protestos teriam sido ouvidos em 1916, quando um dos maiores patriotas da Irlanda, sir Roger Casement, foi enforcado por fazer um acordo secreto com o inimigo. Para influenciar negativamente o júri contra ele, a polícia entregou o diário homossexual de Casement. Os juízes conseguiram antagonizar os próprios apoiadores de Casement na Irlanda e nos Estados Unidos, denunciando publicamente sua homossexualidade. Ainda hoje muitos dos nacionalistas irlandeses insistem em afirmar que os diários de Casement não eram autênticos, mas falsificados de modo deliberado pela polícia e pelo tribunal para caluniá-lo e voltar a opinião pública contra ele: evidentemente, aos seus olhos, a homossexualidade é incompatível com a grandeza de espírito e o heroísmo.

Foi apenas na década de 1960 que a homossexualidade foi legalizada na Inglaterra e no País de Gales. Paradoxalmente, as leis antigay foram mantidas na Escócia e na Irlanda do Norte*: um homossexual, cidadão "livre" em Londres e Cardiff, torna-se um "criminoso" se apenas se mudar para Edimburgo ou Belfast! E mais: a legalização do homoerotismo não se estende à Marinha militar e mercante.

A lei suíça permite relações "não naturais" entre adultos, mas "protege" os jovens até os vinte anos** e pune aqueles que "abusam" de sua "inexperiência"... Os gays são, portanto, condenados se fizerem amor com menores, mesmo que com consentimento.

---

[56] Philippe Jullian, *Oscar Wilde* (Turim, Einaudi, 1972), p. 233.
[57] Idem.
* O Sexual Offences Act [Lei de Ofensas Sexuais], que descriminalizou as relações homossexuais em ambiente privado entre pessoas com mais de 21 anos, entrou em vigor na Inglaterra e no País de Gales em 1967. Foi estendido à Escócia apenas em 1980 e à Irlanda do Norte em 1982. A idade mínima de consentimento foi posteriormente reduzida para 18 e, depois, para 16. (N. I.)
** A idade de consentimento foi depois reduzida para 16 anos. (N. I.)

As leis da Dinamarca, Suécia e Holanda são mais permissivas. Nesses Estados existem os guetos para homossexuais mais bem organizados da Europa e a polícia protege, dentro de certos limites, o bom funcionamento da indústria da "perversão".

Guetos bem organizados também surgiram na França e na Alemanha Ocidental. Na Inglaterra, ao contrário, a repressão mais aberta atinge até mesmo as dependências do gueto: não há, no momento, saunas seguras ou salas de orgia em bares e salões de dança. Todos os dias os magistrados condenam dezenas de homossexuais que passaram a noite anterior nos locais de pegação [*battimento*].

Na Bélgica, só em 1965 foi aprovada uma lei específica sobre homossexualidade, a qual, sob o título de "proteção da juventude", reprime o "atentado ao pudor" cometido sem violência contra a pessoa de um menor de dezoito anos. E um certo capitão Tilmant escreve na *Revue de la Gendarmerie Beige* [Revista da polícia belga] (IV trimestre de 1969): "Para uma prevenção eficaz e uma repressão segura, os policiais devem se esforçar para conhecer bem esse mundo secreto [o "mundo" homossexual], onde é compreensível que os depoimentos sejam raros e as denúncias, reticentes. Em matéria de homossexualidade, mais do que em qualquer outra, o ditado 'não há boa polícia sem arquivos' assume seu pleno significado"[58].

Na Áustria, a homossexualidade foi recentemente legalizada (1971). Aos gays, contudo, não é permitido reunir-se em associações de caráter homossexual declarado. A cena gay vienense é uma das mais restritas da Europa ocidental.

No Japão, basta ter treze anos (nenhuma outra legislação no mundo contempla uma idade tão baixa…) para estar oficialmente autorizado a dispor do corpo em relacionamentos gays; na verdade, o Japão tem atrás de si uma antiga, embora contraditória, tradição de tolerância ao homoerotismo[59].

Nos Estados Unidos da América, com exceção de Illinois, Connecticut, Havaí, Oregon, Delaware, Texas e, desde 1975, Dakota do Norte e Califórnia (só recentemente, portanto, foi abolido na Califórnia o estatuto de mais de cem anos que punia a homossexualidade também com prisão perpétua e castração), o homoerotismo ainda é considerado um tipo penal independente. As penalidades previstas variam de estado para estado, e muitas vezes as leis chegam a prescrever dez

---

[58] Ver Guy Hocquenghem, *Le Désir homosexuel*, cit., p. 28.
[59] Ver S. Jwaya, "Nan sho k'" [A pederastia no Japão], *Jahrbuch für sexuelle Zwischenstufen*, IV, 1902, p. 265-72.

anos de prisão. "Essas leis não são apenas ineficazes para impedir que milhões de americanos se envolvam no 'crime' do amor homossexual de qualquer maneira", escreve Kipp Dawson, "mas elas encorajam outros crimes genuínos, como o de chantagear gays"[60].

Além da violência, da corrupção policial e da severidade judicial que os homossexuais americanos têm que enfrentar em todos os estados onde a homossexualidade ainda não foi legalizada, a simples existência de leis antigay carrega uma ameaça constante e ao mesmo tempo formas abertas de discriminação que os homossexuais precisam enfrentar todos os dias. Nesses estados, é muito difícil para os gays encontrar trabalho: eles devem esconder cuidadosamente sua inclinação sexual se pretendem ser contratados e são forçados a viver com medo constante de serem descobertos e demitidos, com pouquíssima chance de conseguir um novo emprego, quando é sabido o motivo da primeira demissão. Ademais, a maioria dos proprietários de imóveis nunca os aluga para gays: fica assim muito difícil encontrar uma casa, a menos que se paguem preços especiais muito altos. Na própria privacidade de sua casa, os homossexuais devem ser muito cautelosos: "ai" se os vizinhos perceberem que são gays. Seriam provavelmente denunciados e, em primeiro lugar, despejados. Por fim, nas escolas, hospitais, prisões e quartéis, se um homossexual é descoberto ou mesmo simplesmente suspeito, é isolado, insultado, segregado e até espancado por "superiores" e "colegas"[61].

Isso, contudo, não acontece apenas nos estados americanos mais atrasados (já que é preciso admitir que, de fato e como um todo, os Estados Unidos são hoje o mais gay dos países com domínio real do capital): mesmo em países onde a

---

[60] Kipp Dawson, *Gay Liberation: A Socialist Perspective* (Nova York, Pathfinder Press, 1975), p. 6.

[61] Até setembro de 1975, havia uma regra não escrita nos Estados Unidos segundo a qual as Forças Armadas nunca alistavam homossexuais e expulsavam qualquer militar que se revelasse como tal ou que mostrasse gostos "peculiares". Tratava-se de fato de uma "proibição", a qual o sargento--mor da Aeronáutica Leonard Matlovich decidiu contestar, em 6 de março de 1975, enviando uma carta ao seu comandante, o coronel Charles Ritchie, na qual declarava que era homossexual e não tinha intenção de abandonar o Exército. Após provocar um escândalo, Matlovich acabou vitorioso: no início de setembro de 1975, o Pentágono declarou abolida a cláusula conforme a qual, quando um membro das Forças Armadas dizia que era bicha, a expulsão era automática. Por outro lado, a abolição dessa regra acabou por confirmar, ainda que com grande atraso, um fato: entre os que se alistam no Exército estadunidense, o percentual de homossexuais é alto; a homossexualidade, na caserna, está na ordem do dia. Apesar disso, Oliver Sipple, ex-fuzileiro naval que ficou conhecido por ter desviado a arma apontada por Sarah Jane Moore contra aquele nazi do Ford, em 22 de setembro de 1975, processou alguns jornais e revistas por terem-lhe causado danos à imagem ao revelar sua homossexualidade.

homossexualidade não constitui um crime em si, como a Itália, por exemplo, formas semelhantes de discriminação estão na ordem do dia. Veremos em breve como de fato a legalização da homossexualidade não envolve de forma alguma a reabilitação completa, diante da opinião pública, dos homossexuais, nem alivia muito o fardo da repressão que pesa sobre seus ombros.

Em muitos outros Estados, porém, a homossexualidade ainda é proibida: na Espanha[62], por exemplo, em Portugal, na Grécia, em Israel[63]*, para não citar os países do Segundo e Terceiro Mundos. Vale lembrar a resposta do governo da República Democrática Alemã a uma carta que lhe foi enviada pelo Grupo de Ligação Internacional da Frente de Libertação Gay em Londres (fevereiro de 1972), na qual se perguntava como a Alemanha dita socialista lidava com o problema da homossexualidade: o governo democrático respondeu que tal problema não existe na Alemanha Oriental, já que não há homossexuais[64]. *No comment* [Sem comentários].

Quanto à União Soviética, em dezembro de 1917 um decreto aboliu a lei anti-homossexual czarista. Esse acontecimento testemunha uma certa abertura demonstrada ao homoerotismo pelo poder proletário no momento de seu advento histórico (isto é, em um país que passava repentinamente de uma legislação feudal para uma legislação socialista). No panfleto intitulado *A revolução sexual na Rússia* (1923), o Dr. Grigory Batkis, diretor do Instituto de Higiene Social de Moscou, escreveu:

> Quanto à homossexualidade, sodomia e outras formas de gratificação sexual que as legislações europeias definem como crimes contra a moralidade pública, a legislação soviética as considera exatamente o mesmo que o chamado relacionamento "natural". Todas as formas de relações sexuais são assuntos privados. A situação de persecução

---

[62] Ver Enrico Airone, "Spagna: fascismo!", *Fuori!*, n. 1, jun. 1972. Grupos de libertação homossexual surgiram, porém, nos últimos meses, até na Espanha.

[63] Em 1955 e 1971, houve tentativas de socialistas e liberais de legalizar a homossexualidade em Israel. A iniciativa falhou em ambas as vezes. Kurt Hiller escreveu: "Que os representantes de uma minoria étnica que foi horrivelmente perseguida ponham-se a perseguir uma minoria biológica igualmente inofensiva e inocente... que sentimento pode ter diante disso um ser racional, senão o ilimitado desprezo?"; ver John Lauritsen, *Religious Roots of the Taboo on Homosexuality*, cit., p. 15.

* Em todos esses países, atualmente, as normas anti-homossexuais foram abolidas. (N. I.)

[64] Ver Mario Rossi, "Berlino: l'omosessualità scavalca il muro", *Fuori!*, n. 11, inverno 1973. Uma descrição da situação de extrema angústia em que os homossexuais se encontram na Alemanha Oriental e na União Soviética está no artigo de Thomas Reeves, "Red & Gay, oppression East and West", *Fag Rag*, n. 6, Boston, outono 1973.

criminal ocorre apenas quando há uso da força ou coação, como geralmente acontece quando há dano ou violação de direitos de outra pessoa.[65]

Na época em que a União Soviética enviou delegados ao Congresso Internacional organizado pela Liga Mundial para a Reforma Sexual (fundada, como disse, pelo Komitee alemão), realizado em Berlim em 1921, a tendência contrarrevolucionária começava a se espalhar cada vez mais claramente na Rússia. A derrota da Revolução nos Estados da Europa central provocou uma reação na União Soviética que a levou ao estabelecimento do capitalismo burocrático[66]. Em todo caso, a URSS continuou enviando delegados para sucessivos congressos internacionais da Liga (que tiveram lugar em Copenhague em 1928, em Londres em 1929, em Viena em 1930; um 5º Congresso, que originalmente deveria ter lugar em Moscou sobre o tema "Marxismo e problemas sexuais", ocorreu, em vez disso, na Tchecoslováquia, em 1932).

A Grande Enciclopédia Soviética, publicada em 1930, demonstra como a URSS, que estava em plena contrarrevolução havia anos, ainda mantinha uma atitude tolerante em relação ao homoerotismo naquela época. Lê-se:

> Nos países capitalistas avançados, a luta pela abolição dessas leis hipócritas [leis anti-homossexuais] está longe de ser extinta. Na Alemanha, por exemplo, Magnus Hirschfeld está liderando uma luta particularmente feroz para abolir a lei contra a homossexualidade [...]. É óbvio que a avaliação soviética das manifestações homossexuais é completamente diferente da avaliação ocidental. Mesmo entendendo a distorção do desenvolvimento da homossexualidade, a sociedade não culpa e não pode culpar por isso aqueles que a exibem. Isso reduz de forma significativa o muro que em geral se ergue entre o homossexual e a sociedade e empurra o primeiro a ocultar-se dentro de si mesmo.[67]

Mas em um breve período a própria contrarrevolução cavou a cova para os homossexuais. Em março de 1934, foi introduzida na Rússia uma lei que punia atos homossexuais com prisão de até oito anos. A lei, que tomou a forma de um estatuto federal, foi resultado da intervenção pessoal de Stálin. Ela limitou a definição

---

[65] Ver John Lauritsen e David Thorstad, "Il primo movimento per i diritti degli omosessuali (1864-1935)", cit., p. 61.

[66] Ver Amadeo Bordiga, *Strutture economiche e sociali della Russia d'oggi* (Milão, Editoriale Contra, 1966); ainda do mesmo autor: *Russia e rivoluzione nella teoria marxista* (Milão, Il Formichiere, 1975).

[67] Ver John Lauritsen e David Thorstad, "Il primo movimento per i diritti degli omosessuali (1864-1935)", cit., p. 62. Fiz algumas modificações na tradução.

de homossexualidade aos homens. Todas as repúblicas foram obrigadas a incluir os estatutos, sem modificação, em seus códigos. A imprensa soviética empreendeu uma duríssima campanha contra a homossexualidade, definida como um sintoma da "degeneração da burguesia fascista". O tom e o conteúdo dos ataques foram em todos os aspectos semelhantes aos da campanha antigay conduzida simultaneamente pelos nazistas na Alemanha. Tal como na Alemanha, a perseguição era inédita na União Soviética. Entre os presos estavam muitos atores, músicos e outros artistas; eles foram condenados a vários anos de prisão ou deportação para a Sibéria. As prisões em massa produziram pânico entre os homossexuais e foram seguidas por numerosos suicídios no próprio Exército Vermelho. *Stálin reagiu com o extermínio a qualquer coceira na bunda: astúcia do capital...*

Atualmente, os médicos soviéticos ignoram até mesmo as raízes etimológicas do termo "homossexualidade". Na terceira edição da *Grande Enciclopédia Soviética*, publicada em 1971, lemos: "Homossexualidade (do latim, *homo* e *sexus*)" – (sic!) – "perversão sexual que consiste em uma atração não natural por pessoas do mesmo sexo. Ocorre em pessoas de ambos os sexos. As normas penais vigentes na URSS, nos países socialistas e mesmo em alguns estados burgueses preveem a punição da homossexualidade (*muzhelo zhestvo* – sodomia entre homens)"[68].

Certamente hoje a perseguição é bem mais forte na URSS, em Cuba[69] e na Polônia do que na Inglaterra, França ou Itália. Vimos como leis tolerantes foram introduzidas em quase todos os países com domínio real do capital: contudo, a tolerância ainda é a negação da liberdade. Tolerância repressiva. O capital oferece, segundo Bruno Bauer*, "o espetáculo de uma vida que é livre, mas que revoga sua liberdade na lei, portanto também a declara uma aparência e, por outro lado, refuta sua lei livre pela ação".

De fato, a "liberdade" que a lei garante aos homossexuais se reduz à liberdade de serem excluídos, oprimidos, explorados, objetos de violência moral e muitas vezes física, isolados em um gueto geralmente perigoso e, quase sempre, de uma evidente miséria. A "sociedade tardio-capitalista", escreve Francesco Saba Sardi,

---

[68] Ibidem, p. 87.

[69] No artigo "Cuba: socialismo?" (*Fuori!*, n. 1, jun. 1972), noticia-se uma declaração drasticamente anti-homossexual extraída de *Granma*, órgão oficial do Comitê Central do Partido Comunista Cubano (edição de 9 maio 1971), e a resposta do Gay Revolution Party (retirada de *Come out*, Nova York, primavera-verão 1971).

* Filósofo e historiador alemão de inspiração hegeliana (1809-1882). Marx e Engels polemizaram duramente com ele na obra *A sagrada família* (1845) e em *A ideologia alemã* (1845-46). (N. I.)

ao mesmo tempo que dá à homossexualidade a sanção jurídica da tolerância, impõe aos homossexuais uma marca (de infâmia, de ridículo ou de compaixão) que os confina a um gueto mais ou menos dourado, no qual o homossexual é induzido a representar seu papel de forma caricatural; assim como o judeu, no gueto ou no campo de concentração, tornou-se o judeu da campanha antissemita e nazista: o judeu sofrido e ao mesmo tempo astuto, o judeu masoquista, que hoje, pelo menos em alguns aspectos, tem sua própria contraparte no "bicha".[70]

Em um dos países europeus onde os homossexuais alcançaram o mais alto grau de emancipação política, a Holanda, eles continuam marginalizados, relegados a um gueto funcional, prisioneiros daquela gaiola dourada que é a Amsterdã gay (ainda que, é preciso admitir, nas saunas de Amsterdã você pode desfrutar muito mais intensamente e com maior tranquilidade do que nos banheiros da Piazza del Duomo em Milão...)[71].

Além disso – vale repetir –, apesar da legalização oficial da homossexualidade, a repressão é muito severa nos países com domínio real do capital. "No atentado ao pudor público, pode-se processar qualquer um que não rejeite uma carícia sem vergonha com rapidez suficiente", observa Hocquenghem; "basta ficar muito tempo em um banheiro público para ser culpado de um ultraje ao pudor; os policiais podem até fazer uma provocação (nos banhos turcos, por exemplo) para caracterizar o atentado ao pudor. A repressão não se contenta em enfiar o nariz na cueca, ela busca o ultraje público, ela o provoca para melhor condená-lo (um comportamento semelhante da polícia é frequente nos Estados Unidos)"[72] e, acrescentamos, de tais *agents provocateurs* [agentes provocadores] está infestado o ambiente gay na Inglaterra, na Alemanha, na França, na Itália, quase por toda parte. Há algum tempo, em Londres, deixei-me seduzir (mas não muito) por um policial moreno e encantador que, vestido de couro preto, veio ao banheiro do Shepherd's Bush para se masturbar, com as algemas prontas para prender as bichas.

---

[70] Saba Sardi, *La società omosessuale*, cit., p. 36.
[71] Um dos mais famosos guias internacionais para homossexuais, publicado em Amsterdã, chama-se *Guia Incógnito*: o próprio título é todo um programa, representa o emblema do gueto do qual abre as portas, mais ou menos *cachées* [ocultas], em quase todos os países do mundo. Onde o gueto não é organizado pelo sistema, existe um gueto clandestino. O *Guia Incógnito* lista os endereços dos banheiros públicos onde é possível encontrar homossexuais em Moscou, por exemplo, e do parque ou dos bares mais populares de Madri.
[72] Guy Hocquenghem, *Le Désir homosexuel*, cit., p. 28.

5. Obscurantismo-progressismo eclesiástico

Apesar da massiva campanha antierótica mantida pelo sistema, apesar do despotismo obtuso da Norma heterossexual, nos países sob o domínio real do capital há alguns anos manifestam-se os primeiros indícios de um amadurecimento muito lento, por parte de muitos, em relação à questão homossexual: ainda que, no fundo, precisamente na medida em que se começa a falar da homossexualidade, vêm à tona a vergonhosa ignorância e a massa de preconceitos reacionários que caracterizam a abordagem geral do "normal" ao "diferente"; enquanto isso, reduz-se a muito pouco, na realidade, a distância entre aqueles que rejeitam abertamente o homoerotismo e os mais tolerantes, os "progressistas".

A Igreja, secular carrasca dos "sodomitas", confirma firmemente suas próprias posições retrógadas. A *Declaração* da Congregação para a Doutrina da Fé sobre *certas questões de ética sexual*, de janeiro de 1976, insiste em distinguir "entre homossexuais cuja tendência, decorrente de falsa educação, de falta de evolução sexual normal, de hábito contraído, de maus exemplos ou de outras causas semelhantes, e transitórias ou, pelo menos, não incuráveis, e os homossexuais que o são definitivamente por uma espécie de instinto inato ou constituição patológica, julgada incurável"[73].

Como se pode notar, a Igreja reforça a distinção psiconazista entre "homossexualidade espúria" ou "pseudo-homossexualidade" e "homossexualidade verdadeira"[74]. Não é por acaso que o padre Roberto Tucci, diretor da Rádio Vaticano, "encontrou na *Declaração*, no que diz respeito à homossexualidade, maior atenção a certos dados científicos"[75].

Tal declaração evita mencionar ainda o primeiro tipo de homossexual (cuja "aberração" seria "transitória ou, pelo menos, não incurável"): talvez para evitar colocar a nu todos os pseudo "pseudo-homossexuais" afiliados ao clero ou mesmo empoleirados nas cadeiras da administração.

Quanto aos "sujeitos da segunda categoria", ou seja, os "verdadeiros homossexuais", "incuráveis", a Congregação para a Doutrina da Fé recomenda que, "na ação pastoral", sejam "recebidos com compreensão e apoio na esperança de superar suas dificuldades pessoais e seu desajuste social. Sua culpa será julgada com prudência; mas

---

[73] Ver *Avvenire*, 16 jan. 1976.

[74] Ver capítulo I, parágrafo 5º.

[75] *Avvenire*, 16 jan. 1976.

não pode ser usado nenhum método pastoral que [...] lhes ofereça uma justificação moral. Segundo a ordem moral objetiva, as relações homossexuais são atos desprovidos de uma regra essencial e indispensável". "Os atos homossexuais são intrinsecamente desordenados e, em nenhum caso, podem receber qualquer aprovação".

Tais julgamentos reacionários certamente favorecem o movimento pela libertação da homossexualidade: de fato, se por um lado culpabilizam cada vez mais o infeliz e obstinado homossexual católico, por outro induzem um número crescente de católicos gays a abandonar a Igreja, a quebrar com uma tradição religiosa estupidamente repressiva e abrir-se a uma concepção diferente do mundo e da vida, menos conformista e, em consequência, potencialmente mais disponível a uma tomada de consciência revolucionária.

No entanto, há alguns anos, mesmo em relação aos gays menos sujeitos à moral religiosa, a Igreja (ou mesmo o capital) inventou instrumentos de recuperação. Hoje a Igreja é também a Igreja da dissidência. Assim, alguns membros do clero começam a assumir uma posição oficial a favor de uma "emancipação" dos homossexuais, opondo-se ao estigma do pecado "*contra natura*" tradicionalmente impresso pela Igreja sobre eles.

Entre os franciscanos, temos o caso do padre Vittorino Joannes[76]; Dom Marco Bisceglia*, o pároco de Lavello (Potenza), retirado pelo bispo da paróquia, sustenta que não é aos homossexuais "que está destinado o inferno, mas àqueles que os marginalizam, insultam, escarnecem, empurram-nos ao desespero e ao suicídio"[77]. A ex-freira Marisa Galli, uma dissidente, que na época expressava uma opinião contrária à proibição do divórcio, afirmou com franqueza: "Como religiosa católica italiana, sinto-me culpada pelo mal que fizemos, com nossa atitude antievangélica, a tantos irmãos homossexuais. Teriam o direito de nos processar por difamação. A riqueza do Vaticano não seria suficiente para compensá-los pelos danos que lhes causamos com nosso preconceito, nosso analfabetismo sexual, nossa inconsciente e consciente crueldade"[78]. Não, as riquezas do Vaticano não seriam

---

[76] Um jesuíta, padre Arturo Dalla Vedova, foi detido em 6 de novembro de 1975 em Roma depois de ter escrito repetidamente *pig* (porco) e outros insultos nos cartazes afixados em homenagem a Pasolini em Roma. A Companhia o fez passar por louco...

* Este padre foi, mais tarde, o fundador do primeiro círculo do Arcigay (Palermo, 1980) e o primeiro coordenador da rede de círculos que desde 1985 deu vida ao Arcigay nacional. No final desse percurso, Dom Bisceglia está de volta à Igreja. (N. I.)

[77] Ver *Corriere della Sera*, 17 maio 1975.

[78] Idem.

suficientes: muitos "sodomitas" morreram ao longo dos séculos nas fogueiras da Santa Inquisição; muitos homossexuais ainda hoje, por causa do que a Igreja afirma, acreditam que são "doentes e, portanto, precisam ser tratados, não só isso, mas creem que toda pessoa que se expressa como homossexual, mesmo que esta seja a sua realidade, comete pecado contra Deus porque vai contra a natureza"[79].

No exterior, e especialmente na Holanda, teólogos católicos conhecidos e "autorizados" – como Pfeurten, Oraison, Biet, Gottschalk, e o menos idiota, van de Spijker[80] – estão reexaminando toda a atitude eclesiástica em relação ao homoerotismo do ponto de vista de, e de acordo com, uma tendência "progressista". Por sua vez, em 18 de outubro de 1974, Monsenhor L'Heureux, bispo de Perpignan, declarou durante uma transmissão de rádio:

> É absolutamente necessário chegar a uma certa definição sobre este ponto, eu diria de uma atividade pastoral que pode ajudar homossexuais a acederem mais livremente aos sacramentos, a impregnarem-se de modo mais profundo da palavra de Deus, a encontrarem-se em grupo, tanto entre si como com os outros, para refletirem sobre as necessidades da sua vida cristã e, finalmente, também não se culparem por atos que seriam induzidos a praticar, e que pareceriam anormais em relação à tradição cristã.[81]

Dir-se-ia que pela primeira vez, com o uso do verbo "parecer" (*paraître*) no condicional, um membro do episcopado abriu a possibilidade de uma nova reflexão sobre a homossexualidade no campo da teologia moral. Mas sua atitude paternalista é um concentrado de falsidades: em primeiro lugar, Monsenhor L'Heureux se preocupa em ajudar os homossexuais a "não se culparem", enquanto é evidente que na realidade os homossexuais não se culpam, mas são culpados pela sociedade em geral e pela Igreja em particular. A autoculpa, quando ocorre, é apenas reflexo da condenação infligida pela perseguição externa.

Mais precisamente, Monsenhor L'Heureux diz que os homossexuais devem ser ajudados "a não se culparem por atos que seriam induzidos a praticar". Por que "seriam" e não "são"? E, então, "induzidos" por quem ou por quê? No entanto, como um todo, essa afirmação soa decididamente ambígua: de fato, dita no contexto de toda a declaração, pode ser interpretada como um convite dirigido aos

---

[79] Ornella Dragoni, "Una testimonianza", *Fuori!*, n. 12, primavera 1974, p. 22.
[80] Ver Paola Elio, "Omosessualità e religione", *Fuori!*, n. 12, primavera 1974, p. 13-6.
[81] A declaração de Monsenhor Henrique L'Heureux foi noticiada em 6 de janeiro de 1975 no boletim *David et Jonathan*, órgão do movimento francês Christianisme et Homophilie.

gays para que não se sintam mais culpados pela homossexualidade ou como uma exortação dirigida a eles para que, ao renunciar às "práticas" homossexuais, erradiquem as raízes de sua culpa ("não se culparem pelos atos"). O que o bispo de Perpignan dá com uma mão, com a outra ao mesmo tempo ele retira, como em um jogo de prestidigitação. E o que lhe interessa, sobretudo, é a integração dos homossexuais às estruturas eclesiásticas.

Ainda no quadro da operação de recuperação da homossexualidade implementada pelo sistema, as igrejas protestantes assumiram recentemente atitudes ainda menos conformistas: durante cerca de dois anos, por exemplo, as assembleias gerais da London Gay Liberation Front foram realizadas regularmente em Notting Hill Gate, em um salão da All Saints Church, e as reuniões do Transvestites and Transexuals Group (coletivo de travestis e transexuais) ocorreram na sacristia daquela igreja. Além disso, existem igrejas que organizam serviços religiosos especiais para os gays (sobretudo nos Estados Unidos).

Por outro lado, as Igrejas que não preveem o celibato eclesiástico são em geral inclinadas a admitir abertamente – isto é, com menos hipocrisia do que a Igreja Católica – a homossexualidade de muitos padres. Nos Estados Unidos, existem mais de vinte missões da Universal Fellowship of Metropolitan Community Churches, uma igreja para homossexuais liderada pelo reverendo Troy Perry, o qual celebrou um bom número de casamentos gays[82].

A perspectiva do casamento gay interessa muito mais ao sistema do que aos próprios gays reformistas. Nos Estados Unidos, a imprensa, que aliás deixou passar quase em silêncio o massacre de 31 homossexuais ocorrido em Nova Orleans em 1973 (um dos muitos massacres do Hétero-Estado), dedicou extensos artigos durante o mesmo ano à celebração de casamentos entre mulheres ou entre homens[83]. Na Suécia (e também na Noruega), a imprensa e a televisão discutem o direito dos homossexuais ao casamento, enquanto as próprias organizações gays moderadas se limitam a exigir a plena aceitação da sociedade. O status quo heterossexual, por intermédio do "progressismo", contempla uma integração total da homossexualidade, seu reingresso (pela porta dos fundos) nas estruturas da família.

---

[82] Ver Ronald M. Enroth e Gerald E. Jamison, *The Gay Church* (Grand Rapids, William B. Eerdmans Publishing Company, 1974); e também Kay Tobin e Randy Wicker, *The Gay Crusaders* (Nova York, Paperback Library Edition, 1972).

[83] Ver Charles Shively, "Wallflower at the revolution", *Fag Rag*, n. 6, Boston, outono 1973.

6. Dessublimação repressiva. Proteção. Exploração. Falsa culpa. Reformismo

É impossível deixar de destacar que a intenção implícita, se não explícita, de recuperação dos homossexuais está contida na nova atitude "progressista" de certas igrejas e de certos Estados. Além disso, é necessário sublinhar como a lenta evolução da moral religiosa e de algumas camadas da opinião pública em direção a posições mais compreensivas e tolerantes tende a substituir parcialmente a forma tradicional de agressão contra nós gays por proteção. Mas, se a agressividade é falocrática e a proteção, paternalista, a falocracia e o paternalismo são as duas faces da mesma moeda patriarcal. "A única ação verdadeiramente vergonhosa e imperdoável de toda a minha vida", disse Oscar Wilde após o julgamento, "foi a de me deixar pedir ajuda e proteção à sociedade"[84].

Proteção aos homossexuais, moralidade permissiva, tolerância, emancipação política alcançada dentro de certos limites em países com dominação real do capital, tudo se revela essencialmente funcional ao programa de mercantilização e exploração da homossexualidade pela empresa capitalística. A indústria do *gueto* é assaz frutífera: bares, clubes, hotéis, salões de dança, saunas, cinemas, imprensa pornográfica para homossexuais constituem fontes de renda garantida para os exploradores do chamado "terceiro sexo". *O capital opera uma dessublimação repressiva da homossexualidade.* "A sexualidade é liberada (ou antes, liberalizada) sob formas socialmente construtivas. Esta noção implica a existência de formas repressivas de dessublimação"[85].

O sistema também realiza a mesma manobra em relação às outras chamadas "perversões". O *voyeurismo*, por exemplo, que entre as "perversões" é uma das mais mercantilizadas do capital (cinema, imprensa pornográfica etc.), na realidade permanece reprimido: vai-se ao cinema para ver (uma mercadoria) fazer amor e nisso se dessublima repressivamente o componente voyeurístico do nosso desejo em vez de nos ver amarmos uns aos outros, gozando com isso e nos entendendo e então fundindo o voyeurismo com outras formas de prazer. A dessublimação repressiva e a mercantilização são inseparáveis: o Eros termina voltado para o trabalho e a produção de mercadorias alienantes, na medida em que sua dessublimação repressiva garante sua aquisição[86].

---

[84] Philippe Jullian, *Oscar Wilde*, cit., p. 227.

[85] Herbert Marcuse, *A ideologia da sociedade industrial: o homem unidimensional* (trad. Giasone Rebuá, Rio de Janeiro, Zahar, 1973), p. 82.

[86] Ver capítulo VI, parágrafo 4º.

Por outro lado, a tolerância – "tolerância repressiva", diria Marcuse – apenas confirma a marginalização: de fato, tolerar a minoria homossexual, sem que a maioria ponha em causa o afastamento do desejo homoerótico que a distingue, significa reconhecer aos "diferentes" o direito de viver precisamente como "diferente" e, em consequência, na marginalização. E a marginalização favorece a exploração altamente lucrativa dos homossexuais pelo sistema que os marginaliza.

Mesmo nas metrópoles italianas, na Espanha, na Grécia, em Portugal, em países conhecidos pelo comum atraso de costumes, a indústria semiclandestina do "terceiro sexo" prospera e se baseia em laços de estreita conivência entre empresários, poder de polícia e submundo. Nos Estados Unidos, a grande maioria dos locais de encontro gays são controlados pela máfia. Paradoxalmente, de acordo com as leis vigentes no estado de Nova York, a homossexualidade é considerada um tipo penal próprio, e isso em Nova York, cidade que, junto com Tóquio e São Francisco, com certeza possui um dos maiores, mais atraentes e mais bem organizados guetos homossexuais do mundo (com os anexos próximos de Fire Island e Province Town). Eis que novamente se destaca, para tomar as palavras de Marcuse, "o caráter racional da irracionalidade capitalista", se considerarmos a lacuna existente entre a organização econômica centrada na exploração do homoerotismo e a jurisdição: o proibido vende mais.

O que é preciso ter em mente é o mútuo e efetivo entrelaçamento, na sociedade de domínio real do capital, de agressividade e proteção diante de nós gays. Entre violência e proteção não há solução de continuidade: no limite, é verdade que o homossexual deve ser agredido para ser protegido, ou seja, em essência, explorado. Por outro lado, proteção e integração oferecem aos gays gratificações paliativas, como induzir à submissão e enfraquecer a ruptura de seu protesto (assim como, aparentemente, suas próprias motivações). É evidente que nem os agressores nem os *protetores* conhecem os mecanismos de mediação que existem entre violência e proteção, nem se preocupam com isso; *que a proteção se constitui no médium que reconecta o agressor à exploração é algo que somente os gays revolucionários compreenderam.*

Infelizmente, a maioria dos homossexuais deve ser considerada ainda hoje como estando iludida pelas miragens da emancipação política dentro das estruturas capitalistas, desumanas, do *establishment*: isso, longe de causar surpresa, deve ser considerado um legado do hábito milenar da Norma ("normalidade" e normatividade), que leva os homossexuais – estes transgressores – a *sentirem-se culpados*. Desejando integração, muitos gays entregam-se à esperança ilusória de que serão perdoados pelo sistema-pai dos pecados que, na verdade, nunca cometeram. Mas o sentimento de culpa é essencialmente funcional à perpetuação do domínio do capital ("Sétimo: não viajar sem bilhete"): e a própria liberalização e a tolerância atuam de modo preciso sobre o sentimento de culpa daqueles que se adaptam para serem tolerados, a fim de serem mais bem explorados; um homossexual deve sentir-se culpado até certo ponto, a fim de se adaptar à aflição e à angústia do gueto e renunciar à liberdade autêntica. Por outro lado, o capital não pode perdoar nenhum pecado: primeiro, porque não há pecadores; segundo, porque o capital é ele próprio a indústria do pecado.

O ideal de emancipação política não implica um salto qualitativo em relação às condições de marginalização e exploração em que os homossexuais se encontram atualmente, tampouco uma inversão do sentimento de culpa que lançaria luz sobre os verdadeiros responsáveis pelo sofrimento homossexual. É tempo de os homossexuais recuperarem a energia que até agora desperdiçaram culpando-se a si próprios e de canalizarem-na para uma luta genuinamente emancipatória, prazerosa e subversiva.

O sentimento de culpa que nos é incutido pelo sistema diz respeito a uma falsa culpa, mas ao mesmo tempo comporta-se como o mais feroz inimigo da libertação homossexual. Temos de eliminá-lo: para ter sucesso, temos de aprender a reconhecê-lo nos seus muitos disfarces cotidianos; percebê-lo e confrontá-lo, em vez de sermos cegamente dominados por ele.

A falsa culpa é o assassino do sistema dentro de nós, o agente da morte que nos tortura impiedosamente. Corrado Levi escreve: "A nossa doença não reside em ser homossexual, mas em ter culpa. Esta tem sido incutida e mantida em nós pelo padre e pelos heterossexuais por medo da sua própria homossexualidade"[87].

O homossexual manifesto foi constrangido *a interiorizar a condenação social ao homoerotismo*, uma condenação que se repete diante dele diariamente. Os "normais", por outro lado, adaptaram-se ao tabu antigay – internalizando de maneira mais drástica a condenação e personificando a Norma heterossexual. Eles não podem abster-se de encontrar falhas naquele que transgride a Norma, porque ele vive o que eles reprimem, e assim, repressivamente, com preconceito e violência, induzem o homossexual a acreditar que é culpado. *Os heterossexuais fomentam nos gays o sentimento de culpa.*

---

[87] Corrado Levi, "Il lavoro di presa di coscienza. Problematiche e contributi dal lavoro di presa di coscienza del collettivo Fuori! di Milano", *Fuori!*, n. 12, primavera 1974.

Corrado Levi nota como o sentimento de culpa que muitas vezes aflige o homossexual "repercute numa espécie de inibição do seu comportamento em geral". Do relato de certos sonhos durante as reuniões de conscientização em Milão, "surgiu claramente a conexão entre homossexualidade e autopunição, que, não por acaso, [...] foi representada pela polícia, pelo pai etc. A análise detalhada do sentimento de culpa permite identificar e assim isolar em nós a *internalização da moral e dos valores correntes*, que, portanto, podem ser repudiados por nós e em nós, juntamente com o sentimento de culpa". A eliminação gradual da falsa culpa

> é um resultado alcançado em paralelo com a análise e desmantelamento dos valores, normas e comportamentos correntes. O sentimento de culpa está ligado à transgressão dos resultados a que se dirige a repressão, sofrida pelas crianças, da própria homossexualidade, a qual a partir dos adultos se torna autorrepressão (com compulsão à repetição), no quadro da atual deformação do indivíduo mediante a educação edipiano-patriarcal. E também é fortalecida pela culpabilização do sexo e do corpo realizada pela cultura judaico-cristã. É sintomático, para compreender um dos efeitos do sentimento de culpa, constatar que muitas vezes, descobrindo-se diferente de alguns valores e comportamentos correntes, por culpa somos levados à assunção de outros valores e comportamentos correntes de uma forma muito rígida para compensar as transgressões.

Desse modo, um homossexual, induzido a se sentir culpado pelo sistema por transgredir o tabu antigay, talvez tente de todas as formas se redimir diante da sociedade, adaptando-se às suas demais regras, tornando-se conservador e reacionário e, por sua vez, repressivo e mortífero. O homossexual pode se transformar em instrumento do capital: "Sabemos muito bem", observa Angelo Pezzana, "que os homossexuais que têm poder, ou seja, que vivem em situações de poder, são justamente aqueles que combatem a libertação homossexual"[88].

A propósito do "discreto fascínio dos *pédés* [pederastas]", alguns camaradas do Groupe de Libération Homosexuel (GLH) escreveram:

> Assim como o movimento negro americano também teve que lutar contra a burguesia negra, que se opôs violentamente à revolta dos guetos e que imita a sociedade branca racista, da mesma forma não se pode dizer que qualquer homossexual seja, a priori, um de nós, mesmo que... Porque, se todo homossexual sofre a repressão sexual, isso se dá segundo a sua posição social, seu condicionamento, suas ideias; e o que ele faz

---

[88] Ver *Dibattito*, p. ivi.

no trabalho? e em suas relações cotidianas? A França giscardiana* permite que os homossexuais vivam, sobrevivam com dignidade, arcadicamente, na hipocrisia e no disfarce. Esse tipo de homossexual bem-adaptado está entre os primeiros a se opor à nossa revolta. Ele também é um dos nossos inimigos.[89]

O fardo ofuscante da condenação internalizada, as condições de falta de liberdade e desespero em que vivem ainda induzem muitos homossexuais a se conformarem com qualquer modo de adaptação, a sonhar com as roupas, a casa e os sorrisos fascistas do "Vogue Man" (com quem gostariam de transar e se identificar ao mesmo tempo) e/ou aspirar à conquista de mais direitos civis. O sistema tira proveito disso: "O sistema é o leopardo que nos leva a esperar que tudo mude, para que tudo permaneça como antes"[90].

Mesmo entre os gays que participam das atividades do movimento de libertação, nem todos perceberam plenamente a necessidade de conduzir a luta em uma perspectiva totalizante e revolucionária, visando à *emancipação humana* em vez da *emancipação política*[91]; relativamente poucos são aqueles que já conhecem a força revolucionária potencialmente contida em sua condição e que se empenham em traduzi-la em atos.

O movimento na atualidade é composto de homossexuais revolucionários e homossexuais integracionistas; logo, as atividades dos grupos são muitas vezes conflitantes umas com as outras. Mas é por intermédio das dificuldades e dos contrastes que o movimento cresce dialeticamente e se transforma. Para além das distinções políticas *formais* entre uma organização e outra, entre um coletivo e outro, além das diferenças de interpretação e conteúdo, o movimento gay *como um todo* constitui o movimento *histórico* pela libertação da homossexualidade: no

---

* Refere-se à França sob o governo de Valéry Giscard d'Estaing, o qual, embora eleito pelo mesmo partido de Charles de Gaulle, de quem foi ministro, adotou medidas liberalizantes em relação aos costumes e à cultura francesa. Em seu governo foi retirada a censura ao cinema francês e aprovaram-se leis como a que estabeleceu o divórcio por consentimento mútuo, a descriminalização do aborto, a redução da maioridade civil, entre outras medidas de caráter modernizador. (N. T.)

[89] Nicolas B. e Jaen L., *Homosexualité et militantisme: quelques réflexions de base* (Paris, 1975). Arcadie é o nome do movimento integracionista homossexual francês, daí "arcadicamente" (*arcadiennement*).

[90] Coletivo de redação de Fuori!, "Gli omosessuali e l'utopia", *Almanacco Bompiani*, 1974.

[91] Neste livro usarei sempre as expressões "emancipação política" e "emancipação humana" no sentido atribuído por Karl Marx em *Sobre a questão judaica* (trad. Nélio Schneider e Wanda Caldeira Brant, São Paulo, Boitempo, 2010). Emancipação política significa, portanto, integração ao sistema, enquanto emancipação humana refere-se à liberdade autêntica, revolução e comunismo.

momento, ele não pode mais do que refletir as contradições e limites da situação social geral, principalmente contrarrevolucionária.

A própria estrutura organizativa dos grupos gays, ainda que mais elástica e *gaia** do que as estruturas políticas tradicionais ou de ultraesquerda, e menos autoritária, permanece, todavia, substancialmente hierárquica (ainda que, quase sempre, os coletivos não reconheçam hierarquias oficiais de qualquer tipo): os efetivos líderes homossexuais muitas vezes tendem – e às vezes de maneira inconsciente – a administrar "seus" grupos como pequenos bandos mais ou menos submissos a eles, sobre os quais baseiam seu prestígio e poder pessoal; suas próprias figuras, precisamente na qualidade de – substancialmente – figuras políticas, são patriarcais – ainda que sob plumas e lantejoulas – e reacionárias.

Por outro lado, uma certa abulia e a escassez de consciência *gaio*-subversiva por parte de muitos dos membros dos grupos tendem a atribuir papéis de liderança a poucos e a confirmá-los nesses papéis, apesar de toda a discussão contra o autoritarismo e os líderes carismáticos conduzida internamente aos coletivos, uma discussão que muitas vezes se resume a um embate dialético que é na verdade um jogo de poder entre os líderes efetivos.

Dir-se-ia que muitos homossexuais, desgastados e obscurecidos pelo sentimento de culpa induzido ou pela interiorização da condenação social, que se encontram pela primeira vez em grupos de libertação, são atacados de imediato, muitas vezes inconscientemente, pelo remorso, pelo *Supereu* que os condena internamente por terem ousado desobedecer ao Supereu social que estabelece sua marginalização e que se opõe à consciência homossexual revolucionária. Comparáveis aos filhos do mítico pai primitivo freudiano, que depois de se unirem na relação homossexual encontram forças para matá-lo, e então são acometidos pelo remorso e instituem em memória e no lugar do pai o Totem, o fetiche fálico, os homossexuais que se reúnem em grupos de libertação são em grande parte impotentes pelo ataque do *Supereu* que no mesmo instante os assalta, e veem-se forçados a estabelecer entre si líderes, figuras fálicas e carismáticas, que os "comandam", personificando a autoridade do *Supereu* que vincula cada membro do grupo ao sentimento de culpa.

---

* Conforme apontamos no capítulo I, "gaia", "gaio" ou ainda "gaiamente" foram deixados como no original, embora em itálico, dada a ausência de uma tradução exata e a facilidade com que se adaptam, na qualidade de neologismo, ao texto em português. Funcionam como adjetivo e advérbio de *gay*. Note-se que *gay*, por ser uma palavra estrangeira que não foi, por assim dizer, "moldada" à grafia do idioma, não assume a elasticidade típica dos substantivos do idioma português, de modo que o processo de derivação imprópria não se aplica, pelo menos por enquanto. (N. T.)

Por um lado, não devemos tolerar todas as organizações homossexuais existentes: somente uma atitude crítica em relação à sua história, à história de sua formação e de seu desenvolvimento pode destacar quão importante são do ponto de vista *gaio*-comunista, o quanto de revolucionário está presente, em potencialidade e em ato, nelas.

Por outro lado, ainda que nem todos os gays sejam a favor da revolução, não se pode compreender a questão homossexual sem fazer referência constante aos sujeitos históricos concretos que a trouxeram à tona mediante sua luta e pesquisa. São eles que fornecem a chave revolucionária para interpretar os problemas históricos e sociais relativos à homossexualidade, as investigações ideológicas (e) psicanalíticas sobre as "perversões", mesmo quando não são, eles próprios, revolucionários. Ninguém pode interpretar a análise freudiana do caso do presidente Schreber[92], por exemplo, melhor do que alguém que experimentou profundamente o que significa *être une folle**, ser condenado como tal, ter se voltado contra a repressão e contra a forma internalizada de condenação. E uma bicha pode ser reformista, mas ainda é *une folle*.

Oscar Wilde pode ter sido rotulado de conservador ferino ou socialista decadente, mas, do ponto de vista da libertação homossexual, ele era, goste-se ou não, um revolucionário. É certo que o sistema hoje está muito, muito mais preparado para a recuperação de expressões moderadas da luta homossexual do que há cem anos. Portanto, o sentimento de culpa que transparece das obras de Wilde, e que por vezes as permeia, é menos grave do que o sentimento de culpa que induz muitos gays ao reformismo hoje, se considerarmos – em comparação com a gravíssima perseguição ao homoerotismo no século XIX na Inglaterra – a atual propensão interessada do capital à tolerância.

As expressões práticas e teóricas mais radicais dos movimentos de libertação homossexual se manifestaram no rastro das lutas operárias e estudantis de 1968 e

---

[92] Ver Sigmund Freud, "Observações psicanalíticas sobre um caso de paranoia (*dementia paranoides*) descrito com base em dados autobiográficos (caso Schreber) (1912 [1911])", em *Obras incompletas*, v. 5: *Histórias clínicas: cinco casos paradigmáticos da clínica psicanalítica* (trad. Tito Lívio Cruz Romão, Belo Horizonte, Autêntica, 2022).

* *Fou*, em francês, é "louco", "tolo" etc. O autor usa, contudo, a palavra no feminino, *folle*. Em francês, a palavra feminina "folle" pode ter a conotação de gay quando é vinculada a um indivíduo do sexo masculino. Aqui parece que Mieli quis também chamar atenção ao fato, muito comum na época dos acontecimentos ligados ao presidente Schreber, de se ligar a homossexualidade a um tipo de loucura ou paranoia. (N. T.)

1969 na Europa e nos Estados Unidos após aquela profunda convulsão impressa na sociedade e sobretudo na consciência dos jovens estadunidenses das revoltas dos guetos negros e da paralela afirmação revolucionária do movimento negro[93]; além disso, e ao mesmo tempo, na América e na Europa a formação de grupos gays foi profundamente influenciada pela radicalização e expansão do movimento feminista ocorridas no final da década de 1960. O refluxo das lutas, a vingança contrarrevolucionária do poder capitalista, a consequente estagnação na angústia social e existencial, tudo isso contribuiu consideravelmente para uma fragmentação do movimento gay.

Em 1974, o Fhar francês, conhecido por ser o mais extremista entre os grupos europeus, praticamente sofreu uma autodissolução. Isso não significa que o movimento homossexual tenha morrido na França: ele foi transformado e dividido em grupos menores (dos quais o mais importante é agora o Groupe de Libération Homosexuel) que, de diferentes posições e sem pretender *uniformizar-se* sob o guarda-chuva de uma suposta *unidade formal*, enfrentam uma batalha permeada por objetivos em parte comuns.

Na Grã-Bretanha, o Gay Liberation Front, que conheceu seus anos dourados em 1971 e 1972, há algum tempo vem se adaptando cada vez mais às determinações de uma luta para-reformista que a aproxima da política do Campaign for Homosexual Equality (CHE), a organização integracionista britânica. Isso não impede que existam ainda hoje na Inglaterra coletivos revolucionários.

Nos Estados Unidos da América, o papel de destaque outrora desempenhado pelo Gay Liberation Front é agora ocupado por grupos mais moderados, como o National Gay Task Force, o qual, especialmente no estado de Nova York, é um poderoso agrupamento de formação recente, e a Gay Activist Alliance, uma organização que se separou da Gay Liberation Front em 1969. Essa primeira cisão foi provocada por divergências que surgiram dentro da Frente entre os radicais mais radicais, que apoiavam abertamente os Panteras Negras e eram a favor de uma intensificação dos confrontos, e os reformistas, inclinados a uma política performática, mas cautelosos e contrários à adesão, por parte do movimento gay, às outras

---

[93] Ver Huey Newton, "A letter from Huey", em *The Gay Liberation Book*, cit., p. 142. Em 1970, Newton, ministro da Defesa do Partido dos Panteras Negras, declarou: "Nada nos permite dizer que um homossexual não pode ser um revolucionário. E são certamente meus preconceitos que me fazem dizer: até um homossexual pode ser um revolucionário. Pelo contrário, há muitas probabilidades de que um homossexual esteja entre os mais revolucionários dos revolucionários". Ver também Francesco Santini, "Sgombrar la strada", *Comune futura*, n. 2, nov. 1976.

lutas de libertação. Mesmo na América, no entanto, ainda existem numerosos coletivos homossexuais revolucionários que não se identificam com organizações oficiais, mas que constituem as expressões mais avançadas do movimento real.

Na Itália, a federação do Fuori! com o Partido Radical indica claramente a afirmação de uma linha política, reformista, contrarrevolucionária entre os homossexuais: sintomática foi a participação do Fuori!, que apresentou seus próprios candidatos nas listas radicais, nas eleições de junho de 1976; lamentável o tom da campanha eleitoral. Na Itália, porém, grupos revolucionários surgiram nos últimos anos em várias cidades, incluindo os Coletivos Homossexuais Milaneses (COM) e os coletivos autônomos de Florença, Pavia, Veneza, Pádua, Nápoles, Catânia, Cagliari etc.

Pode-se muito bem dizer que, se por um lado os homossexuais reformistas aspiram ao Parlamento, por outro os revolucionários não aceitam rebaixar-se a compromissos com a política parlamentar e/ou gremial do sistema: continuam a lutar em primeira pessoa como homossexuais (e) revolucionários, e sabem que só a mais completa intransigência, a mais sincera coerência e a rejeição de qualquer politicismo, de qualquer jesuitismo, podem garantir-lhes a liberdade da recuperação capitalista, podem realmente favorecer a realização de libertação.

7. Ideologia. Projeto homossexual revolucionário

A crítica revolucionária pôs em evidência o quanto a ideologia fundada no modo de produção capitalista, no estranhamento do trabalho e na coisificação do sujeito humano constitui em seu conjunto a absurda absolutização de valores historicamente contingentes, a hipóstase das opiniões (científicas, ético-morais, sociopolíticas, psicológicas) em realidades relativas e transitórias. A ideologia sustenta a "naturalidade" do atual sistema e modo de produção: ela os absolutiza de maneira a-histórica, ocultando sua substancial transitoriedade. O que é hipostasiado como "normal" e normativo pela ideologia não é mais que a versão aparente daquilo que, na realidade, muda, se transforma e se torna, a partir do desenvolvimento dos meios e do modo de produção, da dinâmica de contradição entre o capital e a espécie humana, do movimento da sociedade inteira. Mas, assim como o capital derrotou o movimento revolucionário em várias ocasiões até agora, sua ideologia sobreviveu à ascensão e à difusão progressiva da teoria do proletariado, em relação à qual tentou – e muitas vezes conseguiu parcialmente – uma recuperação, embora sem tocar sua essência.

Há 129 anos do *Manifesto Comunista*, o absurdo ideológico ainda enche a cabeça das pessoas. A ideologia do trabalho assalariado continua a marcar a *Weltanschauung* [visão de mundo] do *homem unidimensional*, ainda que o capital tenha atingido a fase de seu domínio real em que "não é mais o trabalho, agora definido e próprio da atividade humana, que é submetido e incorporado ao capital, mas todo o processo de vida dos homens. O processo de encarnação (*Einverleibung*) do capital, que começou no Ocidente há quase cinco séculos, terminou. O capital já é o ser comum (*Gemeinwesen*) opressor dos homens"[94].

> Com o desenvolvimento da cibernética constata-se que o capital se apropria, incorpora o cérebro humano; com a informática, cria sua própria linguagem, à qual a linguagem humana deve se modelar etc. Neste nível, não são unicamente os proletários – aqueles que produzem mais-valor – a serem submetidos ao capital, mas todos os homens, a maioria dos quais são proletarizados. É o domínio real sobre a sociedade, um domínio em que todos os homens se tornam escravos do capital.[95]

Por sua vez, "a burguesia se revela como uma classe supérflua", porque quase "todas as suas funções são agora desempenhadas por assalariados"[96]. O domínio real caracteriza-se pela tendência imanente à socialização que transforma o capitalismo em capitalismo de Estado, enquanto o Estado, de "comitê para gerir os negócios comuns de toda a classe burguesa", torna-se ele próprio uma empresa capitalista. A escravidão geral tende a se apresentar como (participação na) gestão da produção pelos operários: os assalariados se transformam em autômatos que gerenciam, administram o sistema que os escraviza. Enquanto isso, a substituição do trabalho vivo pela ciência e pela tecnologia "se torna a forma universal de produção material, circunscreve toda uma cultura; projeta uma totalidade histórica, um 'mundo'"[97].

> a tendência necessária do capital é o aumento da força produtiva do trabalho e a máxima negação do trabalho necessário. A efetivação dessa tendência, a transformação do meio de trabalho em maquinaria. Na maquinaria, o trabalho objetivado se contrapõe materialmente ao trabalho vivo como o poder dominante e como subsunção ativa deste a si, não só por meio da apropriação do trabalho vivo, mas no próprio processo real de produção [...] o valor objetivado na maquinaria aparece, ademais, como um

---

[94] Jacques Camatte, *Il capitale totale*, cit., p. 151.
[95] Idem.
[96] Friedrich Engels, *La sviluppo del socialismo dall'utopia alla scienza* (Roma, Samona e Savelli, 1970), p. 86.
[97] Herbert Marcuse, *A ideologia da sociedade industrial*, cit., p. 150.

pressuposto, diante do qual o poder valorizador da capacidade de trabalho individual desaparece como algo infinitamente pequeno.[98]

As condições econômicas necessárias para a criação do comunismo foram, por conseguinte, plenamente desenvolvidas (*até demais*): o próprio capitalismo reduziu ao mínimo o trabalho necessário. As pessoas continuam a trabalhar para o capital (que agora assume toda a atividade que o proletário realiza na fábrica), para sobreviver para o capital. O domínio real subsome de tal modo a vida humana, determina a tal ponto o pensamento, que mesmo agora – quando bastaria parar a maquinaria do sistema para que a espécie pudesse descobrir, por si mesma, sua salvação biológica e a liberdade comunitária – a revolução tarda a se afirmar.

A ideologia nos induz a pensar segundo os critérios desumanos do capital e retarda o crescimento de uma consciência humana, universal, comunista, que se oponha de uma vez por todas à dominação cancerosa do "monstro automatizado".

A luta das mulheres e as expressões teóricas de seu movimento deixaram claro como a ideologia é falocêntrica, centrada na sujeição do sexo feminino ao masculino, tanto quanto se fundamenta no modo de produção capitalista. Por sua vez, o fato de que a ideologia dominante é branca e eurocêntrica foi *literalmente iluminado* pelas lutas dos negros, que, insurgindo-se nos guetos da América nos anos 1960 e destruindo as cidades do capital, reabriram para a espécie a perspectiva da revolução comunista, a perspectiva da *emancipação humana*.

Que, "enfim", a ideologia é heterossexual, fomos nós homossexuais que colocamos em evidência, pela primeira vez de forma disruptiva nos últimos anos, desde a fundação do Gay Liberation Front em Nova York no verão de 1969 até hoje.

Mas, para além de suas características originais (burguesas, masculinas, eurocêntricas, heterossexuais) que ainda permanecem, hoje na ideologia devemos sobretudo reconhecer o próprio capital, seu domínio real. *Hoje, a ideologia é uma só e afeta a todos de maneira diferente e sem exceção.* É preciso desfazer-se dela para dar "forma" e "essência" humana e liberdade aos conteúdos da vida e do pensamento, atualmente reificados nas engrenagens mortais da máquina-capital. Os "privilégios" que hoje a sociedade tutela revelam-se em essência exclusivamente funcionais à perpetuação do sistema: o homem burguês, branco, heterossexual é

---

[98] Karl Marx, *Grundrisse: manuscritos econômicos de 1857-1858* (trad. Mário Duayer e Nélio Schneider, São Paulo, Boitempo, 2011), p. 581-2.

quase sempre um obtuso e infeliz solipsista, a marionete mais desprezível desse poder que nega em si a mulher, a negra, a bicha, o ser humano.

Se a ideologia é uma coisa única e antropomórfica, máscara (in)humana do capital, hoje por outro lado estamos, embora tão diversos e sobretudo diferentes uns dos outros, cada vez mais todos na mesma situação de fundo, sufocados pelo fardo do sistema. Somos diversos (mas) é o capital que nos opõe e nos separa*.

Cultivando as especificidades profundas de cada um de nossos casos individuais de opressão pessoal, podemos alcançar a consciência revolucionária que capta a *tua* opressão específica no meu caso (porque também tu, hétero, és um gay negado) e no *teu* caso, o *meu* caso específico de opressão (porque também eu sou uma mulher negada) e reconhecer em todos/as nós, para além de qualquer separação e autonomia historicamente determinadas, *a espécie humana negada*. A revolução só pode vir desse reconhecimento de nosso ser comum reprimido, que se reflete hoje em formas separadas na sociedade, naqueles que vivem em primeira pessoa diante da repressão a um aspecto particular da "natureza"[99] humana (o ser mulher, o desejo homoerótico...) negado pelo sistema.

O proletariado por si só e a luta das mulheres, dos negros e de nós gays nos ensinaram a compreender a importância fundamental, para fins de emancipação humana, de tudo o que – em relação aos valores absolutizados pela ideologia – é considerado marginal, secundário, anômalo ou mesmo absurdo. *A vida da espécie está lá*. Se a ideologia do poder é absurda, a realidade que ela esconde só pode ser discernida experimentando o que ela nega e relega ao canto do absurdo. *A esquizofrenia é uma porta de acesso ao conhecimento revolucionário*; e só amando um negro, conhecendo os negros, você pode realmente entender por que o comunismo será negro, de todas as cores.

---

* Para contexto, cabe observar que, na época em que o texto foi escrito, tanto o conceito de consubstancialidade quanto o de interseccionalidade ainda não haviam sido formulados e se popularizado no debate teórico entre feminismo e marxismo, e ainda menos nos espaços de discussão LGBT+. Nesse sentido, a afirmação de Mieli sobre a centralidade do capital em detrimento de oposições de outras formas de diversidade reflete um entendimento comum sobre a questão à época. Com os debates mencionados, essa percepção se altera significativamente nas décadas posteriores. (N. E.)

[99] Por "natureza" humana não entendo algo definido, estável, imutável, absoluto, mas oculto; não tenho uma ideia precisa do que está por trás, é claro, da "natureza" humana, que considero materialisticamente em devir, ou seja, em relação ao período histórico e ao contexto socioambiental e com o desenvolvimento da dialética econômica e social.

Uma teoria crítica, desenvolvida em função de um projeto revolucionário gay, não pode deixar de levar em conta tudo o que vai além dos estreitos limites de tudo o que a subcultura dominante considera "normal", lícito, racional. Para nós, homossexuais, há uma dupla alternativa: ou nos adaptamos ao universo constituído e, portanto, à marginalização, ao gueto e ao escárnio, assumindo como nossos os valores da moral hipócrita e do idiotismo heterossexual funcional ao sistema (ainda que com algumas inevitáveis variações, visto que é difícil renunciar ao pau no cu) e, logo, optamos por uma *heteronomia*; ou nos opomos à Norma, à sociedade da qual ela oferece a imagem especular, e derrubamos todo o edifício da moralidade, identificando o caráter particular de nossos objetivos existenciais a partir do ponto de vista da marginalização, do nosso ser "diferente", lésbicas, bichas, gays em franco contraste com a regra unidimensional da monossexualidade heterossexual: em outras palavras, optamos por nossa "homonomia".

"No conflito original que opôs sua anomalia sexual à moral comum", escreve Sartre, "Gide tomou o partido daquela contra esta, ele corroeu gradualmente, como um ácido, os rígidos princípios que o impediam: através de mil recaídas ele marchou em direção à sua moral, fez o seu melhor para criar uma nova tábua de leis. [...] Ele queria se livrar do Bem dos outros, desde o início recusou-se a ser tratado como uma ovelha sarnenta"[100].

O caso de Gide não é essencialmente diverso do de todos nós homossexuais: trata-se de opor-se à moral "normal" e escolher o que é bom e o que é ruim de modo consequente ao nosso ponto de vista de marginalizados. Trata-se de negar uma regra, se aspiramos à libertação; trata-se de fazer uma escolha de nós mesmos que ultrapasse a Norma. Mas uma *gaia* moralização da vida, que combata a mesquinhez, o egoísmo, a hipocrisia, o caráter repressivo e a imoralidade da moralidade comum, só pode ter lugar erradicando-se o sentimento de culpa, a falsa culpa que vincula ainda muitos de nós ao status quo, à sua ideologia e aos seus princípios mortíferos, que nos impede de nos movermos com *gaia seriedade* rumo a um projeto totalizante revolucionário.

Sabemos que a descoberta do que se esconde por trás do rótulo de "anômalo", com o qual a ideologia dominante cobre muitas manifestações da vida, contribui para colocar em evidência o absurdo dessa ideologia. Mas o progressivo acumular-se de provas contra o suposto valor absoluto da ciência e da moral

---

[100] Jean-Paul Sartre, *Baudelaire* (Milão, il Saggiatore, 1973), p. 40.

capitalistas constitui apenas um resultado secundário da análise dessas questões, daqueles argumentos que a opinião pública considera – mais ou menos – tabu: *trata-se principalmente de descobrir o quanto tais questões revelam de nossa "natureza" profunda.*

Uma abordagem direta da questão homossexual revela a importância fundamental do impulso homoerótico em todo ser humano e ajuda a delinear os problemas inerentes ao seu recalcamento e a sua ocultação. Sabemos que "é nos desejos inconscientes reprimidos que encontraremos a essência do nosso ser, a explicação das nossas neuroses (enquanto a realidade for repressiva) e a ideia do que poderíamos nos tornar se a realidade deixasse de nos reprimir"[101].

A homossexualidade contém, às vezes esconde, um *mistério*. Dizer que esse mistério é o homem-mulher, infelizmente, não basta nem para descrevê-lo nem para compreendê-lo. Nosso profundo é, tanto quanto sabemos e o que intuímos, muito mais do que bissexual*. É o mundo-da-vida, o *tonal* e o *não igual: além da totalidade, há todo o resto.*

O movimento gay revolucionário (com)bate** pela (re)conquista do nosso ser profundo e misterioso; revelando o segredo histórico-existencial até então coletado e preservado no mar de nosso estado, forçado por milênios e por todos os anos oprimidos de nossas vidas individuais a permanecer em segredo, nós homossexuais, com nossa voz e todas as manifestações de nossa presença, viemos revelar o que sem dúvida constitui um dos mistérios fundamentais do mundo. Talvez a homossexualidade seja de fato a chave para a *transexualidade*; talvez a homossexualidade conduza a *algo* que por milênios a exigência repressiva da *Kultur* sufocou.

A repressão da homossexualidade é diretamente proporcional à sua importância na vida humana e para a emancipação humana. Se dirigimos o nosso olhar para o massacre que nos dizimou durante séculos, é para melhor compreender o antigo fardo de condenação que ainda pesa sobre cada um de nós hoje, para melhor compreender de que forma espetacular e ambígua o massacre se perpetua no "nosso" tempo: e, se possível, para adquirir maior consciência da força revolucionária que está em nós, no nosso desejo.

---

[101] Norman O. Brown, *La vita contro la morte* (Milão, il Saggiatore, 1973), p. 49.

* Mieli usa, aqui, "bissexual" no sentido de "andrógino", "pertencente a ambos os sexos", e não como um termo relativo ao conjunto de desejos e práticas sexuais. (N. E.)

** Outra vez o trocadilho com *battere* a que nos referimos no capítulo I. (N. T.)

Com o domínio real, o capital também tenta se apropriar desse inconsciente, dessa "essência humana" cujas expressões manifestas só poderiam ser condenadas à morte pelos sistemas repressivos que o precederam. Isso acontece tanto porque talvez hoje seja mais difícil para o inconsciente explodir de forma descontrolada, dada a eficiência do condicionamento, quanto porque, por meio de uma dessublimação repressiva, o capital permite que ele "emerja" em dadas formas alienadas, para subsumi-lo, privar homens e mulheres de si mesmos. A lógica do dinheiro e do lucro que determina a liberalização das chamadas "perversões" não é apenas um fato econômico: ela favorece a submissão *de toda a vida humana* ao capital.

Isso demonstra a árdua complexidade de nosso projeto revolucionário, voltado a reconhecer e expressar uma humanidade que transcende o capital, evitando oferecer-se imediatamente a ele: de fato, se isso acontecesse, o capital a vomitaria em suas próprias formas, de modo que o vômito nos alimentasse para reproduzir novas formas, cada vez mais "digeríveis", dado que pré-digeridas.

Eis porque devemos assumir posições extremas, não abrindo mão do qualitativo, nunca abandonando a luta intransigente pela libertação-conquista de cada aspecto de nosso ser-em-devir.

É graças a essa consciência que, nos últimos anos, vários homossexuais sentiram a necessidade de forjar as ferramentas de uma luta "autônoma" (*homônoma*), de elaborar os conteúdos de sua própria teoria, de aprofundar a crítica à *liberalização* capitalista: a situação dos gays que se reconhecem em um movimento (*histórico* e não formal) difere da de André Gide por ser coletiva, enquanto o "sistema" *homossexual* constitui uma coinerência pela qual mais pessoas se sentem conectadas; para nós não se trata mais de delinear um projeto identificado como antitético à moral comum, mas um projeto intersubjetivo consciente de suas próprias *gaias* responsabilidades e de seus próprios fins, visando envolver toda a humanidade. Nós, homossexuais, devemos nos libertar do sentimento de culpa (e esse é um dos fins imediatos de nossa luta) para que o homoerotismo se espalhe, se difunda, "contagie". Trata-se de fazer brotar água da rocha: de induzir heterossexuais "absolutos" a descobrir sua homossexualidade; contribuir, por meio do confronto e embate dialético entre a tendência sexual da minoria e a da maioria, para a conquista de uma transexualidade, à qual remete a profunda "natureza" polissexual do desejo. Se a forma predominante da monossexualidade é a da heterossexualidade, uma libertação do homoerotismo, essa Cinderela do desejo, constitui uma etapa essencial da jornada rumo à libertação do Eros. O objetivo (e devemos repeti-lo?) não é de modo algum obter a aceitação do homoerotismo pelo status quo heterocapitalista: mas sim transformar a monossexualidade em um Eros múltiplo, verdadeiramente polimorfo; traduzir em ação e gozo esse polimorfismo transexual que existe em cada um de nós em potência e que é reprimido.

Para conduzir nossa luta de maneira verdadeiramente "homônoma", original e originalmente subversiva, nós, lésbicas e bichas, devemos suspender nosso julgamento sobre tudo aquilo (ideais, teorias, análises, modelos comportamentais etc.) que até agora nos envolveu e excluiu ao mesmo tempo, como fruto da elaboração da maioria heterossexual. Temos a *gaia* tarefa de reinterpretar tudo do nosso ponto de vista para enriquecer e transformar a concepção revolucionária da história, da sociedade e da existência.

Estamos fartos de trilhar caminhos que não nos levam em conta, de aderir a sistemas morais e teóricos que baseiam sua suposta confiabilidade também e em grande medida em nossa exclusão, no abandono de temas homoeróticos (e só nós podemos esclarecer como isso acontece e por quê), estamos cansados de fundir nossas forças com as daqueles que lutam por um ideal de futuro que, embora utópico, ainda nos parece muito perigosamente semelhante a esse infeliz presente, pois não leva em conta a questão homossexual e sua abrangência no que diz respeito ao objetivo da completa emancipação humana.

Só nós gays podemos entender que em tudo o que se silenciou de nossa história, nos terríveis e sublimes segredos dos banheiros públicos, sob o peso das correntes com que a sociedade heterossexual nos prendeu e nos subjugou, encontra-se a singularidade da nossa (potencial) contribuição para a revolução e a criação do comunismo.

III. Os "machões" heterossexuais ou: as criptobichas

1. O esporte

Se, na sociedade, heterossexualidade e homossexualidade se contrapõem, mesmo quando seu caráter antitético é, nos países democráticos mais permissivos, legalmente mascarado, ou seja, verbalmente, pela aparência de uma convivência pacífica, sua oposição se reflete no universo existencial de cada indivíduo. Se o *homem unidimensional* é um *Eu dividido*, a incompatibilidade do desejo heterossexual com o homoerótico contribui ainda mais para dilacerá-lo.

Dada a (bissexualidade) – transexualidade originária (e) profunda –, reconhece-se a disposição polimórfica e "perversa" da criança para um erotismo que não distingue de maneira exclusiva o sexo do "objeto" da pulsão libidinal. É evidente que em cada um de nós há uma atração erótica por aquele sexo que não é (quase "nunca") levado em consideração pelo nosso desejo consciente. Não se trata aqui de discutir o quanto o recalcamento de um determinado componente do desejo pode ser considerado estável e definitivo: veremos, pois, quais são alguns dos resultados da sublimação da homossexualidade e/ou sua conversão em "síndromes patológicas".

Convém repetir: *quem se considera 100% heterossexual esconde uma forte "porcentagem" de desejo gay censurado*: "o crescente número de homossexuais na sociedade moderna seria então a indicação de um fracasso parcial, do 'retorno' do que foi recalcado"[1]. Mas um revés para quem? Evidentemente para a Norma heterossexual

---

[1] Sándor Ferenczi, "L'homoérotisme: nosologie de l'homosexualité masculine", em *Oeuvres complètes* (Paris, Payot, 1970, v. II), p. 129.

absoluta e para seus paladinos de telhado de vidro (entre os quais Ferenczi deve ser listado).

Nós, homossexuais, ao contrário, com raríssimas exceções, sempre temos consciência ao menos da existência em nós do desejo erótico por pessoas do sexo oposto: o ponto de vista dos marginalizados, dos "diferentes", uma vez mais acaba por ser "privilegiado" no que diz respeito à compreensão da realidade das "coisas", daquela realidade que se descobre por trás da *aparência* passada tão ideológica quanto ontologicamente[2].

É à luz da noção de sublimação do desejo homoerótico que inúmeros fenômenos sociais e individuais podem ser interpretados e compreendidos: o esporte, por exemplo, não constitui apenas uma extroversão pacífica do instinto de morte ou, dito de outra forma, "uma descarga de agressividade consideravelmente cultuada no seio da ética natural", como afirmam Konrad Lorenz e Eibl-Eibesfeldt; *mas também uma manifestação mascarada de tendências homoeróticas que muitas vezes leva indivíduos do mesmo sexo ao corpo a corpo; que traduz a positividade inconsciente da atração mútua na negatividade do antagonismo e da competitividade*. No filme *Mulheres apaixonadas**, Ken Russell ilustrou bem a mecânica dessa conversão, em meio ao seu amplo apelo emocional, na cena da luta junto ao fogo entre os dois protagonistas masculinos.

Da mesma forma, as manifestações convertidas do desejo homossexual se revelam no fanatismo esportivo: o que está por trás e o que há por dentro do mito de Rivera ou o de Monzon**?

Perguntava-se Proust: "Por que, admirando no rosto daquele homem as delicadezas que nos emocionam, uma graça, uma naturalidade que os homens nunca têm, deveríamos lamentar saber que esse jovem gosta de boxeadores? São diversos os aspectos da mesma realidade"[3]. Além disso, não consigo entender por que deveria ser surpreendente que um homem terno e delicado goste de atletas, se atletas agradam até mesmo aos homens mais rudes e viris. Mas objetar-se-á: (desejar) ir juntos para a cama é uma coisa muito diferente; sim, mas essa *"coisa"* é *diferente*

---

[2] Ver capítulo V, parágrafo 4º.

* Filme de 1969 baseado no romance homônimo de D. H. Lawrence. (N. I.)

** Mieli provavelmente refere-se ao célebre jogador de futebol italiano Gianni Rivera e ao famoso boxeador Carlos Monzon. (N. T.)

[3] Marcel Proust, *Sodoma e Gomorra* (Turim, Einaudi, 1963), p. 27.

precisamente porque o desejo homossexual é em geral *alienado* nos fãs de esportes, que o rejeitam e o sublimam de modo fanático.

Oscar Wilde escandalizou horrivelmente um diretor de faculdade ao dizer: "O futebol certamente é bom para meninas bem-humoradas, mas não é de fato aconselhável para meninos delicados"[4].

Por trás da ironia das palavras de Wilde esconde-se o drama muitas vezes vivenciado por homossexuais muito jovens que, não sublimando o desejo erótico sentido por seus colegas de escola, acham muito frustrante competir com eles em atividades esportivas e sofrem, às vezes terrivelmente, durante as aulas de educação física. *Na sociedade grega antiga, pederasta, amor e ginástica não se chocavam.* As secretarias de saúde e higiene de nossos municípios, por outro lado, não dispensam facilmente a educação física para quem se diz homossexual: um caso raro, é nessas situações que a homossexualidade não é considerada patológica.

A ideia homossexual de esporte é muito diferente da tradicional: o menino gay que odeia educação física sonha com um mundo em que a ginástica, a satisfação sexual e o afeto não sejam mais considerados esferas separadas e opostas. Na verdade, ele sabe bem que seus companheiros que se batem *querem* uns aos outros. Não se trata mais de bater ou espancar alguém, trata-se de jogar, de *bater* [*battere*] no sentido gay de *draguer* [flertar], de se oferecer fisicamente um ao outro, na atmosfera lúdica em que o sadomasoquismo reconhece de forma aberta seu caráter erótico e se casa com a afetividade. A luta e o combate corpo a corpo podem muito bem culminar no beijo e no coito mais terno ou mais violento, e o embate das equipes pode muito bem transformar-se no encontro coletivo orgíaco (sexo & rúgbi, suor, esperma, lama e devassidão franca, desportiva).

Hoje, a relação de Eros com o esporte é vivida com hipocrisia: ainda, beijos e abraços entre jogadores são conhecidos após marcar-se um gol (qual é o verdadeiro gol?); e depois sabemos que, no vestiário, jovens desgrenhados e suados, com e sem roupa de baixo, comentam calorosamente o jogo, intercalando com insistência palavras e frases com expressões pornográficas, entre as quais se destaca o termo "foder".

Nos banhos turcos municipais do East-End, em Londres, onde pelo menos uma vez por semana os jovens e nem tão jovens proletários heterossexuais masculinos tradicionalmente se encontram, nus, trocando vigorosas massagens nos bancos

---

[4] Ver Philippe Jullian, *Oscar Wilde* (Turim, Einaudi, 1972), p. 24.

entre os vapores quentes e esguichos de odores de menta e açafrão lançados no ar, basta fechar os olhos por um momento e ouvir para perceber que a palavra geral, sempre recorrente e pronunciada por todos, é *fucking*. O desejo de foder (*to fuck*) é tão poderoso e ao mesmo tempo tão fortemente reprimido que *vem* sem trégua verbalmente e nunca (ou quase nunca, *que eu saiba...*) de forma concreta.

Por sua vez, o astuto capital tende à exploração direta da homossexualidade por trás/dentro do esporte: as publicações esportivas americanas mais atualizadas, por exemplo, estampam anúncios gays nas páginas dedicadas à pequena publicidade. E, nos países mais "avançados", a moda impõe aos gays a indumentária provocante e atraente de um atleta: numa tarde de verão em Nova York, na área do Central Park onde os homossexuais se encontram, parece que tem lugar uma reunião de ciclistas; bicicletas de corrida, shorts e coxas musculosas abundam, a encenação é perfeita: o que acontece entre os arbustos certamente seria uma surpresa para o transeunte heterossexual que por ali passa.

Já faz algum tempo, aliás, que o fisiculturismo vem sendo o meio que, com muita frequência, liga o esporte à homossexualidade aberta. Uma publicação dos anos 1950 para fisioculturistas, por exemplo, se apresenta como "*The finest, most thrilling International Physique Photo magazine. Packed with superb pictures of the World's most flawless physiques. Hi-Fi reproduction on glossy art paper. Plus inspiring articles by today's Champion bodybuilders*"[5]. Internamente, fotografias de nus masculinos em pose de estátua grega: *stars from all over the world* [estrelas de todas as partes do mundo]. Um outro número dessa mesma revista intitula-se *Men and Sex* [Homens e sexo]: lá dentro, não há um único artigo que trate da sexualidade masculina. Evidentemente, não era necessário justificar o título.

2. Álcool, patriotismo e outras drogas. Companheirismo e amizade

Assim como o esporte, também o fanatismo patriótico representa uma expressão convertida do desejo homossexual latente: "Bleuler se recusa a admitir que o álcool destrói as sublimações. Para sustentar seu ponto de vista, ele cita a tendência à sublimação 'patriótica' que muitas vezes ocorre após a ingestão de álcool.

---

[5] Ver *Man's World*, Surrey, abr. 1957, v. I, n. 6. A melhor e mais emocionante revista *International Physique Photo*. Repleta de fotos soberbas dos físicos mais perfeitos do mundo. Reprodução de alta fidelidade em papel-arte brilhante. Além de artigos inspiradores dos atuais campeões de fisiculturismo.

Sempre que um bêbado entretém seu vizinho de mesa com manifestações de entusiasmo 'patriótico', estaremos mais diante de um erotismo homossexual mal disfarçado do que de sublimação"[6].

Sem dúvida os alpinos devem ter se sentido atingidos em seu ponto fraco se exigiram (e obtiveram) o confisco de *Salò ou 120 dias de Sodoma**, já que uma de suas canções vinha combinada, nesse filme, a uma cena considerada "mórbida e perversa".

No que se refere mais especificamente à questão da bebida, Ferenczi sempre sustenta que "o papel do álcool consiste apenas na destruição da sublimação, colocando em evidência a verdadeira estrutura sexual psíquica do indivíduo, ou seja, uma escolha de objeto do mesmo sexo"[7]. É bem conhecido como a embriaguez desperta impulsos homoeróticos em muitos heterossexuais por excelência: um homem bêbado muitas vezes sucumbe à corte de um gay sem muita dificuldade.

Mesmo a *maconha*, o haxixe, o LSD, em suma, as drogas que "expandem a consciência", colocam muitas vezes os héteros perante o seu desejo homoerótico e/ou o problema de sua repressão (sobretudo se estão em companhia de homossexuais declarados): de modo que eles podem se abandonar ao impulso redescoberto, à experiência, ou então reprimi-la, entrando em "paranoia"[8]*.

Além disso, como Ferenczi reconhece a presença mal disfarçada do desejo homossexual por trás das manifestações de patriotismo, podemos encontrá-lo por trás de todas as expressões de camaradagem, em especial militar e política, e, com muito mais frequência, por trás de toda forma de amizade entre pessoas do mesmo sexo. De acordo com Freud,

> Uma vez alcançada a escolha objetal heterossexual, as aspirações homossexuais não são, de modo algum, eliminadas ou interrompidas, mas simplesmente distanciadas da

---

[6] Sándor Ferenczi, "L'Alcool et les névroses", *Oeuvres complètes. Psychanalyse*, v. 1 (Paris, Payot, 1970), p. 192.

* *Salò ou 120 dias de Sodoma*, último filme (1975) de Pier Paolo Pasolini. (N. I.)

[7] Sándor Ferenczi, "Le Role de l'homosexualité dans la pathogénie de la paranoïa", em *Oeuvres complètes. Psychanalyse*, v. 1, cit., p. 176.

[8] Ver capítulo V, parágrafo 2º.

* Conforme mencionamos anteriormente, a ideia do autor de que a heterossexualidade é sempre uma homossexualidade reprimida é, em parte, questionável do ponto de vista dos estudos recentes sobre sexualidade. No entanto, trata-se aqui de um fundamento de sua teoria, apresentado em detalhes no capítulo 1: o recalcamento de possíveis desejos homoeróticos infantis como base da construção heterossexual normativa adulta. (N. E.)

meta sexual e conduzidas a novos usos. Agora elas se juntam a partes de pulsões do Eu, para constituir com elas, na qualidade de componentes "de apoio", as pulsões sociais, e assim representam a contribuição do erotismo à amizade, à camaradagem, ao espírito comunitário, e ao amor aos humanos em geral.[9]

O "melhor amigo" da infância e da adolescência é na realidade para o menino o "objeto" de desejo em certo sentido e, portanto, (também) sexual. A masturbação mútua e coletiva entre colegas e companheiros de brincadeiras expressa a carga erótica que une um ao outro, mesmo que em geral só os gays muito jovens saibam conviver abertamente e sem hipocrisia nas relações sexuais com seus colegas: os outros já se tornaram cúmplices na repressão do homoerotismo, por isso aceitam o jogo erótico com seus companheiros apenas à medida que se trate de *punheta e satisfação paliativa* ("as meninas não ligam pra nós"), sem admitir explicitamente o profundo desejo homossexual que os une.

Entre adultos, amigos homens heterossexuais, compadres, camaradas ou "companheiros", o substrato homossexual das relações não escapa ao olhar gay. As empresas, as gangues, os agrupamentos políticos, os bares, os clubes só para homens são os lugares insalubres e miseravelmente recompensadores da homossexualidade latente: nesses ambientes, os homens *exibem o falo*, confirmando a própria fixação no pênis enquanto falam de "mulheres" (*ou seja, de bocetas*), dando-se vigorosos tapas nas costas e mandando-se alegremente se foder: "Idiota! Bichona!". Claramente, os machões falam entre si de sexualidade masculina: e, se são heterossexuais, *seu desejo homossexual é praticado apenas na linguagem*.

A camaradagem masculina é a encenação grotesca de uma homossexualidade paralisada e exacerbada que se apreende pelo negativo, por trás da negação da mulher de que se fala falocraticamente, sem consideração genuína, reduzindo-a a um buraco e àquilo que ela não é. A repressão do homoerotismo está, como sempre, ligada à opressão das mulheres pelo homem. *O desejo homossexual negado aflora pela negação da mulher*: na boca dos machos, a mulher se torna totalmente diferente do que é, ela se torna uma mulher-para-homem, um fetiche-meio entre os homens, a intermediária alienada entre os machos cuja preocupação única e constante é a reiterada afirmação de uma virilidade fetichista, avassaladora,

---

[9] Sigmund Freud, "Observações psicanalíticas sobre um caso de paranoia (*dementia paranoides*) descrito com base em dados autobiográficos (caso Schreber) (1912 [1911])", em *Obras incompletas*, v. 5: *Histórias clínicas: cinco casos paradigmáticos da clínica psicanalítica* (trad. Tito Lívio Cruz Romão, Belo Horizonte, Autêntica, 2022), p. 602-3.

individualístico-companheiresca*, negativa. *O virilismo nada mais é do que a incômoda introjeção neurótica, pelo homem, de um desejo homossexual muito forte e censurado por outros homens: o virilismo dificulta e endurece o ser humano do sexo masculino, transformando-o numa grosseira caricatura de um homem.* Nada mais ridículo e substancialmente frágil do que o heterossexual viriloide que ostenta seu próprio poder violento e "absoluto" e assim nega a si mesmo de modo autoritário, reprimindo o ser humano e, portanto, a "mulher" e a bicha que estão nele, tornando-se um policial do sistema falocêntico**: nada mais débil do que o macho viriloide que, no fundo, teme a impotência e a castração, pois na realidade já é, precisamente como um macho "absoluto", um ser humano mutilado.

Ainda conforme Ferenczi, por fim, "entre os neuróticos masculinos – se a atitude do médico lhes parece desprovida de calor –, observam-se por vezes *formações homossexuais obsessivas*, muitas vezes centradas na figura do médico. É a prova quase experimental de que uma das fontes da amizade está na homossexualidade, e que em caso de desilusão esse movimento de afetividade pode regredir ao seu estado primitivo"[10].

De fato, em todas as relações de amizade entre heterossexuais masculinos, a homossexualidade latente e inibida se manifesta na forma de expressões heterossexuais obsessivas: o heterossexual é obcecado pela necessidade de reafirmar sua atração exclusiva por mulheres perante o seu amigo, como se exorcizasse a homossexualidade na qual se baseia sua amizade com homens. A amizade, em consequência, não pode ser real: ela se funda em um desconhecimento e na cumplicidade mútua (anti)homossexual (isto é, na cumplicidade homossexual silenciosa, na homossexualidade alienada). A liberação do homoerotismo, assim, é não apenas a negação da heterossexualidade como ela se apresenta nos dias de hoje mas também a superação das formas atuais de amizade entre pessoas do mesmo sexo. Se a homossexualidade vem à tona, um certo tipo de "amizade" só pode desmoronar, deixando, como resultado, espaço para novas e francas relações eróticas e afetivas.

---

* No original, *individualistico-cameratesca*: optamos por um neologismo a fim de melhor traduzir o raciocínio do autor. (N. T.)

** No original, *fallòforo*: refere-se, nas cerimônias orgiásticas da Grécia antiga, ao portador do falo. (N. T.)

[10] Sándor Ferenczi, "Symptômes transitoires au cours d'une psychanalyse", em *Oeuvres complètes. Psychanalyse*, v. 1, cit., p. 207.

3. As heterobichas. O culto ao gay superstar

Também a heterobichice* deve ser considerada um fenômeno visivelmente conexo à sublimação do homoerotismo. Heterobicha é um heterossexual que, não sendo consciente do componente gay de seu próprio desejo, e não tendo, portanto, relacionamentos homossexuais, tem modos (e por vezes também um *savoir-faire* [habilidade]) de uma bicha.

Observe-se por exemplo o *radical-chic* de esquerda: a indumentária de tipo stálin-maoista do Homem Vogue de um Luca Cafiero** e de tantos outros; a "jaqueta cor de ameixa com ampla gola"[11] e a bolsa – "tantos agora a usam que não é mais coisa de bicha" – do operário militante do Lotta Continua; as vestimentas em jeans e couro dos Autônomos, que deram origem ao fetiche das *leather-queens* (gays que se vestem de couro: porém, o próprio original é um fetiche, porque objetiva e sublima na indumentária simbólica masculina dos Autônomos o seu desejo homossexual); o preciosismo arbasiniano*** de um Sergio Finzi**** e do "Piccolo Hans"; o risca-de-giz e o charuto de Verdiglione que, assim posicionado, poderia muito bem fazer as vezes de uma cariátide com um conhaque nas mãos no Napoleon (refinado *club* para homossexuais de alta renda no centro de Londres).

De outra parte, os próprios críticos da esquerda revelam-se por vezes campeões da *heterobichice radical chic*. Considere-se o papel acetinado, a "elegância" e o "despreocupado" *show-off* [aparência] das publicações de certos teóricos situacionistas (Simonetti e os *travestimentos* de Sanguinetti***** ou o ramo de morangos no romance dos anos 1930 intitulado *Follia* [Loucura] com que, uma vez que estive internado em um hospital, me presenteou Pinni Galante). Todas essas manifestações de heterobichice revelam, aos olhos dos homossexuais conscientes, a bicha escondida em tantos homens e de forma tão velada que eles nem se dão conta de

---

*   No original, *eterocheccaggine*: junção de *hétero* e um *comportamento de "checca"*/bicha. (N. T.)

**   Dirigente do Movimento Estudantil (depois Movimento dos Trabalhadores pelo Socialismo), um dos grupos da esquerda extraparlamentar. (N. I.)

[11]   Ver Mario Mieli, "I radical chic e lo chic radicale", *Fuori!*, n. 7, jan. 1973.

***   Referência a estilos e temáticas que remetem à obra do escritor Alberto Arbasino. (N. T.)

**** Psicanalista e promotor, com Virginia Finzi Ghisi, do grupo psicanalístico Il piccolo Hans. (N. I.)

***** Gianni Emilio Simonetti e Gianfranco Sanguinetti: expoentes da contracultura dos anos 1970. Ver, a propósito, Pablo Echaurren e Claudia Salaris, *Controcultura in Italia 1967-1977* (Turim, Bollati Boringhieri, 1999). (N. I.)

que são gays*. A crítica situacionista da sociedade do espetáculo, na boca de certos situacionistas, torna-se ela mesma espetacular, na medida em que encenam com suas máscaras seu próprio desejo de (ser) gays.

Como no esporte, no fanatismo esportivo, no entusiasmo patriótico, na camaradagem, na amizade entre pessoas do mesmo sexo, na heterobichice e no radical-chiquismo, também no mito dos "divos" cantores e das telas, para elencar um outro caso, canaliza-se frequentemente uma certa quantidade de desejo homossexual inconsciente: o fenômeno está se tornando cada vez mais evidente, pois nos Estados Unidos e na Grã-Bretanha, sobretudo, os "novos" ídolos da música popular levam massas de adolescentes fanáticos ao delírio graças ao repertório repleto de movimentos sinuosos, às modulações vocais "transexuais", aos trajes ostensivamente efeminados, à maquiagem sofisticada e à ambiguidade vistosa com que impregnam os personagens que interpretam: dos Rolling Stones ao Roxy Music, de Lou Reed a David Bowie. O fenômeno assumiu conotações paradoxais: os New York Dolls, um grupo de jovens americanos que pisam (ou pisavam) o cenário completamente vestidos de mulher, são heterossexuais; e, o que é surpreendente, o show deles não é, pelo menos na intenção, uma paródia da homossexualidade e do travestismo, mas sim sua exaltação. Heterossexual é também a grande maioria do público: no entanto, o sucesso desses cantores deve ser atribuído à exibição descarada da homossexualidade sem véus e "sem complexos". O público não podia adorá-los por serem ridículos, mas por serem tão provocativamente gays.

Nesse caso, trata-se de uma dessublimação repressiva e imediatamente sublimadora. O capital liberaliza o desejo canalizando-o para um alvo consumista. Longe de se libertar automaticamente, a homossexualidade desempenha assim um papel de liderança no espetáculo capitalista totalitário. Atualmente, não há manifestação "artística" *à la page* [na página; publicada] que não leve mais ou menos em conta os conteúdos homoeróticos do desejo: mas, na "época de sua reprodutibilidade técnica", a "obra de arte" contribui muito para a mercantilização do homoerotismo.

Costuma-se justificar de maneira *conformista* um homossexual se ele for artista, pois, com base no lugar-comum, os artistas são, desde que o mundo é mundo,

---

* Nesta e na próxima ocorrência o termo "gay" é usado mais como "viado", "afeminado", perturbador da ordem heterossexual (por se tratar de homens performando ditas feminilidades) do que como prática/desejo/identidade sexual. O termo aqui é análogo a "gaio"/"gaia". (N. E.)

caprichosos, inconformados, lunáticos e, consequentemente, podem muito bem ser "invertidos": afinal, aos olhos dos "normais", a arte redime a anomalia, a depravação sexual; "e também Michelangelo, Leonardo, Shakespeare, Rimbaud, Verlaine, Proust, Cocteau etc. eram de outra paróquia". Da mesma forma, a homossexualidade é tolerada, concedida, se acompanhada de uma expressão "artística", pois assim está ligada à esfera da imaginação, fantasia, sublimação e não afeta diretamente as atuais relações reais consideradas "normais". O homoerotismo pode ir bem no cinema, nos livros, na pintura, mas não na cama e, sobretudo, "não na minha cama, pelo amor de Deus e da Santíssima Virgem!".

É nessa forma de tolerância que o capital chafurda. De fato, se a homossexualidade "circulasse" livremente (como reivindica a ideologia permissiva) como "moeda corrente", as consequências seriam tais que colocariam em sério perigo (na verdade, *gaio*) as instituições heterossexuais e os equilíbrios instáveis sobre os quais se apoia o Estado capitalista. E é por isso que o Estado "liberal" é liberal até certo ponto.

Para o sistema, *liberalizar* significa sobretudo prevenir e impedir a *verdadeira libertação*. E a liberalização da homossexualidade, como já foi dito, é em primeiro lugar a mercantilização, operada pelo capital – muitas vezes por meio da expressão "artística" na indústria do gueto, na indústria cinematográfica, editorial, na indústria do vestuário: em uma palavra, na indústria da *moda*.

Mas se, como o feminismo, a homossexualidade está se tornando moda, sua mercantilização não altera substancialmente o costume: ou melhor, se o amadurecimento do costume se dá, ele avança a passos de lesma, enquanto as modas efêmeras se afirmam e se superam a galope. As ruas de Londres estão repletas de jovens casais heterossexuais vestidos, maquiados e penteados à maneira de seus ídolos cantores gays; mas são casaizinhos heterossexuais e assim – salvo raras exceções que vêm confirmar a regra – permanecem.

Logo, pode-se fazer da homossexualidade um mito desde que, de maneira paradoxal, a essência homossexual dela permaneça não dita: o fã heterossexual faz do cantor gay um ídolo, financia-lhe o sucesso, porque aos seus olhos só uma estrela pode balançar a cabeça adornada com olhos pintados em dupla camada. Como um espelho emoldurado por lantejoulas, o ídolo cantor reflete a luz fascinante da libido homoerótica que o público projeta nele. O culto do gay *superstar* é o inverso de um *habit double-face* [roupa de dupla-face] usado pelo heterossexual diante da homossexualidade: o verso habitual é a zombaria e o desprezo imediatos pela bicha que atravessa a esquina da rua ou que se atreve a sorrir para ele no corredor do metrô.

4. Ciúmes. Notas sobre masoquismo e sadismo. Homossexualidade na heterossexualidade

No primeiro capítulo, já mencionei o reconhecimento, pela psicanálise, do desejo homoerótico mascarado em alguns mecanismos do chamado ciúme "normal" (ou, como definido por Freud, "competitivo"): "no homem, além da dor pela mulher amada e do ódio pelo rival masculino, também são intensificados a tristeza [*Trauer*] pelo homem amado inconscientemente e o ódio pela mulher como rival".[12]

Em particular, o tipo de ciúme "delirante", que reúne os outros dois tipos de ciúme, o "competitivo" e o "projetivo", revela em maior medida o substrato homoerótico comum a todos: "O ciúme delirante", explica Freud,

> parte de anseios de infidelidade recalcados, mas os objetos dessas fantasias são do mesmo sexo da pessoa. O ciúme delirante corresponde a uma homossexualidade fermentada e com razão arma seu lugar entre as formas clássicas de paranoia. Como tentativa de defesa contra uma moção homossexual superintensa, ele poderia (no homem) ser descrito pela fórmula: "Não sou *eu* que o amo, *ela* o ama".[13]

Também segundo Ferenczi, "o ciúme dirigido contra os homens é apenas a projeção da própria atração erótica pelos homens"[14].

Ciúme é, assim, inveja: inveja dela, que pode estar com outro... Na linguagem falada, muitas vezes ouvimos o conceito de ciúme confundido com o de inveja: dizer "Tenho ciúmes de você porque você tem um carro bonito" é o contrário do que não se diria: "Tenho inveja de você, minha querida, porque você dorme com o rapaz do açougue".

A aquisição da consciência homossexual e a liberação do desejo gay rompem o cadeado das relações heterossexuais tradicionais e, em especial, dissipam a nuvem escura de possíveis traições, infidelidades e ciúmes que pesam sobre

---

[12] Sigmund Freud, "Sobre alguns mecanismos neuróticos no ciúme, na paranoia e na homossexualidade (1922)", em *Obras incompletas*, v. 5: *Neurose, psicose, perversão* (trad. Maria Rita Salzano Moraes, Belo Horizonte, Autêntica, 2022), p. 194.

[13] Ibidem, p. 195-6.

[14] Sándor Ferenczi, "Le Rôle de l'homosexualité dans la pathogénie de la paranoïa", cit., p. 176.

elas, envenenando os dias e as noites. Mesmo o ciúme, assim, é baseado na negação cega do desejo homossexual; o homem heterossexual remói-se porque ela vai com outro e não percebe que, se ele também fizesse amor com esse outro, com outros, teria dado o passo mais importante para a superação das atribulações e para a transformação do ciúme em gozo. É verdade que, hoje, o ciúme muitas vezes é uma manifestação indireta de tendências masoquistas e, portanto, de certa forma, desperta o prazer por si mesmo: mas também é verdade que o masoquismo pode ser desfrutado de maneira mais satisfatória, consciente, direta, comunicativa.

Como me fez notar Giuliano De Fusco, quem sabe que é masoquista faz o possível para trazer à tona a "contradição" no parceiro: e, por contradição, De Fusco entende o sadismo inibido ou, em sentido mais amplo, os impulsos sádicos e masoquistas daquele/daquela que não reconhece sua própria disponibilidade sadomasoquista. O verdadeiro masoquista induz habilmente o parceiro a liberar sua agressividade e a tomar consciência dela; isso leva a um aumento da afetividade e do gozo para ambos e o masoquista enfim consegue ver o outro como "verdadeiramente" desinibido. Na relação da pessoa que ama com outra, o masoquista autêntico capta uma agressão amorosa dirigida contra ele que lhe permite desfrutar direta e abertamente do prazer do ciúme: a "traição" torna-se um ato de amor, pois nela a agressão se revela e, em consequência, enriquece a paixão e o prazer.

Mas o sadomasoquismo consciente decerto não se identifica com o sadomasoquismo implícito nas relações de casal "normais" tradicionais: como observa Giuliano De Fusco, essas relações refletem o sadomasoquismo alienado e alienante de que está impregnada a sociedade capitalista, que é autoritária e repressiva e que, ao negar o ser humano, sadicamente também nega seu sadismo e, impondo-lhe uma condição sub-humana e humilhante, degrada seu masoquismo.

Assim como o desejo amoroso por pessoas de sexos diferentes é hoje reduzido pelo sistema à heterossexualidade incompleta e falocrática, assim como o desejo por pessoas do mesmo sexo é severamente reprimido pela sociedade, que o transforma em instrumento do poder capitalista, forçando-o à latência ou dessublimando-o de maneira alienante, também assim as tendências sádicas e masoquistas, separadas e reprimidas, são exploradas pelo capital que, ao deformá-las, as torna funcionais ao seu domínio. A revolução será também a libertação (pro)positiva do sadismo e do masoquismo, e a comunidade livre em que os desejos masoquistas e sádicos se expressarão de modo aberto e se descobrirão, transformando-se, certamente não será "sadomasoquista" como a sociedade atual. Mesmo no que diz respeito ao masoquismo e ao sadismo, a *gaia* crítica revolucionária rejeita a hipóstase de suas formas históricas atuais: dada a repressão capitalista geral, essas formas costumam expressar de modo alienado e mutilado tendências profundas e misteriosas que se manifestarão de maneira muito diferente no comunismo. Por outro lado, a crítica revolucionária também anula o preconceito segundo o qual sadismo e masoquismo são apenas "perversões", meras deformações do Eros; o preconceito que nega sua importância intrínseca, capaz de fazer a ponte entre Eros e Thanatos, entre o Bem e o Mal, e de superar – na vida prática e afetiva – a dicotomia dos opostos baseada no seu recalcamento.

O masoquismo e o sadismo mostram que não é necessariamente verdade

> que o sofrimento seja um obstáculo ao prazer; mas, em compensação, é verdade que o sofrimento é uma das condições do prazer. Assim, não é verdade que o desejo de fazer sofrer seja contra a natureza, seja uma perversão [...]. Chamar de perversões essas duas tendências indispensáveis, que existem em toda a raça humana sem exceção e que fazem parte da condição humana tanto quanto os cabelos ou a pele, foi resultado da colossal estupidez de um erudito. É compreensível que isso tenha subsistido e passado de boca em boca. Durante milênios o homem foi educado na hipocrisia, e esta se tornou uma sua segunda natureza. Somos todos sádicos. Somos todos masoquistas; não há ninguém que, por natureza, não deseje sofrer e fazer sofrer; Eros nos obriga a isso.[15]

Hoje (*nunca é tarde demais!*) a libertação passa pela consciência do desejo sádico e masoquista. O masoquista não pode se limitar a viver essas tendências de modo hipócrita ou pouco consciente, como gostariam os aparatos policiais da esquerda do sistema. *La belle histoire d'amour* é povoada de fantasmas sádicos e masoquistas, os quais devem encontrar seu lugar nas relações cotidianas, os quais devem aparecer claramente nas relações interpessoais e com os animais, para que a realidade não permaneça em um *princípio superficial*, separada do profundo, mas vá até *o fundo*, e mais além.

Entre nós, homossexuais, a propensão a formar casais íntimos é muito menos forte do que entre os héteros: e os méritos da *gaia* promiscuidade são muitos, em

---

[15] Georg Groddeck, *O livro d'Isso* (trad. José Teixeira Coelho Neto, São Paulo, Perspectiva, 1997), p. 56-7.

primeiro lugar porque ela abre o indivíduo à multiplicidade e variedade de relações e, portanto, gratifica positivamente a tendência de todos ao polimorfismo e à "perversão", facilitando assim o bom andamento de qualquer relacionamento entre duas pessoas (porque nem um nem outro se apegam de maneira desesperada ao parceiro, exigindo sua renúncia às relações totalizantes contemporâneas com o/s outro/s). A luta homossexual revolucionária propõe o reconhecimento erótico e afetivo de cada ser humano na comunidade e no mundo: cada um de nós é prisma, é esfera, é móvel, e, abaixo e além das atuais contradições que nos opõem e negam, cada um potencialmente combina-se com outro, numa "geometria" real--imaginativa e intersubjetivamente livre, como um admirável caleidoscópio ao qual vão se acrescentando *pedras* novas e preciosas: os garotos e recém-chegados de toda espécie, cadáveres, animais, plantas, coisas, flores, putos...

Por fim, se no ciúme heterossexual identificamos uma forma de homossexualidade cega e amarga, uma defesa psicológica contra a proposição efetiva de um desejo homoerótico, podemos ver quantas vezes a escolha libidinal de um "objeto" de sexo "oposto" revela nele a presença de elementos que, inconscientemente, satisfazem de forma paliativa a tendência homossexual latente do "sujeito".

De acordo com Freud, qualquer heterossexual, "incluindo o mais normal, é capaz da escolha de um objeto homossexual, seja a tendo realizado alguma vez na vida e mantendo-a em seu inconsciente, seja se assegurando contra ela, por meio de uma enérgica oposição"[16]. Frequentemente, a escolha homossexual é feita ao se optar por um "objeto" do outro sexo: nesses casos, o "objeto" heterossexual satisfaz de modo parcial o componente homoerótico censurado do desejo. Isso às vezes é verdade, *mutatis mutandis*, mesmo para nós, homossexuais.

Logo, a homossexualidade muitas vezes é descoberta dentro da heterossexualidade. Não surpreendentemente, o feminismo francês destacou o caráter pederástico de todos os relacionamentos heterossexuais que existem hoje; e Luce Irigaray pode falar da "dita heterossexualidade".

---

[16] Sigmund Freud, "Uma lembrança de infância de Leonardo da Vinci (1910)", em *Obras incompletas*, v. 3: *Arte, literatura e os artistas* (trad. Ernani Chaves, Belo Horizonte, Autêntica, 2015), p. 116.

5. A violência contra os homossexuais como extroversão negativa do desejo homoerótico censurado. Hipocrisia do machão heterossexual

> *Quando alguém nos provoca demais, não sabe que isso é desejo que internamente sente por nós...*[17]

Dissemos como, nesta sociedade, o sadismo quase sempre se apresenta de forma *alienada*. *Isso ocorre, por exemplo, quando a manifestação de tendências sádicas é acompanhada pela repressão de um outro componente do desejo e pela superestimação complementar de uma única expressão de Eros*. Assim, reconheceremos uma forma de sadismo alienado combinado com um impulso homossexual *retorcido* e uma ostentação da heterossexualidade por meio das agressões operadas pelos héteros contra nós gays.

A caça às bruxas contra os gays (e aqui a associação "casual" de palavras lembra a ligação estreita que existia entre a perseguição às bruxas e o extermínio de bichas) não passa de uma expressão de sadismo alienado, pois está ligada à extroversão *negativa* do desejo homossexual reprimido e à *necessidade* de garantir a heterossexualidade *pela força*, mesmo diante dos homossexuais. Freud diz, porém, que "é preciso dar razão aos poetas que nos descrevem de preferência pessoas que amam sem sabê-lo, [...] ou que acreditam odiar, quando na verdade amam"[18].

Nós, homossexuais, temos que lidar diariamente com perseguidores mais ou menos violentos: a prudência, da nossa parte, nunca é demais, já que bandidos e assassinos potenciais espreitam por toda parte, no coração e nas periferias das metrópoles, nos centros das províncias, e até brotam nas matas e no campo. Eles são "criminosos comuns"? Obviamente não pretendemos tornar essa definição "intolerante", precipitada, burguesa e, em consequência, reacionária. E então os homens heterossexuais são todos, de forma mais ou menos direta, comumente

---

[17] Da canção "*Noi siamo froci e checche*" [Nós somos frouxos e bichas], parte do espetáculo teatral *La Traviata Norma, ovvero: vaffanculo... ebbene si!* [A norma desviada, ou: foda-se... bem, sim!], apresentado em Milão, Florença e Roma na primavera de 1976 pela companhia teatral Nostra Signora dei Fiori, de Collettivi Omosessuali Milanesi.

[18] Sigmund Freud, "Sobre a psicogênese de um caso de homossexualidade feminina (1920)", em *Obras incompletas*, v. 5: *Neurose, psicose, perversão* (trad. Maria Rita Salzano Moraes, Belo Horizonte, Autêntica, 2022), p. 183.

criminosos, e sua atitude anti-homossexual habitual os torna sempre cúmplices da violência perpetrada contra nós.

Os bandidos e os assassinos são empurrados para a cena (*the "gay" scene*... [a cena gay]), apaixonados e induzidos ao crime pela moral dominante, pela ideologia machista e heterossexual sustentada pelo sistema (e que sustenta o sistema). A moralidade do capital leva à violência e à agressão: se o ministro em seus discursos espanta o flagelo social da "inversão" desenfreada, se o padre do púlpito condena práticas sexuais "pecaminosas e antinaturais", se o bom costume afasta os homossexuais de seus refúgios inseguros para confiá-los a uma justiça cruel e obviamente injusta, se os comitês de saúde pública classificam a homossexualidade entre os piores efeitos da "poluição moral" (*moral pollution*), se os esquerdistas contam os gays entre os frutos podres da decadência burguesa[19], por que tantos jovens proletários marginalizados, definidos como "subclasse" pelos estúpidos marxistas da esquerda, não tomariam os gays como bode expiatório? *Alguém precisa ser tomado* e o capital, de maneira astuta, trabalha para afastar de si a ira do povo. O homossexual sobrevive sozinho e praticamente indefeso apesar de todos e com a oposição de todos: *quando sobrevive...*

Mas, se para a sociedade o homoerotismo constitui um "vício", uma "perversão" e/ou um "crime aberrante", a mesma repressão à homossexualidade, o desprezo por nós "invertidos", a perseguição que sempre foi desencadeada contra nós, bem, *tudo isso oferece aos heterossexuais outras formas indiretas de descarregar seu impulso homoerótico latente. A homossexualidade censurada é muitas vezes exteriorizada na forma de sadismo insípido, agressão gratuita ou em qualquer caso "justificada" por obtusos e reacionários preconceitos antigays.*

Muitas vezes – como escreve Jean Genet – quem ataca um homossexual tranquiliza o coração, considerando que

> em suma, se um viado fosse uma criatura assim tão sutil, tão frágil, tão etérea, tão transparente, tão delicada, tão débil, tão tagarela, tão musical, tão terna, que se poderia matá-lo, já que ele foi feito para ser morto; tal como o vidro veneziano, ele estava apenas esperando o punho grande e duro que poderia despedaçá-lo sem sequer se cortar (exceto talvez por uma insidiosa, afiada e hipócrita farpa, que rasteja e fica sob a pele). Se isso era um viado, não era um homem. De fato, uma bicha não tinha peso,

---

[19] Atualmente a postura da maior parte da esquerda mudou; passou-se, e muito, de um extremo a outro: há quem considere "as feministas e os homossexuais como Superego do movimento". Ver capítulo IV, parágrafo 4º.

era um gatinho, um passarinho, um cervo, uma mariposa, uma libélula, cuja própria fragilidade é provocativa; e, por último e precisamente, é esse exagero que marca, inevitavelmente, sua morte.

O próprio ser do homossexual, sua "anomalia", seu desejo "depravado", sua fraqueza de pária e de excluído exigem punição aos olhos do heterossexual defensor da Norma, na verdade, "*punição* e prazer com o crime"[20]. De fato, se as expressões manifestas do homoerotismo são "normalmente" consideradas um *delito*, e se os heterossexuais se sentem legitimados no *prazer* de condená-los ao castigo, esse prazer é, no fundo, a *satisfação negativa* do desejo reprimido de fazer amor com um gay: "Eu não posso me deitar com ele *porque sou normal*; então eu bato nele, roubo-o, esfolo-o; a presença dele me oferece uma relação física que eu *não posso aceitar*, então eu respondo com violência". *Sic et simpliciter* [assim e simplesmente]. Porém, paradoxalmente, nós, homossexuais, podemos reconhecer naqueles que nos maltratam, que nos agridem, amantes secretos.

A violência antigay, que deriva da repressão e culpabilização do homoerotismo, também é encontrada entre homens que mantêm relações sexuais com homens de vez em quando ou mesmo continuamente (sobre isso falarei de maneira ampla no próximo capítulo). Assim Stilitano, por exemplo, o durão entre os durões, "amante" de Genet*, insulta os gays[21]; e os *macs***, senhores dos presídios, touros viris que por sua longa convivência com os gays acabam secretamente se "contaminando", desprezam a homossexualidade (e estão prontos a arrebentar o nariz de uma bicha) ao mesmo tempo que a praticam[22]. O despautério de sua concepção do sexo e dos papéis revela a essência profundamente absurda da "normalidade" patriarcal: na atmosfera hipermasculina da prisão, apenas a homossexualidade *passiva* é considerada vergonhosa; enquanto "um macho que fode outro é

---

[20] Jean-Paul Sartre, *Baudelaire* (Milão, il Saggiatore, 1973), p. 72.

* Mieli refere-se ao poeta, escritor e dramaturgo francês Jean Genet, que em certa fase de sua vida tornou-se mendicante e realizou pequenos furtos em Barcelona, saindo em seguida a perambular por outros países da Europa, época em que se envolveu com Stilitano, uma espécie de cafetão. O livro a que se refere a próxima nota traz mais informações. (N. T.)

[21] Ver Jean-Paul Sartre, *Santo Genet commediante e martire* (Milão, il Saggiatore, 1972), p. 310.

** O vocábulo francês *mac* pode ser traduzido por cafetão, gigolô e até amante, parceiro, a depender do contexto. Aqui parece designar o homem hétero que tem papel "ativo" na relação sexual com outro homem, que ele subjuga. Optamos por manter na forma original em francês nessa passagem, em que aparece no plural (*macs*), e nas seguintes, no singular. (N. T.)

[22] Ver Bianca Maria Elia, *Emarginazione e omosessualità negli istituti di rieducazione* (Milão, Mazzotta, 1974). Trata-se, porém, de um péssimo livro.

duplamente um macho"[23]. O "duplo macho" precisa de um *pendant* [anexo] "invertido e abjeto", "substituto de boceta", e baseia sua glória e prestígio na subjugação de outros.

Kate Millett observa a semelhança existente entre a relação homem-gay nas prisões, por um lado, e a antítese entre os sexos que está na base da heterossexualidade considerada "normal" pela sociedade, por outro[24]: na prisão, onde, além da masturbação solitária, a única gratificação concreta do desejo erótico é dada pelas relações homossexuais, a própria homossexualidade costuma se apresentar como mera imitação das relações assimétricas do casal heterossexual (das quais revela a real desigualdade). Mesmo na prisão, o homem "heterossexual" continua privilegiado, se comporta como um hétero e baseia seu "poder" na submissão do mais "fraco", o gay.

Mas nem sempre é assim. Em seu belo filme *Canção de amor*, por exemplo, o próprio Genet nos ofereceu uma imagem muito poética e delicada (além de muito sexy) de um amor entre homens na prisão; e eu também, numa prisão inglesa, me dava bem – às vezes muito bem – com os outros detentos.

No entanto, Genet estava obcecado com a desigualdade heterossexual. No "eterno par do criminoso e da santa"[25] pode-se ler a representação trágico-erótica do casal heterossexual, do homem fálico totalitário sempre criminoso em relação à mulher e da mulher que, enquanto o ama e o deseja, lhe é submissa e só pode ser, em seu caso de amor, uma *santa*. Mas a mulher é a serva do homem e, de certa forma, ela é semelhante à bicha efeminada, semelhante a Genet, a quem o bonitão "heterossexual" fode e despreza.

Para Genet, "o eterno par do criminoso e da santa" é, em primeiro lugar, o dueto do bruto atlético e belíssimo (*"un assassin si beau qui fait palir le jour"* – um assassino tão belo que ofusca o dia) e do homossexual que o deseja e ao mesmo tempo o nega, do homossexual que em sua paixão amorosa é mártir porque o delinquente que ele ama é, sobretudo, o seu opressor egoísta e violento, "indiferente e luminoso como uma faca de matadouro"[26].

---

[23] Jean Genet, citado por Jean-Paul Sartre, *Santo Genet commediante e martire*, cit., p. 77.
[24] Ver Kate Millett, *La politica del sesso* (Milão, Rizzoli, 1971), p. 409-38.
[25] Jean Genet, "Le serve", em *Tutto il teatro* (Milão, il Saggiatore, 1971), p. 409-38.
[26] Idem, "Nostra Signora dei Fiori", em *4 Romanzi* (Milão, il Saggiatore, 1975), p. 15.

A peça teatral *Les Bonnes* foi concebida e escrita para ser recitada por homens travestidos* de mulher[27]. A feminilidade negada do homem heterossexual em sua relação com a mulher é bem representada por uma feminilidade fictícia, reduzida à aparência. Ora, essa feminilidade negada é sobretudo o ser da mulher, que de fato existe como mulher propriamente para além da negação perpetrada de maneira criminal pelo homem contra ela. Em segundo lugar, essa feminilidade é também o componente "feminino" reprimido no homem, "porque Genet, como todos os pederastas, sabe descobrir uma feminilidade secreta na maioria dos homens: como nos psicodramas, seus atores interpretam o que são", como afirma Sartre[28]. Enfim, uma feminilidade reprimida está presente em Genet, em seu desejo e na impossibilidade concreta, para ele, de ser efetivamente uma mulher.

No universo heterossexual-falocêntrico, a feminilidade é reduzida, para o homem, a um mero halo de santidade em torno da força bruta do falo: verdadeiramente, para o homem heterossexual, via de regra – como Fornari escreve de maneira emblemática em sua concisa apologia da heterossexualidade – "se não existisse um genital masculino, o genital feminino pareceria um órgão desprovido de sentido"[29]... Evidentemente, *o falo no cérebro* impede o homem heterossexual de ver além de seu próprio pênis: por isso, a sociedade atual é governada por testículos. De minha parte, se eu realmente acreditasse nas vanguardas, diria que a vanguarda da revolução será composta por lésbicas. *De todo modo, a revolução será lésbica.*

Os "criminosos comuns", em consequência, são o espelho do crime endógeno antifeminino e anti-homossexual comum a todo homem heterossexual. Quem assassina um homossexual mata "por motivos coletivos, precisamente em nome de nossa sociedade e de suas normas, quer tenha golpeado por horror à homossexualidade, quer o tenha feito para puni-la, com a precisa intenção, portanto, de justiça social"[30]. Como escreve Volponi, "o assassino é coletivo, ele representa e age

---

* O verbo "travestir-se" tem sentido pejorativo historicamente adquirido por significar uma "fantasia", um "disfarce". À medida que o movimento de travestis avançou no Brasil, sobretudo a partir da década de 1990, esse uso do termo foi criticado e questionado. Hoje é uma forma de transfobia a associação do termo "travestir" à ideia de "fantasia", "disfarce", "falsidade". No caso deste trecho, a palavra mais adequada no português brasileiro de 2023 seria "fantasiados". Atentar para a repetição desse uso durante o livro. (N. E.)

[27] Ver Jean-Paul Sartre, *Santo Genet commediante e martire*, cit., p. 591-604.
[28] Idem.
[29] Franco Fornari, *Genitalità e cultura* (Milão, Feltrinelli, 1975), p. 59.
[30] Paolo Volponi, "Il dramma popolare nella morte di Pasolini", *Corriere della Serra*, 21 mar. 1976.

por conta de um sentimento e uma paixão social e sabe não apenas" interpretar a tendência antigay de todos os "normais" "mas também ser apoiado e protegido" por eles. *Todos* os heterossexuais são responsáveis pela violência contra nós gays.

O heterossexual masculino, além disso, se distingue por sua hipocrisia. Mignon, ou o *mac* que "monta" Divine, nunca aceitará definir-se como homossexual, apesar de que Divine, com quem faz amor, é um homem*: onde a feminilidade se reduz à aparência (e, por outro lado, para o "duplo macho" o gay nada mais é do que o substituto da mulher), a *heterossexualidade pode ser reduzida à aparência*. O "duplo macho" sente-se heterossexual duas vezes mais do que o "normal": ele tem certeza disso porque precisa se tranquilizar e estaria pronto para quebrar os dentes de quem o chamasse de bicha. Por outro ângulo, sua convicção de permanecer heterossexual de qualquer maneira, mesmo em uma relação sexual com um homem, não se choca com a ideologia heteromasculinista que lhe é própria e é em si hipócrita e absurda. Se o valentão que fode o gay se considera heterossexualmente "normal", sua má-fé não difere substancialmente da dos médicos que, como vimos no primeiro capítulo, o definiriam sem hesitação como "pseudo-homossexual".

Da mesma forma, mesmo o "heterossexual" talvez casado e com filhos que faz amor com uma travesti acredita ser 100% "normal", no sentido de heterossexualidade: a *aparência* o conforta e, *aparentemente*, aos seus olhos a travesti é como uma mulher**. De fato, prostitutas e travestis em roupas surradas são semelhantes em todos os aspectos, apenas em sua aparência externa. Não é difícil para um homem reproduzir em si mesmo o fetiche da "mulher" que apetece a um homem.

Mas, na realidade, o que excita o cliente da travesti é *o homem* que se coloca sob a representação fetichista da "mulher". Por um lado, em sua concepção masculinista, a feminilidade não passa de um fetiche e, portanto, apenas o excita fetichisticamente, ou seja, como objeto, um orifício; por outro, o que de imediato

---

*   Mignon e Divine: personagens do romance de Jean Genet *Nostra Signora dei Fiori*. (N. I.)
** Neste parágrafo e a seguir, Mieli faz afirmações que – sem surpresa – são hoje consideradas obsoletas do ponto de vista dos estudos de gênero e sexualidade. A ideia de que, para um homem heterossexual que transa com uma travesti, esta seria sempre ou necessariamente igual a uma mulher cisgênero, não corresponde às conclusões de pesquisas mais recentes. A expressão física e genital em não conformidade com a norma ou ainda o reconhecimento de certa androginia podem ser justamente o ponto de erotismo. A teoria de Mieli é baseada em um binarismo relativamente genitalista, uma das contradições esperadas na elaboração de uma crítica para a qual nem todas as ferramentas teóricas estavam disponíveis na época. (N. E.)

lhe interessa não é a relação interpessoal, mas a relação narcísica consigo mesmo, ainda que de forma alienada, por meio de fantasias e gratificações fálicas que distorcem o próprio prazer narcísico e exigem o parceiro-objeto como pretexto. O que no fundo excita o cliente da travesti é apenas o seu sexo, mas é o *seu próprio sexo* que ele de verdade deseja fetichisticamente e encontra sob a anágua e a maquiagem da travesti, e que é "femininamente" atraente aos seus olhos. O componente homoerótico do desejo dos "heterossexuais" que andam com travestis é muito censurado porque eles podem desejar abertamente uma relação gay (eu sei algo sobre isso, como travesti *part-time*): a eles só é permitido desafogar sua homossexualidade através da paródia da relação heterossexual. Mas, nessa paródia, eles interpretam a tragédia da repressão do Eros.

6. O carrasco é cúmplice da vítima. Vitimismo e masoquismo

Se, como eu disse, o heterossexual que agride um homossexual "manifesta" e exorciza, nesse ato, sua homossexualidade, ao mesmo tempo, então, o agressor, o carrasco, no fundo revela-se cúmplice da vítima. Nesse caso, o conceito de cumplicidade é compreensível se tivermos em mente a conversão negativa do desejo homoerótico em agressão por parte do heterossexual: além disso, para que ele se torne cúmplice involuntário do homossexual, de sua própria vítima, é necessário que ele julgue a homossexualidade como um crime, sendo a vítima, portanto, culpada.

É evidente que esse julgamento culpabilizante não constitui a culpa real da vítima, que é vítima justamente por ser inocente, mas legitima a agressão por parte do heterossexual. Recapitulando: o carrasco (hétero) é cúmplice da vítima (gay); e a ideia de cumplicidade pode ser interpretada tendo-se em conta a atração inconsciente do heterossexual pelo homossexual e seu julgamento consciente de culpa. *Logo, a cumplicidade refere-se ao ato homossexual fracassado, involuntariamente desejado e traduzido em violência pelo heterossexual.*

Derruba-se assim a tese defendida por Liliana Cavani no *Portiere di notte* [Porteiro noturno], tese que, em aparência semelhante, é na realidade oposta ("a vítima é cúmplice do carrasco"). Mas serão as duas teses complementares?

Não necessariamente. Na verdade, por exemplo, nos campos de concentração nazistas, o extermínio dos *triângulos cor-de-rosa* expressou a conversão sádica coletiva dos impulsos homoeróticos pela SS (*sadismo alienado* ligado à alienação da homossexualidade), em vez de uma adesão masoquista dos homossexuais ao sadismo.

No entanto, não se pode dizer que o desejo homoerótico dos carrascos nazistas sempre esteve latente. Se os SAs eram notoriamente homossexuais, decerto muitos dos SS não desdenhavam as relações sexuais com homens. No contexto social em que o desejo gay é severamente reprimido, às vezes pode acontecer que a homossexualidade masculina se manifeste apenas na condição de assumir conotações hiperviris e contraditoriamente anti-homossexuais. Como escreve Francesco Saba Sardi,

> durante o nazismo, efetivamente, era um certo tipo de homossexual, débil e "decadente", que era submetido à perseguição e com certeza não o vigoroso gay dos quartéis. A melindrosa bicha das octogonais, avenidas e subúrbios era eliminada: ela não era marcial. O rude SA ou o loiro SS amado pelo sargento ou pelo *Sturmbannführer* [líder de unidade], por outro lado, era considerado mais viril, militarista, confiável, do que o pertencente à ordem dos que se dedicavam aos frívolos amores femininos.[31]

Foram mortos os homossexuais que não se encaixavam no uniforme hipermasculino do nazismo e que, inevitavelmente, por sua aparência física e sua mentalidade, foram excluídos do desfile fálico, fanático e belicoso do regime, que precisava do masculino no sentido absoluto, ou melhor, do "duplo macho". Na realidade, o extermínio dos homossexuais no Terceiro Reich representa a imagem mais nítida, a quintessência da infernal perseguição diária perpetrada contra os gays pela sociedade do capital: se hoje é o desejo homoerótico coletivo, inconsciente porque reprimido, que é extravasado na forma de agressividade a golpear os gays manifestos, durante o nazismo eram muitas vezes homossexuais manifestos, acorrentados ao sistema e presos à sua ideologia violenta e marcial, que serviam como ferramenta da repressão mortal ao homoerotismo. O sistema contrasta a homossexualidade com a homossexualidade: atualmente, de forma mais sutil e hipócrita do que antes.

De outra forma, também é verdade que ainda hoje, muitas vezes, a figura do durão mais ou menos impassível, o "carrasco", representa um fantasma erótico difundido entre nós gays. Genet não é exceção: pode-se assim inferir que a homossexualidade manifesta é, muitas vezes, combinada a formas de masoquismo. Mas como poderia não o ser, no contexto de uma Norma anti-homossexual violenta?

---

[31] Francesco Saba Sardi, "La società omosessuale", *Venus*, n. 7, nov. 1972, p. 40.

Como se pode flertar com um homem heterossexual, "normalmente" sádico, sem colocar em evidência seu próprio masoquismo? Pois está claro que nós gays não apenas desejamos outros gays como também sentimos atração erótica por "todas" as pessoas do nosso sexo, sejam elas homossexuais ou não.

É também verdade que muitos de nós preferimos os heterossexuais como "objetos" sexuais: se quem nos atrai é o homem, costumamos achar o heterossexual mais masculino, já que a heterossexualidade, que se baseia na marcada diferenciação entre os sexos, tende a torná-lo o macho em um sentido absoluto, o oposto da fêmea. Sustentado e gratificado pela Norma, o heterossexual várias vezes nos parece "sensualmente saudável e belo, como são os animais de presas" (Nietzsche): os gays franceses experientes chamam de *bêtes* [feras] os machos heterossexuais que os fazem fantasiar; e essa *bestialidade* tem realmente um duplo sentido, já que as bestas provocantes decerto não encerram em si a nobre alma da horrível Besta de madame Leprince de Beaumont.

Acontece com frequência de desejarmos quem não podemos amar, pois eles são o protótipo do indivíduo "normal" que nos persegue. Sem dúvida, há uma contradição imanente à fortíssima atração sexual sentida pelos homens que acima de tudo detestamos, como personificações do poder falocêntrico antifeminino e antigay. Daniele Morini, dos Coletivos Homossexuais Milaneses, escreve: "Paradoxalmente, encontro meu corpo apenas em contato com minha imaginação: o macho. Não é difícil entender que o conteúdo desse imaginário é alienado e que meus parceiros são fantasmas reacionários"[32].

Os fantasmas do desejo que emergem na consciência de nós homossexuais constantemente refletem aquelas figuras estereotipadas nas quais se cristaliza a norma heterossexual que moldou a sociedade, a espécie. O desejo predominante pela *bête* é, por parte do gay, do oprimido, de certa maneira *a internalização da figura e do papel do opressor*. Desejar o homem hétero acima de tudo ou exclusivamente significa apoiar aqueles que nos oprimem e contribuir para sua cristalização naquelas bases reacionárias e sexualmente excitantes que o distinguem em termos históricos.

Mas a luta homossexual de libertação acaba por minar e transformar os "objetos" mais imediatos do desejo homoerótico: *antes de mais, liberta o desejo e multiplica as suas fontes, favorecendo a superação de fixações eróticas exclusivas de certo tipo*;

---

[32] Daniele Morini, "La Bella e la Bestia", em Collettivi Omosessuali Milanesi (org.), *Il Vespasiano degli omosessuali*, jun. 1976.

além disso, proporciona ao homossexual um senso de dignidade que o induz progressivamente a renunciar a certas relações alienantes com homens heterossexuais e/ou a ajudar esses homens a mudar em um sentido novo e positivo, redimindo a *humanidade* e sobretudo a *feminilidade* sufocada por suas atitudes sinistras e falocráticas. O homossexual, ao se libertar, dá ao heterossexual exemplo de *gaia* força e dignidade, precisamente, de uma nova forma de ser humano, que não se baseia mais na negação interpessoal, mas na compreensão, no desejo, na satisfação mútua. O homossexual pode induzir o "hétero" a um relacionamento com ele que seja gay, e não uma imitação desajeitada de uma trepada heterossexual. A luta que os homossexuais revolucionários travam contra os homens heterossexuais tem como meta a transformação desses "objetos" de desejo em seres humanos livres e abertos, não mais teimosos e exclusivamente heterossexuais, já não *outros*, mas homossexuais *como nós, semelhantes* a nós; e isso é encontrar nas relações intersubjetivas gays, desinibidas, francas, a força coletiva necessária para a subversão do sistema: poder fazer *amor* de verdade com eles, *entre nós*. Esse télos positivo anima a luta gay contra o macho heterossexual, que, como tal, está necessariamente vinculado ao status quo.

O homossexual que, em sua raiva, não ultrapassa o objetivo da negação drástica do masculino permanece enredado na teia da contradição, embora sua atitude "ditatorial" *possa* ser historicamente justificada. A contradição está no fato de que não se pode negar absolutamente o macho hétero e ao mesmo tempo continuar a desejá-lo. Tampouco se pode abolir de modo voluntário essa atração sexual: ao fazê-lo, correríamos o risco de sufocar a nós mesmos e à nossa imaginação, já que esse macho está *dentro de nós*, já que o desejamos sexualmente. Não podemos matá-lo porque assim nos mataríamos; não devemos ceder à ilusão de William Wilson, que cai golpeando seu duplo, ou de Dorian Gray esfaqueando o retrato. Ao contrário, podemos reanimar o ser humano que jaz sob a esclerose viril do macho heterossexual, libertando-o (e libertando-nos) do "sortilégio" fálico. Nesse sentido, o desejo do homossexual pelo heterossexual é revolucionário: espalha a homossexualidade, desencadeia o Eros.

Os homossexuais revolucionários decidiram não mais se adaptar ao papel de vítimas, começaram a se recusar, de uma vez por todas, a ser a exceção que confirma a regra. Para nós, trata-se de apagar para sempre uma Norma que vilipendia e oprime. A vitimização não é suficientemente recompensadora porque, em definitivo, nunca foi (embora ainda valesse a pena escrever algum *livro dos mártires* detalhado dos gays). Pretendemos desfrutar livremente, sem interferências, da nossa própria homossexualidade e da dos outros, bem como das nossas tendências masoquistas (e da dos outros). O que não significa de forma alguma continuar a representar o papel da vítima: a vítima é a contraparte do libertino sádico; porém a contraparte de um masoquista não é um sádico, mas, se preferirmos, uma Vênus em pelica ou um Marte em pelo, um busto severo e brilhante como uma Clio. O sadismo de Sade não é o masoquismo de Sacher-Masoch, embora o sadismo não se dê sem manifestações masoquistas colaterais, nem seja um masoquista desprovido de impulsos sádicos. Não é por acaso que se fala de sadomasoquismo. O libertino sádico tradicional, contudo, não escolhe uma vítima masoquista (que gosto teria torturar quem desfrutasse?), nem o masoquista, um dominador sádico. "Com muita pressa", escreve Deleuze, "somos levados a acreditar que é possível subverter os signos, subverter os impulsos e pensar na grande unidade dos contrários para obter Masoch a partir de Sade"[33].

Mas, no terreno da libertação, eis que se verifica um encontro sexual entre pessoas predominantemente sádicas e outras predominantemente masoquistas. A libertação do sadomasoquismo e a libertação da homossexualidade superam os papéis tradicionais opostos do sadismo e do masoquismo. O estudo de Deleuze sobre essas tendências parece limitado: em certo sentido, hipostasia formas de masoquismo e sadismo que, na realidade, têm uma contingência histórica. Eis o que Larry Rosan, expoente do movimento sadomasoquista estadunidense The Eulenspiegel Society, escreveu no editorial "Gaudeamus Igitur", saído no *Pro.me.thee.us*:

> Sabemos que existem elementos naturais sádicos e masoquistas em uma porcentagem muito grande da população; e a maioria de nós está ciente de que tirar proveito de uma personalidade naturalmente sádica/masoquista é muito melhor, mesmo do ponto de vista do prazer, do que explorar simplesmente aquelas formas (*patterns*) de dominação/submissão que são inveteradas e apoiadas pela nossa sociedade, como "polícia contra presos", "ricos contra pobres" e assim por diante. Há uma profunda diferença psicológica entre a "verdadeira personalidade de um escravo" e um "prisioneiro potencialmente rebelde" que é apenas uma vítima involuntária das circunstâncias. É por isso que a Eulenspiegel enfatiza as relações voluntárias. Percebemos que "nos limitar a parceiros voluntários" não é uma exceção à nossa liberdade, mas sim uma parte dela: queremos ser livres para não sucumbir a esse poder social ou a essas pessoas que nos usam como vítimas involuntárias! (E nós sadomasoquistas – particularmente os próprios dominadores sádicos – podemos ser, de certo modo, mais vulneráveis diante da

---

[33] Gilles Deleuze, *Masochismo e sadismo* (Milão, Lota Libri, 1973), p. II.

repressão repentina do Estado e da polícia, esse redemoinho corrupto e sombrio de desejos sado/masoquísticos primitivos, invejosos e ressentidos contra nós que celebramos a mística do sado/masoquismo livre e alegre).[34]

Os homossexuais que são efetiva e predominantemente masoquistas são, assim, forçados a combater o papel negativo de vítimas que o sistema lhes inflige. Não é por acaso que veremos masoquistas entre os expoentes mais radicais do movimento gay, entre os oponentes mais determinados da vitimização homossexual e da violência social antigay. Em vez disso, nos homossexuais que se adaptam ao papel de vítimas, por culpa e inércia, reconheceremos *vítimas autênticas* (e não uns masoquistas que no fundo gozam; mesmo que isso não exclua o fato de que a longa adaptação ao sofrimento não desperta em muitos casos impulsos masoquistas anteriormente reprimidos).

De maneira geral, todo o problema do masoquismo homossexual (de ele se apresentar, muitas vezes, de forma alienada, segundo as determinações da falsa culpa, da condenação internalizada) parece muito intrincado e ainda hoje confuso no que diz respeito ao evidente mecanismo da sádica extroversão de impulsos homoeróticos latentes por heterossexuais. Claramente, a questão homossexual é mais inexplorada e menos conhecida do que a Norma heterossexual. Nós gays sabemos muito sobre o casal heterossexual (nem que seja porque temos uma família nas costas e, gostemos ou não, no cérebro), enquanto os "normais" baseiam sua ideologia no recalcamento da homossexualidade. O fato de considerar legítima a perseguição dos "diferentes", ou a tolerância dos "diferentes", isenta os "normais" de investigar os motivos que os levam a tal perseguição ou à escolha de uma solução conveniente e "tolerante"; além disso, conforme Corrado Levi, "o consenso social em torno à sua modalidade sexual não os leva a questionar isso e toda a vida privada em questão".

Para nós "diferentes", entender as causas da repressão é indispensável a fim de identificar a direção certa para conduzir nossa luta emancipatória. Assim como somente o ponto de vista feminista pode destacar a essência patriarcal da *Kultur*, assim como somente a crítica revolucionária pode lançar luz sobre a real "natureza" da dominação do capital, somente o ponto de vista gay pode discernir o conteúdo real da Norma que se lhe opõe e reconhecer, em sujeitos humanos concretos, partidários dessa Norma, a contradição implícita na própria Norma: os heterossexuais são tal e exclusivamente tal porque negam a homossexualidade latente em si, a sublimam e/ou a convertem em agressividade.

---

[34] Larry Rosan, "Gaudeamus Igitur", *Pro.me.thee.us*, Nova York, primavera 1975.

7. O homoerotismo sublimado como garantia de coesão social. Homossexualidade em Dante

Freud limita-se a enfatizar as formas de sublimação pacífica do desejo homoerótico: "Uma vez alcançada a escolha objetal heterossexual, as aspirações homossexuais não são, de modo algum, eliminadas ou interrompidas, mas simplesmente distanciadas da meta sexual e conduzidas a novos usos"[35]. Ele identifica um profundo conteúdo homossexual naqueles tipos de sublimação que se traduzem em dedicação à comunidade e aos interesses públicos: "Na observação psicanalítica estamos acostumados a considerar os sentimentos sociais como sublimações de posições homossexuais de objeto"[36]. Portanto, a sublimação do homoerotismo é julgada por Freud como de utilidade pública. Sua concepção deriva – por indução – da observação da existência de um bom número de homossexuais que se distinguem por um desenvolvimento especial dos instintos sociais e pela sua devoção aos interesses públicos. Segundo Freud, essa dedicação pode ser explicada se for levado em conta que "um homem que vê em outros homens possíveis objetos de amor precisa se conduzir na comunidade dos homens de maneira diferente de outro que, diante da mulher, precisa considerar o homem, antes de tudo, como o rival"[37]. O desejo homossexual se transforma em força de coesão social: na ausência da sublimação do homoerotismo em sentimentos sociais, a lei da selva prevaleceria desenfreada e avassaladora na sociedade heterossexual, que é um sistema de rivalidade, ciúme e concorrência.

Mas a sublimação do homoerotismo fundamenta-se historicamente em sua repressão: esta é a garantia da coesão social que rege um sistema que, direta ou indiretamente, condena as expressões manifestas da homossexualidade. A homossexualidade livre cessa de dar suporte a esse sistema, opõe-se a ele e contribui para o seu colapso. Ao mesmo tempo, apresenta-se como condição preciosa para a criação do comunismo, que é (re)conquista da comunidade humana. E a realização da verdadeira comunidade é inconcebível sem a liberação do homoerotismo, que é universal e que só pode garantir relações autenticamente totalizantes entre pessoas do mesmo sexo (o comunismo é a redescoberta dos corpos e da sua função comunicativa fundamental, da potencialidade amorosa polimórfica).

---

[35] Sigmund Freud, "Observações psicanalíticas sobre um caso de paranoia (*dementia paranoides*) descrito com base em dados autobiográficos (caso Schreber) (1912 [1911])", cit., p. 76.

[36] Sigmund Freud, "Sobre alguns mecanismos neuróticos no ciúme, na paranoia e na homossexualidade (1922)", cit., p. 205.

[37] Idem.

O desenvolvimento "particular" dos instintos sociais em homossexuais declarados, como destacado por Freud, faz lembrar *A divina comédia*, na qual numerosos homens públicos de prestígio e autoridade aparecem entre os "sodomitas" condenados ao inferno: *"... todos clérigos/e grandes literatos e de grande fama/de um mesmo pecado sujos para o mundo"*. Deles Dante fala geralmente em tom elogioso: *"... e depois sempre/vossa obra e honoráveis nomes/com afeição recordei e escutei"*, malgrado julgá-los culpados de pecado tão grave e fatal a ponto de ser inominável (*peccatum illud horribile inter Christianos non nominandum**): nos dois cantos dedicados aos "sodomitas" (os cantos XV e XVI), não há sequer uma palavra explícita que defina a natureza do crime "antinatural" que lhes custou a condenação ("Sodoma" é mencionada apenas no canto XI, quando Virgílio expõe a organização do baixo Inferno). Eram de fato homens exemplares (Brunetto Latini é descrito como aquele que, em vida, ensinou a Dante *"come l'uom s'ettema"***), entretanto cometeram um terrível pecado, capaz, por si só, de atirá-los para sempre nas entranhas do inferno.

Uma gama de "sodomitas", porém, também aparece no Purgatório (o Paraíso os espera...); o pecado "contra a natureza" não é, em consequência, considerado necessariamente irreparável por Dante. Isso é de fato surpreendente, se levarmos em conta as duras sanções legais e canônicas que afetavam os homossexuais na Toscana e na Europa no medievo[38]; nem Dante explica por que expiam no Purgatório a culpa pela qual *"... já César, triunfando/rainha ouviu-se insultar"*[39], enquanto outros, entre os quais *"a querida e boa imagem paterna"*[40] de Brunetto, pertencem à "gama" daqueles que sofrerão os suplícios infernais para sempre.

Além disso, se no inferno os "sodomitas" aparecem nas fossas e, assim, são separados dos luxuriosos (heterossexuais, colocados no segundo círculo), no Purgatório "sodomitas" e heterossexuais se encontram e se abraçam *gaiamente*:

> *Vejo-os de toda parte chegar*
> *Cada sombra a beijar-se, uma com a outra*
> *Sem parar, satisfeitas com a festa*
> *Assim como em sua negra fila*

---

* Pecado tão horrível não deve ser mencionado entre os cristãos. (N. T.)
** Como o homem se eleva/alcança o céu. (N. T.)
[38] Ver capítulo II, parágrafo 3º.
[39] *"... gia Cesar, triunfando/regina contra se chiamar s'intese"*.
[40] *"la cara e buona imagine paterna"*.

> *Se encosta uma com a outra a formiga*
> *Avisando-se sobre o caminho e a fortuna*
> *(Purgatório, XXVI, 31-36)*[41]

Muito gay também é a imagem com que Dante descreve o primeiro grupo de "sodomitas" que no Inferno se encontra com ele e com seu "duque":

> *... quando de almas encontramos uma gama*
> *Que pela margem vinha, e alguma*
> *Contemplou-nos, como à ceia noturna*
> *Mirando uns aos outros sob a nova lua;*
> *Para ver-nos aguçavam o semblante;*
> *Tal qual o alfaiate a ver a agulha.*
> *(Inferno, XV, 16-21)*[42]

Quão frequentemente hoje, à noite, nos locais de pegação [*battimento*], nós gays nos medimos desse modo? E, sobretudo, encaramos os recém-chegados? "Mas flertava-se dessa forma na Idade Média?" Sem dúvida, *chérie* [meu bem].

Dante traduz o desejo homossexual nele latente em elevadíssima poesia (ainda que, com base nas escassas referências históricas que temos, não estamos autorizados a considerar o seu como um caso raro de homossexualidade completamente sublimada). Ainda sobre o tema dos "sodomitas", escreve:

> *Se do fogo tivesse eu sido coberto,*
> *Dentre eles me teria atirado,*
> *Creio que o Doutor havia sofrido*
> *Mas como seria eu queimado e cozido,*
> *Superou o medo a boa vontade*
> *De abraçá-los que houvera tido.*
> *(Inferno, XVI, 46-51)*[43]

---

[41] "Li veggio d'ogne parte farsi presta/ciascun'ombra e basciarsi una con una/sanza restar, contente a brieve festa;/cosí per entro loro schiera bruna/s'ammusa l'una con l'altra formica,/forse a spiar lor via e lor fortuna".

[42] "... quando incontrammo d'anime una schiera/che venían lungo l'argine, e ciascuna/ci riguardava come suol da sera/guardare uno altro sotto nuova luna;/e sì ver' noi aguzzavan le ciglia/come il vecchio sartor fa ne la cruna".

[43] "S'i' fossi stato dal foco coperto,/gittato mi sarei tra lor di sotto,/e credo che 'l dottor l'avrìa sofferto;/ma perch'io mi sarei brusciato e cotto,/vinse paura la mia buona voglia/che di loro abbracciar mi facea ghiotto".

Uma interpretação gay pode ser feita por trás das metáforas desses versos: "Se eu tivesse sido abrigado (*coberto*) da perseguição da homossexualidade (*fogo*: no tempo de Dante os homossexuais eram condenados à fogueira), eu teria me feito sodomizar entre eles (ou a eles, com eles: *dentre eles me teria atirado*) e acho que Virgílio teria tolerado, concedido (*Creio que o Doutor havia sofrido*: sabe-se que Virgílio era gay – sofrido, de sofrer ou *sofferire*, derivado do latim, *sufferre*, composto por *sub*, sob e *ferre*, trazer: Virgílio teria subjugado Dante, ou seja, o teria induzido à homossexualidade); mas porque sofreria as dores da perseguição (*Mas como seria eu queimado e cozido*) o medo vence o desejo (*boa* vontade) *de abraçá-los que houvera tido*.

Por outro lado, como escreve Serge Hutin, "tudo em *A divina comédia* é concebido de modo a ocultar o que há de profano nas verdadeiras convicções do autor: o esoterismo cristão é a doutrina dos *Fedeli d'Amore* [Fiéis do Amor], de que o poema faz aprender sobre ritos de iniciação e práticas esotéricas [...]".

> *A divina comédia*, obra aparentemente católica, [...] é também um cânone – para quem sabe ler – do Hermetismo Cristão. Dante e seus amigos faziam parte de uma sociedade secreta, a dos *Fedeli d'Amore*, indubitavelmente ligada à [ordem] Rosa Cruz. [*A divina comédia*] é a obra-prima imortal do grande poeta italiano e uma exposição velada mas bastante explícita da doutrina secreta desta irmandade templária cujos membros dirigiam poemas amargos a uma "Senhora" que na verdade era o símbolo da ordem e suas doutrinas secretas, o símbolo do cristianismo esotérico por excelência.[44]

"*Se do fogo tivesse eu sido coberto*": o fogo, portanto, talvez não represente apenas a perseguição à homossexualidade, mas também as provas pelas quais se revela o oculto, aquilo que está além da percepção "normal" (do inferno cotidiano). A entrada na magia é simbolizada pela passagem pelo fogo, que é também a fase iniciática essencial do hermafroditismo. Assim, a "viagem à loucura" é vivida em parte como uma passagem pelas chamas, como um confronto direto com o terrível *Dharmapala*, para dizer adeus à compulsão de repetir e sair da rotina infeliz de todos os dias, escolhendo o risco e voltando-se para a dimensão superior da existência (no fundo dos sentimentos arde um sonho de amor pelo Buda). Veremos como Freud e Ferenczi apreendem a homossexualidade como a principal causa que "libera" o chamado "delírio paranoico"[45]. A escolha do fogo e também o pacto com o diabo, que vem ao seu encontro quando você está

---

[44] Serge Hutin, *Histoire des Rose-Croix* (Paris, Le Courier du Livre, 1971), p. 22.
[45] Ver capítulo V, parágrafo 2º.

pronto: uma verdadeira amizade homossexual também, já que o diabo é andrógino ou ginandro, ou melhor, assume todos os disfarces e pode aparecer para você nessa bicha encantadora ou nessa mulher australiana: "Vender a alma ao diabo" significa antes de tudo descobrir e reconhecer a própria *alma* (ou *Animus*, no sentido junguiano).

Por trás da repressão da homossexualidade há uma homossexualidade como *ponte*, uma *ponte* para o desconhecido (ou talvez, para o que sempre conhecemos sem saber). Muitas pessoas ainda têm medo de realmente atravessar para o outro lado.

O movimento revolucionário gay oferece a todos a grande aventura. Os homossexuais reformistas, ao contrário, pensam ser possível acampar em massa nessa *ponte*, bloqueando a passagem para aqueles que pretendem ir mais longe.

Em todo caso, ir mais longe só é possível quando o desejo homossexual for completamente liberado. Além da *gaia* totalidade, há todo o resto: o *"Paraíso" nos espera...*

8. Apontamentos sobre o Eros platônico e a homossexualidade na religião

> *Porque eu não posso dizer que exista para um adolescente um bem maior do que ter um amante virtuoso ou, para o amante, do que ter um amado.*
>
> Platão[46]

A importância, evidenciada por Freud, da sublimação do homoerotismo como garantia da coesão social (que, contudo, está sempre ameaçada) também desperta a memória da legislação utópica imaginada por Platão em *A república*. O poder supremo é confiado aos filósofos; mas *O banquete* nos ensina que o verdadeiro filósofo é também o "amante perfeito"[47]: a teoria platônica do amor é predominantemente pederástica e nela a experiência perfeita da pederastia é descrita em última instância livre das "vulgares" gratificações inerentes à esfera sexual. No entanto, uma polêmica passagem de *Fedro* finalmente permite que o próprio filósofo, o "amante ideal", se deite com o amado[48]. E, mesmo deixando de lado o

---

[46] Platão, "Simposio", em *Opere complete*, v. III (Bari, Laterza, 1974), p. 160.
[47] Ver Platão, "Simposio", *Opere complete*, v. III, cit., p. 191. Ver também o discurso de *Diotima*, 201d-12b e o elogio de Sócrates pronunciado por Alcebíades embriagado, 212e-1b (p. 201-12).
[48] Platão, *Fedro* 255e-256a, em *Opere complete*, v. III, cit., p. 257-8. Fala-se lá sobre a relação ideal entre o amante perfeito e o amado, os únicos que não sucumbiram ao ímpeto apaixonado e

Fedro, não se pode limitar-se a fazer coincidir toda a concepção de Eros contida em *O banquete* apenas à fala de Sócrates: não se pode mutilar um diálogo, mandando a dialética a benzer-se. Na realidade, a paixão amorosa e sensual do jovem bêbado Alcebíades mostra a fundo Platão, tanto quanto o expressam a sublime elevação erótica de Diotima-Sócrates e as palavras de Fedro e Pausânias, assim como é platônico o mito primordial dos três sexos plenos – andrógino, masculino e feminino – exposto por Aristófanes.

A república, *O banquete* e o *Fedro* são diálogos que os críticos modernos reconhecem como cronologicamente próximos; neles a doutrina do amor, de sua união com a filosofia, se desenvolve e se refina: de sua leitura podemos, em consequência, concluir que para Platão a sociedade ideal deveria ser governada por filósofos pederastas e o erotismo ideal correspondia a uma forma essencialmente sublimada de pederastia. É verdade que somente em sua obra mais tardia, em *As leis*, Platão condena de modo explícito a prática homossexual: "A união de machos com machos, ou de fêmeas com fêmeas não é natural" e seria necessário "banir completamente a homossexualidade entre machos"[49].

De fato, a concepção platônica do homoerotismo sublimado é de certa maneira já um sintoma do declínio da tradição pederástica grega. Na Grécia da segunda metade do século V, escreve Carlo Diano, a homossexualidade

> é um assunto controverso, e a polêmica não é tanto ética, mas filosófica e política. Porque se por um lado a "juventude dourada", que encontrou na "sabedoria" dos sofistas uma nova forma de virtude [*aretè*] e a converte em seu próprio signo, sendo filo-espartana na política e na vida, o povo, que tem sua voz na comédia, a condena e a ridiculariza de modo atroz. Um fato significativo é a forma diferente em que se apresenta o assassinato de Hiparco e a expulsão dos Pisistrátidas. Na tradição democrática, Harmódio e Aristógito são apenas os vingadores da liberdade, e o amor que os unia

---

violento do corcel rebelde da alma. Todavia, o amante "deseja mesmo assim [...] ver, tocar, beijar o rapaz e deitar-se com ele: e a essas intenções ele chega, naturalmente, muito rapidamente. Assim, enquanto estão um ao lado do outro, o corcel rebelde do amante tem coisas boas para dizer ao cocheiro e exige um pouco de diversão em compensação por tantas preocupações. O amado não tem nada a dizer: cheio de desejo e desânimo, ele abraça seu amante e o beija com a ideia de reconhecer seu afeto. Quando eles se deitam juntos, eles são incapazes de se recusar, por sua vez, a satisfazer as exigências de seu amante". Ver Leon Robin, *La teoria platonica dell'amore* (Milão, Celuc, 1973), e ainda Thomas Gould, *Platonic Love* (Londres, Routledge & Kegan Paul, 1963).

[49] Platão, *Leggi*, livro I 636c e livro VIII 841d, em *Opere complete*, v. VII, cit., p. 54 e 279. Mais exatamente, ver p. 272-9.

é silenciado; na tradição aristocrática eles são os vingadores da liberdade, mas como heróis de *eros* e *aretè*.[50]

A ideologia "populista" e heterossexual com a qual está imbuído impede Diano de aprofundar sua pesquisa. Basta-lhe julgar a aristocracia, a oligarquia como ruim e a homossexualidade como ainda pior, para deduzir naturalmente que a democracia só poderia ser contra a homossexualidade. Essa é apenas uma das muitas conclusões "evidentes" a que o preconceito antigay enraizado leva nossos caríssimos professores.

Entre outras coisas, a afirmação da democracia e do tabu anti-homossexual em Atenas estiveram de mãos dadas com a negação do espírito dionisíaco, que até então caracterizara a Antiguidade grega, e com a cristalização gradual, no contexto filosófico, da oposição entre sujeito e objeto, espírito e matéria, que depois dilacera o pensamento ocidental ao longo dos séculos até os dias atuais: mas a contradição filosófica reflete a fratura social e a alienação sexual. O pensamento masculino entra na fase neurótica e dicotômica que ainda hoje o distingue. Somente aqueles que consideram burguesamente o atual mercado mundial de Estados democráticos como o melhor de todos os mundos possíveis podem limitar-se a apresentar o estabelecimento da democracia (escrava) em Atenas como um todo positivo (do qual a rejeição da homossexualidade só poderia derivar): em sua exaltação do "povo" democrático e anti-homossexual, Diano revela sua alma como um escravo do capital.

A pesquisa histórica dos homossexuais revolucionários ainda não chegou – que eu saiba – a esclarecer quais reais motivações causaram o declínio da tradição homossexual na Grécia na segunda metade do século V. Em todo caso, a doutrina platônica de Eros não é "uma negação ou pelo menos a superação de um costume bárbaro e uma perversão da natureza", como afirma Carlo Diano: Platão é antes o "homem teórico" cujo pensamento reflete a progressiva imposição do tabu anti-homossexual na própria *Ática* e o colapso incipiente do sistema político grego da Antiguidade.

Por outra perspectiva, a questão inerente à importância da sublimação na doutrina platônica do amor é muito controversa e complexa: essa é uma das razões pelas quais me parece apropriado distinguir, com os estudiosos franceses, "*amour platonicien*" de "*amour platonique*", distorcido pelo significado que lhe é atribuído pela concepção comum, tão difundida[51]. Também é verdade que o conceito de

---

[50] Carlo Diano, "L'Eros greco", *Ulisse*, fasc. XVIII, p. 705.
[51] Ver a introdução de Leon Robin a Platão em *Phedre* (Paris, Éditions les Belles Lettres, 1961).

sublimação, de matriz psicanalítica, não se adapta à interpretação de uma teoria filosófica tão anterior ao nosso tempo. Abster-se da relação sexual não significa, para o perfeito amante platônico, repudiar o amado como o "objeto" de seu desejo erótico, negar a presença e o ímpeto do "cavalo rebelde da alma"; quando hoje, ao contrário, falamos de sublimação em uma relação entre pessoas do mesmo sexo, quase sempre nos referimos a um processo estritamente ligado ao recalcamento do desejo homossexual, que não aflora de modo direto na consciência.

A escatologia preexistente do *Fedro*[52] ilustra por que, na utopia platônica, apenas os filósofos estão predestinados à dominação: só eles têm o verdadeiro Eros, o impulso espiritual para averiguar, por meio da anamnese, as Ideias. Suas almas são as únicas que, antes da queda e da encarnação, sabiam se elevar além da abóbada dos céus, no hiperurânio, seguindo a procissão dos deuses. Só eles podiam contemplar o Bom, o Belo, o Justo, a Temperança, a Ciência. Só eles podem, nesta vida terrena, recordar no amor a pura percepção da Beleza e, na vida pública, referir-se às virtudes ideais.

Segundo Hans Jürgen Krahl, há uma importante conexão entre o idealismo e a primazia do homoerotismo masculino no pensamento platônico. De fato – à luz daquela profunda separação (*chorismos*) entre forma e matéria que caracteriza a doutrina de Platão –, "a forma, a unidade mais pura, é o momento masculino determinante; este poder determinante é o bem autônomo. A matéria é o momento indeterminado que deve, porém, ser determinado, o não ser, isto é, a dependência feminina, que deriva do mal". E novamente: "Amar as mulheres é uma vergonha".

> O ato sexual é apenas uma compulsão à procriação. O amor verdadeiro é o do igual pelo igual, é o amor homossexual dos pederastas que, inspirados em Eros, ganham vida na esfera da pura identidade. O instransponível *chorismos* – ao qual, em palavras nietzschianas, está ligada uma valoração moral – arrancou o princípio do prazer do ato de procriação. Este último torna-se uma simples constrição da realidade e, logo, não tem um autêntico ser.[53]

A interpretação de Krahl me parece correta em alguns aspectos, em outros idealista, pois, na tentativa de destacar o substrato homoerótico do idealismo platônico, ele recorre a *um achatamento da homossexualidade à Ideia, e da Ideia à*

---

[52] Platão, *Fedro*, cit., 246a-248e, p. 244-9.
[53] Hans Jürgen Krahl, "Ontologia ed eros: una deduzione speculativa dell'omosessualità. Schizzo lemmatico", em *Costituzione e lotta di classe* (Milão, Jaca Book, 1973), p. 133.

homossexualidade, que não está em Platão. Para Platão, o homoerotismo é antes o intermediário entre a matéria e a Ideia, visto que, segundo ele, a pura contemplação do Belo procede da atração imediata pelas belas formas corporais (masculinas). Mas o Belo não se reduz à intuição do Belo presente no desejo homoerótico: uma coisa é estar apaixonado por um belo indivíduo, muito diferente é amar a beleza em si mesma. "Entre as duas situações há toda uma hierarquia de estados possíveis, pelos quais deve passar a alma que deseja ascender alçando graus cada vez maiores de universalidade, desde o amor pela transitoriedade particular do terreno até o amor pela eternidade do ideal", diz Guido Calogero. E o *chorismos* entre o desejo homoerótico imediato e a percepção pura do Belo é, na verdade, preenchido por toda uma série de mediações dialéticas, práticas concretas – como mostra a fala de Diotima – e pela profusão desse "espírito místico", suprarracional, razão pela qual a obra de Platão é profundamente *bela* e inteligente.

Em todo caso, se Krahl tivesse dado o cu, se tivesse sentido desejo real por homens, provavelmente teria interpretado de maneira menos formal "o momento masculino determinante" e teria percebido que a "identidade pura" entre os homens está imersa nas entranhas da matéria e paira como um apelo irresistível e sensual entre um e outro. A partir daqui, ele poderia ter entendido que o idealismo platônico, além da rejeição parcial da heterossexualidade, se baseia na inibição do desejo carnal homossexual (que ao final encontra – como já disse – condenação explícita em *As leis*). A obra de Platão, separando a matéria da forma, reflete uma certa separação de Eros do corpo, tanto do corpo masculino quanto do feminino. Logo, o idealismo platônico não se baseia na homossexualidade, mas na renúncia à homossexualidade. Essa renúncia, contudo, não é sublimação cega: é na face, no corpo do amado, que o filósofo encontra a marca do Belo, o traço (o "fantasma") do deus seguido por sua alma antes da encarnação. Mas – para Platão – o rastro da Beleza se perde na satisfação sensual desenfreada em que se consome um amor. Seria necessário esclarecer quais razões históricas levaram Platão a estabelecer uma incompatibilidade entre o amor carnal e a ascensão do filósofo em direção às virtudes ideais, ao Belo em si.

Na antiga sociedade patriarcal grega (e em particular em Creta, em Esparta, em Corinto, em Tebas, em Cálcis da Eubeia, na Ática), não se conhecia o tabu anti-homossexual, e a subordinação das mulheres determinava a afirmação privilegiada, muitas vezes sagrada, do amor homossexual entre iguais. Com Platão e com sua época, mesmo a verdadeira homossexualidade entra em crise. Permanece, no entanto – e aqui Krahl tem razão – a estima de superioridade atribuída às relações afetivo-intelectuais (não sexuais) entre os homens. *A democracia ateniense revela-se menos homossexual, mas certamente não menos machista.*

Segundo Hans Jürgen Krahl, uma melhor disposição para a heterossexualidade seria encontrada em todos os pensadores dialéticos comprometidos – ao contrário de Platão – em estabelecer uma mediação real entre forma e matéria. Mas

> a recepção decisiva dos *chorismos* platônicos ocorre com a reinterpretação paulina do homossexual Jesus. A carne e a matéria pecaminosa, que renegou a Deus, a pura identidade na trindade. O ato de procriar é um dever estrito. Todo prazer é pecaminoso. Paulo bane aquela esfera de identidade, de amor entre o mesmo sexo, para a qual Platão havia transposto o princípio do prazer. A homossexualidade é amor por Deus, por Jesus – pelo *Logos* que se fez carne –, ou seja, vida monástica; puro prazer e ascese. Uma tal sensualidade, voltada para o além abstrato e radicalmente modificada em sua função, transforma na Europa todo elemento erótico em neurótico (homossexualidade paralisada).[54]

A religião, como "neurose obsessiva universal" da humanidade, resulta em grande parte da sublimação do desejo homossexual. Wilhelm Reich escreve: "A experiência clínica irrefutável nos diz que os sentimentos religiosos surgem da sexualidade inibida, que a fonte da excitação mística deve ser buscada na excitação sexual inibida"[55]. Tal como a neurose infantil, a religião "veio do complexo de Édipo, da relação com o pai"[56].

O declínio do complexo de Édipo completo envolve tanto uma identificação com o pai quanto uma identificação com a mãe. A primeira é substituta do investimento libidinal no "objeto" paterno; a segunda como substituta do investimento libidinal dirigido à mãe. "Podemos supor, então", escreve Freud, "que o resultado mais comum da fase sexual dominada pelo complexo de Édipo é um precipitado no Eu, consistindo no estabelecimento dessas duas identificações, de algum modo ajustadas uma à outra. Essa alteração do Eu conserva a sua posição especial, surgindo ante o conteúdo restante do Eu como ideal do Eu ou Super-eu"[57]. E mais: "Não é difícil mostrar que o ideal do Eu satisfaz tudo o que se espera do algo elevado no

---

[54] Idem.

[55] Wilhelm Reich, *Psicologia di massa del fascismo* (Milão, Sugar, 1972), p. 218.

[56] Sigmund Freud, "O futuro de uma ilusão", em *Obras incompletas*, v. 10: *Cultura, sociedade, religião: O mal-estar na cultura e outros escritos* (Belo Horizonte, Autêntica, 2020), p. 279.

[57] Idem, "O Eu e o Id", em *Obras completas*, v. 16: *O Eu e o Id, "Autobiografia" e outros textos (1923-1925)* (trad. Paulo César Lima de Souza, São Paulo, Companhia das Letras, 2011).

ser humano. Como formação substitutiva do anseio pelo pai, contém o gérmen a partir do qual se formaram todas as religiões"[58].

O amor a Deus e o temor a Deus são o resultado neurótico de um amor aos genitores censurado pelo tabu do incesto e por aquele anti-homossexual, de um amor sensual ao próximo reduzido a *ágape*, a *caritas*: a diferença entre Eros e ágape é preenchida pela presença de Deus, que, com sua lei, condena o amor carnal. Mas, na realidade, é a condenação do amor carnal pelos genitores que contribui para o fundamento da crença em Deus, estabelecendo dentro de nós, pela identificação com os "objetos" sexuais parentais aos quais tivemos que renunciar, um severo censor, um Senhor, um ideal do Eu, cuja "voz" renova os comandos e proibições dos pais. Como afirma Freud, "O juízo sobre a própria pequenez que deriva da comparação entre o Eu e seu ideal produz aquela sensação de devota humildade à qual se volta o crente em seu fervor".

Porém, a renúncia forçada aos "objetos" parentais é também a severa repressão da homossexualidade: o desejo erótico da criança pelo pai, o desejo da filha pela mãe, todos neuroticamente transformados em adoração a Deus. O desejo está tão fortemente presente e carregado, ao mesmo tempo, de um tabu tão imperioso, que acaba se expandindo, cobrindo seu objeto com o véu absoluto de uma ilusão: a divindade. Deus é transcendente também porque o pai não dorme com o filho. A repressão do desejo edipiano é tão radical que enche toda a vida com o terror do desconhecido, isto é, com aqueles conteúdos reprimidos que não devem emergir porque o Cérbero da repressão rosna para guardá-los: *primus in orbe deus fecit timor**.

Talvez seja inútil sublinhar como essas insinuações sobre religião não pretendem fornecer uma chave interpretativa exaustiva da vastidão de seus temas. Basta mencionar os diferentes ângulos interpretativos a partir dos quais toda a questão pode ser abordada em um contexto filosófico (penso em Kierkegaard, Feuerbach, Marx etc.); basta fazer referência à interpretação antropológico-psicanalítica que identifica na "cena primária" e em sua introjeção traumática infantil o motivo principal para a constituição da crença na divindade e nos demônios (Róheim); ou à gama muito diversa de temáticas religiosas na chamada "loucura" (Schreber; apenas para citar um caso famoso); e assim por diante.

---

[58] Ibidem.

* Em latim no original: "O primeiro deus do mundo fez-se do medo".

E, contudo, é precisamente a experiência religiosa "esquizofrênica", que tem muito pouco a ver com a religião neurótica institucionalizada e com a fé de conveniência ou com uma "escolha", que focaliza a conexão sublime e básica existente entre (homo)erotismo e o que está além do véu de Maya, além da ponte. Se a religião patriarcal do Transcendente está, entre outras coisas, alicerçada na sublimação do desejo homossexual, a experiência mágica do universo oculto, normalmente inconsciente, a viagem ao além que é aqui, *conhecer a si mesmo* passa necessariamente pela homossexualidade manifesta.

9. Notas sobre o erotismo anal e a linguagem pornográfica. O dinheiro e a merda

> *A quem ao proletariado quer dar a religião de um nome, uma (falsa) consciência, uma gravata e uma auréola, uma credibilidade para as pessoas decentes, é legítimo opor um proletariado violento e infernal, inconsciente, autônomo e uma trindade: MERDA DIABO REVOLUÇÃO.*
>
> Luciano Parinetto[59]

Nesse ponto, cabe mencionar a relação existente entre a rejeição da homossexualidade e o recalcamento do componente anal de Eros. Desde os *Três ensaios sobre a teoria sexual* (1905), Freud destaca a concentração temporária da libido infantil nas zonas erógenas anais: a fase anal atua como um meio entre o erotismo oral e a fixação, em geral definitiva, da libido na área genital. A estabilização da pulsão sexual nos genitais quase sempre causa uma repressão quase absoluta dos desejos anais (exceto – via de regra – por "casos" de manifestação masculina homossexual e alguns outros).

Segundo Géza Róheim, "quando [...] as funções excretoras se tornaram 'coisas brutas', isso significa que atingimos um nível cultural bastante elevado. Diz-se que estas coisas são incompatíveis com uma fase superior da civilidade"[60]. Mas até a rainha Elizabeth vai ao banheiro: o atual *refoulement* [repulsa] do prazer anal, da coprofilia e da urofilia é o resultado de uma repressão historicamente determinada. O desejo anal de cada criança revela uma potencialidade prazerosa em todos os adultos latentes e reflete (no desenvolvimento do indivíduo particular)

---

[59] Luciano Parinetto, "Analreligion e dintorni", *L'Erba Voglio*, n. 26, jun.-jul. 1976, p. 24.
[60] Géza Róheim, *L'enigma della Sfinge e le origini dell'uomo* (Rimini, Guaraldi, 1974), p. 243.

uma expressão erótica atávica da espécie, progressivamente negada ao longo dos milênios e em particular nos últimos séculos capitalistas.

A reivindicação do prazer anal constitui um dos elementos fundamentais da crítica avançada do movimento gay contra a hipóstase do status quo genital-heterossexual pela ideologia dominante. Leiamos no *Rapport contre la normalité* [Relatório contra a normalidade]: "É preciso perguntar ao burguês: 'Qual é a sua relação com o seu ânus, além da obrigação de cagar? Faz parte do seu corpo, da sua palavra, dos seus sentidos da mesma forma que sua boca ou ouvidos? E se você decidiu que o ânus serve apenas para defecar, por que sua boca tem outros usos além do de comer?'"[61]

No ensaio intitulado *Caráter e erotismo anal* (1908), Freud destaca a relação causal existente entre a fixação inconsciente no erotismo anal reprimido e certas manifestações do caráter, como a ordem obsessiva, quase maníaca, a parcimônia e a obstinação que beira a teimosia. Quase no fim de sua análise, ele acrescenta:

> Se há qualquer coisa de real na base das relações aqui referidas entre o erotismo anal e essa tríade de atributos de caráter, não devemos encontrar elementos acentuados do "caráter anal" em sujeitos que retiveram as propriedades erógenas da região anal mesmo em idade adulta, como alguns homossexuais. A menos que eu esteja muito enganado, a experiência concorda notavelmente com essa conclusão.[62]

Até onde eu sei, é muito difícil encontrar homossexuais que dão o cu e são ao mesmo tempo superorganizados, mesquinhos e obstinados. Mas esse não é o ponto.

A questão é que, se você se deixar enrabar, se você souber o prazer profundo que pode obter com a relação anal, você necessariamente se tornará diferente das pessoas "normais" com cus frígidos. Você se conhece mais profundamente. Ah, como estava certo Sade quando escreveu:

> Se você soubesse como se goza deliciosamente quando um grande pau nos enche por trás; quando, afundado até as bolas, se contorce com ardor e, retraído até o prepúcio, afunda de volta até a altura dos pelos! Não, não há gozo em todo o mundo que se equipare a este: é o dos filósofos, o dos heróis, e seria o dos deuses se os membros deste gozo divino não fossem eles próprios os únicos deuses que deveríamos adorar na terra.*

---

[61] Fhar, *Rapporto contra la normalità* (Rimini, Guaraldi, 1972), p. 178.
[62] Sigmund Freud, "Carattere ed erotismo anale", em *Opere complete*, v. V (Turim, Boringhieri, 1976), p. 405.
* Donatien-Alphonse-Fraçois de Sade, *Justine, another writing* (Nova York, 1966), p. 277-8. (N. I.)

Parece que, de todos os aspectos da homossexualidade, o mais temido pelos homens heterossexuais é a relação anal. Isso é indubitavelmente determinado não apenas pela repressão do desejo anal mas também pela *angústia da castração* – em essência, pelo medo de cair do pedestal viril para a "feminilidade". *A angústia de castração equilibra em todo homem a concepção falocêntrica da sexualidade como ereção.* Todo homem heterossexual se assusta com a ideia de "não conseguir". Se não conseguir, sua virilidade vira fumaça: ele tem muito medo dessa eventualidade, pois a repressão o identificou ao modelo viril, tornando-o um infeliz guardião da ordem heterossexual. O homem teme perder sua virilidade porque teme sobretudo perder a própria identidade: e sabe bem que, por trás das aparências ostensivas, sua identidade é muito frágil, assim como é decididamente instável, equilíbrio que se dá entre o rígido culto ao falo e a angústia de castração.

O macho absoluto é, como ser mutilado, exclusivamente "ativo": e todo heterossexual, que anseia por se identificar absolutamente com o macho, considera o "papel passivo" desonroso, abjeto, "coisa de mulher". Para essas pessoas, fazer-se penetrar é "fazer-se foder": mas, se tirarmos do ser penetrado a escura coloração pornográfico-negativa da imagem de "ser penetrado pelo ânus" tão puramente machista e neuroticamente machista, então o ato é descoberto por esse grande prazer que traz, de encontro-fusão dos corpos, *gaio* divertimento, delícia do cu e da mente. Em geral, quanto mais um homem tem medo de ser fodido, mais ele sabe que está transando mal, covardemente, com pouca consideração pelo/a outro/a, que é reduzido a um buraco, um receptáculo de egoísmo fálico cego. Quem gosta de ser penetrado, no entanto, pode aprender a foder com "arte". Sabe dar prazer (como recebê-lo) e desbloqueia a fixação limitadíssima de papéis estereotipados. Foder realmente se torna uma relação recíproca, um ato intersubjetivo.

A concepção psicanalítica do "objeto" sexual deriva da infeliz distorção heterossexual (masculina) do coito. E se Rank identifica nas condições de vida do feto no útero a origem da neurose, iremos mais para trás, identificando no próprio coito heterossexual, do qual provém a vida, na maneira machista e neurótica com que se dá, uma das causas originárias da neurose universal que aflige a espécie.

Do coito anal, os homens heterossexuais também temem a auréola suja de excrementos. "Mas o amor erigiu sua morada no lugar dos excrementos", falou Yeats: nós gays sabemos bem disso e nossa condição está próxima da *gaia* redenção da merda (quando já não está nela). Mesmo no que diz respeito à merda, além do nojo repressivo há um rico gozo.

Várias expressões grosseiras, usadas pelos héteros para definir desdenhosamente os homossexuais, referem-se à zona erógena anal (a parte pelo todo): em italiano temos *culo, culattone, culattino,* além de *vaffanculo* [vá tomar no cu], até o florentino *buco* etc. Em seu ensaio sobre o uso de termos pornográficos por militantes da (ex)esquerda extraparlamentar, Mauro Bertocchi destaca como, em geral, no uso do léxico pornográfico,

> termos particularmente reveladores de uma forte inibição, de um forte obstáculo, são escolhidos, em que identificações sempre recorrentes são observadas: os órgãos sexuais, masculinos e femininos, são sinônimos de estupidez, de insuficiência intelectual e política (*coglione, testa di cazzo, sfigato, cazzone = sciocco*), de más ações, de práticas politicamente "incorretas" (*cazzata*), de ira, de raiva e descontentamento (*incazzarsi =* ficar zangado). A impotência e a condição sexual passiva (por exemplo a homossexualidade passiva), por outro lado, são sinônimos de azar, incapacidade ou em qualquer caso da condição de quem é enganado, engabelado, atormentado, prejudicado pela má sorte ou por sua incapacidade (as expressões *che inculata!, vai a culo!, fatti fottere!* etc.). A homossexualidade ativa é, em vez disso, o símbolo da habilidade astuta (*fare il culo, incannare*), bem como a atividade heterossexual (*scopare, chiavare*).[63]

A homossexualidade ativa, portanto, é vista do ponto de vista do "duplo macho". Todas as expressões relatadas por Bertocchi derivam de atitudes de agressão e desdém para com a mulher e o gay. Mas bem sabemos que a violência (verbal e não apenas verbal) e o desprezo representam a extroversão negativa de um desejo reprimido e, em consequência, inconsciente (mas inconsciente até que ponto?). Freud aponta que, "para expressar desafio ou zombaria arrogante, usamos ainda hoje, como nos tempos antigos, um convite cujo conteúdo é uma carícia na região anal, próprio indicativo de uma ternura atingida pelo recalcamento"[64]. Em outras palavras, a presença do desejo anal e escatológico é descoberta analisando os termos de sua negação: merda!

Para Bertocchi é importante estabelecer o sentido assumido pelo uso de expressões pornográficas dentro do discurso político geral elaborado por grupos autointitulados revolucionários.

> Que significado tem a frase "Companheiros, é uma porra ficarmos irritados com aqueles quatro veados de merda, por que sempre nos fodemos?" [*Compagni, è una*

---

[63] Mauro Bertocchi, "Compagni spogliatevi!", *Fuori!*, n. 5, nov. 1972.
[64] Sigmund Freud, "Carattere ed erotismo anale", cit., p. 404.

sfiga incazzarci con quei quattro finocchi di merda, perche finiamo col farci fottere?] O significado é claramente contraditório e mostra dois níveis diferentes: um dominante e outro subordinado, um estritamente político, ideológico e outro pornográfico, que, referindo-se às partes erógenas masculinas e femininas, degrada-as como órgãos e orifícios, e que, referindo-se às funções fundamentais (ejaculação, excreção), as fazem assumir de tempos em tempos as conotações de nojo, satisfação, agressão.

Porém, o que me parece ainda mais interessante, essas expressões acabam comunicando, desfiguradas pela atitude machista e violenta, um desejo latente de tipo homossexual, anal e escatológico. Quem está sujeito à repressão do homoerotismo, da feminilidade, da analidade e da coprofilia, perpetuada pela subcultura dominante, é obrigado a expressar e, assim, comunicar seus próprios desejos inconscientes e proibidos inerentes a essas esferas de Eros por meio de "significantes" que, aparentemente e de acordo com o significado que lhes é atribuído pela consciência, sancionam sua rejeição, negação e condenação. Neste, como em muitos outros casos, a psicanálise fornece à crítica revolucionária as ferramentas necessárias para preencher a lacuna entre a aparência e a realidade do fenômeno: e sabemos que, do ponto de vista marxista, a "ciência" se reconhece justamente nessa capacidade de descer da aparência dos fenômenos à sua realidade intrínseca.

No nosso caso, trata-se de identificar o desejo homossexual, transexual, anal e escatológico por trás da pátina verbal altissonante das expressões pornográficas antifemininas, antigays e anticoprófilas. Mais uma vez, a negação se resume a uma afirmação negada. Não surpreendentemente, observa Bertocchi,

> *busone, frocio, culattone* [termos que designam os gays de modo desabonador] estão entre os insultos mais comuns, mais usados. Ao contrário, a fixação do erotismo nos genitais e a primazia do falo muitas vezes dão lugar a expressões do tipo *che sborrata!* [que esporrada!] para significar sucesso político, entusiasmo, autoafirmação, segundo a concepção que equipara o orgasmo genital masculino ao sucesso total.

Em última análise, Mauro Bertocchi destaca a estreita relação existente entre a linguagem pornô utilizada pela esquerda e a pornografia da tradicional fanfarronice fascista, antifeminina e antigay.

Neste ponto seria interessante ampliar o discurso e estender a investigação à relação existente entre a sublimação capitalista da analidade no dinheiro (*pecunia olet*, aponta Ferenczi)[65] e a repressão da homossexualidade.

---

[65] Sándor Ferenczi, "Pecunia olet", em *Oeuvres complètes*, v. II, cit., p. 285-7.

Norman O. Brown localiza em Lutero o emblema da conexão atual entre analidade e razão capitalista, na medida em que sua figura histórica, seu pensamento tão rico em referências anais explícitas e a Reforma como um todo refletem a ascensão da burguesia mercantil na Europa do século XV[66].

No Museu de Arte Erótica de San Francisco há uma caricatura de Martinho Lutero feita na época da Contrarreforma que o retrata com um minúsculo casal homossexual, empenhado em sexo anal, no meio da cabeça: sem querer, mediante a vulgaridade mesquinha da "calúnia", a propaganda católica antiluterana sublinha de certa forma a posição central ocupada pela analidade (e pela homossexualidade?) no pensamento do monge reformador.

Para Lutero, esta Terra é dominada pelo Diabo: o ânus de Satanás domina o mundo e o enche de excrementos e peidos (com pecadores, papas, usurários, hipócritas dedicados a obras "benéficas" etc.). Evidentemente, Lutero baseia sua própria concepção negativo-depreciativa do Diabo (que ele também teve a chance de conhecer pessoalmente) na repressão problemática do desejo escatológico (e homossexual). Entretanto, como ele mesmo admitiu, o axioma fundamental da religião protestante (a doutrina da justificação pela fé) veio à mente enquanto ele estava "na latrina da torre"[67]. Norman O. Brown sublinha cuidadosamente a não aleatoriedade do lugar excrementício: "a psicanálise [...] não pode deixar de achar significativo o fato de que a experiência religiosa que inaugurou a teologia protestante ocorreu no banheiro"[68]. Martinho Lutero provavelmente não percebeu que o achado inovador religioso destinado a imortalizá-lo lhe adveio do Diabo: foi Satanás quem o sugeriu enquanto estava sentado em seu trono.

Durante seus encontros com o Diabo, Lutero o trata agressivamente (peidando na sua cara) e o conjura, cego pelo ódio, a "lamber (ou beijar) sua bunda" ou "cagar nele e pendurar sua calcinha no pescoço", ou até mesmo ameaçando "cagar-lhe na cara"[69]. Ele investe contra o Diabo da mesma forma que os machos heterossexuais que insultam os gays, manifestando no insulto seu desejo reprimido. É difícil entender como na realidade suas injunções, suas ameaças, os insultos, a coprolalia que ele exibe expressam um desejo homossexual-coprófilo deformado pela repressão e, assim, comunicado sob o signo cego e negativo da agressividade.

---

[66] Norman O. Brown, *La vita contro la morte* (Milão, il Saggiatore, 1973), p. 299-344.
[67] Ibidem, p. 299.
[68] Ibidem, p. 300.
[69] Ibidem, p. 307.

Claramente, o Diabo (ou quem quer que o seja para ele) não poderia deixar de torturar Lutero dia e noite: na verdade, Satanás provoca e atormenta aqueles que, tratando-o mal, de fato golpeiam a si mesmos, insultam seu próprio desejo profundo. Segundo Freud, "o diabo nada mais é do que a personificação da vida pulsional recalcada"[70]. Conforme Baudelaire, porém, "o truque mais belo do diabo é nos convencer de que ele não existe". Logo, a opinião de Freud é no fundo satânica.

Em todo caso, é precisamente a repressão da vida pulsional e a rejeição da (homo)sexualidade e da analidade que fazem de Lutero o inimigo de Satanás. E isso apesar de saber bem que estava carnalmente dominado pelo Diabo, que é senhor desta vida terrena, deste mundo perverso para o qual o reformador exigiu dores mais terríveis do que as que destruíram Sodoma e Gomorra. A contradição luterana ("o diabo me possui, mas eu me oponho ao seu domínio com todas as minhas forças") encontra uma saída na esperança religiosa de uma segunda vinda de Cristo redentor. Assim, ele contrapõe Deus ao Diabo e, portanto, enfrenta aqueles que, como nós, não sabem "se Deus é o Diabo ou se é o Diabo Deus"[71].

Acima de tudo, Lutero deve opor Deus ao Diabo para não cair na merda e no abraço satânico; ele deve assim encontrar um meio de fuga puro, espiritual e fideísta que o mantenha pairando sobre tudo. A sua religião só podia se tornar a daqueles que, bem cientes de estarem estritamente vinculados ao dinheiro, pela materialidade, à Terra (e sem saber que o dinheiro na verdade os liga à merda), tiveram que conceber um compromisso "espiritual", ideológico – um compromisso histórico – que os elevasse, em aparência, do fetiche da merda em que estavam transformando a Terra. O mundo capitalista não é merda, não é o paraíso dos coprófilos que reprime: é antes o monstruoso fetiche da merda. E quando alguém diz "Essa mercadoria é uma merda, esse patê é uma merda", ignora que a merda não é tão nojenta quanto certos enlatados, e que há uma parte das fezes, um coração saboroso e delicioso, comparável apenas ao mais caro patê de *foie gras*. Em 1872, Rimbaud escreveu a Verlaine: *"Le travail est plus loin de moi que mon ongle l'est de mon reil. Merde pour moi! Merde pour moi! Merde pour moi! Merde pour moi? Merde pour moi! Merde pour moi! Merde pour moi! Merde pour moi!"* [O trabalho está mais longe de mim do que minha unha está do meu olho. Merda para mim! Merda para mim! Merda para mim! Merda para mim? Merda para mim! Merda

---

[70] Sigmund Freud, "Carattere ed erotismo anale", cit., p. 404.
[71] Norman O. Brown, *La vita contro la morte*, cit., p. 318.

para mim! Merda para mim! Merda para mim!]. E ainda: "[...]. *Quand vous me verrez manger positivement de la merde, alors seulement vous ne trouverez plus que je côute trop cher à nourrir*" [Quando me veres comer positivamente merda, então finalmente não pensarás que sou muito caro para alimentar][72].

A concepção escatológico-distorcida do Demônio induz então Lutero a fundar a religião específica do capitalismo (o domínio real do capital assiste, pois, a uma *Entente cordiale* entre católicos e protestantes), do universo dos usurários e comerciantes do dinheiro que ele enxergava como emanação própria do Diabo. Para o nosso monge, de fato, o mundo da burguesia mercantil é o reino de Satã: e, no entanto, este mesmo mundo teria aderido à sua Reforma, a teria feito sua. "Ver no Diabo o Senhor deste mundo significa ver no mundo um amontoado de esterco, ver a porcaria universal: *Scatet totus orbis* [O mundo todo é abundante] – diz Lutero. A avareza de Leipzig é obra do Diabo e, logo, 'porcaria'"[73].

Mesmo Erich Fromm, "em uma de suas substanciais contribuições à teoria psicanalítica", acrescenta Norman Brown, "também demonstrou a conexão entre o caráter anal da teoria freudiana, com seus aspectos de ordem, parcimônia e obstinação, e o tipo sociológico de capitalista delineado por Sombart e Max Weber. E Weber, naturalmente, seguido por Troeltsch, Tawney e outros, postulou a profunda ligação entre o espírito capitalista e a ética protestante"[74].

A psicanálise repetidamente articulou o dinheiro à merda: de acordo com Freud, "particularmente ricas são as relações entre os complexos aparentemente diferentes de interesse em dinheiro e em defecação"[75]. O complexo de *Lumpf*[76] determina escatologicamente o apego das pessoas ao dinheiro. Ainda conforme Brown, "O que o paradoxo psicanalítico afirma é que as 'coisas' possuídas e acumuladas, a propriedade e seu universal precipitado, o dinheiro, são, por natureza, essencialmente excrementais". Por outro lado, vários cultos e mitos antigos, inúmeras superstições colocam o dinheiro em uma relação muito próxima com o excremento.

---

[72] Arthur Rimbaud, "Lettera a Verlaine (Charleville, abr. 1872)", em *Oeuvres complètes* (Paris, Bibliothèque de la Pléiade, 1960), p. 283.

[73] Norman O. Brown, *La vita contro la morte*, cit., p. 329.

[74] Ibidem, p. 301.

[75] Sigmund Freud, "Carattere ed erotismo anale", cit., p. 404.

[76] Ibidem, "Análise da fobia de um garoto de 5 anos (caso pequeno Hans)", em *Obras incompletas*, v. 5: *Histórias clínicas: cinco casos paradigmáticos da clínica psicanalítica* (Belo Horizonte, Autêntica, 2021). *Lumpf* pode ser traduzido como "cocô".

Mas a origem filogenética dos símbolos é muitas vezes intuída e às vezes discernida à luz da pesquisa ontogenética.

Ferenczi atribui à psicanálise "a importante tarefa de explorar separadamente a filogenia e a ontogênese do simbolismo para, posteriormente, estabelecer relações mútuas"[77]. A psicanálise nos recorda que "na origem a criança volta seu interesse para o processo de defecação sem qualquer inibição e que segurar as fezes lhe dá prazer. A matéria fecal assim retida representa as primeiras 'economias' do ser em devir e, como tal, permanece em permanente relação inconsciente com toda atividade física ou mental que venha a ter relação com a ação de amontoar, acumular e poupar"[78]. Mas a moral sexual coercitiva reprime o prazer escatológico infantil e dobra as crianças ao modelo estabelecido pela sociedade cuja estrutura econômica é sublimação angustiada e coagida de Eros em geral e da coprofilia em particular. A educastração desperta em nós desgosto pelo que suscitou grande prazer e interesse em tenra idade: o gosto por *Lumpf* transforma-se em *complexo de Lumpf* e a tendência coprófila projeta-se sobre objetos substitutos na esfera do jogo e da sublimação. Na sociedade do trabalho forçado, a grande gratificação econômica ("poder") é dada pelo dinheiro: porém, como afirmou Brown, "o dinheiro é um material inorgânico inerte que é vivificado pela herança do poder mágico que o narcisismo infantil atribui ao produto fecal". A *viagem mágica* ("esquizofrênica") revela ao iniciado que os cães, decididamente coprourofílicos, são os animais mais *ricos* (ou que, em todo caso, são muito mais ricos que os homens) e induz à coprofagia. A ingestão de fezes revela o significado simbólico de muitas coisas e nos permite apreender claramente a profunda influência exercida sobre nós pela publicidade: as comunicações subliminares agradam as várias tendências do Eros "normalmente" sublimado e nos convencem a comprar. A compra dá agora a ilusão de recuperar faculdades eróticas recalcadas que nos foram retiradas pela repressão social. Com a justa consciência infantil, minha sobrinha, que foi enviada para o jardim de infância, furta um cheque do meu irmão (pai dela), que tirou seu prazer. Trata-se de furto por brincadeira ou da natureza ladra das trocas?

A equação psicanalítica de merda e dinheiro permite afirmar que, nesta sociedade, o equivalente geral das mercadorias tem um caráter anal como o capitalista ou o burocrata oficial do domínio real. "O interesse capitalista", escreve Ferenczi,

---

[77] Sándor Ferenczi, "Ontogenèse de l'intérêt pour l'argent", em *Oeuvres complètes*, v. II, cit., p. 142.
[78] Ibidem, p. 143.

não está apenas a serviço de objetivos práticos e egoístas, portanto do princípio de realidade, mas o prazer obtido pela posse do ouro e do dinheiro representa, na forma de condensação bem-sucedida, o substituto simbólico e a formação reativa do erotismo e da coprofilia reprimida, ou seja, também satisfaz o princípio do prazer. A pulsão capitalista contém, em consequência, segundo a nossa concepção, um componente egoísta e um componente erótico-anal.[79]

A ideologia capitalista rejeita e condena ou marginaliza a analidade manifesta, pois a dominação do capital também se baseia no recalcamento da analidade e na sua sublimação (mas dessa sublimação, de seus frutos sofisticados, usufruem muito bem poucos – o próprio Onassis tinha que mandar um avião para Paris todos os dias para estocar pão fresco, o verdadeiro). A função da ideologia é ocultar a autêntica "natureza" do capital, negar os fundamentos humanos e corporais que o sustentam: toda a estrutura é governada por nosso trabalho alienado, nossa libido reprimida, nossa energia alienada. Perceber isso envolve adquirir uma consciência revolucionária, uma libido revolucionária. Como escreve Luciano Parinetto, "a revolução proletária também passa pelo buraco do cu"[80]. A (re)conquista da analidade contribui para subverter o sistema a partir de seus fundamentos.

Se o que horroriza o *homo normalis* – guardião do sistema hétero-capitalista – na homossexualidade é sobretudo a penetração no ânus, isso demonstra que um de nossos prazeres mais deliciosos, o coito anal, traz em si uma notável disruptura revolucionária. O que de nós gays é refutado contém grande parte de nossa *gaia* potencialidade subversiva. Eu guardo meu tesouro no cu, mas ele está aberto a todos...

---

[79] Ibidem, p. 149.
[80] Luciano Parinetto, "L'utopia del diavolo", cit.

IV. Dos delitos e das penas

1. A homossexualidade disfarçada de heterossexualidade

Georg Groddeck inicia a Carta XXVII do *Livro d'Isso* afirmando: "Sim, estou convencido de que todos os seres humanos são homossexuais; estou tão convencido disso que me é difícil entender que alguém possa ter outra opinião"[1]. A opinião pública, por outro lado, preza o lugar-comum segundo o qual os problemas homoeróticos dizem respeito apenas a um número limitado de pessoas, gays e lésbicas. Mas não é assim. Se quisermos seguir as estatísticas, já o relatório Kinsey (que data de 1948 e é, portanto, bastante antigo) revelou que 46% da população masculina (estadunidense) tem relações homossexuais e heterossexuais, ou pelo menos reage conscientemente à atração erótica de parte de ambos os sexos, enquanto apenas 4% tem relacionamentos exclusivamente gays e 50% apenas relacionamentos heterossexuais. Ainda de acordo com a pesquisa realizada por Kinsey, "as pessoas com experiências homossexuais podem ser encontradas em grupos de todas as idades, em todos os níveis sociais, em todas as ocupações imagináveis, na cidade e no campo, e nas áreas mais remotas do país"[2].

---

[1] Georg Groddeck, *O livro d'Isso* (trad. José Teixeira Coelho Neto, São Paulo, Perspectiva, 1997), p. 185.

[2] Alfred C. Kinsey, Wardell B. Pomeroy e Clyde E. Martin, "Homosexual Outlet", em *The Homosexual Dialectic* (Englewood Cliffs, Prentice-Hall, 1972), p. 9.

Logo, 50% dos homens mais cedo ou mais tarde têm relações homossexuais ou pelo menos desejos. Mas quantos admitem? Muito poucos. A repressão ao homoerotismo é tamanha que mesmo as pessoas que têm contatos homossexuais ocasionais ou contínuos afirmam que não são homossexuais e até negam – absurdamente – o caráter homossexual de seus relacionamentos. Não nos espantemos: quem se surpreende na verdade navega, de maneira mais ou menos consciente, no mesmo barco que quem tão hipocritamente fala e se comporta.

De acordo com Groddeck,

> todos nós passamos pelo menos quinze ou dezesseis anos de nossa existência, se não toda nossa vida, com a sensação consciente ou, pelo menos, semiconsciente, de que somos homossexuais, que frequentemente agimos como homossexuais e continuamos a agir assim. Para todos, para mim mesmo, houve uma época de nossas vidas em que realizamos esforços sobre-humanos a fim de sufocar essa homossexualidade tão desprezada em palavra. Não conseguimos nem recalcá-la e a fim de poder sustentar essa mentira incessante, cotidiana, apoiamos a condenação pública da homossexualidade, aliviando com isso nosso conflito íntimo.[3]

A negação da evidência gritante dos próprios relacionamentos e impulsos gays de alguém faz parte desse "quase-recalcamento" da homossexualidade que é mais uma adesão à sua condenação pública. Novamente no relatório Kinsey, lemos:

> A homossexualidade de certas relações entre indivíduos do mesmo sexo pode ser negada por algumas pessoas porque a situação não atende a certos critérios que, segundo seu ponto de vista, deveriam estar relacionados à definição da homossexualidade. A masturbação recíproca entre dois homens pode ser descartada, até por parte de certos médicos, como não homossexual, uma vez que seu conceito de homossexualidade necessariamente requer relações sexuais orais ou anais e níveis particulares de resposta psíquica. Há quem insista que o homem ativo na relação anal é essencialmente heterossexual em seu comportamento e que o único homossexual na mesma relação é o homem passivo. No entanto, trata-se de equívoco no uso dos termos [...].[4]

Esse tipo de concepção, argumentando que o macho "ativo" é essencialmente heterossexual no coito anal entre homens, ao menos revela a identificação "confusionista" (Fornari diria: mas neste caso eu não diria...) entre *outro sexo* (em relação ao masculino, pois a definição de heterossexualidade implica necessariamente uma

---

[3] Georg Groddeck, *O livro d'Isso*, cit., p. 186.
[4] Alfred C. Kinsey, Wardell B. Pomeroy e Clyde E. Martin, "Homosexual Outlet", cit., p. 6.

diferença entre os sexos)[5] e *orifício*: em outras palavras, *uma pessoa é do sexo oposto se for usada como um buraco*. Assim, ao aplicar absurdas categorias heterossexuais à homossexualidade, essa concepção denuncia seu próprio caráter obtusamente machista e revela como a própria heterossexualidade se baseia na negação da mulher (*e como a heterossexualidade masculina deve coincidir com o papel daquele que fode*).

O outro sexo (mulher) é um orifício: não importa se ele pertence ao corpo de uma mulher ou ao de um homem pois, como buraco, ele é vazio, é *nada*, é o único *pendant* [anexo] possível do falo, que é tudo na concepção patriarcal. Mas é apenas a cegueira masculina que não vê a mulher: a mulher existe e é mulher à revelia do papel de *nada* que o sistema falocrático lhe impõe.

Mesmo quando "interpreta" (ou seja, confunde e mistifica) a relação sexual entre homens, a *Weltanschauung* [visão de mundo] falocêntrica é absurda e veículo de *absurdidades, justamente porque nega a mulher* e, em consequência, o ser humano que está longe de ser reduzido à condição mutilada do papel monossexual que lhe foi imposto pela sociedade-civilização repressiva: *homem é mulher*, pode-se dizer, invertendo o que Filippo Turati afirmou certa vez, a saber, que "mulher é homem" (ainda que, abstraída do contexto geral deste livro, a afirmação "homem é mulher", assim como a de Turati, negue as reais contradições históricas entre os sexos e obscureça nosso profundo ser-em-devir *transexual* que, como já disse, não se reduz *heterossexualmente* à *bissexualidade*).

De qualquer forma, essa opinião, segundo a qual homossexual é apenas aquele que pratica coito entre homens, é muito mais difundida do que se pensa e destaca a associação imediata, na mente falocêntrica, entre homossexual e mulher: "quem é ativo na relação anal entre homens é *essencialmente heterossexual*; então quem se deixa penetrar pertence ao outro sexo; mas sexo diferente perante ao masculino e o *feminino*; portanto, se entre dois homens com intenção de coito anal o passivo é o único homossexual, *o homossexual é uma mulher*".

Em seu evidente absurdo, essa concepção machista revela, porém, se considerada do ponto de vista *gaio*-crítico, a efetiva aproximação dos homossexuais que se deixam penetrar com a transexualidade, que é uma (tendência à) superação da polaridade entre os sexos. Se, por um lado, é verdade que a redescoberta da transexualidade passa necessariamente pela liberação da analidade, assim como do

---

[5] Ver Franco Fornari, *Genitalità e cultura* (Milão, Feltrinelli, 1975), p. 11: "A constituição da identidade heterossexual implica na verdade que cada um dos parceiros é dotado de um sexo de que não é dotado o outro…".

homoerotismo, por outro também é verdade que somente a atual-antiga repressão antiquíssima do Eros nos leva a pensar os conceitos de transexualidade, analidade, homossexualidade, bissexualidade etc. como *separados**. Na realidade, a libertação implica a superação das diversas categorias atuais, que se limitam a refletir conceitualmente a alienação da espécie humana em relação a si mesma pelo capital-falo: a libertação leva à conquista de um novo modo de ser-em-devir, uno e múltiplo tanto do ponto de vista individual (já que os fatos da vida, por exemplo os sexuais, não envolvem mais sua separação, muito menos a recíproca exclusão repressiva) quanto do ponto de vista universal, pois a libertação leva ao reconhecimento dos indivíduos na comunidade (una e múltipla) e no mundo e, assim, à resolução da contradição entre Eu e os Outros, entre Eu e não Eu. A libertação revolucionária do Eros e da vida não tem lugar sem a explosão coletiva do inconsciente, que é em grande medida coletivo; e, em todo caso, a explosão do Id dilata e "dissolve" as fronteiras do Eu. Em outras palavras, o Eu não se arroga mais o monopólio da subjetividade: a vida se revela recíproca, comunitária. Na escuridão de nossas profundezas, jaz reprimida a espécie que é transexual e o desejo de transexualidade comunitária: a *intersubjetividade comunista será transexual*. Entretanto, voltaremos a esse ponto mais tarde ("*Uma criança esquizofrênica é um minúsculo ponto*", sonhei uma vez).

Por ora, voltemos à fixação machista que faz a homossexualidade passar por heterossexualidade. Ainda conforme o relatório Kinsey:

> Alguns homens que se submetem regularmente à felação por outros homens, sem, contudo, fazer felação, podem alegar ser exclusivamente heterossexuais e nunca terem estado envolvidos em um relacionamento homossexual genuíno. Assim, suas consciências se livram da questão e podem desse modo evitar problemas com a sociedade e a polícia, perpetrando a ficção adicional de que afirmam não sentir atração por um homem, a menos que sua fantasia os leve a perceber o parceiro masculino como feminino. Até os médicos se deixam levar por tais alegações. Histórias reais, contudo, mostram que [...] nenhum caso de relação sexual entre homens pode ser considerado não homossexual[6].

Entre todos os "heterossexuais" que não consideram homossexuais os seus contatos eróticos com homens, os "duplos machos" ocupam o primeiro lugar. E a ideologia do duplo macho é geralmente cara aos "garotos de programa", os jovens que se prostituem aos homossexuais.

---

* Ver nota da página 33 sobre as particularidades do uso dos termos "transexualidade" e "bissexualidade" por Miele e a importância epistemológica dessa separação. (N. E.)
[6] Alfred C. Kinsey, Wardell B. Pomeroy, Clyde E. Martin, "Homosexual Outlet", cit., p. 6.

2. O assassinato de Pasolini

A morte de Pasolini levantou um enxame de intervenções sobre a homossexualidade na Itália; no entanto, até agora, quase sempre coisas infames e inauditas (ou melhor: excessivamente ouvidas) foram ditas e escritas, com exceção do que foi afirmado pelos companheiros do movimento de libertação homossexual. Roberto Polce, dos Coletivos Homossexuais Milaneses, gravou o seguinte diálogo perto da Universidade Estadual de Milão (segunda-feira, 3 de novembro de 1975):

— Pobre rapaz! Também, ele teve razão em fazer isso, pois quando tentam enfiar no seu cu dói, né?!!

(Risadas)

— Mas você sabe que agora carregar quatro balinhas no bolso será equivalente a carregar uma arma proibida?

— Quatro balas? O que isso tem a ver?

— Tem a ver! Quatro balinhas podem ser usadas para atrair as crianças...

(Risos)

— Mas, apesar de que era bicha, quando se botava a escrever ou fazer filmes não era nada idiota!

— É verdade. Ele era bom nisso, é preciso reconhecer. Quando íamos ao cinema ver um filme dele, saía-se de lá tremendo.

No mesmo dia, nas paredes da Universidade de Roma apareceu um grande cartaz: "*Fizeram bem em matar aquele viado*". Ao lado, uma figura estilizada de Pasolini com flechas ou bastões.

Pelas ruas: "*Como se diz Pasolini em inglês? Cu?*"[7]

Neste ponto, parece apropriado reler o comunicado de imprensa de *Fuori!* (coletivo de Turim) que apareceu no *Corriere della Sera* em 13 de novembro de 1975:

MATARAM PASOLINI. OS HOMOSSEXUAIS ACUSAM

Pasolini é apenas mais um dos milhares de homossexuais chantageados, agredidos, "suicidados", massacrados. Ele não foi morto porque era um homem de cultura, político, poeta, mas porque era homossexual; o homossexual é visto como fraco, extorquível; o crime contra homossexuais ainda encontra muitas justificativas e inconfessáveis consensos.

---

[7] Ver Roberto Polce, "Pasolini", *Re Nudo*, V, dez. 1975, p. 60-1.

OS HOMOSSEXUAIS ACUSAM. Acusam o rádio, a televisão, os jornais, mais uma vez culpados de apresentar de modo fraudulento, como notícia de simples crime, ou como produto de uma violência generalizada e desenfreada, um fato que na verdade atesta a violência específica exercida diariamente contra aqueles que, na condição de homossexuais, são marginalizados, humilhados, oprimidos.

ACUSAM aqueles intelectuais e políticos que em suas declarações de pesar falsificaram objetivamente o real significado do assassinato de Pasolini; este é sobretudo o assassinato de um homossexual, um crime igual a milhares de outros em que homossexuais desconhecidos, que não são notícia e não despertam clamor, perdem a vida. Acusam todos aqueles cidadãos que, tornando-se cúmplices no clima de ignorância e terror que cerca a figura do homossexual, são tão culpados da morte de Pasolini quanto o próprio homicida.

RECORDAM E CHORAM Pier Paolo Pasolini, em nome de milhões de homossexuais anônimos que todos os dias são empurrados a uma vida de medo e violência.[8]

Até aqui não se sabe – nem se saberá tão cedo – o que realmente aconteceu naquela noite em Ostia. Não se sabe nem ao certo se o assassino agiu sozinho ou com outras pessoas. E há quem veja a morte de Pasolini como um crime político: Pasolini teria sido liquidado porque incomodava também como esquerdista, e não apenas como homossexual. Não acho que valha a pena adicionar minhas hipóteses ocultas – bastante "originais" – a tantas outras. Em todo caso, acredito que Pasolini foi morto por um ou mais "garotos de programa" ou por um ou mais "gigolôs". *Os motivos do crime podem ser variados, poderiam até existir alguns mandantes*; o que é certo, porém, é que Pasolini foi morto naquela situação porque era homossexual, porque somente homossexuais podem se encontrar em tais situações. E – como diz o comunicado do *Fuori!* – em tais situações, homossexuais são mortos todos os dias.

Muitos heterossexuais se perguntam: "Quem é o culpado? Pasolini, que induz um menor a uma relação homossexual? Ou o menor que o mata?". E, para resolver a questão, decidiram: "Ambos são culpados. Um é um corruptor. O outro é um assassino. Não poderia ter terminado de outra forma".

Os jornalistas da esquerda mais "aberta", que deixaram de lado a imagem do corruptor, colocaram à sua maneira outro "problema de consciência": "Quem é a

---

[8] Ver *Corriere della Sera*, 13 nov. 1975. Para as reações dos leitores, editores e proprietários do *Corriere* à publicação deste comunicado de imprensa de *Fuori!*, ver "Sbatti il Fuori" na terceira página, em *L'Espresso*, v. XXI, n. 47, 23 nov. 1975.

vítima autêntica? O burguês assassinado? Ou o subproletário induzido a crime?". Mas eles não chegaram a conclusões esclarecedoras: o recalcamento do desejo gay impediu-os de enfrentar o problema pelo que é fundamentalmente, ou seja, um drama ligado à repressão do homoerotismo (para além da questão da diferença de classe entre Pasolini e quem o matou).

Vejamos o que escreve Roberto Polce em artigo sobre a morte de Pasolini:

> Parece-nos que não estão esclarecidas duas questões: 1) que existem duas contradições igualmente fundamentais, a de classe e a de sexualidade; 2) que é necessário ter claras as duas contradições distintas para se ter uma interpretação correta de cada evento.

> Ou seja: muitos disseram que Pelosi era subproletário enquanto Pasolini representava o patrão; pelo que foi morto – coitado –, devemos ter piedade, mas em muito maior medida a piedade e a solidariedade de todos devem ser dirigidas ao rapaz. Nós, ao contrário, dizemos que sim, é verdade que o garoto, como parte de uma classe subalterna, foi/é vítima da classe no poder, mas também é verdade que, ao aderir à ideologia dessa classe social que o explora e o reprime, como um autodenominado heterossexual, ele lançou sua violência contra um homossexual que, assim como as mulheres, no seio da contradição sexual, é sempre a vítima, o perdedor, o assassinado. E um heterossexual que pratica violência contra um homossexual, qualquer que seja a classe a que ele pertença, nesse caso representa sempre quem detém o poder e dele abusa. Por isso o discurso sobre a sexualidade relacionado a esse assassinato político (como o de García Lorca, diz Arbasino) o fazemos nós, os gays, os interessados diretos e as vítimas cotidianas que não suportam mais sê-lo e se revoltam contra os verdadeiros monstros e assassinos, os que estão no poder.

E o "poder" heterossexual é uma faceta do poder capitalista.

Assim que soubemos do assassinato de Pasolini, "quando ainda não sabíamos nada sobre o que os desdobramentos das investigações depois revelaram", continua Roberto Polce, "nós dissemos a nós mesmos: Está claro o que aconteceu: o rapaz da periferia, autodenominado heterossexual (mas na verdade homossexual, mesmo se reprimido)" – *Pelosi é um daqueles "héteros" de que fala Kinsey, que negam a própria homossexualidade mesmo tendo relações homossexuais* –,

> vai com Pasolini no carro e qualquer acordo não cumprido ou outra coisa virou uma boa desculpa para virar-se contra ele; uma tentativa de compensar os sentimentos de culpa derivados do distanciamento que se processou, ainda que minimamente, pela fuga do modelo de normalidade introjetado com violência na infância. Ao espancar e

punir Pasolini, o jovem estava inconscientemente convencido de que estava punindo e afastando sua própria homossexualidade. Ao assassiná-lo, inconscientemente acreditava estar matando sua porção homossexual, eliminando-a para sempre.

Roberto Polce acrescenta:

> Com o andamento das investigações, o assunto ficou mais esclarecido. A hipótese que acabamos de relatar tomou forma porque Pelosi se revelou muito provavelmente um garoto de programa, ou seja, um homossexual que fazia sexo por dinheiro, mesmo que estivesse apenas no começo: um gay que não tinha forças para viver livremente sua homossexualidade despindo-se das regras da sociedade patriarcal engolidas à força desde criança (em um bairro proletário onde a virilidade e a adesão aos valores burgueses são tudo) e, sendo jovem e com um corpo bonito, satisfazia suas necessidades sexuais sendo pago, dando assim uma justificativa econômica à sua homossexualidade, tentando dessa maneira abafar os sentimentos de culpa por esses atos que o ensinaram ser anormais, fora da Norma. [...] Sabemos bem por que tudo isso aconteceu. Por que Pasolini foi morto, queremos dizer. [...] Um homossexual morreu assassinado, e não pelo menino violento e delinquente da periferia, mas pelo sistema patriarcal-falocrático, pela burguesia e sua ideologia de terror. Desta vez recebeu as primeiras páginas dos jornais, pois [Pasolini] era famoso e era um grande artista. Pode-se ignorar a homossexualidade, perdoá-la como uma fraqueza ou doença extravagante, se aquele que usa esse estigma na testa é um grande Alguma coisa. Mas, se fôssemos mortos alguns de nós, uma bicha qualquer, somente uma bicha, então dar-se-ia o silêncio e mísera notícia em apenas quatro linhas, entre o relato de um assalto e o de uma família que morreu envenenada por cogumelos. Mas, se Pasolini era incômodo (como dizem), SOMOS MUITO MAIS. Estamos fartos. Estamos tecendo a revolta e apostaremos com todas as nossas armas, com raiva e violência. Então cuidado: não foram dois monstros [...] nem um monstro e uma vítima (intercambiáveis à vontade entre Pier Paolo e Pinola Rana), mas apenas duas vítimas. Vítimas da mesma violência que perpassa por toda parte e assume as mais diversas formas e máscaras: sutis e ocultas ou com claros e inconfundíveis significados.[9]

Trata-se da violência do sistema: o único monstro real é o "monstro automatizado", o capital (assim como *monstruosos* são todos aqueles que, mais ou menos diretamente, *fazem apologia* do crime perpetrado pelo capital contra um homossexual, de todos os inúmeros crimes que o capital sempre cometeu ou instigou a cometer contra nós).

---

[9] Roberto Polce, "Pasolini", cit.

E em memória de Pasolini, um diretor de cinema homossexual, dizemos: chega de homossexualidade admitida mas culpabilizada entre "garotos de programa" e fogueiras em Canterbury, entre um Édipo, uma pocilga, um teorema e Salò; entre um *Morte em Veneza* e a morte no fundo do lago de Ludvig Visconti. Gritamos: "VIVA O CU REVOLUCIONÁRIO DE CINERAMA!!!"[10]

3. Os "garotos de programa"

Como vimos, além de todos aqueles que se consideram e são comumente considerados homossexuais (e a quem a consciência repressiva dos heterossexuais atribui um certo estereótipo), *existem muitos outros homossexuais*, em maior número que os primeiros, reprimidos em relação à própria sexualidade e em especial no que diz respeito à sua própria homossexualidade. Estes são os "duplos machos" e todos aqueles machos heterossexuais que, apesar de afirmar constantemente sua heterossexualidade, mantêm relações homossexuais com bastante frequência ou mesmo continuamente. Muitos desses homens vivem à margem do "mundo" homossexual em sentido estrito, do qual se tornam *parasitas* e – muitas vezes – carrascos: são os "gigolôs", os "garotos de programa", ou seja, todos aqueles jovens *proletários* que se prostituem com gays e que os jornalistas do capital (e sobretudo da esquerda do capital) chamam hoje de "subclasse" para não reconhecer em suas ações e em seu "estilo de vida" uma expressão específica do *proletariado* subjugado pelo sistema.

Os "garotos de programa" são homossexuais, mas não se consideram como tais, já que costumam sentir também alguma forma de atração pelo sexo feminino, ou melhor, pela sua objetivação. Eles são tão reprimidos diante de sua homossexualidade que em geral tendem a vivê-la limitando-se unicamente ao papel "ativo" (na verdade passivo por excelência) e a mistificá-lo alegando colocar no centro de seu interesse não o prazer, mas o dinheiro que conseguem extorquir do parceiro "efeminado". A rejeição expressa por esses jovens ao homoerotismo é profunda: o capital e a ideologia do primado heterossexual enraizaram neles o desprezo pela homossexualidade e pelo gay em particular*.

---

[10] Piero Fassoni, "Anonimo londinese ma non tropo", *Fuori!*, n. 5, nov. 1972.

* Há dois pontos de estudos recentes a serem enfatizados aqui. Em primeiro lugar, o mercado de trabalho sexual voltado ao público gay certamente aumentou e se diversificou nas décadas posteriores ao trabalho de Mieli, com a incorporação do segmento de consumo gay/LGBT+ pelo capital, inclusive no que diz respeito ao trabalho exercido por homens gays e bissexuais. A bissexualidade também passou a aparecer de maneira mais pronunciada, o que permitiu

O sistema os oprime duplamente: de fato, além de castrá-los desde o nascimento econômica e socialmente, dá-lhes gratificações paliativas ligadas ao privilégio fálico, gratificações que os induzem a se comportar de maneira funcional à dominação do capital. Assim escravizados, em vez de contra o sistema, dirigem sua raiva e seu ódio contra aqueles que parecem inferiores a eles: a mulher, o gay.

O machismo revela-se o mais grave impedimento para a realização da revolução comunista: divide o proletariado e quase sempre faz dos proletários heterossexuais os guardiões da Norma sexual repressiva de que o capital necessita para perpetuar seu domínio sobre a espécie. Os homens heterossexuais proletários estão *corrompidos*: eles concordam em receber o escasso dinheiro falofórico do sistema para conter, em troca das gratificações mesquinhas que derivam disso, o potencial revolucionário transexual das mulheres, das crianças e dos homossexuais. Os "garotos de programa" não são mais corruptos do que o trabalhador inscrito no Partido Comunista Italiano (PCI) que insulta as "bichas", maltrata a esposa e bate nos filhos.

Retomando, porém, o discurso de Roberto Polce, a recusa que os chamados "garotos de programa" expressam em face do homoerotismo decorre não apenas da ideologia dominante internalizada e da "cultura" violenta e abertamente machista da rua mas também da necessidade de negar com força a evidência de suas constantes relações homossexuais. A miséria e a violência vividas cotidianamente na rua, a soma das frustrações sofridas, a luta econômica pela sobrevivência, a angustiante necessidade de negar a própria homossexualidade, tudo os leva a desabafar de uma forma ou de outra: assim, não há bode expiatório mais imediato, mais covardemente atacável, que o próprio homossexual, o *outro* homossexual, a bicha que se assume.

Ao atacar os homossexuais, os "garotos de programa" provam que são não apenas parasitas mas também carrascos do "mundo" gay, contra o qual executam as sentenças que o sistema já pronunciou através da marginalização e condenação da homossexualidade, confinado em guetos mais ou menos clandestinos e inseguros, ou em todo caso apartados, separados do resto da sociedade.

---

maior abertura a esse tipo de prática. Além disso, o consumo de serviços sexuais parece ter sido ampliado, inclusive com mais mulheres cisgênero (embora minoritariamente) como contratantes. Em segundo lugar, as próprias práticas de prostituição e trabalho sexual se transformaram, de modo que as afirmações categóricas do autor hoje soam deslocadas. Junto a essas transformações, também a luta organizada da categoria por direitos trabalhistas foi e é cada vez mais proeminente, o que gerou debates importantes dentro da esquerda em relação a esse segmento do proletariado. (N. E.)

Mesmo em tal caso, contudo, há exceções que confirmam a regra: nem todos os "prostitutos" são odiosos, violentos e falocráticos; há também os simpáticos (lembra-se, por exemplo, do "presente" para Harold?)*. No entanto, como homossexual, não posso deixar de perceber que, afinal, eles são apenas menos ruins.

De qualquer forma, se as coisas melhorarem, é de se esperar que cada vez mais "garotos de programa" se transformem em travestis, reveladas depois de se deixarem seduzir por nós bichas do movimento de libertação. Quem acredita que dos relacionamentos homossexuais não nasce nada está errado: de fato, um número cada vez maior de gays vem à tona.

Assim, uma vez que os "garotos de programa" tenham se transformado em companheiros, poderíamos também ir todos juntos, temporariamente, fazer programas, para "infectar" os últimos homens heterossexuais convictos do mundo, combinando assim o útil com o agradável e o revolucionário: enquanto a analidade permanecer sublimada no dinheiro, enquanto o capital não for demolido, serão necessários fundos para o movimento gay, isto é, para comprar Chanel nº 5 e bobes quando quisermos ficar bonitos e não houver saques à vista, mas apenas uma festa infantil no Parco Lambro ou uma *soirée* [convescote] no Covent Garden.

No momento, porém, ainda estamos longe de ter alcançado um entendimento revolucionário com os "garotos de programa": e é também através deles que o sistema pune a homossexualidade até com a morte, não menos ferozmente do que como fizeram os nazistas, mas com muito mais sutileza e eficácia. Hoje o sistema não precisa mais exterminar os homossexuais em massa: basta golpear alguns deles, e mais ainda de forma extremamente indireta, mantendo as mãos "limpas", mas ao mesmo tempo conseguindo impor o reino do terror.

Os Estados mais "evoluídos" – vimos – renunciam decididamente à repressão direta e sangrenta da homossexualidade, para a qual preparam um gueto "confortável", mas caro. Quem quiser um "prostituto" seguro pode encontrá-lo por US$ 100 na primeira Model-Escort Agency de Los Angeles. Se os homossexuais não querem correr o risco de serem atacados e assassinados, eles só precisam pagar: a *King's Sauna* e o *Incognito Bar* escancaram-lhes as portas. Nesse sentido, a democracia é progressiva em relação ao nazismo: permite maiores lucros por meio da mercantilização da homossexualidade.

---

* Refere-se à comédia *The Boys in the Band*, de Mart Crowley, a partir da qual, em 1970, foi produzido o filme dirigido por William Friedkin que saiu na Itália com o título *Festa per il compleanno del caro amico Harold* [Festa de aniversário do querido amigo Harold]. (N. I.)

O capital mata dois coelhos com uma cajadada só. Por um lado, desencadeia a violência antigay da sociedade por intermédio dos ataques de "criminosos" (que são em geral, entre os "bissexuais", os mais reprimidos em relação à sua homossexualidade). Dessa forma, o sistema garante a muitos jovens marginalizados a oportunidade de desafogar-se "metendo-se" com pessoas que a ideologia capitalista-falocrática relega a um nível inferior ao deles: os "invertidos" (para não falar das mulheres, escravas dos escravos). O capital inventa assim um expediente para afastar de si a raiva e a violência da rua, causadas pela miséria que ele mesmo produziu.

Por outro lado, ao instigar os "garotos de programa", o capital consegue aterrorizar o "mundo" homossexual de um modo particular. O sistema geralmente inibe nos gays a capacidade de se defenderem e serem respeitados (culpabilizando-os e fomentando seu complexo de inferioridade), ao mesmo tempo que incita contra eles adversários objetivamente formidáveis, jovens proletários criminalizados, acostumados a sofrer e exercer a violência de modo cotidiano. Descobrindo-se indefesos, com frequência acontece que os homossexuais busquem proteção externamente, e não dentro de si mesmos: e onde eles poderiam buscá-la a não ser no sistema? Isso explica o que aconteceu, por exemplo, nos Estados Unidos, quando uma seção do Gay Liberation Front considerou oportuno solicitar a vigilância de um maior número de policiais nos locais que frequentam, onde homossexuais vinham sendo regularmente assassinados. (Já esteve no Central Park à noite? Ou no circo Massimo?)

O estereótipo do homossexual temerosamente reacionário, que aspira encontrar sua própria segurança no sistema, no sucesso pessoal e no "Homem Vogue" – estereótipo com o qual, infelizmente, ainda hoje, um bom número de gays se identifica –, tem suas raízes na soma de humilhações e violências sofridas ou mesmo apenas na constante tensão angustiante causada pelo risco de sofrê-las. Nós gays não podemos deixar de notar como, na rua e nos campos de batalha, cinemas, parques, banheiros etc., existe o risco constante, além de ser preso, de ser espancado, roubado, ridicularizado, humilhado e até morto; enquanto no ambiente intelectual-artístico, ou apenas burguês, esse risco quase sempre desaparece ou pelo menos se apresenta atenuado. Uma coisa é ser oprimido e explorado por seu psicanalista, outra coisa é ser oprimido por uma facada.

Assim acontece que muitos homossexuais temem a revolução porque nela enxergam o resgate de seus algozes, ou seja, seu próprio fim. Não se pode culpar aqueles que preferem que as coisas permaneçam assim, em vez de ver no poder esses mesmos proletários que todos os dias insultam, atacam e rejeitam hipocritamente os gays. Tanto mais que esses proletários podem se autodenominar fascistas ou "comunistas" ou extraparlamentares, mas, em essência, sua atitude violentamente anti-homossexual não muda.

O sistema, por outro lado, pode até se *aproximar* dos "diferentes"

> se você abrir mão de direitos e aceitar viver sua perversão dentro de casa ou naqueles pequenos guetos que podemos controlar e regular, nós mesmos o protegeremos. Quem sai à caça nos parques ou nos banheiros públicos procura problemas: fique em casa! Ou melhor, venha ao Super Cock International Privacy Club: também encontrará o restaurante, o *strip-tease*, os filmes pornôs, o banheiro psicodélico e, talvez, a saída de incêndio.

4. Os "protetores" de esquerda

A esquerda – e sobretudo o PCI*, mas não menos que todas as organizações que se dizem revolucionárias – nunca sequer assumiu uma atitude semelhante de "proteção" em relação a nós gays (só que agora as coisas estão "mudando"...): sempre reprimiu a homossexualidade sem mediação, negou-a exaltando a figura dura e viril do trabalhador produtivo, evidentemente reprodutivo. Zombaram dos homossexuais chamando-os de expressão da corrupção e decadência da sociedade burguesa, enquanto eles, a esquerda, ajudavam a cristalizar os gays em uma posição de apatia contrarrevolucionária, apoiando uma imagem da revolução grotescamente fanática e repressiva (fundada no sacrifício e na infernal família proletária) e caricaturalmente viril (baseada no trabalho produtivo-reprodutivo e na violência bruta militarizada) ou referindo-se ao modelo de países que se definem como socialistas e liquidam homossexuais em campos de concentração ou "instituições de reeducação", como Cuba, por exemplo, ou a China. O homossexual tinha a impressão de que somente o sistema poderia "salvá-lo".

Quando o movimento de libertação homossexual surgiu na Itália, a esquerda fez o possível para nos manter calados e desencorajados. Recordo-me de uma vez que

---

* Mieli escreve em um momento em que diversos grupos haviam rompido ou estavam rompendo com o Partido Comunista Italiano, alegando haver pouco espaço na organização para posições revolucionárias ou radicalizadas. O próprio Mieli fez parte desse movimento de ruptura e oposição. (N. E.)

Luca Cafiero, à frente de um punhado de *catangueses** do Movimento Estudantil, veio nos impedir de distribuir panfletos do *Fuori!* na entrada da Universidade Estatal de Milão. Cada um de nós pode listar uma série interminável de insultos, provocações e às vezes ataques por parte de militantes de esquerda. Aqueles de nós que se juntaram temporariamente aos coletivos sabem bem que soma de humilhações e frustrações constitui a militância de um gay na esquerda heterossexual.

As esquerdas fizeram de tudo para sufocar nosso movimento: insistiram em chamar-nos "pequeno-burgueses indiferentes" justamente no momento que, em vez disso, estávamos começando a emergir de forma revolucionária. Já em 1971, Joe Fallisi podia escrever que a esquerda serve sobretudo "para modernizar a política reformista e para impor (no céu do Espetáculo) as novas imagens ideológicas do 'contestador', do 'durão', do 'extraparlamentar', o 'novo *partigiano*' [combatente]"[11]. E, se a política reformista de esquerda é falocêntrica e heterossexual, o contestador ideal/ideológico é o "durão de pau grande e músculos de aço" que põe em fuga até o bandido fascista.

Os grupos extraparlamentares,

> restos, por sua vez modernizados, de um antigo naufrágio, voltam a sair à tona porque o movimento real, o movimento revolucionário, lenta e inexoravelmente retorna. Mas se reaparecem na esteira desse Novo Proletariado que está *começando* a se manifestar novamente hoje – e, portanto, ainda não com uma clara consciência de classe *per se* – eles, reflexo de um reflexo, o fazem apenas para tentar recuperá-lo.[12]

E não é por acaso que os grupos extraparlamentares de ontem estão hoje no parlamento.

Hoje, o verdadeiro movimento revolucionário é também e sobretudo o movimento de mulheres e homossexuais que lutam contra o sistema e contra o falocentrismo heterossexual que o sustenta e que a ele liga o próprio proletariado (masculino). Pelo contrário, as organizações de esquerda, fundamentalmente masculinas e machistas, heterossexuais e anti-homossexuais, apoiam a Norma capitalista pública e privada e, consequentemente, o sistema.

---

* Os catangueses eram os soldados da Frente Nacional de Libertação do Congo. Mieli usa o termo como forma de ilustrar o funcionamento marcial da organização estudantil com a qual se confrontava no episódio. (N. T.)

[11] Joe Fallisi, "Lettera a Irene", *Comune Futura*, n. 2, nov. 1976.

[12] Idem.

Joe Fallisi observou que

> a primeira fase do movimento operário foi a fase sectária. E essas associações e seitas do século XIX (owenistas, fourierianos, icarianos, saint-simonianos etc.) foram efetivamente o "fermento" do movimento de classe, na origem. Estas, uma vez superadas, ficaram pelo caminho e se tornaram reacionárias. Em suma, foram a infância do movimento operário [...]. Mas, para que a fundação da Primeira Internacional fosse possível, era necessário que o proletariado superasse essa fase. Agora, assim como no século passado teve que superar a fase das seitas, o proletariado deve superar a – atual – fase dos grupúsculos. Com a diferença adicional – em relação à situação de cem anos atrás – de que, sendo hoje os grupos oficiais (stalinistas, "anarquistas", trotskistas etc.) o produto acrítico de uma derrota anterior, ocorrida durante a década de 1920, eles não possuem nem mesmo aquela função revolucionária de "fermento" que as seitas tinham, e já não podem ser os polarizadores de situações radicais, mas apenas vêm atrás e a reboque, com toda a carga obstruidora das mistificações ideológicas. Como não podem compreender o Novo Proletariado [...], podem apenas tentar recuperá-lo, com as armadilhas desbotadas da Política, e enfim precisam obrigatoriamente livrar-se dele. Quando o verdadeiro movimento internacional estiver maduro, isto é, consciente de si e reunificado, ele próprio fará justiça a todos os seus supostos "representantes".[13]

Enquanto isso, de 1971 até hoje, os tempos mudaram. Se os extraparlamentares acabaram no Parlamento, também é verdade que o movimento de mulheres revolucionárias abalou toda a sociedade e colocou em crise mesmo aqueles grupos que se diziam revolucionários e que até agora eram redutos do puritanismo machista. Da mesma maneira, o movimento de homossexuais conscientes, revolucionários, ou pelo menos abertos a uma visão de si e do mundo diferente da tradicional, já não é desprezível para os políticos de esquerda. Para os grandes partidos e para os pequenos também se faz necessário *recuperar* os homossexuais. Acredito que nem mesmo Stálin se reviraria no túmulo neste momento.

A esquerda heterossexual tenta, diante da questão homossexual, uma recuperação semelhante, ainda que em menor escala, àquela operada em relação ao feminismo. Até ontem, para os extraparlamentares de esquerda, o ladrão e ministro "fascista" era obviamente também "invertido" ("Basta, basta, com o clero pederasta!", gritava-se nas ruas durante as manifestações de 1968 e 69); hoje, todavia, pode

---

[13] Idem.

acontecer que um homossexual se torne um "bom companheiro", "um precioso ativista a serviço do proletariado", enquanto é apropriado que todos os "bons companheiros" comecem a levar em conta as contradições inerentes à esfera sexual. O contraste imediatamente salta aos olhos: por um lado, o termo "invertido" é usado como um insulto; por outro, o lobo se disfarça de cordeiro, pregando aceitação e compreensão para seus companheiros homossexuais, que, independentes, muitas vezes não tinham vontade de ingressar em grupos autodenominados revolucionários que chamam de bicha a Rumor e Colombo bem como chamam de corcunda a Andreotti e de anão a Fanfani, enquanto Fanfani, fanfarroníssimo, mantém elevada a moral da moral nacional ao depreciar o divórcio que traz vícios: adultério, prostituição, abortos, delinquência juvenil, homossexualidade feminina, filhos drogados e pederastas...

Em substância: se o antifascismo reúne em um só grupo democratas-cristãos, PCI, socialistas etc. e extraparlamentares de esquerda, a frente comum contra a homossexualidade (a Santa Hétero Aliança) reconcilia verdadeiramente "extremismos opostos" e até os reconcilia com seus rivais no "arco democrático". E se a Democracia Cristã, num clima de conivência com o fascismo, proclama em voz alta o seu antifascismo, os grupos de ultraesquerda comportam-se muitas vezes como verdadeiros extorquidores fascistas em relação aos homossexuais, aos quais dirigem também o seu sinal oportunista de solidariedade e tolerância.

Para quase todos os militantes dos grupos, a questão homossexual é um problema de importância secundária, "superestrutural", que diz respeito a uma minoria[14]: "os homossexuais devem ser tolerados, desde que não venham encher o saco questionando nossa heterossexualidade e exigindo que também nós demos o cu".

Citamos por exemplo um artigo que apareceu no *Manifesto* comentando a jornada do "partido proletário" realizada em Licola em setembro de 1975:

> Um momento em que todos prestaram atenção aos alto-falantes que transmitiam a rádio por todo o ambiente foi quando falou um camarada do Coletivo *Fuori!* de Milão. Desde a tarde anterior, em torno do estande desse coletivo havia uma grande animação. [...] Os milaneses do *Fuori!* escolhem o caminho da provocação. Maquiados de maneira violenta e exagerada, com brilhos e lantejoulas douradas, eles vendem seu jornal olhando para as pessoas e dizendo, acusadores: "Você reprime sua homossexualidade".

---

[14] Ver capítulo VI, parágrafo 4º.

As reações são em pequena parte de pânico e intolerância (em geral, há outras formas de refutar o problema), e os camaradas reagem dizendo "mas a mim não me importa, faça você o que quiser, para mim está tudo bem, desde que não me incomode"[15].

Este último tipo de reação permite apreender, por trás da aparência de uma nova abertura mental, o verdadeiro fechamento dos "companheiros" heterossexuais em relação à homossexualidade. E, a tal reação, eu responderia: caro camarada, você já se perguntou por que se incomoda tanto quando a repressão do seu desejo homossexual é questionada? Sua homossexualidade murchou? E não venha me dizer: "Você é livre para fazer suas próprias coisas, mas não se meta comigo", quando você não é livre para me desejar, fazer amor comigo, desfrutar da comunicação sensual de nossos corpos; quando você se exclui desde o início da possibilidade de ter relações sexuais comigo. Se você não é livre, como eu posso ser livre? A liberdade revolucionária não é um fato individualista, é uma relação de reciprocidade: minha homossexualidade e sua homossexualidade. E as lantejoulas não são exageradas nem violentas, assim como não é exagerado ou violento o meu desejo de desfrutar da sua homossexualidade, da nossa homossexualidade, caro camarada...

"Incrível, inefável e quase engraçada"[16] é a "contribuição teórica" do jornal *Lotta Continua* (novamente com referência à jornada de Licola):

> Uma festa também tem contradições no seio do povo. Vamos dar alguns exemplos: o imenso acampamento estava vivo o dia todo; em frente às barracas, sob os pinheiros havia quem tocava um instrumento e quem jogava cartas, quem preparava um trago, quem trouxe seu próprio vinho, trabalhadores que foram ao estande das feministas pedir informações, grandes cartazes dos camaradas do *Fuori!*. No debate sobre as lutas proletárias em Nápoles, um proletário do PCI começou a criticar o partido porque havia demasiados cartazes e escritos sobre música e homossexualidade; e foi interrompido por um dos desempregados organizados: "Não devia dizer isso, porque no nosso comitê tem um viado que é o mais combativo de todos".[17]

De acordo com *Lotta Continua*, portanto – como alguns camaradas do antigo Coletivo Autônomo Fuori! de Milão observaram no artigo "I gruppi di fronte

---

[15] Ver *Il Manifesto*, 20 set. 1975.
[16] Ver Coletivo Autonomo Fuori!, "I gruppi di fronte alla questione omosessuale: la complice alleanza?", *Re Nudo*, V, nov. 1975.
[17] Ver *Lotta Continua*, 23 set. 1975.

alla questione omosessuale: la complice alleanza?" [Os grupos diante da questão homossexual: a cúmplice aliança?] –,

> pode-se pensar que a contradição é entre homossexualidade e atividade política e que não se passa dentro das categorias e do modo de fazer política hoje, como dizemos nós, ao contrário. [...] Em Licola, as organizações nos deram um espaço porque intuíram que feministas e nós, homossexuais, propusemos questões sobre a conexão político-privada que diz respeito a todos. Não queremos pensar, em consonância com o artigo do *Lotta Continua* citado, que nossa presença foi motivada por nossa militância "na política" e que estávamos lá "apesar de nossa homossexualidade".

Pelo contrário: penso que os homossexuais são revolucionários hoje se superaram a política. A revolução pela qual combatemos* é também a negação de todos os agrupamentos políticos machistas (fundados entre outras coisas na homossexualidade sublimada), pois é a negação e superação do capital, de sua política, que se insinua em todos os grupos da esquerda, que os caracteriza, os apoia e os torna contrarrevolucionários.

Por outro lado, meu cu não quer ser político, pois não se vende a nenhum grupo de esquerda em troca de alguma fétida "proteção" política oportunista. O olho do cu dos "camaradas" dos agrupamentos será revolucionário quando aprenderem a desfrutá-lo com os outros e quando deixarem de cobrir seus traseiros com a ideologia da tolerância aos gays. Enquanto seguirem escondidos atrás do biombo da política, os "companheiros" heterossexuais nunca saberão o que está por trás de suas nádegas. "*Politique d'abord*" [política em primeiro lugar] escrevia Cavour à condessa de Castiglione…

É, como sempre, com um certo atraso em relação à burguesia "iluminada", que os grupos de esquerda começaram a jogar o "jogo" da tolerância capitalista. De algozes declarados, mil vezes mais repugnantes do que "cafetões" e fascistas, a partir do momento em que, ainda que de forma ideológica, se declaram revolucionários, os militantes dos coletivos estão se transformando em interlocutores "abertos" dos homossexuais. Nas suas mentes manifesta-se a fantasia de se tornarem protetores bem-humorados e tolerantes dos "diferentes", gratificando assim a sua própria figura viril, já demasiado em declínio, numa altura em que até as paróquias da ultraesquerda têm de improvisar oratórios "feministas" para "suas" mulheres. Além disso, a fantasia do protetor os ajuda a exorcizar o problema de

---

* Novamente, o trocadilho impossível em português: "La rivoluzione per cui *(com)battiamo*". (N. T.)

suprimir seu desejo homoerótico. No fundo, como sempre, os militantes da esquerda aspiram a se tornar bons policiais. Eles não sabem que os próprios policiais muitas vezes vão mais longe do que eles e, quando isso acontece, até fazem amor (sexo!) com nós gays. Para quando estão previstas as saídas homossexuais gratuitas para militantes de extrema esquerda?

Como bons policiais do sistema, os pequenos grupos estão se esforçando para montar um gueto "alternativo" para nós "diferentes" e, como não querem que poluamos suas organizações sérias e militaristas com qualquer coisa de gay, preferem nos conceder acesso livre ao depósito de lixo da contracultura. Mas, no momento, a esquerda é mais estúpida e grosseira do que os expoentes tradicionais da máfia do sistema, e incapaz de criar para nós guetos sexuais tão atraentes quanto os construídos pela indústria capitalista da "perversão".

Por outro lado, para nossa contracultura local ainda é um pouco demais aceitar a presença dos gays, e nas festas do "jovem proletariado" há provocações e violências contra as mulheres e contra nós. A atmosfera machista, agressiva, moralmente moldada e heteromaníaca dos "partidos proletários" é muito pesada para nós: quem diz que "andamos paranoicos" o diz sem perceber que captamos no ar a intolerância do ambiente apenas *tolerante* perante nós, a cega agressividade dos "camaradas" fálicos, a negação da homossexualidade que – como camaradas – os une e os divide ao mesmo tempo que os separa de nós.

Mas os tempos mudam atualmente. Agora os coletivos colocam à nossa disposição um espaço particular: uma transmissão semanal na rádio "livre", uma coluna fixa de duas ou três páginas no periódico *underground*. É um espaço bem guardado pelos gendarmes de esquerda, cuja função é reconfirmar nos gays a desconfiança em si mesmos e a convicção da necessidade de entrar na fila (e manifestar seus caprichos) sob este ou aquele protetor, tanto mais que, "se não houvesse esquerda, viria o fascismo", um novo bicho-papão que agora está substituindo o da revolução, para que todos – inclusive os homossexuais – permaneçam bem alinhados, separados e compostos nos bancos democráticos e antifascistas do sistema.

Os homossexuais que apelam para a esquerda estão simplesmente montando uma nova prisão para fornecer nova energia vital a essas organizações e à ideologia masculina, antifeminina e desumana que elas propugnam.

Aos militantes entusiastas da ultraesquerda só se pode pedir que abandonem suas fixações e suas ilusões: isto é, que abandonem a manifestação estereotipada, opressiva e fechada à homossexualidade e aos seus desejos eróticos e, ao mesmo tempo, abandonem todas as organizações políticas existentes que só podem seguir existindo canalizando as necessidades revolucionárias dos seus componentes para um "novo" delírio familiar. Libertar o desejo gay em si mesmo, e não abstratamente na sociedade, implica libertar a paixão revolucionária das cadeias repressivas da política. *Não mais políticos, os verdadeiros revolucionários serão amantes.*

Nós, homossexuais conscientes, só podemos encontrar em nós mesmos a força para nos defendermos e vivermos nesta sociedade homicida/homocida. Nenhuma delegação é possível. Cada barganha, cada apelo à natureza democrática dos grupos, apenas constrói um novo gueto. Somente a intransigência que leva a dizer as coisas de modo profundo (e além) e a comportar-se com coerência, sem renunciar a nenhum aspecto do mundo comunista que carregamos dentro de nós, poderá em breve colocar em crise, em *gaia* crise, os homens das organizações políticas, forçando-os a abandonar seu papel, ou seja, a abandoná-las. Só a força, a determinação e o fascínio do oprimido que induz seu opressor a se reconhecer nele e a reconhecer nele seu desejo poderão derrubar a violência dos gays manifestos (até agora quase sempre voltados contra si mesmos) e a violência dos jovens anti-homossexuais, mas homossexuais no fundo (até agora revoltados contra os gays assumidos), contra o sistema que oprime ao mesmo tempo vítimas e assassinos, e que é, ele próprio, o verdadeiro assassino, sempre impune e posando de defensor de suas vítimas. Somente nós, homossexuais, podemos descobrir e expressar essa *gaia* força.

V. Mens sana in corpore perverso

1. O "não desejo" e a negação. Os desejos reprimidos

"É possível dizer que no dia em que o desejo tiver incorporado o não desejo (ou o autodenominado não desejo) a revolução estará consumada?", pergunta-se o autor anônimo de "Les Culs énergumènes", ensaio de conclusão da *Grande Encyclopédie des homosexualités*[1].

A existência do não desejo reduz-se em grande parte à existência do *desejo negado*. Por um lado, trata-se de definir os obstáculos que se colocam à plena expressão do desejo e de identificar – empreendimento muito mais complexo – as razões históricas; por outro lado, deve-se evitar hipostasiar esses obstáculos: reconhecê-los não significa *justificar* sua presença. Quem se coloca na ótica reformista da integração homossexual hipostasia o obstáculo oposto pela heterossexualidade "absoluta" à liberação do desejo gay: vê na sociedade um eterno casal parental e pretende induzi-la a tolerar os filhos "perversos"...

Um dos principais objetivos do movimento homossexual revolucionário consiste, por sua vez, justamente na refutação da hipostasia naturalista do status quo. O desejo é "normal" na medida em que corresponde a uma Norma vigente; e, se a ideologia passa a sua própria lei como absoluta, com base na equação que iguala "normalidade" (em sentido absoluto) à Norma, nosso campo é, ao contrário, o

---

[1] "Les Culs Énergumènes", em *La Grande Encyclopédie des homosexualités* (Paris, Recherches, 1973), p. 226.

de delinear os limites históricos da Norma e evidenciar a relatividade do próprio conceito de "normalidade".

Praticamente todo mundo admite a soberania de sua recusa em desejar tal coisa: "Eu não quero isso", digamos, "é inútil você insistir porque eu realmente não quero". No entanto, quase sempre – como observa o autor de "Les Culs énergumènes" – que alguém expressa seu "não desejo" dessa maneira, é preciso reconhecer outra frase por trás das palavras que soam: "Não insista! A sociedade capitalista-patriarcal inscreveu essa recusa no meu corpo, na minha mente".

Além disso, é verdade que, à luz da psicanálise, a *negação* representa "uma maneira de tomar conhecimento do recalcado; na verdade, é já uma suspensão do recalcamento [*Verdrängung*], mas evidentemente não é uma admissão do recalcado [*Verdrängten*]". "Um conteúdo de representação ou de pensamento recalcado pode abrir caminho até a consciência, sob a condição de que seja *negado*"[2]. Em outras palavras, negar um "objeto" de desejo significa, em certa medida, afirmá-lo. Trata-se de "admissão intelectual do recalcado, com manutenção do essencial quanto ao recalcamento"[3]. "A negação é o ato primário de recalcamento, mas ao mesmo tempo deixa a mente pensar sobre o que é recalcado enquanto é negado e, em consequência, permanece fundamentalmente recalcado"[4].

Logo, do reconhecimento da universalidade do componente homossexual do desejo deduzimos uma afirmação velada do desejo homoerótico sempre que ele é explicitamente negado. "O inconsciente ignora a negação, o 'não'!"; "O incônsciente não sabe o que desejar", afirma Freud. Por outro lado, "a essência da repressão consiste simplesmente na função de rejeitar algo ou excluí-lo da vida consciente"[5]. "Em termos mais gerais, a essência da repressão consiste na recusa por parte do ser humano em reconhecer a realidade de sua própria natureza"[6].

Se todo ser humano é (também) homossexual, aqueles que rejeitam abertamente sua homossexualidade não fazem nada além de reprimir e se adaptar à repressão. Para os heterossexuais é óbvio e "natural" serem exclusivamente heterossexuais:

---

[2] Sigmund Freud, "A negação (1925)", em *Obras incompletas*, v. 5: *Neurose, psicose, perversão* (trad. Maria Rita Salzano Moraes, Belo Horizonte, Aūtêntica, 2022), p. 306.

[3] Idem.

[4] Norman O. Brown, *La vita contro la morte* (Milão, il Saggiatore, 1973), p. 462.

[5] Sigmund Freud, "Collected Papers", *International Psycho-Analytical Library*, n. 7-10, The International Psycho-Analytical Press, Nova York-Londres, 1924, 50, p. 86.

[6] Norman O. Brown, *La vita contro la morte*, cit., p. 23.

eles correspondem ao modelo com o qual o sistema os obrigou a se identificar; eles sentem de forma consciente o peso da repressão da homossexualidade. Seu comportamento erótico "normal", é claro, esconde (mas ao mesmo tempo destaca) a repressão com muito mais eficácia do que o desejo sexual "anormal", anômalo, que a subcultura dominante rejeita, considera patológico e/ou perverso ou no máximo tolera. Por outro lado, se para alguém que se considera "normal" ser heterossexual é algo "natural" e óbvio, revelaremos com Husserl "como todas as obviedades são preconceitos, como todos os preconceitos são obscuridades decorrentes de uma sedimentação tradicional [...]"[7]. Trata-se de suspender o juízo sobre toda sexualidade, se – a partir de um ponto de vista heterossexual – se quer evitar cair constantemente nos preconceitos atuais. É preciso conduzir uma extensa pesquisa cognitiva antes de se fazer julgamentos de valor (mas, para um heterossexual, conhecer a homossexualidade significa tornar-se homossexual); temos que derrubar toda a concepção comum do desejo, descobrir suas dimensões ocultas. No fundo, "não desejo" é "a outra face do amor": a alienação consiste também na rejeição daquela parte de nós que a *Kultur* – no sentido freudiano – e a pré-história – no sentido marxista – reprimiram. Alienação e separação de nós mesmos: como podemos nos conhecer em profundidade, redescobrir uma intersubjetividade comunitária plena para além da estreita célula de nossa individualidade emparedada pela reificação, sem revelar o conteúdo recalcado, ou pelo menos latente, de nosso desejo?

Mas – como nos faz observar Francesco Santini – se podemos dizer: "A sociedade capitalista-patriarcal inseriu essa rejeição em minha mente e em meu corpo", também diremos muitas vezes: "A sociedade capitalista inscreveu em mim esse desejo".

É muito difícil entender o que realmente é o desejo humano: por um lado, porque é reprimido; *por outro, porque a repressão também se manifesta na forma do condicionamento de desejar de certa maneira.* Há uma quantidade monstruosa de desejos e necessidades impostas incessantemente pelo capital. "O lugar de todos os sentidos físicos e espirituais passou a ser ocupado, portanto, pela simples alienação de todos esses sentidos"[8].

Hoje, a libertação do desejo significa antes de tudo a libertação de um certo tipo de desejos impostos. O desejo heterossexual exclusivo, por exemplo, é um desejo coagido, fruto

---

[7] Edmund Husserl, *La crisi delle scienze europee* (Milão, il Saggiatore, 1972), p. 100.
[8] Karl Marx, *Manuscritos econômico-filosóficos* (trad. Jesus Ranieri, São Paulo, Boitempo, 2004), p. 108, trad. modif.

da educastração. Assim, na maioria dos casos, a sexualidade liberalizada pelo sistema nega e reprime a livre expressão do Eros, manifesta-se polarizada por objetos reais do Desejo que a limitam, mutilam, canalizam para a esfera mortífera das diretivas do capital, afastam-na do ser humano para transformá-la no fetiche, no fantasma estereotipado, na mercadoria. A sexualidade coagida pelo capital transforma a mulher e o homem em mercadorias e fetiches; mas sob suas aparências de *máscaras, zumbis, robôs*, enfim, *coisas*, escondem-se seres vivos e um desejo censurado debate-se.

As relações cotidianas e os desejos conscientes geralmente transitam entre máscaras, aparências, personagens, personificações de um certo tipo de *valor*: bela boceta ou belo pênis, intelectual, durão, "feminista", metalúrgico, dona de casa, "revolucionário", "invertido", empresário, cozinheira, prostituta... todo mundo vale mais ou menos. Mas, assim como a mercadoria é na realidade trabalho humano, os fetiches que vagam pelas ruas são mulheres, homens, *deuses*. As cidades do capital são palco de um absurdo espetáculo, e basta dar-se conta para descobrir que não há sentido nem utilidade humana nesse espetáculo. Tanto mais que esta peça é uma tragicomédia muito enfadonha: e a sua falsidade é continuamente denunciada aos olhos dos atores-espectadores da morte real e física das personagens, da qual só não se fala por fidelidade ao espírito do corpo. *Porém, se há morte, deve haver vida*. E, de fato, esta vai além da encenação.

A luta pela libertação do desejo, do eu profundo, é a luta pela (re)conquista da vida, pela superação da sobrevivência angustiada, teatralizada e constantemente ameaçada a que somos forçados, para acabar com a neurótico-grotesca encenação que nos submerge, em maior ou menor medida, a todos, já que fomos todos negados, separados uns dos outros, de nós mesmos. E não se trata de resgatar o *bon sauvage* [bom selvagem] (que antes de tudo é um mito burguês), e sim nossa potencialidade *estética* e comunista, o nosso desejo de comunidade e de prazer que cresce latente por milênios: "A *educação* dos cinco sentidos é um trabalho de toda a história do mundo até aqui"[9].

O fascínio da própria morte só pode ser redescoberto e desfrutado quando a vida tiver sido reencontrada, e o ser humano viver em harmonia com a comunidade, com o mundo, com o outro que faz parte da sua existência.

Contra a nossa paixão e os nossos sentidos colide, agora, a muralha de imagens espetaculares introjetadas à força, pela inércia, como um peso morto: a publicidade,

---

[9] Karl Marx, *Manuscritos econômico-filosóficos*, cit., p. 110, trad. modif.

a propaganda, a pornografia, os falsos ideais e os mitos que demasiadas vezes transformaram o nosso desejo em *antidesejo*, em verdadeira – esta sim – negação do desejo. O "sexo" do sistema é uma negação da sexualidade, tal como a arte e a música do capital o são agora da visão e da audição, e o uso de perfumes e desodorizantes obscenos e os miasmas da poluição são a negação do olfato; os alimentos dos quais nos nutrimos são a negação do sabor, alimentos de merda, que podem ter sido merda, mas são merda fictícia, fetiche da merda. E a metrópole fedorenta é a negação da visão, da audição, do olfato, do bom gosto, do tato, *de tudo*: a confusão da cidade ensurdece-nos, irrita-nos, torna-nos estúpidos; já não sabemos dançar, correr, cantar, olhar nos olhos um do outro, acariciar-nos; "tornamo-nos entorpecidos como se nos tivessem coberto de cera", diz Silvia Colombo.

Assim, hoje em dia, a heterossexualidade institucionalizada pelo sistema se apresenta como mera fuga à homossexualidade e como uma *dupla fuga, dupla negação do amor pelo outro sexo*. Enquanto a ideologia, a moda da "homossexualidade", que hoje se difunde entre as feministas e entre um número crescente de heterossexuais em crise, se resumir com frequência a uma tentativa de neutralizar o desejo homoerótico, de antecipá-lo intelectual ou mesmo voluntariamente, de se culpar por ser heterossexual, o verdadeiro prazer gay só poderá surgir quando a falsa culpa tiver sido erradicada. E o sentimento de culpa está em grande parte relacionado com a repressão da homossexualidade[10].

2. Paranoia e homossexualidade

Segundo Norman O. Brown, o homem é um animal neurótico: "o homem animal social é por isso mesmo animal neurótico. Ou, como disse Freud, a superioridade do homem sobre os animais consiste na sua capacidade de ser neurótico; e a capacidade de ser neurótico é simplesmente a outra face da sua capacidade de desenvolver-se culturalmente". "De fato, se a sociedade impõe a repressão e esta provoca a neurose universal da humanidade, segue-se que deve haver uma ligação intrínseca entre a organização social e a neurose"[11].

Mas Brown apenas estende a categoria psicanalítica da neurose a todo o curso da pré-história (e – em essência – quase a hipostasia, envolvendo a superação futura do tempo e da *história* no véu místico do *Princípio do Nirvana*...). Para nós, basta

---

[10] Ver capítulo VI, parágrafo 1º.
[11] Norman O. Brown, *La vita contro la morte*, cit., p. 29.

considerar a psiconeurose um caráter marcante da sociedade e da cultura capitalista (mesmo que, se quisermos nos limitar ao ponto de vista "superestrutural" da história da filosofia, não possamos evitar reconhecer, com Needham*, o carácter neurótico da dicotomia entre "matéria" e "espírito" presente em quase todos os pensadores ocidentais desde Sócrates até os nossos dias: "a neurose ocidental da separação da matéria e do espírito"). Com efeito, mesmo quando falamos de neurose e da sua universalidade, devemos ter presente que "as abstrações mais gerais surgem unicamente com o desenvolvimento concreto mais rico, ali onde um aspecto aparece como comum a muitos, comum a todos. Nesse caso, deixa de poder ser pensado exclusivamente em uma forma particular"[12].

Hoje, sem dúvida, a sociedade como um todo é neurótica e *esquizoide*. A ideologia capitalista, falocêntrica, heterossexual e eurocêntrica funda e constitui a *Weltanschauung* [visão de mundo] do homem unidimensional, do *homo normalis*, a visão fetichista do humano alienado de si mesmo, do mundo e dos outros pelo capital. Assim como as condições neuróticas habituais das pessoas consideradas "normais", toda a lógica capitalista é esquizoide: dissociada, ou melhor, *dividida* entre Eu e não Eu, *res cogitans* e *res extensa*, desejo e "não desejo", sentidos e intelecto, público e privado, inconsciência e consciência, materialismo mecanicista e espiritualismo teleológico, a *ratio* [racionalidade] capitalista mantém o equilíbrio insano do indivíduo "saudável", mais ou menos inserido no sistema social esquizoide. O indivíduo saudável para Freud é um ser esquizoide para Laing[13].

A psiquiatria usa com frequência os termos "esquizoide" e "esquizofrênico" como sinônimos. Mas, se a chamada vida "normal" é efetivamente dissociada, esquizoide, a alteração "esquizofrênica" do processo de associação está longe de ser, como se diz, dissociação; está mais para uma capacidade superior e mais profunda de captar relações significantes entre coisas e/ou eventos que "normalmente" descreveríamos como conectados entre si de uma forma fortuita, isto é, óbvia ou banal; e é também uma capacidade ainda mais profunda de *reconhecer* o significado *evidente* que se oculta em relações *aparentemente aleatórias*. Por isso (apesar de haver sem dúvida

---

* Joseph Needham (1900-1995). Historiador inglês, um dos mais destacados ocidentais em história da civilização chinesa. (N. I.)

[12] Karl Marx, *Grundrisse: manuscritos econômicos de 1857-1858* (trad. Mário Duayer e Nélio Schneider, São Paulo, Boitempo, 2011), p. 57.

[13] Ver Ronald Laing, *L'Io diviso* (Turim, Einaudi, 1969), p. 21. Escreve Norman O. Brown: "A diferença entre 'neurótico' e 'são' está no fato de que os 'saudáveis' possuem uma forma de neurose socialmente comum"; *La vita contro la morte*, cit., p. 25.

muitos "casos" *boderline* [fronteiriços]), uso os termos "esquizoide" e "esquizofrênico" como duas acepções opostas: o primeiro, como sinônimo de "normal" para indicar o caráter dissociado da visão do mundo comum; o segundo para definir, de *forma convencional*, a concepção de mundo decididamente alternativa, *e muito menos dissociada*, daquele que é em geral considerado "louco".

Nos países sob domínio real do capital, um número crescente de pessoas acaba de um jeito ou de outro em um manicômio ou outros "sanatórios": os "ditos esquizofrênicos continuam a ocupar um número de leitos hospitalares maior do que os doentes de outras moléstias e esse número cresce sempre, dia após dia, ano após ano"[14]. Os "esquizofrênicos" escapam à regra unidimensional do Eu dividido e enxertado no consórcio "civil" capitalista: experimentam uma visão radicalmente "diferente" do mundo, da vida, do *Lebenswelt* [mundo da vida]; são os interlocutores irredutíveis da psicanálise, cuja interpretação é (quase) sempre hipócrita e mesquinha, redutora como é, diante da grandiosa multidimensionalidade da sua *Weltsicht* [visão de mundo]. Por outro viés, nenhum aspecto da chamada "patologia mental" preocupou e interessou tanto os "estudiosos" quanto a "esquizofrenia".

De acordo com Bleuler, o termo "esquizofrenia" (do grego σχίζω, cindir, dividir, e φρήν, φρένος, alma, mente) é usado pela psiquiatria moderna para indicar a "doença mental" definida como *dementia paranoides* pela psiquiatria clássica ou *demenza precoce* (Morel, Kraepelin).

Existe, contudo, alguma relação entre "paranoia" (ou "esquizofrenia") e homossexualidade?

Segundo Ferenczi (e também segundo Freud e outros), a homossexualidade está entre os fatores constitutivos da "patogênese" da *dementia paranoides* (paranoia): "a homossexualidade não desempenha um papel ocasional, mas o principal na patogênese da paranoia, e a paranoia nada mais é do que uma deformação da homossexualidade"[15]. Indivíduos considerados "saudáveis", "normais" e longe de serem "suspeitos" de homossexualidade podem, após o surgimento repentino de impulsos gays reprimidos, transformar sua existência em "delírio" da maior extensão: é o famoso caso, por exemplo, de Daniel Paul Schreber, presidente da

---

[14] Silvano Arieti, *Interpretazione della schizofrenia* (Milão, Feltrinelli, 1971), p. 3.
[15] Sándor Ferenczi, "Le Rôle de l'homosexualité dans la pathogénie de la paranoïa", em *Oeuvres complètes*, v. II (Paris, Payot, 1970), p. 173.

corte de Dresden, que de repente "enlouquece"; o seu é o "caso clínico" mais estudado pela psiquiatria[16].

O "paranoico", conforme Ferenczi, *projeta* sobre pessoas de seu sexo seu próprio interesse homossexual, mas *precedido por um sinal negativo*. "Seu desejo expulso do Eu retorna à consciência como percepção de uma tendência perseguidora por parte dos objetos de sua predileção inconsciente. Ele cerca e procura até se convencer de que é odiado. Assim, na forma de ódio, ele pode dar livre curso à sua homossexualidade, dissimulando-a a seus próprios olhos"[17]. Da mesma forma, Freud argumenta que, no caso do presidente Schreber, "o caráter paranoide consiste em que, para se defender de uma fantasia de desejo homossexual, reage-se justamente com um delírio de perseguição dessa natureza"[18]. Freud conclui que a rejeição de um desejo homoerótico explica o "complexo persecutório". "A proposição 'Eu (homem) o amo (homem)' não é aceita pelo paciente, que quer negá-la com a proposição oposta 'eu não o amo, eu o odeio'. 'Eu o odeio', por projeção, transforma-se em 'Ele me odeia'. Então de um desejo homossexual se forma como uma ideia delirante"[19].

Mas, se a homossexualidade mais ou menos latente ocupa uma posição de liderança na "schizofrenia paranoide", ela desempenha um papel igualmente importante na vida das pessoas ditas "normais" (ou seja, esquizoides); por outro lado, não é possível reduzir a amplitude da *trip schizofrenico* [viagem esquizofrênica] a um prurido gay mal tolerado. No entanto, é verdade que um desejo homoerótico de certa força e sua inibição podem determinar no indivíduo "normal" um "estado de ansiedade" (uma confusão) propício à explosão "esquizofrênica". Igualmente, no caso de um homossexual declarado, uma relação erótica satisfatória com uma pessoa do sexo oposto pode contribuir – em determinado momento da vida – para a determinação da "loucura". Segundo Silvano Arieti (de cuja opinião partilho apenas parcialmente),

> a homossexualidade latente é uma causa comum de estados paranoicos, mas não é um fator necessário; leva a formas paranoides não porque seja uma causa indispensável do processo paranoide, mas porque a homossexualidade desperta grande ansiedade em

---

[16] Ver o ensaio de Roberto Calasso, "Nota sui lettori di Schreber", publicado como apêndice à edição italiana do livro *Memorie di un malato di nervi* (Milão, Adelphi, 1974).

[17] Sándor Ferenczi, "Le Rôle de l'homosexualité dans la pathogénie de la paranoïa", cit., p. 183.

[18] Sigmund Freud, "Observações psicanalíticas sobre um caso de paranoia (*dementia paranoides*) descrito com base em dados autobiográficos (caso Schreber) (1912 [1911])", cit., p. 600.

[19] Silvano Arieti, *Interpretazione della schizofrenia*, cit., p. 28.

muitos indivíduos. O homossexual latente tenta negar sua homossexualidade porque essa forma de sexualidade não é aceita pela sociedade. Em certas situações, contudo, como quando encontra uma pessoa por quem sente uma atração especial, ele não pode negar a si mesmo suas emoções. Ele sente que está sucumbindo a seus impulsos e, para evitá-los, pode recorrer à negação psicótica. A pessoa amada torna-se o perseguidor, como Freud apontou no caso Schreber. O paciente já não acusa a si mesmo de desejos homossexuais, mas outras pessoas o acusam de coisas horríveis, como de ser espião. Os pais e seus símbolos entram novamente em cena; eles o acusam de ser uma "criança má". Ele é mau, é homossexual, é um assassino, um espião. Todas essas acusações se equivalem no aspecto emotivo.[20]

Entretanto, se a extraordinária "viagem à loucura" não pode ser reduzida exclusivamente a um fato homossexual, também é verdade – é preciso reiterar – que para os heterossexuais (homossexuais latentes) a experiência homossexual ou a simples percepção de um desejo gay podem representar o empurrão inicial (ou *iniciático*...) para a viagem "esquizofrênica". O medo da homossexualidade que distingue o *homo normalis* é também o terror da "loucura" (terror de si mesmo, das próprias entranhas). Assim, a libertação homossexual funciona de fato como uma ponte para uma dimensão decididamente *outra*: os franceses, que chamam *folles* às bichas, não exageram.

Se a execração pública do homoerotismo denuncia a repressão geral do desejo imposta à força pela sociedade neurótica, a experiência homossexual apresenta-se como uma porta de entrada para o desconhecido, para o mundo misterioso que em geral reside no inconsciente. Diferentemente de Arieti, acredito que, para uma pessoa "normal", o afloramento da homossexualidade é essencial para a determinação da "esquizofrenia", *mas não a condição única*, pois nosso eu profundo é mais que homossexual, é transexual, é polimórfico, e, dessa maneira, revela-se através de experiências variadas, tão variadas quanto são as resistências que se opõem à sua libertação.

Para um homossexual manifesto, por exemplo, *um ponto de vista erótico* explosivo no sentido da "esquizofrenia" poderia ser – além de fazer amor com mulheres – um conjunto de experiências urofílico-coprofílicas, descobrindo-se como gerontófilo, pederasta e zoofílico: libertador seria desinibir ainda mais o desejo gay, encarar os fantasmas do incesto de frente, optar pela *escravidão* masoquista obrigatória, pelo prazer sádico lúcido e pela intensa concentração autoerótica;

---

[20] Idem, p. 131.

explosivos seriam o exibicionismo e o voyeurismo de cabeça erguida, o fetichismo redescoberto para além da alienação fetichista; libertador seria enfrentar *o aqui e agora*, a existência plena e a morte sem fuga, vivendo em tempo integral, com coragem e até com terror, escolhendo o risco e opondo-se de uma vez por todas à compulsão de repetir o caminho "normal" e neurótico.

De qualquer forma, parece-me inútil tentar estabelecer até que ponto a homossexualidade se enquadra na "patogênese" da "paranoia" ou "esquizofrenia", ou como se queira chamar quando – ao contrário dos médicos – a "esquizofrenia" não é considerada doença mental e nos damos conta de quão falida resultou a tentativa de traçar sua etiologia recorrendo a categorias racionais limitadas e esquizoides (já que se baseiam na dissociação entre Eu e Id).

Por ora, podemos nos limitar a observar como a análise de "casos clínicos" de "paranoia" revela por indução a presença, em cada indivíduo, de tendências homossexuais (quase) recalcadas que podem ocorrer, dependendo da situação, em medida crescente ou decrescente ao longo da vida. É precisamente no contexto da famosa análise do "caso" Schreber que Freud afirma: "Em geral, o ser humano, ao longo de toda a sua vida, oscila entre sentimentos heterossexuais e homossexuais, e impedimento [*Versagung*] ou decepção em um dos lados costuma pressioná-lo para o outro"[21].

No entanto, Freud, revelando sua própria mesquinhez diante da grandeza de Schreber, sente-se compelido a se perguntar se não é "talvez prova de leviandade irresponsável, de suprema indiscrição e calúnia acusar de homossexualidade um homem do mais alto valor moral como o presidente Schreber". Não, já que o próprio Schreber "divulgou a seus contemporâneos sua fantasia de transformação em uma mulher e desconsiderou sensibilidades pessoais em nome de interesses de uma compreensão [*Einsicht*] superior"[22].

Disso decorre que Freud (em que pese ter sido impelido a admitir a presença em qualquer pessoa de tendências homo e heterossexuais) considerava calunioso apontar a homossexualidade em uma pessoa "respeitável", coisa que ele, presumivelmente, pensava de si mesmo, a menos que essa pessoa fizesse, por si mesma, referências explícitas a seus próprios desejos e fantasias gays. O pensamento

---

[21] Sigmund Freud, "Observações psicanalíticas sobre um caso de paranoia (*dementia paranoides*) descrito com base em dados autobiográficos (caso Schreber) (1912 [1911])", cit., p. 584.

[22] Idem, p. 581.

freudiano mostra-se mais uma vez decididamente contraditório: se, por um lado, todos devem ser considerados (também) homossexuais, por outro, não se pode deixar de aderir à equação a partir da qual o homoerotismo corresponde a um vício, a uma culpa aberrante de que alguém pode, portanto, ser *acusado*. Essa contradição, elemento irracional no contexto da lúcida (ainda que precipitada) análise freudiana do "delírio" de Schreber, é historicamente compreensível, se não justificável, pois está de acordo com a moralidade da época; e o tempo de Sigmund não é tão distante do nosso.

É divertido notar como, em sua correspondência com Groddeck – que sempre lhe escrevia "Caro professor..." –, Freud, que sempre respondia "Caro colega...", de repente mudou de "colega" para "doutor". ("Caro doutor...") na resposta à carta em que Groddeck o informava pela primeira vez que se apaixonara por ele. Mas Freud foi *une folle refoulée* [um gay enrustido] não menos do que muitos outros famosos.

Se a limitação a interpretar a extraordinária vastidão do "delírio esquizofrênico" como, nos termos de Ferenczi, uma "deformação da homossexualidade" é redutiva e em parte simplista, *a análise freudiana e ferencziana da "paranoia" se presta perfeitamente à compreensão da "paranoia" social anti-homossexual e das atitudes contrárias ao homoerotismo das pessoas ditas "normais"*. Como escreve Guy Hocquenghem, "a sociedade sofre de um delírio de interpretação que a induz a ver por toda parte sinais de uma conspiração homossexual contra seu bom funcionamento"[23]. *O desejo homoerótico coletivo, censurado, se manifesta sob um signo negativo diante de nós homossexuais manifestos: o amor homossexual socialmente latente se transforma em ódio aos gays*. É evidente que não somos nós, bichas e lésbicas, que sofremos de mania de perseguição, pois *somos efetivamente perseguidos*. É, portanto, a coletividade que, de forma maníaca, acredita-se ameaçada pela nossa presença; que nos define como um "flagelo social". Logo, acreditando que tem que se defender da "contaminação", que deve deter o "torpe vício", *ela nos agride*.

Não é um paradoxo: os verdadeiros "paranoicos", os "esquizofrênicos", os chamados "loucos", são na verdade muito menos paranoicos do que as pessoas consideradas "normais". E, em certo sentido, a visão de mundo "esquizofrênica" é superior ou, se preferirmos, menos ilusória do que a *Weltanschauung eknoica* [visão de mundo eknoica] – mas na realidade paranoica – do *homo normalis*. Como diz Norman O. Brown, "não é a esquizofrenia, mas a normalidade que é

---

[23] Guy Hocquenghem, *Le Désir homosexuel* (Paris, Éditions Universitaires, 1972), p. 17.

esquizofrenia; na esquizofrenia os falsos limites se desintegram. [...] os esquizofrênicos sofrem da verdade"[24].

A definição redutora de "paranoia" encontrada no *Dizionario Garzanti* da língua italiana adapta-se sem dúvida à descrição das condições mentais do *homo normalis*, neurótico e dissociado, longe de ser considerado anormal e, muito menos, louco: "Paranoia: mal-estar mental caracterizado por ideias fixas delirantes (por exemplo, mania de perseguição, de grandeza), enquanto nas outras esferas da vida o doente comporta-se de maneira perfeitamente lógica"...

Por outro lado, como escreve Reich,

> o mundo esquizofrênico une em uma única experiência tudo aquilo que no *homo normalis* é meticulosamente separado. O *homo normalis* "bem-adaptado" é composto exatamente do mesmo tipo de experiências que o esquizofrênico. A psiquiatria profunda não deixa dúvidas sobre esse fato. O *homo normalis* difere do esquizofrênico apenas porque essas funções são organizadas de maneira diferente. Durante o dia ele é um comerciante ou empregado "bem-adaptado", com "sentimentos sociais"; na superfície ele é uma pessoa decente. Ele libera seus impulsos secundários pervertidos em orgias ocasionais de sadismo ou promiscuidade quando deixa sua casa e escritório e vai para uma cidade distante. Essa é a sua existência de "camada média", que é ordenada e rigorosamente separada das aparências superficiais. Ele acredita na existência de um poder sobrenatural pessoal e no seu oposto, no diabo e no inferno; isso constitui um terceiro grupo de experiências que mais uma vez está bem separado dos outros dois. Esses três grupos fundamentais não se confundem. O *homo normalis* não acredita em Deus quando faz algum negócio obscuro, fato que é acusado de "pecado" pelos padres durante a missa dominical. O *homo normalis* não acredita no diabo quando apoia alguma instituição científica; não tem perversões quando atua para garantir o sustento da família; e ele esquece sua esposa e filhos quando libera o demônio em algum bordel.[25]

Toda pessoa "normal", portanto, é "esquizofrênica" em estado latente, assim como é homossexual latente. Mas a experiência "esquizofrênica" manifesta é extremamente alternativa à vida "normal" de todos os dias: revela quem somos "na realidade", a história universal que se acumula em nós e o potencial transexual e comunista de que estamos grávidos.

---

[24] Norman O. Brown, *Corpo d'amore* (Milão, il Saggiatore, 1969), p. 141.
[25] Wilhelm Reich, *Analisi del carattere* (Milão, Sugar, 1973), p. 485.

3. A viagem "esquizofrênica" e a transexualidade

Coragem, pois, meu belo doutor Fausto, o manto está pronto para o voo; partimos rumo ao inconsciente...
Georg Groddeck[26]

Nós, homossexuais, sabemos quão pouco o "diverso" importa para a sociedade dos valores absolutos (mesmo que esse desinteresse seja apresentado como um exorcismo e, em consequência, como um interesse que na verdade é muito profundo: senão a repressão não seria tão dura). Assim como o homossexual é simplesmente considerado um "vicioso", um "perverso" e tratado como tal, o "esquizofrênico", para a maioria, não passa de um "psicopata" irrecuperável, a ser relegado à prisão perpétua no manicômio, ou um "recuperável", para ser submetido à "terapia": mas a "terapia" nada mais é do que uma negação violenta da liberdade "esquizofrênica", opressão da mente e do corpo, efetuada por meio de imposições autoritárias, eletrochoques, tratamentos psicofarmacêuticos e, no limite, lobotomia, para trazer o "paciente" de volta, à força, para dentro dos limites da Norma constituída. O "esquizofrênico" deve submeter-se à vontade dos médicos neuróticos, esquizoides, que entenderam muito pouco ou nada da chamada "loucura": os tratados de psiquiatria o admitem, mais ou menos explicitamente.

Rotular a homossexualidade de "aberração" ou, mais modernamente, "diversidade", isenta a falsa consciência de considerar seus conteúdos autênticos, de reconhecer a paixão vital que a anima e as aspirações do desejo humano que ela manifesta: de modo similar, o rótulo de "psicopata" reduz o universo existencial do "esquizofrênico" a um "caso clínico" a ser condenado ao confinamento e ao ridículo (ou à piedade, que é sua irmã). Se o homossexual é um incompreendido que não se quer nem deve entender e, portanto, se persegue, o "esquizofrênico" é uma pessoa "*que não compreende*" e isso significa sua submissão forçada à razão psiquiátrica (ou antipsiquiátrica)[27] que *tudo compreende*, na medida em que reduz

---

[26] Georg Groddeck, *Il libro dell'Es* (Milão, Adelphi, 1971), p. 15.
[27] Os psiquiatras da "antipsiquiatria" abordam a "esquizofrenia" com a mesma (abertura)-fechamento mental com que um filósofo iluminista do século XVIII poderia lidar com os temas comunistas da emancipação humana. Uma crítica revolucionária da "antipsiquiatria" e, em particular, do pensamento de Cooper foi feita por Giorgio Cesarano, *Manuale di sopravvivenza* (Bari, Dedalo Libri, 1974).

tudo às categorias frustradas, banais e repressivas da ilusão ideológica apresentada como "realidade".

Geralmente, o "louco" é considerado associal. Segundo os psiquiatras, a "irracionalidade" e o "pensamento paralógico" dos "esquizofrênicos" "ameaçam a relação com a comunidade e a adaptação a ela"[28]. A "comunidade" de que falam os psiquiatras, contudo, é a negação absoluta da comunidade: "no Ocidente, com o modo de produção capitalista, atualmente no estágio da autonomia do valor de troca, foram destruídos os últimos resíduos comunitários"[29]. A comunidade humana foi substituída por uma comunidade material (*sachliches*) dirigida pelo capital. "Na realidade, o movimento de produção se apresentou como expropriação do homem e como sua atomização – produção do indivíduo – e contemporaneamente como autonomização das relações sociais e dos produtos da atividade humana que se tornam potência opressiva: autonomização e reificação. O homem, portanto, foi separado de sua comunidade; esta, mais precisamente, foi destruída"[30].

Não é, assim, à comunidade, mas à negação totalitária da comunidade, que a experiência chamada "esquizofrênica" não se adapta. E, se o "esquizofrênico" nesse sentido é um antissocial, então o homossexual é também um antissocial, um verdadeiro flagelo social, já que se recusa a formar uma família ou, em todo caso, um casal hétero de acordo com os cânones da lei sociossexual vigente. *Na realidade, é o tabu anti-homossexual que, ao condenar as relações totalizantes entre pessoas do mesmo sexo, concorre para negar a comunidade autêntica;* é o sistema que é antissocial e desumano, pois com o domínio real do capital constitui a negação máxima da comunidade humana em todo o arco da pré-história que nos separa da dissolução do comunismo primitivo.

O que é antissocial baseado nos parâmetros de (pré)julgamento da ideologia dominante costuma conter algo profundamente humano, muitas vezes visando à (re)conquista da verdadeira comunidade. Não se capta, logo, no "delírio megalômano" de um paranoico, o reconhecimento solitário da imensa importância do sujeito humano e da vida? E, no seu "complexo de perseguição", a trágica consciência da autêntica perseguição dirigida à pessoa humana pela sociedade do capital? Cristo – pode-se dizer – apodrece hoje em prisões e manicômios.

---

[28] Theodore Lidz e Stephen Fleck, "Schizofrenia, integrazione personale e funzione della famiglia", em Don D. Jackson (org.), *Eziologia della schizofrenia* (Milão, Feltrinelli, 1964), p. 414.

[29] Jacques Camatte, *Il capitale totale* (Bari, Dedalo Libri, 1976), p. 193.

[30] Idem.

Mas é chegada a todos nós a hora de (re)despertar, pois a destruição paira pesadamente no ar cancerígeno do Capital (a nuvem de Seveso não é mais que *uma* nuvem)* e a vida que fomos forçados a rechaçar pressiona para (res)surgir livre e comunitária, tal como é, potencialmente. É hora de frear a máquina do sistema e pará-la: é hora de (re)conquistar o planeta e a nós mesmos, se não quisermos que a máquina que o homem construiu, e que depois se tornou autônoma, voltando-se contra ele, acabe causando uma catástrofe completa. Adequar-se ao sistema significa aceitar o extermínio que ele está perpetrando contra nós; significa tornar-se seu cúmplice.

O tempo *esgota-se*: já não se pode seguir sustentando o poder (mas, "ai", como isso é evidente!), continuando a identificar-se com uma Norma sexual que lhe é funcional e que nos separa uns dos outros e umas das outras porque contrapõe homens e mulheres, que nos separa de nós mesmos porque se baseia na repressão do nosso desejo polimorfo, riquíssimo, transexual. É preciso que os homens, até agora obtusamente falocratas, percebam que também eles estão grávidos de uma vida que não querem abortar, de uma "feminilidade" que não pretende se deixar levar pelo destino mortal desta sociedade machista. Eles também devem (mas este é *gaio* dever...) criar novas relações com as mulheres e com os outros homens, compreendendo finalmente a si mesmos, descobrindo em si mesmos a "meta" que sempre reprimiram, devem expressar e comunicar aos outros a nova forma de ser e tornar-se gays, conscientes, abertos, anticapitalistas. Já não é mais tempo de se comportar como marionetes do sistema, como palhaços miseráveis que se levam a sério porque reprimem a vida gay que há neles e, portanto, se opõem à revolução e à afirmação da mulher que é a essência, o odor e a matéria da própria revolução.

O mundo novo que carregamos dentro de nós, e que alguns de nós começamos a *perceber, compreender e expressar*, encontra seus profetas, seus precursores, seus poetas nos "loucos" de hoje e do passado, que – longe de serem idiotas – entendem ou entendiam *demais*.

"Se queremos saber a verdade sobre certos fatos sociais", escreveu Reich em 1948, "estudemos Ibsen ou Nietzsche, ambos 'enlouquecidos', e não os escritos de algum diplomata bem-adaptado ou as resoluções do Partido Comunista"[31].

---

* Em 10 de julho de 1976, uma nuvem de dióxido de carbono escapou da fábrica da Icmesa em Seveso, na província de Milão, causando um desastre ecológico. (N. I.)

[31] Wilhelm Reich, *Analisi del carattere*, cit., p. 486.

A coletividade, o mundo, a história e o *universo* atuam e interagem na viagem "esquizofrênica": a existência ganha outra luz; novos e antigos significados são captados no ar, nas ruas, entre as pessoas, nos animais, na vegetação. A consciência se expande: o "louco" é capaz de vivenciar de modo consciente grande parte do que é "normalmente" inconsciente.

Quão excepcional é o livro de memórias do presidente Schreber "paranoico" em comparação com a análise que nos oferece Freud! O "delírio" de Schreber percorre amplamente os âmbitos da religião, da história, da transexualidade; é feito de povos e guerras; supera as intuições de tempo e espaço; funde a vida com a morte, pois Schreber experimentou a morte em vida. "As memórias do presidente Schreber, um paranoico ou um esquizofrênico, pouco importa, apresentam uma espécie de delírio racial, racista, histórico. Schreber delira continentes, culturas, raças. É um delírio surpreendente com conteúdo político, histórico e cultural"[32].

Na realidade, *para quem sabe o que se entende por "esquizofrenia"*, as memórias do presidente não são particularmente surpreendentes: em cada "viagem à loucura", a coletividade, os povos, o passado remoto e o cosmos assumem uma importância fundamental, transparente, que tem muito pouco a ver com a visão opaca e Egoísta do mundo. Para além do véu de Maya, muitas das barreiras usuais caem entre o Eu e os outros, entre o Eu e os eventos "externos", entre o Eu e o mundo "interno". Não há nada surpreendente, então, no "caso" de Schreber em comparação com outros "delírios": os próprios psicanazistas admitem que os "sintomas esquizofrênicos" são estranhamente semelhantes em todos os "doentes". Surpreendente é a experiência de Schreber no que concerne à Norma, à sobrevivência míope do *homo normalis*, assim como o são as aventuras de muitos outros "loucos", nossos contemporâneos ou do passado, que não se tornaram personagens famosos.

Deleuze tem razão, porém, quando afirma que na análise do "caso" Schreber "Freud não leva nada rigorosamente em consideração e reduz o delírio do presidente apenas às relações com seu pai"[33]. A viagem "esquizofrênica", ao contrário, revela como toda a ontogenia é compreendida à luz da filogenia "projetada" da

---

[32] Gilles Deleuze, "Capitalismo e schizofrenia (intervista di Vittorio Marchetti a Gilles Deleuze e Felix Guattari)", em Laura Forti (org.), *L'altra pazzia. Mappa antologica della psichiatria alternativa* (Milão, Feltrinelli, 1975), p. 66.

[33] Idem, "Intervento al Convegno di studi tenuto a Milano l'8-9", maio 1973, em Collettivo di Semeiotica e Psicanalisi (org.), *Psicanalisi e politica* (Milão, Feltrinelli, 1973), p. 9.

escuridão do inconsciente para o "exterior" e redescoberta nos outros, no ambiente. Porque em todos nós, com efeito, a história está presente: e ainda é pré-história precisamente porque está latente, porque a repressão nos obrigou a não ver, não ouvir, não entender, não reconhecer uns aos outros. O Eu e a "realidade normal", ilusória, são o resultado da atomização individualista da espécie, atomização que vem substituindo a comunidade progressivamente destruída. O chamado "delírio" é, em consequência, um "estado de graça", pois no indivíduo o desejo de comunidade ressuscita e se debate para se afirmar no ambiente que lhe é hostil enquanto sua negação.

Em artigo publicado em 1924, "Neurose e psicose", Freud observou que, enquanto na neurose o Eu, por causa de sua submissão à "realidade", suprime uma parte do Id, na "esquizofrenia" ("psicose"), o Eu, a serviço do Id, subtrai uma parte da "realidade": o Eu aceita uma parte do Id. Então, "o gelo da repressão foi rompido"[34]. Mas o Id é também o "inconsciente coletivo": o que aflora para a consciência, portanto, além das reminiscências pessoais, são em parte os conteúdos do inconsciente coletivo. E o inconsciente coletivo tem um caráter "universal", "porque seus conteúdos podem ser encontrados em toda parte"[35]. É a comunidade latente, a comunidade que emerge, e com ela uma certa "efervescência primordial". Assim compreendemos como, para falar com Jean Cocteau, "existe um mundo invisível e desconhecido – o mundo real, sem dúvida – do qual o nosso não é mais que uma franja acessória".

A percepção da transexualidade, própria e alheia, é de particular importância na viagem "esquizofrênica". Assim como o hermafroditismo constitui o fulcro da introdução à magia, a aventura "esquizofrênica" é mágica porque, na mudança súbita e progressiva da experiência, se identifica como elemento central a (re) descoberta daquela parte de nós que Jung definiria como "Anima" ou "Animus". A aspiração transexual costuma ficar relegada ao subconsciente e só raramente (Freud destacou, por exemplo, o caráter "bissexual" das fantasias)[36] ascende ao nível da consciência: muitas vezes, isso ocorre apenas pelo mecanismo da negação. Mas a questão transexual é fundamental: "Para o homem simples da rua só

---

[34] Carl G. Jung, *Psicologia do inconsciente* (trad. Maria Luiza Appy, Petrópolis, Vozes, 1980), p. 83.
[35] Idem.
[36] Ver Sigmund Freud, "As fantasias histéricas e sua relação com a bissexualidade (1908)", em *Obras completas*, v. 8: *O delírio e os sonhos na* Gradiva, *Análise da fobia de um garoto de cinco anos e outros textos (1906-1908)* (trad. Paulo César Lima de Souza, São Paulo, Companhia das Letras, 2015).

existem dois sexos: cada pessoa é homem ou mulher, ou Adão ou Eva", escreve Harry Benjamin. "Quanto mais se sabe, mais se duvida, e o mais astuto se dá conta de que cada Adão contém elementos de Eva e cada Eva carrega traços de Adão, tanto no nível físico quanto no psicológico"[37].

Embora a própria homossexualidade "repouse" em uma concepção e apreciação profundamente enraizadas das diferenças entre os sexos, aquela de nós gays é muitas vezes a condição mais próxima de uma avaliação consciente das fantasias transexuais, da "natureza" transexual do desejo. Mas, daqui a Casablanca, o caminho é longo[38]. Na viagem "esquizofrênica", no entanto – particularmente se realizada por homossexuais conscientes –, a fantasia transexual é transformada em uma avassaladora experiência efetiva da transexualidade. Então, as palavras de Jesus, segundo São Clemente, se tornariam realidade, a saber, que um dia "dois farão um, e o exterior será semelhante ao interior, e não haverá homem ou mulher". De latente, a transexualidade se manifesta.

Já Platão ensinava que só pelo delírio (mania) o homem pode chegar a discernir a verdade do Amor[39]; o próprio Sócrates fala do Amor, em *O banquete*, referindo-se às palavras da sacerdotisa Diotima de Mantinea (a "Divina da Cidade Mágica"...)[40]; graças à sua intervenção, a linguagem filosófica funde-se com a mistagógica dos *Mistérios de Elêusis*; assim como, no *Fedro*, a palinódia pronunciada por Sócrates em louvor ao Amor está toda impregnada de tons místicos, de revelações mitológicas, de uma poesia inspirada nas divindades do campo, da natureza[41]; do mesmo modo, o mistério "esquizofrênico" parece elevar-se às extremidades mais profundas das verdades do amor.

Acredito que, se quisermos tentar superar os limites de nossos argumentos racionalistas sobre a sexualidade, devemos abordar os temas e os conteúdos eróticos da "esquizofrenia"; o desejo erótico é mil vezes superior às limitações de nossa concepção intelectual do amor, tecida de motivos "românticos" (em sentido amplo), de categorias psicanalíticas, vinculados à função punitiva e alienante de uma monossexualidade e ao recalcamento das outras tendências de desejo. Tais limitações

---

[37] Harry Benjamin, *Il fenomeno transessuale* (Roma, Astrolabio, 1968), p. 14.
[38] Casablanca é conhecida como a sede de uma clínica de "mudança de sexo", a Du Pare, dirigida por um cirurgião francês.
[39] Platão, "Fedro", em *Opere complete*, v. III, cit., p. 242.
[40] Idem, "Simposio", em *Opere complete*, v. III, cit., p. 188.
[41] Idem, "Fedro", cit., 242 e seguintes, p. 240-59.

correm o risco de nos induzir a esperar pela estabilização de uma ilusória coexistência pacífica entre os sexos e entre heterossexualidade e homossexualidade, recaindo na perspectiva obscura do Iluminismo burguês tardio. Se a minoria dos gays revela tanta verdade oculta acerca da "natureza" do ser humano e de seus desejos profundos, qual verdade profunda sobre o universo das mulheres[42] e sobre o alcance geral da sexualidade encerra a experiência dos "loucos"?

As categorias conceituais clássicas, a linguagem comum que as expressa, não se adaptam bem à descrição das sensações, das experiências da "loucura". O fato é que seguidamente o "esquizofrênico" sabe e se sente hermafrodita ou em vias de se tornar, e às vezes capta o hermafroditismo em seus interlocutores, em sua voz, e se está em contato com casais heterossexuais pode acontecer de perceber íntima e assombrosa "fusão": ao telefone, uma mulher que fala com ele sobre o marido pode gradualmente, mas com muita clareza, mudar sua voz para a do marido nos ouvidos dele. Ela "é" o seu marido, já que ele está nela. O "louco" percebe que os outros (des)velam sua própria transexualidade: ele entende o quanto a consciência deles é uma *má consciência*, é traiçoeira, pois *fingem em sua presença que não sabem que são o que mostram ser*. E como os outros geralmente se comportam de forma repressiva em relação a ele, o "esquizofrênico" também pode concluir que o maltratam porque se reprimem (mas quantas dúvidas antes de chegar a essa "conclusão"!), pois há uma Lei misteriosa que os domina, a serviço da qual atuam.

Sei que tendo a generalizar uma experiência pessoal que, após várias peripécias, me levou a clínicas de "saúde mental" há dois anos. Claro que generalizar é errado: mas sinto que vivi situações cuja *verdade*, mesmo no particular, carrega algo de universal. E o quanto eu sei, até agora, está além do que é "normalmente" considerado como experimentado e generalizável.

O problema mais grave, para mim, foi sustentar, *a posteriori*, a *realidade* do que havia vivenciado, refutada por (quase) todos, como se fosse fruto de vãs alucinações, enquanto – na *verdade* – cada acontecimento era plenamente evidente para mim, às vezes límpido e sempre, em consequência, *irresistível*. Se a vida na "sociedade do espetáculo" é uma encenação, bem, eu me recusei a atuar; descobri

---

[42] Ou mesmo do homem. "Aqueles que se detiveram diante dessas palavras lembram-se da famosa resposta à afirmação: 'Devemos exterminar todos os judeus e todos os cabeleireiros', 'Por que os cabeleireiros?'" Ver "Le Travail, le travail productif et les mythes de la classe ouvrière et de la classe moyenne", *Invariance*, n. 2, V, série II.

assim os recursos extraordinários da existência, a riqueza que essa absurda coação social nos impede de desfrutar *naturalmente*.

Hoje, infelizmente, tive de voltar em parte à encenação, àquela hipocrisia "normal" que permite circular "livremente": se este livro vale pouco, isso depende sobretudo daquela falsidade que, se reproduzida pela necessidade da vida cotidiana, dificilmente pode ser evitada por escrito. No entanto, como disse um amigo, o importante é viver, e não sobreviver; trata-se de proceder de modo coerente com a "loucura", a fim de que, uma vez revelada, não seja esquecida e exija que se viva da melhor maneira. Não dizia Freud que o Supereu representa o inconsciente e atua como porta-voz de suas demandas na consciência?[43]

Sentir-me transexual foi uma das causas e ao mesmo tempo um dos resultados da alteração progressiva da percepção do meu corpo e da minha mente, do mundo "externo" e dos outros. Às vezes me sentia uma mulher, às vezes espiritualmente grávida, outras a reencarnação de uma mulher. Além disso, para dizê-lo em "certos termos", meus *fantasmas* recônditos, e com eles os "arquétipos" do inconsciente coletivo, foram "projetados", ou melhor, encontrados "externamente": a experiência "esquizofrênica" permitiu-me descobrir muitos dos segredos escondidos por trás das representações recorrentes do passado "normal". A rotina foi quebrada, a coação a repetir foi quase vencida: então, senti-me o intérprete de um grande *destino*, e ao mesmo tempo pude captar em cada ato do dia a interação existente entre a liberdade de escolha e o "condicionamento", entre mim, as coisas e os outros. A atração sexual tornou-se clara; foi a primeira impressão e a expressão mais evidente da intersubjetividade. O desejo era sensual e cândido, ora brincalhão e sério, ora porco e pungente.

Ao mesmo tempo, a metrópole europeia me parecia uma Meca, com pessoas fascinantes e assustadoras. As coincidências e as surpresas se multiplicavam e as hesitações diante dos fatos *mágicos* eram pouca coisa se comparadas às *evidências* desconcertantes, a *certos* encontros que concretizavam fantasias que eu acreditava ter que renunciar para sempre, na "realidade". A "realidade" foi substituída pela *verdade*.

A "loucura" é materialista: investiga as verdades do profundo e, solapando preconceitos sem a necessidade – agora – de suspendê-los, confronta-os com a sucessão de fatos reais (Ferenczi considerava o materialismo o protótipo da filosofia "paranoica"…)[44].

---

[43] Sigmund Freud, "O Eu e o Id", cit.
[44] Ver Sándor Ferenczi, "Philosophie et psychanalyse", em *Oeuvres complètes*, v. I, cit., p. 227.

Enquanto isso, a sensibilidade refina-se: "Já não lhe disse que a loucura de que me acusa é, na verdade, hiperacuidade dos meus sentidos?"[45]. A percepção transexual é dupla: descobre que a maioria das pessoas, no mínimo, está meio sepultada. A cidade parece o reino dos mortos-vivos. Contudo, nos rostos dos outros o divino é refletido com fantasmas e demônios. Na natureza, no céu, nos outros, a "loucura" contempla-se a si própria e à grandiosidade da vida, certamente divina em si. *O inconsciente é visto...*

As referências de Freud ao inconsciente se assemelham demais à referência de Kant ao *noúmeno*, a coisa em si que se supõe mas que não pode ser experimentada. Porém, a "coisa em si", a verdade, pode ser experimentada. Somente "pessoas de mente estreita e ignorante falam do eu profundo como algo incognoscível e relegam o maravilhoso ao reino da fantasia"[46].

Se por não Eu podemos significar tanto o Ele quanto o mundo "externo", então os "loucos" demonstram como o conhecimento do profundo atravessa a individualidade e as fronteiras entre Eu e do Eu-ego: uma vez superada a dupla separação do mundo "exterior" e o Ele do Eu, entende-se que o Eu "normalmente" não é nada além da barreira repressiva (como produto da repressão e construída sobre o recalcamento) entre nosso profundo e o cosmos. O Ele (o não Eu interno) e o mundo "externo" (o não Eu externo) iluminam-se mutuamente, pois sempre se determinaram de forma recíproca. E se o "delírio esquizofrênico" é às vezes solipsista (no sentido de que às vezes é comprovado pela dúvida solipsista ou quase-solipsista), isso não depende da "megalomania" ou de uma acentuação do individualismo, mas da falta de correspondência vital por parte de outros à exigência de comunicação e comunidade expressa pelo "louco": se os outros obstinados se apegam à sua própria individualidade dissociada e "normal", aos olhos do "esquizofrênico" podem todos parecer, de vez em quando, "homens feitos fugazmente"...

Mas há outros e *outros*. Algumas pessoas são muito importantes para o "louco" (que, portanto, não viaja sozinho): e se a "esquizofrenia" pode ser chamada de "estado de graça", bem, eu acredito – por experiência – que a "graça" é comunicada por outros, que dão – por assim dizer – o *impulso iniciático*. Fausto não seria Fausto sem o Diabo.

---

[45] Edgar Allan Poe, "Il cuore rivelatore", em *Racconti* (Milão, Garzanti, 1972), p. 202.
[46] Pao Phu Tzu, citado de Joseph Needham, *Science and Civilization in China*, v. II (Cambridge, Cambridge University Press, 1969), p. 438.

4. As mulheres e as bichas

Sim, as diabas existem.

Já mencionei a possibilidade de que, em algum momento da vida de um gay, um relacionamento erótico satisfatório com uma mulher pode ajudar a "engatilhar" a viagem "esquizofrênica". E a experiência "esquizofrênica" – como já vimos – é (também) a percepção transexual, a descoberta do *hermafroditismo*. Isso nos permite compreender como a libertação do Eros, a (re)conquista da transexualidade, implica também a superação das resistências que inibem as relações de homossexuais homens com mulheres e de homossexuais homens com homens. Um homem *livre* é gay e ama as mulheres.

Entre muitas pessoas está arraigado o lugar-comum segundo o qual os "diferentes" são misóginos. Nada mais falso: se nós, gays, sentimos uma forte atração sexual por homens, isso não implica necessariamente ódio às mulheres. Ao contrário, em geral estamos muito inclinados a desenvolver relacionamentos afetivos, amizades com as mulheres, das quais, em muitos aspectos, nos sentimos profundamente próximos, apesar da perspectiva que nos vê, afinal (ou, segundo muitas feministas, antes de tudo), do lado dos homens, e elas do "lado oposto". Os diferentes planos da dialética revolucionária se cruzam; *a contradição homem-mulher e aquela entre heterossexualidade e homossexualidade se entrelaçam*: se um gay do sexo masculino se comporta de maneira antitética à Norma hétero, que é funcional ao sistema, ele ainda está, de modo voluntário ou não, e mais ou menos conscientemente, ligado ao falocentrismo que rege o sistema. Por outro lado, uma mulher que, como tal, está potencialmente do lado da revolução, pode submeter-se plenamente à norma heterossexual e, portanto, confirmar-se no papel de escrava do poder e perpetuar o privilégio masculino e a repressão do homoerotismo; pode desprezar, de forma mais ou menos aberta, as relações eróticas entre pessoas do mesmo sexo e, em todo caso, reprimir sua homossexualidade. A luta revolucionária das mulheres, porém, arrebata um número cada vez maior de homossexuais das fileiras masculinas e encontra neles, "machos em crise", gays aliados; enquanto a disseminação do desejo gay que os homossexuais espalham distancia cada vez mais as mulheres da Norma e leva a inúmeros encontros, no terreno da homossexualidade, entre mulheres e mulheres, entre mulheres e bichas. A presença de lésbicas revolucionárias* é o

---

* Conforme já apontamos, aqui o termo "lésbica" refere-se ao conjunto de mulheres que mantêm relações sexuais com outras mulheres – inclusive as bissexuais. Assim, o termo atual mais adequado seria "lés-bi" ou "sáficas", conforme uso corrente. (N. E.)

principal elo entre o movimento gay e o movimento feminista: as lésbicas revolucionárias formam o movimento de mulheres homossexuais; e é de se esperar que o movimento de mulheres se torne cada vez mais homossexual[47].

Eros também se liberta mediante a criação de novas relações eróticas entre mulheres e homens gays. Certo, não se trata de reformar a Norma: a heterossexualidade é essencialmente reacionária porque, baseada na contradição entre os sexos, perpetua o macho falocrata, aquele protótipo de macho fascista que o poder e também os esquerdistas do sistema sempre propagaram. Os homossexuais revolucionários rejeitam a heterossexualidade como Norma, base da família, garantia do privilégio masculino, opressão das mulheres; eles a combatem reconhecendo nela a forma de sexualidade em nome da qual o sistema sempre golpeou os homossexuais e induziu as pessoas a persegui-los.

Mas não estamos dizendo que as relações eróticas de gays com mulheres devem ser "normais", isto é, heterossexuais em um sentido mais ou menos tradicional. Nossos relacionamentos com mulheres podem ser (e em parte já são) gays, muito pouco heterossexuais, em nada *straight* [regulares]. A revolução é (também) preparada por novos encontros (pro)positivos entre pessoas de sexos diferentes, pela criação de amizades gays entre mulheres e homens. Entre mulheres e bichas inventa-se outra forma de fazer amor que, apesar das diferenças histórico-biológicas entre os sexos e das inerentes contradições de poder a eles vinculadas, tende a ser intencionalmente apresentada como uma nova forma de prazer e conhecimento intersubjetivo: a mulher e o homem gay podem amar um ao outro fora dos padrões comuns do casal heterossexual de homem e mulher. Acredito que muitas mulheres preferem os gays aos heterossexuais: que, entre outras coisas, sua sexualidade encontra maior satisfação e resposta na forma de amor de um gay do que na transa egoísta proposta e muitas vezes imposta pelo homem heterossexual. Acima de tudo, nós gays não tratamos as mulheres como "objetos" sexuais.

Entre nós, homossexuais, porém, muitos se sentem particularmente inibidos em face do reconhecimento e da expressão do desejo erótico pelas mulheres. Penso que isso depende muito de nossa sujeição psicológica a um modelo específico de homem heterossexual que fomos constrangidos a internalizar justamente como modelo, mas com o qual não nos identificamos. Sabemos que não correspondemos e ao mesmo tempo concebemos a heterossexualidade tal como se vê em toda

---

[47] Ver capítulo VI, parte I.

parte "desde que o mundo é mundo", que se centra na presença viril do macho e na objetivação da mulher. Mas essa é a heterossexualidade que foi imposta às mulheres, e a liberação das mulheres só pode negá-la, pois a ela é imanente a sujeição sexual, e não apenas sexual, das mulheres aos homens.

Consideremos, por exemplo, o "problema" fálico: o homem se pavoneia pelo "poder" do seu pênis, embora saibamos que, muito provavelmente, nem teríamos uma ereção imediata fazendo amor com mulheres. Bem, aqui está um falso problema: estou convencido de que às mulheres isso não importa. *As relações eróticas não são exclusivas nem antes de tudo genitais, e as mulheres revolucionárias rejeitam a imposição autoritária do falo pelo homem, o falo ostensivo e alienante que se interpõe como símbolo e instrumento de poder na relação sexual hétero.* (Entre homens, pelo contrário, o brincar com os pênis – e das bichas que brincam com o falo – pode ser muito gay, é gay, é excitante e prazeroso para ambos ou para os três, quatro etc.) *Que os homens extravasem entre si seu próprio desejo fálico (e se necessário auxiliados pelo fist-fucking*[48]*) sem mais impor isso às mulheres.* E se as mulheres às vezes desejam a relação fálica, bem, acredito que encontrarão o parceiro ou os parceiros "ideais" entre os gays, verdadeiros amantes do pênis, e não apenas do seu próprio (que, em todo caso, amam profundamente, sem ter, por exemplo, ao contrário da maioria dos heterossexuais, repulsa do próprio esperma), mas também o dos outros.

Uma vez que o "problema" da ereção tenha desaparecido, o que é, portanto, um falso problema, o gay perceberá como é bonito fazer amor com uma mulher e a mulher ficará feliz em fazer amor *com quem sabe fazê-lo*, com um gay. Uma noite eu estava fumando e vi na televisão uma Ornella Vanoni muito em forma que cantava "Non sai fare l'amore": era sedutora e me senti envolvido e "cúmplice"; uma cumplicidade compreendida, emoção erótica e ao mesmo tempo conhecimento comum (e desejo) do macho. Penso que a própria relação genital entre mulheres e gays seja muito mais repleta de "nuances", de atenção sensual mútua no contato, do que a habitual foda veloz de "zum-zum", o desafogo em poucos minutos do homem hétero (ereto somente enquanto está insatisfeito).

Fazer amor com uma pessoa do sexo oposto é sempre uma descoberta renovada de quem tem um corpo e formas de gozo *diferentes do nosso*: mas, para poder desfrutar plenamente da diversidade do outro, é preciso conhecer o próprio sexo, não apenas o amando, de forma autoerótica, mas também erótica. A homossexualidade é

---

[48] O *fist-fucking* consiste em penetrar com o punho o ânus do parceiro (e, logo, fazer-se penetrar pelo punho do parceiro).

a superação do individualismo sexual, é a descoberta do próprio sexo, cujo desejo reconhece (em todos) as pessoas do mesmo sexo. A homossexualidade é condição *sine qua non* para poder amar verdadeiramente o outro sexo e, em consequência, corpos diferentes do nosso, *dos nossos*.

É evidente, contudo, que a *fixação fálica* dos homens heterossexuais depende da concentração *em si mesmos*, em seu próprio pênis, do desejo homossexual recalcado e reprimido: é devida à transformação em autoerotismo (alienado) do desejo pelo próprio sexo que era em origem tendencialmente (e agora em latência) voltado a (todas) as pessoas do mesmo sexo. A identificação com o falo pelo homem heterossexual resulta de uma espécie de "introjeção" dos "objetos" homossexuais aos quais ele teve que renunciar: e esse resíduo cego da homossexualidade anquilosada e fechada é o que o heterossexual impõe como virilidade, rígida virilidade, às mulheres[49].

O desejo por pessoas do seu próprio sexo, que deriva como primeira consequência do amor-próprio, é forçado a retornar – nos homens heterossexuais – à sua antiga dimensão narcísica: os machos saltam para a metade heterossexual recalcando a mediação da homossexualidade. Um salto no vazio: daí a sua torpeza. Escreve Georg Groddeck:

> O ser humano gosta primeiro de si mesmo; ama a si mesmo com todas as eventualidades da paixão, procura satisfazer todos os seus apetites segundo sua natureza e se vê desde logo submetido à paixão de seu próprio sexo. Não pode ser de outro modo, e todo exame imparcial de uma pessoa qualquer prova isso. Por conseguinte, a questão não é "A homossexualidade é uma exceção, uma perversão?". Não é isso o que está em discussão mas, antes, por que é tão difícil de considerar, de julgar, de discutir sem preconceitos esse fenômeno da paixão pelo próprio sexo? E a seguir, como é que, apesar de sua predisposição para a homossexualidade, o ser humano consegue sentir uma inclinação pelo outro sexo?[50]

Da homossexualidade não se pode falar *desapaixonadamente*, porque é uma *paixão reprimida*. Assim como é verdade que, muitas vezes, o que se quer mais

---

[49] No congresso da Lotta Continua, que terminou em Rimini em 4 de novembro de 1976, uma mulher disse aos militantes do sexo masculino: "Vocês já se perguntaram de onde vem sua intolerância com os homossexuais? É fruto do medo que vocês têm da penetração traumática. Vocês têm terror àquilo que fazem a nós e não querem isso para si mesmos. Vocês não sabem o que significa ser expropriado de seu corpo, mas vocês têm medo disso". Ver Antonio Padellaro, "La polemica delle femministe spacca in due Lotta Continua, *Corriere della Sera*, 5 nov. 1976.

[50] Georg Groddeck, *O livro d'Isso*, cit., p. 185.

abertamente não é o que se deseja com mais profundidade: talvez os machos heterossexuais, que são heterossexuais apenas na superfície, agitem em seu próprio inconsciente os mais poderosos fantasmas gays. E, enquanto seu desejo homossexual permanecer latente, eles continuarão a estabelecer relações superficiais com as mulheres, escondendo a homossexualidade que obstrui suas profundezas, fugindo da verdadeira relação com a mulher, que, envolvendo-os profundamente, só poderia trazer à tona a bicha que levam dentro de si, a *"mulher"*. Acredito que o desejo erótico pelas mulheres está vivo em minhas profundezas, está no fundo do meu desejo de ser mulher: e agora começa a aflorar na vida, de maneira bela.

Pode-se supor que os heterossexuais, forçados a recalcar a homossexualidade que neles é muito forte, se identifiquem com os "objetos" desse desejo reprimido: e que isso determina que sejam *homem-macho ou mulher-feminina*. Enquanto nós gays, se somos *efeminados*, nisso manifestamos nossa profunda atração pelas mulheres; e vice-versa, talvez, as homossexuais (mas não é tão simples *mudar os mutantes*): em outras palavras, pode-se supor que todos inventem as características de seu próprio "objeto" de desejo reprimido. Isso fortalece o Eu e acentua o individualismo: a liberação do desejo polimórfico, transexual e inconsciente é condição e essência (em um sentido muito material) da comunidade realizável. É garantia de autêntica intersubjetividade: de nós.

Nossa condição de homossexuais, porém, nossa *ambiguidade* sexual, o tipo de equilíbrio alcançado em nós entre conotações subjetivas e conotações recalcadas, tende a ser hermafrodita, é uma expressão da transexualidade; enquanto nos héteros a assunção pelo "sujeito" das características do "objeto" homossexual reprimido leva a um duplo papel, a ser mais masculino, no caso do homem, papel muito normal que a luta feminista e homossexual acabará por fazer explodir, para libertar a transexualidade deles e a nossa, por eles reprimida. Se a dialética entre os sexos e as tendências sexuais ocorre na superfície, ela envolve simultaneamente um grande número de camadas subjacentes desconhecidas. O movimento das mulheres e o movimento gay estão preparando o terremoto que provocará o colapso de toda a estrutura patriarcal.

A dura perseguição à homossexualidade induziu nós gays a nos vincularmos de modo estrito à nossa *identidade* como homossexuais: para nos defendermos, para nos afirmarmos, primeiro tínhamos que ser capazes de resistir, saber ser homossexuais. Por essa razão, o movimento gay enfatizou particularmente a questão da *identidade* homossexual. Nossa primeira tarefa foi a de aprender a reconhecer-nos, descobrir-nos e amar-nos uns aos outros por quem somos, erradicar o sentimento de culpa que nos incutiram à força, para poder enfrentar de forma consciente a vida, a sociedade, o mundo: mas, uma vez que alcancemos essa identidade e a vivamos de modo pleno, é hora de libertarmos as tendências ocultas do desejo, de explorar a paixão secreta pelas mulheres. Tudo isso só pode nos tornar mais gays, pois é-se tanto mais gay quanto mais se é consciente e se movimenta por isso.

Se a liberação da homossexualidade será um problema universal por muitos anos[51] (para o qual a figura do homossexual "de estrita observância" ainda hoje tem um sentido revolucionário, que em todo caso será *pervertido* pela revolução), se para a realização do comunismo a homossexualidade deve ser redimida e vivida profundamente e ainda mais profundamente, nós gays, que somos portadores conscientes dessa semente de libertação, só podemos enfrentar e tentar resolver os problemas que as relações com os companheiros nos colocam: criaremos assim com eles relações gays totalizantes que nos permitirão descobrir o desejo mútuo, uma nova reciprocidade totalmente diferente da assimetria das relações heterossexuais tradicionais, uma solidariedade revolucionária. E é também (e talvez sobretudo) aprofundando as amizades com as mulheres que nós gays poderemos redimir nossa *Anima*, o que nos une às mulheres, e nos tornarmos mais "mulheres" (além de Myra Breckinridge e Raquel Welch!*). Poderemos oferecer-lhes a possibilidade de novas relações (pro) positivas com pessoas do sexo masculino: as mulheres e as bichas.

É desejável uma "greve sexual indefinida" de mulheres diante dos homens heterossexuais, e a criação de novos relacionamentos abrangentes entre as mulheres, a completa liberação da homossexualidade feminina. "Não faça mais amor com homens, faça amor entre mulheres, façamos amor entre nós": essa é a nossa *gaia* proposta às mulheres. Trata-se de uma proposta duplamente interessada (e interessante): pois, se por um lado estamos interessados em aprofundar a relação gay com as mulheres, por outro é do nosso interesse que deixem todos os homens heterossexuais à nossa disposição... Vai ser muito divertido. Este convite às mulheres é o postulado número um (o perigo número um...) da *gaia ciência*.

As relações entre pessoas de sexos diferentes têm hoje um sentido revolucionário apenas se forem gays, isto é, se forem entre homens e mulheres gays e sobretudo

---

[51] Relativamente poucos, em face da eternidade.

* Myra Breckinridge (1968) é o título e personagem principal de um dos livros mais conhecidos do escritor estadunidense Gore Vidal, que fala de um transexual. O romance foi transformado em filme estrelado pela atriz Raquel Welch. (N. I.)

entre mulheres gays e homens gays. E os homens heterossexuais? Seu papel arrogante e deficiente é hoje claramente contrarrevolucionário, construído à imagem e semelhança do poder capitalista, e eles só podem se comportar de maneira diferente com as mulheres depois de descobrir como se relacionar de uma nova forma entre os homens. Por enquanto, sexualmente (e não apenas isso), desejam fazer com as mulheres o que, devido ao recalcamento da homossexualidade, jamais tolerariam que lhes fosse feito: querem penetrar as mulheres e têm terror de serem penetrados; gozam de maneira suprema no rosto das mulheres e sentem um grande desgosto só com a ideia de que outro homem faça o mesmo com eles... Tudo isso faz parte da desigualdade heterossexual, de seu absurdo. Por enquanto, do ponto de vista da revolução, os homens heterossexuais ainda representam muito o capital, o inimigo, o opressor, a alienação.

Apenas a luta das mulheres pode mudá-los. Só nossa luta como homossexuais, só o prazer gay, pode torná-los também gays. E alguns homens estão começando a perceber isso: *mas não me diga!...* Um companheiro heterossexual de Quarto Oggiaro escreveu:

> Uma manifestação
> da esquerda extraparlamentar
> está em crise
> um grupo de gatos homossexuais
> loucos de amor pelo comunismo
> assediam de perto
> talvez de muito perto
> os companheiros
> nessa ocasião estão vermelhos
> mas de vergonha
> com a mão sobre o orifício
> não têm sequer
> a possibilidade de consultar Mao
> para deliberar sobre o assunto.[52]

---

[52] "*Una manifestazione/della sinistra extraparlamentare/è in crisi/un gruppo di gatti omosessuali/pazzi d'amore per il comunismo/li insidiano da vicino/forse anche troppo da vicino/i compagni/in questa occasione sono rossi/ma dalla vergogna/con le mani sui buco/non hanno neanche la possibilità/di consultare Mao/per regolarsi sull'argomento*". Meo Cataldo, *Marciapiede* (Milão, Edizioni Poesia Metropolitana, 1976), p. 17.

VI. Rumo ao *gaio* comunismo

There is more to be learned from wearing a dress for a day, than there is from wearing a suit for life. (Larry Mitchell)[1]

1. Notas sobre o travestismo. Homossexualidade e "homossexualização"

Vimos que a "esquizofrenia" se concentra no substrato transexual da psiquê, de nosso ser-em-devir corporal (a mente é parte do corpo, e o corpo todo não é de modo algum monossexual). Dissemos ainda que é (também) pela liberação do homoerotismo que alcançamos a realização da transexualidade; por outro lado, embora a homossexualidade seja afetada pelo sistema hoje, manifestamos que os gays estão entre as pessoas mais conscientes da "natureza" transexual do eu profundo. Fantasias de conteúdo transexual frequentemente afloram em nossa consciência e muitos de nós temos ou tivemos experiências mais ou menos transexuais.

Isso não exclui que muitas transexuais e travestis* sejam hoje prevalentemente heterossexuais. Por exemplo Rachel, a estadunidense fundadora do ex-Transvestites and Transsexuals Group do Gay Liberation Front londrino define-se como "lésbica", mas – do ponto de vista genital-anatômico – é macho. Em outras palavras: apesar de ser dotada de características sexuais primárias e secundárias puramente masculinas, Rachel sente-se e considera-se uma *mulher*, e como tal comporta-se e veste-se (sua roupa lembra a de muitas feministas, mas Rachel *é* feminista). Como *lésbica*, ela é homossexual, e é heterossexual, porque gosta de mulheres; é até casada e raramente faz sexo com homens, que ela acha pouco atraentes, pois costumam

---

[1] "Há mais a se aprender usando um vestido por um dia do que usando um terno por toda a vida", Larry Mitchell, *The Faggots and their Friends* (Nova York, 1975, inédito).

* Hoje diríamos "muitas pessoas trans e travestis". (N. E.)

ser viriloides, falocratas*. "Mulher" o/a consideravam também, quando vivia em Londres, as companheiras do Women's Liberation Front: que eu saiba, Rachel era a única pessoa do sexo masculino** admitida nas reuniões das feministas inglesas. Judith, sua esposa, é homossexual e, à exceção de Rachel (mas é Rachel, na verdade, que constitui uma *exceção*), só tem relações sexuais com mulheres[2].

Os "heterossexuais" conscientes de sua transexualidade, entretanto, são na atualidade muito menos numerosos do que os gays que fizeram a *trip* [viagem] transexual. Isso depende do fato de que, se em geral os heterossexuais se adaptam ao papel monossexual mutilado do homem ou da mulher como se fosse coisa "normal", evidente, óbvia, nós gays quase sempre sentimos como um peso o fato de ser homem ou mulher exclusivamente e sofremos por causa da resistência que os heterossexuais do mesmo sexo opõem perante nós e o nosso desejo. A fantasia, o sonho e o ideal hermafrodita ocupam uma parte importante do universo existencial gay.

A sociedade ataca com particular dureza quanto de transexual ou vagamente transexual exista na homossexualidade como ela agora se apresenta: as lésbicas *butch* [de aparência masculina], as bichas e os homossexuais "efeminados" são mais afetados pela execração pública, pelo escárnio, às vezes são criticados até pelos homossexuais reacionários, mais inseridos, mais *straight* [regulares], que fazem de tudo para se passar por "normais" ou mesmo por heterossexuais. Os homossexuais reacionários (*homoflics*) acreditam que gays efeminados e travestis "comprometem o mundo homossexual e a própria homossexualidade aos olhos de todos"; de nossa parte, nós gays efeminados vemos neles bichas disfarçadas de heterossexuais, infelizes obrigados a se camuflarem, a encenar a vida "natural" em um papel imposto pelo sistema e a justificar sua atitude de escravos consentidos com argumentos ideológicos. Eles se perguntam "o que o movimento gay pretende, pelo que está lutando, já que a sociedade agora aceita os diferentes.

---

* Essas passagens são obsoletas do ponto de vista da teoria de gênero e sexualidade. Na época em que Mieli escreveu, havia um atrelamento entre corpo e identidade de gênero na classificação de masculino e feminino. Hoje entende-se isso como efeito do próprio sistema de gênero em questão – da "Norma", na terminologia de Mieli. O movimento LGBT+ e os estudos de gênero e sexualidade concordam que pessoas trans podem ser homossexuais, heterossexuais, bissexuais etc. sem que isso dependa de sua genitália. A própria compreensão do que seja a transgeneridade e a travestilidade também avançou posteriormente à publicação do livro de Mieli. (N. E.)

** Leia-se aqui "era a única pessoa com um pênis", pois é de genitália que fala o autor. (N. E.)

[2] Mario Mieli, "London Gay Liberation Front, Angry Brigade, piume & paillettes", *Fuori!*, n. 5, nov. 1972.

Claro, ainda hoje não podemos fazer amor impunemente onde tenhamos vontade, nos trens ou nas calçadas da Via del Corso: mas isso, nem mesmo as pessoas heterossexuais podem fazê-lo. Portanto, infortúnio comum, meio consolo". Não, *mal de muchos, consuelo de tontos* [mal de muitos, consolo de tontos].

Até mesmo as feministas muitas vezes nos criticam por nossas roupas e nosso comportamento, que em sua opinião tendem a reforçar o fetiche "feminino" estereotipado combatido pelas mulheres. Mas se uma mulher vestida como Caterina Caselli ou Camilla Cederna é normal hoje para o sistema, um homem vestido como Caterina Boratto ou Germaine Greer*, para pessoas "normais", ainda permanece anormal, e seu travestimento tem uma carga evidentemente revolucionária. Felizmente há bichas que têm *um pouco de imaginação*: reivindicamos a liberdade de nos vestirmos como quisermos, de optar por uma determinada roupa um dia e no dia seguinte por outra oposta, de usar plumas e gravatas, além de luvas de oncinha e uma mamadeira; os metais, o couro e os chicotes de uma *leather queen*, os trapos suados e gordurosos de um estivador ou o vestido de tule Stefanacci em estilo mãe solteira. Nos divertimos parecendo extravagantes, remetendo para a (pré)história e para as lixeiras as roupas de ontem, de hoje e de amanhã, as bugigangas, as indumentárias e os simbolismos que melhor expressam o humor momentâneo: como diz Antonio Donato, pretendemos comunicar com nossa maneira de vestir a "esquizofrenia" que está no "fundo" da vida, por trás do biombo censor do travestismo "normal". Na verdade, em nossa opinião, as verdadeiras travestis são pessoas "normais": assim como a heterossexualidade absoluta que tanto ostentam mascara a disponibilidade polimórfica e infelizmente inibida de seu desejo, assim as roupas padrão, Standa ou Montenapo, escondem e rebaixam o admirável ser humano que nelas jaz reprimido. Nosso travestismo é condenado porque lança a todos a realidade fatal do travestismo geral, que deve permanecer em silêncio, tacitamente evidente.

Longe de ser particularmente bufona, a travesti denuncia o quão tragicamente ridícula é a grande maioria das pessoas em seus monstruosos uniformes masculinos ou "femininos". Já fez uma "viagem" de metrô?

Como escrevi certa vez, "se a travesti parece ridícula para quem a encontra, tristemente ridícula é, para a travesti, a nudez de quem, vestido *tout court*, ri na cara dela".

---

* Camilla Cederna (1911-1997), jornalista e escritora; Caterina Boratto, (1915), atriz; Germaine Greer (1939), escritora australiana, autora do famoso texto feminista *L'eunuco femmina* (1970). (N. I.)

Para um homem, vestir-se de "mulher" não significa necessariamente repropor a "mulher-objeto": antes de tudo, *porque não é uma mulher*, e o fetichismo masculino imputado pelo capital gostaria que ele estivesse vestido de maneira bem diferente, reificado em uma aparência completamente diferente, vestido como homem ou "unissex". Além disso, uma saia pode ser muito confortável, fresca e leve quando está quente, mas quente e pesada quando está frio: mulheres que andam por aí disfarçadas de homens não dizem que se sentem mais confortáveis em jeans justos do que uma bicha em uma roupa de bruxa, com saias largas e um chapéu de abas grandes.

Mas um homem também pode sentir prazer usando uma incômoda *toilette* "feminina": para um gay pode ser excitante e muito alucinante usar salto agulha, a maquiagem mais elaborada, uma cinta-liga e uma echarpe de cetim azul-claro. Novamente, as feministas que contestam os gays, e em particular as travestis pelo traje de "mulher-objeto", intervêm para culpar o *humor* gay, o gosto transexual, a folia das "loucas": introduzem um novo moralismo que é então o antiquíssimo moralismo antigay, reorganizado para a ocasião com categorias modernas e recheado de um feminismo ideológico, e ideológico porque protege o tabu anti-homossexual, o medo da homossexualidade, a intenção de reformar a Norma sem eliminá-la.

Diante da especificidade homossexual, não há feminista heterossexual "que possa"; nem, por outro lado, nós bichas estamos dispostas a continuar sendo culpadas pelas mulheres. No curso da vida encontramos inúmeras *educastradoras educastradas*, e é evidente que as mulheres contrárias à homossexualidade são até hoje muito mais numerosas do que os homossexuais assumidos machistas e a serviço da ideologia do poder. Muitas mulheres nos ofenderam e ofendem, zombaram e zombam de nós, nos reprimiram e nos reprimem. Neste momento, essas mulheres só podem estar contra nós e nós só podemos estar "contra" elas, se, do ponto de vista gay, pretendermos levar a cabo uma luta de libertação universal (uma luta, portanto, que também as envolve, que combate seus preconceitos, para dissolver toda resistência antigay). Já disse que a contradição homem-mulher e a contradição heterossexualidade-homossexualidade estão entrelaçadas; assim, se as feministas não podem deixar de se opor ao machismo persistente em nós gays, não podemos deixar de contestar profundamente a "normalidade" heterossexual de que o movimento de mulheres ainda está impregnado, apesar da nova moda ou ideologia da "homossexualidade" que está se difundindo nele.

Franco Berardi (Bifo)*, que é um homem heterossexual, fala da "homossexualização" do movimento feminista, daquela "homossexualização" (um termo que não poderia soar menos gay) da qual ele é o defensor, aliás, como um homem heterossexual em crise, mas não muito. Contudo, a homossexualização de Bifo tem muito pouco a ver com nossa luta pela liberação do desejo gay: o conceito de "homossexualização" lembra muito de perto, sob a camuflagem "feminista" do Men's Liberation, a *bissexualidade* machista dos "garotos de programa", a "heterossexualização" das relações sexuais com bichas pelo "duplo macho". Mas Bifo não vai entender (nem de fato pode entender): para compreender, ele precisa apreciar o perfume dos mictórios e sentir nas costas, em primeira pessoa, toda a repressão que pesa nos ombros dos gays. Por enquanto, por favor, deixe que sobre homossexualidade falemos nós, que a assumimos abertamente (e sobre moda somos especialistas desde sempre, de modo que reconhecemos novas tendências à primeira vista): homossexuais *se descobrem*, não se tornam. Quero ver sua "homossexualização" em confronto com a minha homossexualidade em um leito: *quero vê-la, Bifo*. E esse é um desejo gay, é *une avance*, não um conceito.

Depois, há as feministas segundo as quais a "nova homossexualidade" descoberta pelo movimento de mulheres não corresponde ao lesbianismo, que – segundo elas – sempre foi permeado por um modelo masculino. Algumas dizem que chegaram à *aceitação* da homossexualidade após terem constatado a impossibilidade de manter relações com homens e que a homossexualidade é, para as mulheres, uma *escolha necessária*, uma vez que sua luta não mudou radicalmente os homens e, portanto, as relações com eles. Mais uma vez, a homossexualidade é indicada como uma escolha substituta, como um paliativo, como uma dimensão sexual-substituta para a qual canalizar a libido *politicamente* retirada dos "objetos" masculinos.

Eis no que consiste a nova moda dita "homossexual" difundida entre as feministas e imediatamente recuperada pelo sistema (o *Corriere* dedica-lhe artigos e entrevistas na terceira página), uma moda que é de fato, apesar da aparência de "adoração" (Fornari) em relação à homossexualidade, uma nova forma do antigo exorcismo antigay. A "nova homossexualidade" feminista vale pouco mais do que a "homossexualização" de um Bifo: ela ostenta uma máscara "homo" que na verdade serve para (des)velar o autêntico desejo gay latente e, sobretudo, o desejo heterossexual consciente que lhe está subjacente. Se essa mistificação é a "nova homossexualidade" das mulheres, ou – para ser mais preciso – de certas feministas,

---

* Um dos principais expoentes do movimento bolonhês de 1977. (N. I.)

então é verdade que tem muito pouco a ver com a lesbiandade. Assim como todas as lésbicas que, ainda hoje na Itália e no mundo, se recusam a identificar-se com o movimento heterossexual geral (ou "homossexual" no sentido estrito da "nova homossexualidade") do movimento feminista estão mais do que certas e continuam a reunir-se em grupos autônomos ("homônomos").

Quando há mulheres que criticam a nós gays por nos vestirmos de "mulher", não devemos esquecer de que púlpito vem esse sermão: nunca fui contestado por uma lésbica pela minha maquiagem, minhas saias floridas, meus saltos prateados. Por outro lado, também é verdade que, se durante séculos as mulheres foram forçadas pelo poder masculino a se vestir de forma opressora, quase sempre os grandes criadores de moda, estilistas, maquiadores, cabeleireiros foram gays. A fantasia homossexual foi e é explorada pelo sistema – já vimos[3] – para reprimir as mulheres e tratá-las como quer o homem. Por séculos, o poder explorou o trabalho dos homossexuais para subjugar as mulheres, assim como usou as mulheres para reprimir os gays (a qualquer homossexual, basta recordar sua própria mãe). Logo, se por um lado é muito importante hoje que as mulheres recusem certas roupas, ou seja, se recusem a ser vestidas e despidas pelos homens, por outro lado é importante que os gays recuperem, reivindiquem e reinventem para si esse gosto estético que durante séculos foram forçados a projetar nas mulheres.

Se Marlene Dietrich costurada com lantejoulas é um emblema da opressão feminina, Marlene Dietrich é ao mesmo tempo um símbolo gay, ela é gay, e sua imagem, sua voz, suas lantejoulas fazem parte de uma cultura homossexual, de um desejo que nós gays reconhecemos como nosso. Se uma mulher, hoje, aparecer como capa da *Vogue*, geralmente isso será antifeminista e reacionário; mas se um gay se vestir como bem entender, expressando com ousadia sua própria fantasia que o capital relegou e reificou nas tristes páginas da *Vogue*, bem, isso ainda é um fato que tem certa disruptiva revolucionária. *Estamos fartos de vestir-nos de homem*. As roupas que vocês recusam, queridas companheiras, não as queimem, podem ser úteis para alguém: sempre sonhamos com elas. Também há algum tempo queríamos convidar as cidades, os subúrbios, para um grande baile de debutantes.

Sem dúvida, as bichas, os homossexuais "efeminados" e as travestis estão entre os homens mais próximos da transexualidade (ainda que muitas vezes, por repressão, experimentem o desejo transexual de formas alienadas, contaminadas pela *falsa*

---

[3] Ver capítulo II, parte 1.

culpa): bichas e travestis são os "homens" que, ainda que "machos", entendem melhor o que significa ser mulher nesta sociedade, onde os homens mais desprezados não são os autênticos brutos, os falocratas, os violentos, os individualistas presunçosos, mas aqueles que mais se parecem com as mulheres.

Precisamente a dura condenação da "efeminação" às vezes induz o homossexual a se comportar de forma funcional ao sistema, a se tornar seu próprio carcereiro: assim, talvez ele equilibre sua própria adoração "anormal" pelo macho, o durão, o *voyou* [bandido], o *blouson noir* [rufião], com uma atitude "normal" neurótica antifeminista, contrarrevolucionária, machista. Mas a luta homossexual apaga essas figuras históricas de bichas escravizadas do sistema (os *queer men* que Larry Mitchell distingue dos *faggots* [bichas]) e cria novos homossexuais, que a liberação do homoerotismo e do desejo transexual aproxima cada vez mais das mulheres, novos homossexuais que são os verdadeiros companheiros das mulheres: mais ainda, dão-se conta de que não se pode mais viver exceto entre homossexuais e com mulheres, dada a crescente *detestabilidade* dos homens heterossexuais. Sempre que nós gays ouvimos discutir, ou melhor, agredir-se uns aos outros os machos "normais", toda vez que os vemos enfrentar-se entre si numa grande profusão de impropérios, então pensamos que eles de fato *não entenderam nada*, já que ainda não percebem o desejo homoerótico que os empurra um para o outro e que os incomoda porque é reprimido. E, se a luta gay supera a bicha ácido-culpabilizada (mesmo que não tome LSD) e a transforma em *folle* [louca/gay], *gaia* companheira e cada vez mais transexual, o movimento homossexual nega o homem hétero, pois tende à liberação da bicha que há nele.

2. Angústia e recalque. As "porcarias" dos gays

À singularidade do comportamento e das fantasias dos homossexuais contrapõem-se a cegueira e a ignorância com que a maioria das pessoas aborda toda a questão sexual e, em particular, a questão homossexual. Infelizmente, a maioria ainda desconhece as limitações associadas à antítese entre os sexos, o que também contribui em grande medida para causar seu sofrimento. Por quê?

Essa inconsciência resulta da repressão sofrida e serve para perpetuar a repressão. A severa censura psíquico-social esconde o que aconteceu: a disposição originalmente polimórfica e "perversa", "indiferenciada" do Eros, foi condenada e reprimida durante a infância, de modo que o peso da sentença nos afundasse pouco a pouco no inferno que é o mundo dos adultos e do qual o das crianças é apenas a antecâmara. Reprimida, ou seja, comprimida e imobilizada, a presença dessa disposição tendencialmente polimorfa foi relegada ao severo aprisionamento do inconsciente, comparável a um pé feminino chinês forçado à angústia e à tortura do calçado dos séculos imperiais. Guardando as muralhas censoras dessa prisão, foram interiorizados em cada indivíduo os valores e costumes sexuais masculino-heterossexuais impostos como "únicos, naturais e eternos" das sociedades patriarcais (no nosso caso, da sociedade capitalista). "A sexualidade normal dos adultos (em termos freudianos, a organização genital) é, assim, a tirania de apenas um dos elementos que compõem a sexualidade infantil, uma tirania que suprime completamente alguns dos outros elementos e subordina os restantes a si mesma"[4].

A hipótese do movimento gay é a de que a tirania genital-heterossexual nunca suprime por completo algumas tendências da sexualidade infantil, mas apenas as submete ao jugo da repressão. A luta pela libertação de Eros pode resgatar desejos dos mais ocultos (como os de coprófagos e necrófilos).

Em todo caso, a tirania genital produz em todos angústia e sofrimento: quanto mais severa a repressão, mais forte é a angústia despertada pela inserção, no campo de nossa experiência, de pessoas, fatos e acontecimentos que, com sua presença, evocam o amplo alcance do recalcado e tendem a fazer vacilar o próprio recalcamento. Assim, o homossexual é maltratado pelos héteros porque "desperta" neles o desejo homoerótico que havia muito estava adormecido: esse "despertar" raramente é completo, em geral se apresenta como uma inquietante *sonolência*, como uma sensação – por parte do heterossexual – de um terremoto que ameaça a estrutura rígida do Eu, baseada também no recalcamento do homoerotismo. O heterossexual insulta, provoca e ameaça o homossexual porque ele se sente desafiado por sua presença, o que mina seu equilíbrio "normal", que se insinua no âmbito de sua experiência propondo-se a ele como objeto-sujeito do desejo gay.

Segundo Groddeck, porém (já mencionei), a homossexualidade nunca é totalmente recalcada: mais do que de recalque, trata-se de um "cotidiano autoengano", aliás, de "quase-recalque", de má-fé que induz os héteros a se passar por exclusivamente heterossexuais, quando, na realidade, sabem que têm desejos gays[5]. Sintomática é a atitude de muitos homens, que dizem não querer experimentar ter relações sexuais com homens por medo de gostar demais da "coisa", por medo de se tornarem gays...

---

[4] Norman O. Brown, *La vita contro la morte* (Milão, il Saggiatore, 1973), p. 54.
[5] Ver Georg Groddeck, *O livro d'Isso* (trad. José Teixeira Coelho Neto, São Paulo, Perspectiva, 1997).

Em geral, o heterossexual considera a bicha "um porcalhão": isso depende em primeiro lugar do fato de que o indivíduo "normal" vê refletido no gay o componente homoerótico de seu próprio desejo negado e recalcado junto com o erotismo anal, a urofilia, a coprofilia etc. Os "normais" consideram "sujos" os atos sexuais vinculados àquelas tendências de Eros que a repressão os induziu a renunciar, fundando neles – pela culpabilização do desejo – uma determinada moral autoritária, por sua vez culpabilizante. As pessoas "normais" tornam-se viciadas em um certo tipo de ordem (a *ordem*), em um certo tipo de limpeza (e na polícia)*.

Os homossexuais que saem à caça [*vanno a battere*] – e quase todos os gays o fazem – sabem perfeitamente que seu prazer está muitas vezes ligado à transgressão da lei, da ordem (mesmo naqueles Estados em que a homossexualidade não é considerada um tipo independente no Código Penal): nós gays sempre fizemos amor em ruas, parques, banheiros públicos, cinemas, museus, igrejas, nas Tuileries**. Nos deixamos penetrar atrás dos muros dos quartéis, fizemos boquetes de joelhos em frente aos túmulos de Santa Croce, organizamos orgias grandiosas sob as pontes ferroviárias. Fizemos "pegação" [*battiamo*] nos vagões e nós, que somos revolucionários, consideramos absurdo que não possamos "nos pegar" [*battere*] abertamente em todos os lugares, que não possamos deixar cair nossas calças ou saias onde quisermos, dia e noite.

As pessoas "normais" só podem nos julgar como "porcalhões", pois gostamos de engolir esperma e dar o cu, e talvez gostássemos de fazê-lo no átrio da Catedral, ao meio-dia, entre as pessoas, com as pessoas. Considere-se, por exemplo, o que disse o professor Franco Fornari*** referindo-se a um protesto realizado contra ele pelos homossexuais do antigo Coletivo Autônomo Fuori! (hoje Coletivos Homossexuais Milaneses) durante uma palestra que proferiu na Universidade Estadual de Milão: "Os homossexuais não podem me impedir de fazer meu trabalho na universidade exigindo que eu entre num debate sobre um tema que não diz respeito ao meu curso: é como se um grupo de açougueiros interrompesse minha aula para discutir presunto e salame"[6].

---

* Aqui o autor faz um trocadilho com as palavras *pulizia* (limpeza) e *polizia* (polícia) que não é possível em língua portuguesa. (N. T.)
** *Jardin des Tuileries*: jardim público localizado em Paris. (N. T.)
*** Psicanalista (1920-1985), discípulo de Cesare Musatti e presidente da Società Psicoanalitica Italiana de 1974 a 1978. (N. I.)
[6] Ver "Omosessuali: parliamone in aula", *Panorama*, n. 502, 4 dez. 1975.

Aliás, do ponto de vista psicanalítico, é importante ressaltar como a associação feita neste caso por Fornari entre homossexuais e embutidos é tudo menos casual, denunciando na verdade sua concepção essencialmente depreciativa do homoerotismo: de fato, se "presunto e salame" são carne de porco e, em consequência, imundos, a associação homossexual-charcutaria permite a Fornari afirmar, de modo indireto, que os homossexuais não podem interromper a aula de psicologia impondo um debate sobre suas porcarias. Além disso, a imagem do salame simboliza evidentemente o pênis, enquanto a dos presuntos, as nádegas, a bunda. Em uma palavra, Franco Fornari não pode tolerar que durante suas lições passemos a discutir o coito anal, que, segundo ele, é porcaria.

Poder-se-ia, então, indicar a Fornari que, se nas páginas do *Corriere della Sera*, ele escrevesse, apesar de sua incompetência, sobre presuntos e salsichas do mesmo modo como aborda a homossexualidade[7], ele deveria ao menos esperar que ocorresse um protesto na universidade, lugar onde ele aparece publicamente, por parte da categoria de charcutaria, que decerto atuaria em defesa de seus próprios interesses e da própria competência no ramo da carne suína.

Por fim, não devemos esquecer que o açougueiro corta a carne de porco em fatias e pedaços. Fornari poderia então dizer: "Como ousam os miseráveis salsicheiros vir à universidade interromper uma de minhas aulas para me ensinar meu trabalho como açougueiro?" Mas não o diria: de fato, o que tanto o ofendeu não foi a intervenção da charcutaria, para quem, contudo, para além do seu orgulho de açougueiro, só podia sentir uma solidariedade instintiva (solidariedade entre comerciantes...), mas antes a intervenção de porcos, ou homossexuais, de seres humanos que ele concebe como porcos, portanto passíveis de serem abatidos.

3. O medo da castração e a parábola da guerra

Elvio Fachinelli* se pergunta o que "está na raiz da rejeição da homossexualidade (essencialmente da masculina, já que a feminina propõe, por ora, um discurso que, por motivos ligados à condição histórica da mulher, é muito diferente e menos significativo)".

---

[7] Ver os artigos "Omosessualità e cultura", em *Corriere della Sera*, 12 fev. 1975 e "Il difficile amore diverso" em *Corriere della Sera*, 12 nov. 1975).

* Psicanalista (1928-1989) muito ligado às experiências e às elaborações dos movimentos dos anos 1960 e 1970. (N. I.)

Seria interessante saber por que Fachinelli considera menos significativo o "discurso" inerente à homossexualidade feminina: provavelmente, porque ele é homem e, portanto, se preocupa acima de tudo com a (sua própria) rejeição ao homoerotismo masculino. *Anyway*... Vejamos o que ele diz a seguir:

> Há substancialmente, por parte do homem heterossexual, o medo de perder, no contato com o homossexual, sua própria virilidade, entendida aqui de forma muito profunda como identidade. Diante do homossexual, é como se cada um sentisse sua própria posição como homem e aquilo que o diferencia como indivíduo sendo questionados; como se essa posição de repente se revelasse precária, ou incerta, mais do que costuma acontecer. Daí as reações de rejeição e desprezo; daí os vários comportamentos de hipervirilidade agressiva bem conhecidos, que muitas vezes são acompanhados, obscuramente, de uma requisição feita ao homossexual *para que se comporte como uma mulher*. Se o homossexual cai na armadilha (e cai com facilidade; ou de modo voluntário), o heterossexual pode atingi-lo com mais facilidade e da mesma forma garante-se mais seguro de si mesmo. Pode-se dizer, assim, que o homossexual desperta, como homem aparentemente castrado, o medo da castração de todos; além disso, como macho (que ele é, afinal) e fêmea ao mesmo tempo, é frequentemente visto pelo heterossexual como dotado de uma paradoxal capacidade castradora e indiferenciadora.[8]

O que Fachinelli afirma constitui em geral uma interpretação válida, ainda que pareça um tanto arriscado considerá-la uma explicação do que está "na raiz da rejeição da homossexualidade". Os heterossexuais, na maioria das vezes, tendem a dar respostas precipitadas (mesmo que, em casos como este – mas isso acontece muito raramente –, inteligentes) à questão homossexual. No entanto, pode-se acrescentar que, se o homossexual desperta no homem heterossexual "o medo da castração", isso se deve também ao fato de o heterossexual ver sua *própria* castração denunciada pelo gay, ou seja, a castração sofrida em relação ao desejo homoerótico. O homem heterossexual teme perder sua virilidade, ou seja, sua identidade heterossexual, pois sabe que isso é tudo o que resta de um Eros mutilado: ele teme ser ainda mais castrado, porque *sabe* que já foi castrado anteriormente. Por outro lado, justamente pela castração sofrida em relação ao desejo homoerótico, ele *não consegue conceber* o homoerotismo como sexualidade totalizante, satisfatória, plena; não consegue concebê-lo e, em consequência, tem medo de cair no vazio, deixando-se levar por uma experiência gay. Como ele sabe que sua heterossexualidade se fundamenta na perda da homossexualidade (*nem é necessário que ele o*

---
[8] Elvio Fachinelli, "Travestiti", *L'Erba Voglio*, n. 11, maio-jun. 1973, p. 38.

saiba conscientemente), o homem tem medo de perder sua identidade heterossexual abandonando-se à incógnita homossexual. Em outras palavras, ele internalizou a lei evidente, *apesar de misteriosa*, do sistema: ou heterossexualidade, ou homossexualidade. *Aut-aut* [Ou ou].

De acordo com o ex-Coletivo Autônomo Fuori! de Milão, a contínua violência contra os homossexuais, "assim como a exercida contra as mulheres, está inextricavelmente ligada ao medo do homem de perder seu poder sobre as mulheres. O homem que aceita ir com outro homem põe em risco seu poder, trai a 'solidariedade' entre os machos e é por isso que desencadeia a repressão de todos contra ele"[9].

Para muitos homens heterossexuais, a luta pela libertação homossexual é uma guerra travada contra sua Norma. Porém, em uma guerra, qualquer exército lança pontes para atrair os desertores do exército inimigo. E, nos últimos anos, vem aumentando o número de homens heterossexuais que desertam, entregando-se ocasionalmente a relações homossexuais, sofrendo a influência emancipatória do movimento gay.

Mas, como relata a seguinte *parábola da guerra*,

> em um conflito, aqueles que desertam em geral se expõem ao maior risco (a menos que pertençam a um exército completa e irreversivelmente em debandada), ou seja, ao risco de morrer de uma morte vergonhosa e infame, de ser tachado de traidor, caluniado como covarde. Portanto, qualquer exército que lute com inteligência entende a importância de acolher em suas fileiras os desertores do inimigo: e, assim, *realiza uma efetiva propaganda derrotista no seio do efetivo adversário*. Tal propaganda pode revelar-se uma arma mortal capaz de destruir um exército sem que um tiro seja desferido (veja-se, por exemplo, o exército de marionetes do Vietnã do Sul, literalmente sangrado até a morte por deserções).
>
> Se, ao contrário, o desertor estivesse incerto sobre seu próprio destino e esperasse ser recebido pelo ódio inextinguível de seus inimigos, caso ele realmente desertasse; se tivesse medo de se arriscar, uma vez refugiado no exército adversário, a ter uma morte cruel, manchada pelo desprezo por sua covardia (o mesmo destino que o acometeria se fosse capturado por seus ex-companheiros), então ele evitaria implementar seu projeto de deserção e, embora com relutância, cerraria fileiras com seus companheiros, dos quais continuaria a depender para sua própria sobrevivência física.

---

[9] *Di omossessualità si muore*, panfleto do Coletivo Autonomo Fuori! de Milão, 25 out. 1973. Vejam a coincidência! Esse panfleto, de título programático, foi impresso uma semana antes da morte de Pasolini.

Claramente, toda deserção deve ser recebida com certa desconfiança: deve ser, no mínimo, individual e sem reservas. O desertor seria colocado em uma companhia de confiáveis e obstinados veteranos e com certeza não seria deixado entre outros desertores. Acima de tudo, a deserção de toda uma unidade inimiga que quisesse manter sua unidade orgânica levantaria suspeitas: os *grupos masculinos de autoconsciência*, por exemplo, ou as gangues de camaradas neo-"homossexuais", se quisermos aplicar as metáforas de guerra e deserção para a real situação atual de contraste entre bichas e Norma heterossexual, entre gays e heterossexuais "em crise" que já não se reconhecem plenamente no Exército do Normal e sua ideologia. Os grupos masculinos de autoconsciência não têm outro sentido senão o de prolongar a barganha entre a "normalidade" sancionada pelo sistema e a oposição total, *gaia*, a ele: nós gays auspiciamos sua dissolução e a participação em primeira pessoa de seus ex-membros no movimento homossexual revolucionário e em particular nos seus prazeres, nos nossos *prazeres particulares*.

Mas voltemos à "guerra", já que os meninos gostam muito de brincar de soldadinhos (já nós, gostamos de fazer o papel de soldadinhos): no caso de uma deserção em grupo, seria uma medida de segurança elementar *desmembrar* a unidade desertora, distribuindo-a em pequenos núcleos entre nossas formações de primeira linha, os mais provados nos combates* (David Cooper entre os Gazolines, para ser claro, Franco Berardi em meio ao coletivo Nostra Signora dei Fiori)[10]. Devemos esperar *mais* do desertor do que de qualquer outro soldado, assim como devemos garantir-lhe a máxima segurança na confiança e solidariedade de seus novos companheiros (uma recomendação inútil, porém: ninguém sabe melhor do que nós gays como se deve comportar-se com um macho hétero "em crise" que aterrissa do outro lado).

Vamos dar um último exemplo. Vamos admitir que homens heterossexuais estão lutando em um exército colonial regular que massacra um povo de cor (*gaietto*), que, no entanto, reage bravamente com ações de guerrilha cada vez mais proativas. Os machos hétero-colonialistas, apesar de seu exército ainda controlar os principais centros e entroncamentos rodoviários da região e ter consigo formidáveis ferramentas técnicas repressivas, não aguentam mais. Estão enojados com as represálias em que tiveram que tomar parte, por causa das atrocidades que

---

* Aqui, novamente, o trocadilho impossível, unindo *combate*, no sentido bélico, com "batimento", "*pegação*": "le più provate dai (com)battimenti". (N. T.)

[10] Le Gazolines: o grupo mais destacado de gays e travestis do velho Fhar; Nostra Signora dei Fiori: grupo teatral dos coletivos homossexuais de Milão.

presenciaram na posição de cúmplices. A última aldeia que arrasaram os impede de dormir. Portanto, depois de ter realizado um notável trabalho derrotista em seu pelotão, eles decidem desertar em massa, levando consigo todas as armas que conseguem roubar, *e principalmente o perfeito conhecimento da mentalidade e dos métodos de seu antigo exército*.

Aventurar-se na selva desconhecida que cerca as cidades ocupadas e onde os guerrilheiros negros foram forçados a se esconder tanto os assusta quanto os fascina. O que os detém é não ter a certeza de que os guerrilheiros os pouparão quando passarem para o seu lado; em suma, desertaram do exército colonial, mas ainda têm medo de levar a pior.

Então eles se colocam em marcha, começando a lutar contra o exército colonialista, e ainda assim mantêm sua autonomia operacional, realizando ações de guerrilha e sabotagem independentemente dos guerrilheiros negros. Estes últimos se deparam com várias possibilidades. Por um lado, sabem bem que a presença de uma unidade branca autônoma pode ter um efeito desmoralizador decisivo no exército colonial, mas por outro percebem que a ausência de uma luta unitária pode trazer inúmeros perigos para a coordenação e a eficácia das ações. Além disso, há o risco de que os desertores, para sempre colonialistas traidores, se envolvam em puro banditismo contra ambos os exércitos: *veja-se o caso dos bissexuais*. Para os guerrilheiros negros seria apropriado estabelecer negociações para cooptar os desertores. Em todo caso, pode-se pedir-lhes que mantenham sua autonomia por um certo tempo, até que tenham dado provas suficientes de sua *gaiezza**: para ver até que ponto os bissexuais, heterossexuais absolutos até ontem, são autênticos desertores, estão do lado da libertação, são contra a Norma...

A solução do problema está na vitória da revolução, na criação do comunismo, na cessação de todas as guerras, na retirada definitiva de cada exército: hoje, a revolução também se prepara por meio do confronto entre o movimento gay e a Norma e pelo confronto entre homossexuais e desertores do Exército da Normalidade. *Os homens heterossexuais "em crise" devem entender que não queremos a guerra*: se somos obrigados a lutar é porque sempre nos perseguiram, porque vocês nos reprimiram fazendo-se policiais da lei heterossexual, porque queremos a libertação universal do desejo gay, que só poderá se realizar *quando*

---

* Condição de ser gay, "gaio". (N. T.)

sua identidade heterossexual entrar em colapso. Não é contra vocês, mas contra a sua "normalidade" que nós combatemos [*(com)battiamo*]. Não temos a intenção de castrá-los: pelo contrário, queremos que vocês se libertem do seu complexo de castração; seu cu não foi verdadeiramente amputado, ele foi apenas *ocultado*, assim como seu corpo inteiro.

Passar para o nosso lado significa literalmente tomar no cu e descobrir que este está entre os mais belos prazeres. Significa casar o seu prazer com o meu sem vínculo castrante, sem matrimônio. Significa gozar sem Norma, sem lei. São apenas suas inibições que os impedem de perceber que somente passando por completo para o nosso lado será possível realizar *nossa* revolução. E o comunismo será *nosso*, isto é, de todos nós, dos que podemos amar uns aos outros: por que ficar de fora?

É o capital que o opõe a nós, uma vez mais, insistentemente. O que se deve temer não é ser penetrado por nós, mas permanecer sendo o que se é atualmente, homens heterossexuais como o deseja a Norma, e cada vez mais em crise, como se não fosse tempo de se opor para sempre à crise, à castração, ao sentimento de culpa, de "apagar a palavra *flip* do vocabulário"; como se não fosse hora de rejeitar *gaiamente* o mal-estar que a sociedade nos impôs e parar a máquina totalitária do capital criando novas relações totalizantes: e, como somos corpos, relações eróticas entre todos.

Vocês que nos temem por causa do tabu que internalizaram e do qual se tornaram paladinos: sua fraqueza está no fato de que o hipostasiam, no todo ou em parte. Mas esse tabu é a marca registrada do sistema em vocês. E não queremos ser arrastados para a catástrofe iminente, nem queremos que a luta de libertação, que tem apenas um inimigo autêntico, o capital, seja dificultada pelas suas resistências, pelos dogmas, pelas hesitações, pela sua representação à imagem e semelhança do sistema Pai. Seu terror da homossexualidade é o terrorismo capitalista, é o terrorismo paterno, é o terror ao pai que não foi superado.

Houve guerras em que os opressores se mancharam pelas atrocidades cometidas e, em consequência, degeneraram a tal ponto que a única chance para os oprimidos agora vitoriosos era eliminá-los definitivamente. Nesses casos, poucas deserções podem ser esperadas. Este é o princípio das guerras bíblicas: Deus ordena que nenhum habitante de Jericó sobreviva à tomada da cidade. Em vez daquelas da Internacional, ressoam as notas do *Degüello**. Soam as trombetas de Jericó.

---

* Em espanhol, ato de degolar. Também significa o toque que dá sinal à cavalaria para atacar. (N. T.)

Porém, não queremos fazê-las *soar*. Propomos um entendimento erótico: não queremos mais destruição, e é por isso que ainda temos que lutar. As guerras revolucionárias nunca foram como a destruição de Jericó.

Em 1917, os bolcheviques e todos os revolucionários proclamaram *guerra à guerra* e derrota a todos os exércitos. Os soldados revolucionários russos confraternizaram com os alemães "vitoriosos", dançaram juntos, abraçaram-se em solo russo ocupado e dividiram o pão. A Alemanha foi derrotada pela revolução trazida para casa pelos soldados. O Exército Vermelho que estava se formando foi criado com a intenção de *combater a guerra*.

Somente se a revolução tivesse vencido na Alemanha, a Rússia poderia ter sido salva. A verdadeira derrota não foi em Brest-Litovsk, mas em Berlim. O motim da frota francesa poupa a Rússia da invasão aliada. *Isolados*, a Hungria, a Baviera e o Ruhr caíram, um após o outro. A Rússia sobreviveu para assumir um novo e mais refinado papel repressivo.

Fomos *todos* derrotados no front de Varsóvia. Então, cada um de nós teve seu próprio *Kronstadt**. Mas o maio que germina em nós obriga-nos agora, com *gaia* clareza, a travar a verdadeira guerra contra o capital e não outra: Eros a vós-nós, fascinantes irmãs e atraentes irmãos do universal incesto que se anuncia e se aproxima!

4. A sublimação do Eros no trabalho

> *No entanto, o proletariado, a grande classe que inclui todos os produtores das nações civilizadas, a classe que, emancipando-se, emancipa toda a humanidade do trabalho servil e que fará do animal humano um ser livre, o proletariado, traindo seus instintos, ignorando sua própria missão histórica, deixou-se perverter pelo dogma do trabalho. Seu castigo foi terrível e tremendo. Todas as misérias individuais e sociais nascem de sua paixão pelo trabalho.*
>
> Paul Lafargue[11]

De acordo com a teoria metapsicológica que localiza no processo de civilização a conversão de forças libidinais poderosas, seu desvio da meta sexual na perspectiva do

---

* Refere-se à revolta de marinheiros ocorrida no porto de Kronstadt em 1921, a qual questionou, entre outras coisas, o poder do partido bolchevique. (N. T.)

[11] Paul Lafargue, *Diritto all'ozio* (Milão, Feltrinelli, 1971), p. 115.

trabalho e da civilização, o Eros reprimido pode ser considerado a energia da história, e o trabalho pode ser visto como sublimação do Eros.

Escreve Freud:

> Da parte da cultura, a tendência à restrição da vida sexual não é menos nítida do que a outra tendência, a da expansão do círculo cultural [...]; nesse aspecto a cultura segue a coerção da necessidade econômica, uma vez que ela precisa retirar da sexualidade um grande montante de energia psíquica que ela mesma consome [...]. O medo da rebelião dos reprimidos leva a rigorosas medidas de precaução. Nossa cultura europeia ocidental mostra um ponto alto desse desenvolvimento.[12]

A civilização, portanto, teria reprimido as tendências do Eros definidas como "perversas" para poder sublimar a energia libidinal na esfera econômica (e na social: vimos como Freud julgava útil a sublimação do homoerotismo como garantia de coesão social)[13]. Essa é uma das mais interessantes hipóteses sobre a causa da afirmação histórica do tabu anti-homossexual; não deve ser considerada isolada, mas em relação a outras, em particular aquela que identifica na Norma heterossexual e, em consequência, no casamento e na família, a institucionalização da sujeição das mulheres aos homens.

Segundo Marcuse, "contra uma sociedade que emprega a sexualidade como um meio para um fim útil, as perversões defendem a sexualidade como um fim em si mesmo; colocam-se, pois, fora do domínio do princípio de desempenho e desafiam os seus próprios alicerces. Estabelecem relações libidinais que a sociedade tem de votar ao ostracismo porque ameaçavam inverter o processo de civilização que fez do organismo um instrumento de trabalho"[14].

Essa afirmação está parcialmente envelhecida e deve ser questionada. Hoje é evidente que a sociedade faz muito bom uso das "perversões" para fins utilitários

---

[12] Sigmund Freud, "O mal-estar na cultura (1930)", *Obras incompletas*, v. 10: *Cultura, sociedade, religião: O mal-estar na cultura e outros escritos* (Belo Horizonte, Autêntica, 2020), p. 354-5. Segundo o Freud "maduro", como destaca Francesco Santini, "a civilização não apenas reprime a sexualidade, sublimada na atividade econômica, mas também a pulsão de morte, que também é colocada a serviço do princípio de realidade e exteriorizada na conquista agressiva da natureza. O homem conquista e destrói o meio que o cerca, evitando assim destruir a si mesmo, prolongando seu caminho até a morte". Ver "Note sul l'avvenire del nostro passato", *Comune Futura*, n. 1, jun. 1975.

[13] Ver capítulo III, parágrafo 7º.

[14] Herbert Marcuse, *Eros e civilização: uma interpretação filosófica do pensamento de Freud* (trad. Álvaro Cabral, Rio de Janeiro, Zahar, 1975), p. 61.

(basta ir às bancas de jornal ou ao cinema para dar-se conta imediatamente). A "perversão" é vendida no varejo e no atacado, é estudada, dissecada, avaliada, mercantilizada, aceita, discutida; torna-se moda, *in* e *out* [dentro e fora]: torna-se cultura, ciência, mídia impressa, dinheiro (caso contrário, quem publicaria este livro?). O inconsciente é vendido em fatias no balcão do *açougue*.

Logo, se por milênios as sociedades reprimiram os chamados componentes "perversos" do Eros para sublimá-los no trabalho, o sistema hoje *liberaliza* as "perversões" para explorá-las ainda mais na esfera econômica e subjugar, para os propósitos de produção e consumo, *todas* as tendências eróticas. A liberalização – já o disse várias vezes – acaba por ser funcional apenas para a mercantilização, que se dá do ponto de vista mortífero do capital. A "perversão" reprimida, por conseguinte, não constitui mais apenas a energia do trabalho, mas também se encontra, fetichizada, no produto alienante do trabalho alienado e é imposta pelo capital, de forma reificada, no mercado. Precisamente para ser liberalizada, isto é, mercantilizada, a "perversão" deve permanecer substancialmente reprimida e a energia libidinal que lhe pertence deve continuar a ser sublimada de modo amplo no trabalho e explorada: a *dessublimação repressiva* junta-se à perpetuação da sublimação forçada do Eros no trabalho. É óbvio que as tendências eróticas definidas como "perversas" permanecerão reprimidas se as pessoas continuarem a aceitar os produtos verdadeiramente obscenos e perversos que o capital impõe ao mercado sob o rótulo de sexualidade "perversa", se ainda houver aqueles que se satisfazem em "desabafar" seus impulsos "particulares" limitando-se a sentir uma excitação medíocre diante dos miseráveis fetiches sexuais comercializados pelo sistema. A luta pela libertação do Eros é hoje também uma rejeição do sexo liberalizado, isto é, enlatado pela sociedade permissiva: é uma rejeição do consumismo sexual.

Por outro lado, uma vez que o capital atingiu a fase do seu *domínio real*, uma vez que, em outras palavras, a concentração e a centralização capitalistas, inseparavelmente ligadas ao progresso técnico das forças produtivas e, como falou H. J. Krahl, "à tradução tecnológica das ciências em máquinas industriais", reduziram ao mínimo a quantidade de trabalho necessário, *a máxima parte das horas trabalhadas constitui excesso de trabalho*; trata-se de uma "alteração no caráter das forças produtivas básicas"[15]. "Nessa transformação, o que aparece como

---

[15] Herbert Marcuse, *A ideologia da sociedade industrial: o homem unidimensional* (trad. Giasone Rebuá, Rio de Janeiro, Zahar, 1973), p. 52.

a grande coluna de sustentação da produção e da riqueza não é nem o trabalho imediato que o próprio ser humano executa nem o tempo que ele trabalha, mas a apropriação de sua própria força produtiva geral, sua compreensão e seu domínio da natureza por sua existência como corpo social – em suma, o desenvolvimento do indivíduo social"[16]. Essa é a transformação que cria as condições essenciais para a realização do salto qualitativo total alcançado pela revolução comunista. Marx acrescenta:

> Tão logo o trabalho na sua forma imediata deixa de ser a grande fonte da riqueza, o tempo de trabalho deixa, e tem de deixar, de ser a sua medida e, em consequência, o valor de troca deixa de ser [a medida] do valor de uso. *O trabalho excedente da massa* deixa de ser condição para o desenvolvimento da riqueza geral, assim como o não *trabalho dos poucos* deixa de ser condição do desenvolvimento das forças gerais do cérebro humano. Com isso, desmorona a produção baseada no valor de troca, e o próprio processo de produção material imediato é despido da forma da precariedade e contradição. [Dá-se] o livre desenvolvimento das individualidades e, em consequência, a redução do tempo de trabalho necessário não para pôr trabalho excedente, mas para a redução do trabalho necessário da sociedade como um todo a um mínimo, que corresponde então à formação artística, científica etc. dos indivíduos por meio do tempo liberado e dos meios criados para todos eles.[17]

Perante tal salto qualitativo, diante da perspectiva da revolução e do comunismo, a repressão sexual desempenha uma função restritiva e obsoleta: de fato, ela garante aquela sublimação forçada que permite a exploração econômica, "o roubo de tempo de trabalho alheio", para citar Marx mais uma vez, o roubo do (tempo de) prazer da mulher e do homem, a constrição do ser humano a um trabalho que não é mais necessário em si, mas indispensável à perpetuação do domínio do capital. O trabalho hoje serve à preservação das relações de produção superadas e à garantia de um sólido edifício social que nelas se apoia.

"O capital", diz Virginia Finzi Ghisi, "serviu-se até agora da natureza erótica do trabalho para forçar o homem, de quem subtraiu preventivamente qualquer outra aventura sexual (aquela com a mulher-esposa-mãe na família não é uma aventura, mas apenas a extensão da substituição), ao trabalho". "A heterossexualidade [...]

---

[16] Karl Marx, *Grundrisse: manuscritos econômicos de 1857-1858* (trad. Mario Duayer e Nélio Schneider, São Paulo, Boitempo, 2011), p. 588.
[17] Idem.

torna-se a condição da produção capitalista, enquanto modalidade de perda do corpo, hábito de vê-lo em outro lugar, generalizado"[18].

A luta pelo comunismo, hoje, deve se manifestar também como uma negação da Norma heterossexual fundada na repressão do Eros, essencial à subsistência da dominação do capital sobre a espécie. As "perversões", e em particular a homossexualidade, expressam a rebelião contra a subjugação da sexualidade pela ordem estabelecida, contra a escravização quase total do erotismo (reprimido ou dessublimado repressivamente) ao "princípio do desempenho", à produção e reprodução (da força de trabalho).

O aumento dos meios de produção já superou virtualmente a escassez, que agora só o capitalismo tende a eternizar: e, se a sublimação das tendências "perversas" de Eros no trabalho já não é necessária em termos econômicos, menos ainda é necessário canalizar todas as energias libidinais na reprodução agora que o planeta sofre de superpopulação. Claramente, as leis restritivas ao número de filhos, abortos, guerras e fome decididas pelo capital não resolvem o problema do crescimento populacional: servem apenas para *contê-lo* dentro de limites funcionais para a conservação e expansão do modo de produção capitalista; servem para incrementar a indústria bélica e manter o Terceiro Mundo em condições de pobreza e atraso favoráveis ao estabelecimento do controle econômico e político do capital nos países menos "avançados". O problema da superpopulação resolve-se realmente por meio da disseminação da homossexualidade, da (re)conquista do prazer autoerótico, da revolução comunista. Não a restrição de Eros, mas sua liberação põe fim positivamente à tragédia demográfica.

Com efeito, constranger Eros à procriação nunca foi de fato necessário, pois a sexualidade livre, em condições ambientais mais ou menos favoráveis, reproduz naturalmente a espécie, sem precisar ser submetida a qualquer tipo de constrangimento. Por outro lado, se a luta pela libertação da homossexualidade se opõe de modo decidido à Norma heterossexual, um de seus objetivos é a realização de novos relacionamentos gays entre mulheres e homens, relacionamentos totalmente alternativos em relação ao casal tradicional, relacionamentos adequados, entre os outros, a uma nova *gaia* forma de gerar e conviver pederasticamente com as crianças.

Não se exclui que a liberdade transexual conquistada possa contribuir para determinar, em um futuro relativamente distante, alterações da estrutura biológico-anatômica

---

[18] Virginia Finzi Ghisi, "Le strutture dell'Eros", em Fhar, *Rapporto contra la normalità* (Rimini, Guaraldi, 1972), p. 183.

do ser humano que o transformem, por exemplo, em ginandro apto à partenogênese ou a novos tipos de procriação a dois (ou a três? a dez?...). Já existem na natureza animais como o cavalo-marinho, por exemplo, que sempre se reproduziu de forma "invertida" (a fêmea põe os ovos no corpo do macho e o macho os fertiliza carregando-os dentro de si até dar à luz). Tampouco sabemos o que acontece em bilhões de outros planetas, em outras constelações, em outros sistemas solares... Não sabemos quais formas de vida elevada estão além do magnífico céu de Tiepolo* que contempla nesta noite os horrendos arredores de Milão.

Se se entender que a repressão de Eros, sua sublimação e a Norma não são mais absolutamente necessárias para os propósitos da civilização e da afirmação do comunismo, ao passo que se mostram indispensáveis para a perpetuação do capitalismo e da barbárie, então não é difícil ver na manifestação do desejo homoerótico um potencial fecundo de ruptura revolucionária: e a esse potencial está ligada aquela *promesse de bonheur* [promessa de felicidade] que Marcuse reconhece como o caráter peculiar das "perversões".

Muitos "companheiros" heterossexuais consideram a questão homossexual *superestrutural* e reivindicam a prioridade das questões socioeconômicas (*estruturais*) sobre as sexuais. Independentemente da crítica, apesar de muito importante, à esclerose pós-marxista mecanicista e adialética assumida, por muitos autointitulados marxistas, pelas noções de "estrutura" e "superestrutura", é de todo modo errado considerar apenas como "superestrutural" a temática sexual, tendo em vista que o próprio trabalho e, em consequência, toda a estrutura econômica da sociedade dependem da sublimação do Eros. Na base da economia está a sexualidade: Eros é *infraestrutural*.

A montante dessa concepção (psicanalítica) da economia e da função fundamental da libido no processo de civilização, o próprio marxismo – ainda que de um ponto de vista historicamente limitado, pois, entre outras coisas, heterossexual e, portanto, parcialmente ideológico –, *afirma a posição estrutural da função sexual*. Escreve Engels:

> Segundo a concepção materialista, o fator que, em última análise, determina a história é este: a produção e a reprodução da vida imediata. Ele próprio, porém, é de natureza dupla. Por um lado, a geração dos meios de subsistência, dos objetos destinados a alimentação, vestuário, habitação e das ferramentas requeridas para isso; por outro,

---

* Refere-se, provavelmente, ao artista Giovanni Battista Tiepolo (1696-1770), famoso por seus afrescos de estilo barroco e rococó. (N. T.)

a geração dos próprios seres humanos, a procriação do gênero. As instituições sociais em que os seres humanos de determinada época histórica e de determinado país vivem são condicionadas por duas espécies de produção.[19]

Nesse caso, as instituições sociais rigidamente heterossexuais da Europa do século XIX eram uma condição da ideia engelsiana da sexualidade como um momento determinante da história *enquanto reprodução*. Engels, em particular, se opôs fortemente à homossexualidade: em *A origem da família*, ele fala dos homens da Grécia antiga que "afundaram na atividade repulsiva da pederastia e [...] aviltaram seus deuses por meio do mito de Ganimedes"[20]. Hoje, pode-se dizer que a *concepção materialista* reconheceu a importância *estrutural* do desejo, que não pode ser feito coincidir apenas, de forma redutora, com o instinto de procriação. Por outro lado, a crítica revolucionária também deve eliminar os preconceitos presentes no próprio marxismo, sua verve masculina que pede ao "proletariado corrompido pela moral capitalista uma resolução viril", como observou Lafargue...

Quanto aos "companheiros" heterossexuais, somente se eles se libertarem de suas *fixações estruturais*, da *superestrutura mental* que os induz a agir como o sistema permite, poderão entender por que a liberação da homossexualidade é indispensável para a conquista da emancipação humana. Por ora é sobretudo a eliminação do seu desejo gay e a sua adaptação ao tabu anti-homossexual tão caro ao sistema que os levam a tratar a questão homossexual de forma *capitalista,* negando-a substancialmente.

5. A absolutização da genitália, ou o idiotismo heterossexual

[...]
e em geral é bem mais difícil convencer os idealistas do que os homens simples, modestos em suas pretensões, acerca do inadequado paradeiro de sua libido.[21]

Em "Homossexualidade e cultura", artigo publicado no *Corriere della Sera* em fevereiro de 1975, Franco Fornari retoma a hipótese freudiana sobre a origem

---

[19] Friedrich Engels, *A origem da família, da propriedade e do Estado: em conexão com as pesquisas de Lewis H. Morgan* (trad. Nélio Schneider, São Paulo, Boitempo, 2019), p. 19.

[20] Idem, p. 67.

[21] Sigmund Freud, "Introdução ao narcisismo (1914)", em *Obras completas*, v. 12: *Introdução ao narcisismo, Ensaios de metapsicologia e outros textos (1914-1916)* (trad. Paulo César Lima de Souza, São Paulo, Companhia das Letras, 2010), p. 41.

da homossexualidade masculina exposta em *Psicologia de massa e análise do Eu*[22]. Ele escreve:

> O homossexual se identifica com sua mãe e imagina seu parceiro como um substituto para si mesmo quando criança. Ao utilizar-se de si mesmo para representar sua mãe e usar seu parceiro como seu próprio substituto, o homossexual não só quer recuperar uma relação amorosa infantil irrecuperável de forma autárquica, mas faz essa operação por meio de uma semântica confusa, análoga à de Narciso, que toma por outro sua própria imagem no espelho.

Ipse dixit: uma hipótese freudiana transforma-se em certeza absoluta pela pena de Fornari, que além disso carrega a carga de um juízo taxativo sobre o caráter inequivocamente "confuso" da "semântica" gay. Mas a "semântica" das relações homossexuais é "confusa" apenas na medida em que confunde Fornari, que disso *não entende nada*; por outro lado, é evidente que só nós gays podemos *dissecar* e compreender a "semântica" do homoerotismo. Nós, homossexuais, queremos que os heterossexuais parem de julgar as manifestações do desejo gay, já que esse desejo é tão rigidamente reprimido neles. Se eles censuram uma parte de si mesmos e estão convencidos de que está tudo bem, como podem falar daqueles que o vivem, senão de forma depreciativa?

Em todo caso, antes de passar a examinar uma a uma as afirmações de Fornari, parece-me apropriado que tenhamos uma ideia, ainda que breve, acerca de sua teoria da sexualidade.

Como Aldo Tagliaferri resume com clareza em seu ensaio "Sulla dialettica tra sessualità e politica" [Sobre a dialética entre sexualidade e política], polemizando com a ideologia da genitalidade ilustrada por Fornari em *Genitalità e cultura* [Genitalidade e cultura],

> Fornari, no louvável intento de resolver o antagonismo entre natural e cultural, corta o nó górdio (e freudiano) da relação entre genitalidade e pré-genitalidade, distinguindo nitidamente os dois princípios e ilustrando o significado da primazia genital, "ápice do desenvolvimento humano". Ele julga a pré-genitalidade como substancialmente alheia ao acasalamento e delineia sua estrutura, antagônica à da genitalidade, segundo um esquema simétrico que podemos resumir assim: a *relação genital* é baseada na troca; dá origem a um orgasmo controlado: implica consentimento e contratualidade; atinge a valoração máxima do objeto; responde a um exame correto da

---

[22] Ver capítulo I, parágrafo 8º.

realidade; enquanto a relação *pré-genital* se fundamenta na apropriação predatória infantil; dá origem a um orgasmo pré-genital não controlado pelo Eu; preside o esquema amigo-inimigo; celebra a onipotência do sujeito por meio de um impulso de apropriação; e de natureza ilusória.²³

De acordo com Fornari, a *relação genital* é exclusivamente heterossexual, enquanto a homossexualidade se enquadra de modo pleno na esfera pré-genital. Em *Genitalità e cultura*, escreve:

> A reflexão realizada sobre o significado das perversões como discurso confusivo* de negação da dependência do objeto genital e de supervalorização do objeto pré-genital na realidade também remete à inversão. Prescindindo da relação anal que pode ocorrer em homossexuais, a inversão aparece sobretudo produzida, para além da confusão corpórea, pela *confusão de pessoas*, tanto em referência ao *self* [eu] quanto ao *non-self* [não eu].²⁴

E aqui ele repete a habitual ladainha da identificação "introjetiva" e "confusiva" do homossexual com a mãe, e da identificação "projetiva" e sempre "confusiva", por parte do homossexual, do parceiro consigo mesmo.

Antes de continuar, gostaria de me concentrar por um momento em "relação anal que pode ocorrer em homossexuais" (da qual Fornari prescinde). Por que *em* homossexuais? E não *entre* os homossexuais? De modo inegável, o que mais preocupa o nosso psicanalista, o que ele realmente não pode ignorar, é a enrabada [*inculata*]: o fato de que alguém possa penetrar o outro. Mas e o sexo anal heterossexual? Fornari também salta por cima disso.

Tagliaferri observa como Fornari define genitalidade pela exclusão do "não genital" ou "pré-genital":

> mas precisamente isso garante e demonstra a dependência da genitalidade em relação à pré-genitalidade. O que resta para a qualificação da genitalidade adulta é o chamado "impulso de troca". Mas a pulsão é antes de tudo elementar e sua elementaridade comporta a unidirecionalidade da intensidade original. Que uma pulsão possa ser considerada componente de um projeto de troca é muito razoável, porém que ela possa, no estado original, no estado de nascença, apresentar-se composta e mediada

---

[23] Aldo Tagliaferri, "Sulla dialectica tra sessualità e politica", em *Sessualità e politica: documenti del Congresso Internazionale di Psicoanalisi*, Milão, 25-28 nov. 1975 (Milão, Feltrinelli, 1976), p. 225.

* O original também recorre a este mesmo neologismo: *confusivo*. (N. T.)

[24] Franco Fornari, *Genitalità e cultura* (Milão, Feltrinelli, 1975), p. 27.

como a operação de troca comportaria é completamente contraditório com o próprio conceito de pulsão. A própria pulsão se direciona de volta (tanto histórica quanto logicamente) ao mundo intensivo e pré-lógico da sexualidade infantil, que Fornari tenta em vão exorcizar.[25]

Em *Omosessualità e cultura*, Fornari também afirma que quem, como Pasolini em um polêmico artigo sobre o aborto, sustenta a oportunidade de incentivar as relações homossexuais para enfrentar o problema do crescimento populacional – *mais desviados, menos gestações* – seria o causador de um recalcamento coletivo. E até agora só podemos concordar com ele. Contudo, para ele, o recalcado seria aquela "selva" subconsciente do imaginário, oculta em cada indivíduo sob a primazia da genitalidade heterossexual. Portanto, se apenas a heterossexualidade é considerada "normal" pela "cultura", é porque a cultura seria "cultivo" que se opõe à "selva". Esperando a propagação da homossexualidade, por outro lado, segundo Fornari, nos colocaríamos contra o "real", optando pelo "imaginário no poder". "Mas se isso pode ser uma operação válida quando se trata de implementar um projeto poético, totalmente sujeito ao arbítrio humano", acrescenta Fornari, "já não é quando se trata de implementar um projeto político, que é um verdadeiro projeto cultural centrado na sobrevivência humana". "Para sobreviver é preciso gerar", e se todos sentimos falta das "águas maternais, a realidade nos ensinou que ninguém jamais estará nessas águas se não houver um coito heterossexual para criá-las"[26].

A "realidade" a que se refere Fornari (o "real" em oposição ao "imaginário"), todavia, não é a *realidade* em sentido absoluto, pois a realidade absoluta não existe: como a "cultura-cultivo" de hoje é ideologia, costume e ciência capitalista, e "cultura pelo lado da cultura determinada que Fornari aceita como Cultura" (Tagliaferri), assim a "realidade" com a qual nos deparamos é a realidade do capital, contingente e transitória, apesar de apresentar-se como necessária e absoluta, e é contra ela que o movimento comunista revolucionário luta. Do ponto de vista da revolução e da emancipação humana, trata-se de anular essa realidade para sempre, e não de fazer mudanças parciais, acrescentando realidade à realidade, reformando o "cultivo" cultural.

Por outro lado, não é de todo verdade que as "perversões" e a homossexualidade em particular não acertem suas contas, de forma cotidiana, com o princípio da

---

[25] Aldo Tagliaferri, *Sulla dialettica*, cit., p. 226.
[26] Franco Fornari, *Omosessualità e cultura*, cit.

realidade, o que decerto não se reduz à hipostasia dessa *realidade determinada* com que opera Fornari. Aldo Tagliaferri especifica:

> O princípio do prazer e o princípio da realidade são duas polaridades abstratas que, como tais, ou seja, como conceitos absolutos, só podem existir separadamente em uma realização insana. Fornari usa sua separação radical apenas com o propósito de desacreditar um dos dois. Mas [...] existe uma perspectiva precisa de síntese dialética na qual se fundem os dois princípios, cada um conservando o lado positivo de sua natureza. Conservando, queremos dizer, o princípio do prazer sua própria qualificação de finalidade, e o princípio de realidade sua qualificação como meio [...].
>
> Tanto no plano existencial quanto no plano teórico, como pode ser facilmente documentado, os projetos de recuperação da pré-genitalidade, além dos de natureza artística, podem ser acompanhados de conscienciosos testes de realidade. Quando o princípio de realidade que sustenta o marxismo tenta se estender, por analogia, ao sexual, seu exame de realidade deve consistir em levar em consideração o sexo em sua especificidade, em realizar um exame científico da realidade do princípio do prazer. É necessário, portanto, renunciar a separar claramente, na realidade, pelo menos os comportamentos que são regidos pelos dois princípios, e renunciar a sentenciar que aqueles que perseguem o princípio do prazer devem, de modo consequente, renunciar à lógica do real.[27]

Que se trata de uma "selva" que se esconde sob a forma atual de "cultivo", isso nada mais é do que uma hipótese que Fornari tenta passar por verdade absoluta para absolutizar a forma atual de "realidade". Ainda conhecemos muito pouco do nosso inconsciente, da nossa imaginação, para descrevê-lo como uma "selva" ou como um "jardim luxuriante".

Também é verdade que o substrato psíquico "projetado" e focalizado pelos "esquizofrênicos" aparece, sobretudo aos olhos das pessoas "normais", de fato como insano (embora ao mesmo tempo surpreendentemente franco, honesto): a viagem "esquizofrênica" [*trip schizofrenico*] sem dúvida perturba a ordem ideológica. E também é verdade que, no inconsciente, "reencontramos o ser humano selvagem, primitivo, da forma como ele se revela à luz da Ciência da Antiguidade e da pesquisa etnográfica"[28]. No entanto, se a experiência do "esquizofrênico" parece caótica, isso se deve ao dado de que a "loucura", isolada e marginalizada, "projeta" seu

---

[27] Aldo Tagliaferri, *Sulla dialettica*, cit., p. 228.
[28] Sigmund Freud, "Observações psicanalíticas sobre um caso de paranoia (*dementia paranoides*) descrito com base em dados autobiográficos (caso Schreber) (1912 [1911])", cit., p. 626.

universo interior no mundo distorcido do capital, onde a "realidade" é mais propriamente aparência que (des)vela a realidade da exploração legal, do privilégio masculino e da repressão sexual (a "realidade" e a aparência atual que escondem a irracionalidade absurda e racional, a verdadeira realidade do capital). E vice-versa, nosso eu profundo é confuso na medida em que reflete os personagens caóticos e a repressão selvagem do sistema. Para concluir: a verdadeira selva é o "cultivo" capitalista, que protege a Norma heterossexual e sufoca todos os ramos do desejo definidos como "perversos".

Vimos que, se por um lado a perpetuação da Norma garante a repressão do Eros e sua sublimação no trabalho, por outro lado essa sublimação e esse trabalho servem apenas para prolongar a dominação do capital e da barbárie. Hoje, existem sobretudo fábricas inúteis que produzem bens inúteis, realidade inútil e destrutiva (*toda a publicidade serve para vender produtos supérfluos*); hoje domina o "cultivo" asfixiante e cancerígeno: não há vida, não há vegetação, faltam casas, falta fôlego. Nossa existência e nossa psique são construídas em grande parte como a cidade poluída do capital: muito trabalho inútil e alienado, muita realidade absurda, muita infelicidade e incomunicabilidade sufocam o ser humano dentro de cada um de nós e na sociedade, que é composta por todos nós.

O movimento comunista luta pela determinação de um futuro livre, pela realização desse jardim da existência intersubjetiva em que cada um colhe como lhe apraz e segundo suas necessidades os frutos da árvore do prazer, do conhecimento, dessa "ciência" que será *gaia ciência*. O ser humano terá vencido a luta milenar com a natureza: então poderá entrar em uma relação harmoniosa com ela e consigo mesmo.

Hoje estão desenvolvidas as premissas históricas necessárias para a realização do que Marx chamava de "reino da liberdade". Trata-se de derrotar o capital, que desnecessariamente e em proveito próprio e exclusivo eterniza a oposição homem-natureza, destruindo a espécie e a natureza. Nós, homossexuais revolucionários somos pela vida, ou seja, pelas alteridades totais. A humanidade deve ser redimida de todo o seu passado, da *pré-história* sombria que pesa no interior de cada um de nós.

Hoje, como sempre foi desde a dissolução da comunidade primitiva, a repressão das mulheres está na base da exploração de classe que agora se tornou o *domínio real* do capital sobre a espécie: "o primeiro antagonismo de classes que apareceu na história coincide com o desenvolvimento do antagonismo entre homem e mulher no casamento monogâmico, e a primeira opressão de classe coincide com a do sexo feminino pelo sexo masculino"[29]. Essa opressão constitui o substrato de toda a dialética *pré-histórica* da oposição entre classes de então até hoje, e a heterossexualidade, ou melhor, a Norma, é essencialmente funcional a essa opressão.

Se é verdade, como afirma Fornari, que nós, homossexuais, nos identificamos com a mãe e não com o pai, também é verdade que vemos nisso uma das potencialidades revolucionárias de nossa condição: a negação, embrionária, da antítese homem-mulher.

Quanto à teoria do narcisismo homossexual, é evidente que só uma mentalidade corrompida pelo sentimento de culpa e pelo remorso ligados à masturbação pode falar de narcisismo apenas em chave depreciativa. E, se o narcisismo se encontra nas relações homossexuais, e justamente na capacidade de se reconhecer nos outros, há uma notável ruptura revolucionária, visando alcançar a intersubjetividade comunista e superar o véu de Maya da individualidade atomizada. Se para Fornari espelhar-se no outro significa desconsiderar o outro, para nós significa, ao contrário, reconhecer que o outro é o que nos une a ele. Narciso acreditava que estava descobrindo o outro no espelho: o homossexual se descobre nos outros, ele apreende a humanidade por meio das diferenças que distinguem os homens individualmente. Se Narciso, refletindo-se na água, no mundo, cruzou poeticamente a fronteira entre Eu e não Eu que está na raiz da "neurose ocidental da contraposição entre matéria e espírito", hoje não é possível uma reconciliação revolucionária totalizante entre os seres humanos sem que nos reconheçamos uns nos outros, na natureza, em nossos corpos e no projeto comunista comum. Narciso, hoje, poderia ser tomado como um símbolo revolucionário (N.a.r.c.i.s.o.: núcleos "armados" revolucionários comunistas internacionalistas subversivos homossexuais [*omosessuali*]).

Mas pode-se dizer que seja verdade, como sustenta Fornari, que o homossexual vê no parceiro o "substituto de si quando criança"? Não acredito na teoria do substituto, mesmo acreditando que toda pessoa, hétero ou homossexual, na intimidade amorosa, às vezes veja no parceiro a "criança" que permanece presente em todo adulto (e essa criança que o outro revela recorda a criança que fomos e que ainda se conserva em nós). De acordo com Georg Groddeck, "raras vezes somos totalmente adultos e, mesmo quando isso acontece, estamos sempre apenas na superfície: limitamo-nos a brincar de adultos, como as crianças, e voltamos

---

[29] Friedrich Engels, *A origem da família, da propriedade privada e do Estado*, cit., p. 68.

a ser crianças assim que nos sentimos profundamente absorvidos na vida". E acrescenta: A "vida começa na infância e, ao longo da vida adulta, nada mais se faz do que perseguir um único propósito, de mil maneiras diferentes: o de trazer a criança de volta; a única diferença entre os homens é que alguns se tornam crianças; outros se infantilizam"[30].

Quando um homossexual faz amor com um homem muito mais velho que ele, pode acontecer de ver em si a criança; mas com mais frequência verá "fantasmas" despertados, os quais, se com efeito queremos remetê-los à infância, lembram-lhe figuras de adultos que conheceu no passado, quando criança. O amor é belo porque é variado: só Fornari pode pensar em generalizar, para os homossexuais, um único tipo de situação amorosa (o que, se acontece, não é de modo algum certo que se dê precisamente nos termos estabelecidos por ele).

Mas, em *Genitalità e cultura*, Fornari reforça a dose. De fato, depois de afirmar que, uma vez que a relação sexual é "consumada", os gays sempre sentem uma sensação imediata de nojo um pelo outro e por si mesmos – e isso é de uma idiotice tamanha que não vale a pena comentar: ainda que não se possa evitar, diante de uma afirmação semelhante, refletir por um momento sobre quais mentiras portentosas nossos professores pretendem fazer passar por "realidade", "ciência" –, Fornari argumenta que o homossexual, repetindo certas "distorções da sexualidade infantil", é enganado pela ilusória equação simbólica "nádegas = seio": em outras palavras, o homossexual confundiria as nádegas do parceiro com o seio perdido da mãe. Assim,

> quando, na pederastia, uma criança ou jovem torna-se objeto sexual, o interesse pelas nádegas-seios pode levar à ilusão de posse total dos seios perdidos, que se tornaram parte de si mesmo, por meio de partes de um objeto fantasiado simultaneamente como parte de si mesmo e como parte da mãe. No entanto, o fato de as nádegas, no nível real, não serem realizáveis como recipientes de leite, mas como recipientes de fezes, expõe as ilusões infantis por trás do comportamento homossexual que se desfazem quando emerge, após a satisfação sexual, o significado real do imbróglio que está implícito em ser "pego por trás". A montagem da libido homossexual [...] tem que lidar com a inevitável desilusão a que a onipotência anal expõe, na medida em que se esforça para mostrar como troca de coisas boas algo que está ameaçado por dentro pela sensação de troca de coisas ruins.[31]

---

[30] Georg Groddeck, *Il libro dell'Es*, cit., p. 18.
[31] Franco Fornari, *Genitalità e cultura*, cit., p. 67.

No tocante às "coisas ruins", devemos começar a perguntar a Fornari quando, pela última vez, ele comeu merda e achou ruim... Que a merda seja ruim, como afirma Fornari, é um preconceito: primeiro prove e depois deixe-nos saber (além do fato de que a coprofilia não termina em coprofagia).

Quanto à expressão "ser pego por trás", o significado de "imbróglio" foi-lhe atribuído pela "cultura" masculina heterossexual, sexofóbica e antigay: para nós homossexuais (repetimos), tomar no cu não é de modo algum um imbróglio, mas um fato real, prazeroso e desejado que não tem nada a ver com a equação ilusória do tipo "nádegas = seios". O cu é meu e sei muito bem que o seio é outra parte do corpo. Quando desejamos penetrar o ânus de outro, não me parece adequado que trocamos as nádegas pelo seio da mãe: e, se fosse isso mesmo, em um nível muito profundo, o que haveria de mau nisso? Sabemos bem que as associações do inconsciente – e do inconsciente de todos, inclusive dos "normais" – são um tanto "originais", bizarras, e certamente não coincidem com as relações "lógicas" da ilusão que Fornari considera "realidade". Em todo caso, seria necessário estabelecer com base em quais faculdades intelectuais extraordinárias Fornari é capaz de perscrutar as verdades do eu profundo melhor do que nós bichas (talvez com um pouco de *sense of humour* [senso de humor]). A propósito: o que dizer de todos aqueles homens que, em seus relacionamentos heterossexuais, se fazem penetrar no ânus pelos dedos da mulher? Que confundem os dedos da parceira com o pênis desejado do pai? Ou que foram alimentados com mamadeira?

Obviamente, apresentar alguma interpretação simplista como "realidade" é o meio mais simples de desvirtuar a realidade, deformá-la e ao mesmo tempo garantir uma cátedra de Psicologia nas universidades do capital, além do espaço de colunista no *Corriere*.

Para Fornari, então, a homossexualidade seria regressiva porque foi fundada no desejo de recriar no amor a relação infantil perdida da mãe com o filho: *e o que dizer da heterossexualidade, que é mesmo centrada, por parte do homem, no desejo inconsciente de voltar ao útero, retornando ao estado fetal?* Claramente Fornari finge ter esquecido o Ferenczi de *Thalassa*, aquela obra magistral em razão da qual Freud definiu o psicanalista húngaro, que havia sido seu discípulo, como seu mestre. Mas recorramos de novo a Groddeck. Para ele, é justamente a heterossexualidade masculina que se baseia no desejo de recriar a relação amorosa perdida com a mãe, e merece consideração o problema de como passar da homossexualidade, "que deriva como consequência necessária do amor-próprio", ao desejo pelo outro sexo. "No homem", escreve Groddeck, "parece-me simples: a permanência no corpo materno, a longa dependência dos cuidados femininos, a ternura, a alegria e os prazeres e as satisfações que só a mãe lhe dá e é capaz de lhe dar constituem um tal contrapeso ao narcisismo que não é necessário olhar mais longe"[32].

E, por fim, como afirma Fornari, é verdade que o coito heterossexual deve preceder para sempre a concepção, tanto agora como no futuro? Este não é o caso: muitas feministas e muitos homossexuais não concordam com Fornari e definem a absolutização do modo atual de reprodução como falocêntrica. Nem é o momento de se falar sobre fertilização artificial ou qualquer outra coisa, porque é muito difícil imaginar quais grandes consequências derivarão da libertação das mulheres e do Eros. Mais uma vez Fornari, imerso na escuridão dessa cegueira que é a ideologia capitalista heterossexual, engaja-se na hipostasia de uma realidade cuja superação é plenamente possível de se imaginar no futuro; assim como foi possível teorizar a origem hipotética (ver Ferenczi, por exemplo) no passado remoto das espécies viventes.

A heterossexualidade não é *eterno-sexualidade*: a procriação heterossexual não é eterna apesar da obstinação com a qual os heterossexuais reacionários, Fornari entre eles, vinculam estritamente a absolutização do primado de sua genitalidade a um uso arbitrário, antimaterialista, adialético, adesão obscurantista ao conceito de "natureza". No fundo, os heterossexuais convictos apelam à dicotomia entre "natureza" e "antinatureza": é como afirmar – é um passo pequeno – que a heterossexualidade reina soberana pela graça de Deus. *Oh my gay God!*

6. Os "normais" perante as travestis. Notas sobre a família

As pessoas ditas "normais" se adaptaram ao código masculino-heterossexual a tal ponto que não conseguem compreender, em geral, a relatividade, contingência e limitação do conceito de "normalidade". Fornari sabe bem alimentá-las pelas páginas dos jornais ou de seus tratados. As pessoas "normais" não desejam mais do que serem confirmadas em seus preconceitos por alguma autoridade: estão prontas para elogiar qualquer um, desde que sustentem que a Ciência, a Cultura e a Realidade convalidam o que a Norma estabelece. Os "normais" buscam uma relação *tautológica* com a "ciência": esperam que o estudioso pregue o que sempre foi o predicado ideológico no qual se reflete sua Identidade de "normal".

---

[32] Georg Groddeck, *Il libro dell'Es*, cit., p. 293.

Assim, se os heterossexuais sempre julgaram reprovável o homoerotismo, são bem-vindos aqueles que dizem que os homossexuais são "imaturos e confusos". As "perversões" devem ser estigmatizadas, devem permanecer "protegidas" pelo véu "científico" das mentiras mais grosseiras, "quase como se estivessem exercendo uma sedução", observa Freud; "como se exercessem uma influência sedutora; como se, no fundo, uma secreta inveja dos que as desfrutam tivesse de ser estrangulada"[33].

Pessoas "normais" não suportam gays não só porque eles, com sua presença, manifestam uma dimensão de prazer encoberta pelo tabu, mas porque, ao mesmo tempo, jogam na cara de quem os encontra a bagunça de *sua* existência monossexual, mutilada, assediada pelo recalcamento, induzida a renunciar e se adaptar a uma "realidade" imposta pelo sistema como se fosse um destino perfeitamente normal.

Observe-se, por exemplo, a atitude das pessoas "normais" em relação às travestis: costumam ser reações de nojo, irritação, escândalo. E o riso: parece que, como refletindo-se em um espelho distorcido, quem olha para uma travesti ri da deformação de si mesmo; nessa imagem "absurda" ele reconhece, sem perceber, o absurdo de sua própria imagem e responde com riso ao absurdo. De fato, o travestismo traduz no cômico a dimensão trágica que existe na polaridade dos sexos.

Não é difícil apreender o denominador comum que liga, em uma relação de parentesco, toda a variedade de atitudes assumidas por pessoas diante de gays e em particular de travestis: cada reação, seja ela de riso e/ou outra, apenas expressa, em quantidade e manifestações, desejo extrovertido negativo, como agressividade e medo; ou, de forma mais precisa, angústia. Na verdade, não é realmente a bicha ou a travesti que constituem um objeto de medo para as pessoas "normais": limitamo-nos a representar a imagem que atua como um meio entre o âmbito de sua observação consciente e um escuro objeto de temor assentado no inconsciente. Essa angústia se converte em riso, muitas vezes acompanhado de formas de violência verbal e até física.

As travestis, vestindo a si e ao próprio sexo com os atributos históricos externos do sexo "oposto", focalizam e interpretam o absurdo ligado à marcada diferenciação cultural entre os sexos e sua absolutização ideológica.

Quem ri da travesti reage à intuição desse absurdo que está – como em todo ser humano – em si mesmo e que o "homem vestido de mulher" que de repente

---

[33] Sigmund Freud, *Introdução ao estudo da psicanálise*, citado em Herbert Marcuse, *Eros e civilização*, cit., p. 60.

aparece diante dele, no "absurdo" de sua aparência externa, externaliza. O encontro com a travesti desperta angústia porque sacode desde os alicerces, no espectador, a natureza estática forçada das categorias rigidamente dicotômicas que cristalizam a dualidade dos sexos, categorias inculcadas em cada um pela cultura masculina heterossexual, sobretudo por meio da mediação familiar que inicia desde criança à contraposição das figuras materna e paterna, personificações "sagradas" dos sexos em sua relação de serva-senhor. Sobre os modelos dos pais, cada qual forma e estabelece sua própria concepção de "homem" e "mulher", do primeiro como virilidade, privilégio e poder, da segunda como feminilidade e sujeição. A esses modelos, a que nos ligamos graças à sacralidade da trama dos laços familiares, determinando nossa personalidade, adaptamos a concepção de cada pessoa que, ao longo da vida, encontramos ou na qual apenas pensamos: não encontraremos mais que "homens" ou "mulheres" enquanto só pudermos imaginar "homens" ou "mulheres". Mesmo em nós mesmos não sabemos reconhecer mais que o "homem" ou a "mulher", apesar da natureza transexual do eu profundo e apesar da formação no contexto da família, onde nossa medida existencial é determinada pela relação tanto com a mãe quanto com o pai. O filho da relação serva-mestre entre os dois sexos vê apenas um sexo em si mesmo. Essa unicidade não parece contraditória diante da evidência do fato de ele ter nascido da fusão dos dois sexos: contudo, basta *querer* olhar-se no espelho (em *trip*) *para ver claramente em nosso rosto os vivos traços da mãe assim como do pai*. A monossexualidade depende do recalcamento da transexualidade. E a transexualidade é negada antes mesmo do nascimento: de fato, a própria concepção procede da negação totalitária do sexo feminino por obra da *unicidade* do falo como sexo no coito e seu "poder" no casal parental.

Mas o falo não coincide de modo exato com o pênis, apesar de o sobrepor: enquanto o pênis distingue anatomicamente o masculino, o falo representa a absolutização patriarcal da ideia (*do poder masculino*) que o pênis encarna, ideia que caracteriza a pré-história enquanto *history* [história]. Num mundo de símbolos, fálica é a forma que assume o simbolismo ideal do poder.

De maneira concreta, esse "poder" se baseia na repressão do Eros, que é a repressão da mente, do corpo e do próprio pênis, e que é antes de tudo a negação da feminilidade; (pré)historicamente, ele depende principalmente da repressão às mulheres.

Da negação do sexo feminino na relação heterossexual, nascem indivíduos masculinos ou femininos, uns sexuados (como portadores do pênis, veículo corporal do único sexo segundo a essência da concepção patriarcal: o falo) e outros "fêmeas eunucos": *aut-aut*. Esta é a tragédia "natural": as pessoas "normais" não suportam que a travesti denuncie o seu aspecto grotesco, cometendo um sacrilégio ao confundir a sacra oposição dos sexos, pois combina ambos os sexos em si mesma, ousa aplicar a feminilidade reduzida à aparência à realidade de seu ser "masculino". A travesti comete um pecado gravíssimo que clama por vingança por parte do Falo.

Se o filho da relação heterossexual for homem, será obrigado a sufocar a "feminilidade", ou seja, a transexualidade, em si mesmo, pois a educastração o obriga a identificar-se com o modelo viril do pai. O filho deve identificar-se com um progenitor mutilado, que já perpetrou a negação da sua própria "feminilidade" e que baseia o seu privilégio na família e na sociedade nessa *mutilação*, que não percebe ou não deseja perceber, enquanto trata como "mutilação natural" a diversidade natural das mulheres e a mutilação a que foram submetidas justamente pelo "poder" masculino que ele, como pai, guardião da ordem, perpetua. O pai realiza a anulação sexual da mãe, anulação à qual ela estava condenada desde o nascimento (porque, do ponto de vista patriarcal, é um ser humano de segunda categoria, enquanto desprovida do pênis), logo antes do nascimento, pois a repressão da feminilidade, das mulheres, vigora há milênios[34]. Em sua relação sexual com a mãe, o pai geralmente absolutiza o papel passivo da mulher, sua função de receptáculo-orifício para o falo de que ele é portador e que "é" o único, evidente, sexo atuante, em cuja forma simbólica e alienada está toda a sexualidade feminina: isso aparece aos olhos do filho por intermédio de todas as manifestações da relação entre os pais.

Se for mulher, a filha do casal heterossexual estará condenada a reconhecer-se no estereótipo da "feminilidade" como negação da mulher, isto é, através da educação que a obriga a identificar-se com o modelo servil da mãe. A educastração consiste, para além da ocultação do clitóris, na repressão do desejo homossexual e da transexualidade, da dimensão erótico-existencial completa da mulher. É necessário que a (trans)sexualidade feminina seja violentamente reprimida para que a mulher pareça "feminina", adequada à submissão ao homem e aos abusos de sua sexualidade, a "única verdadeira". De acordo com a Norma, a sexualidade

---

[34] A sociedade matriarcal entrou em crise no período que Engels e Morgan chamam de "barbárie" (8000-3000 a.C.), e surge, no período seguinte, a "civilização". Escreve Engels: "A derrubada do matriarcado representou a derrota do sexo feminino no plano da história mundial". Ver *A origem da família, da propriedade privada e do Estado*, cit., p. 60, trad. modif.

feminina não deve existir senão como submissa: não deve existir em si e por si, mas diferente de si para o outro.

"Tudo isso retira qualquer surpresa do fato de que historicamente a feminilidade foi sentida como castração e que, conforme Freud, em determinado momento a criança vê na mãe uma criatura mutilada, e desde então vive para sempre a angústia da castração"[35]. Adorno observa (e essas são apenas as opiniões de homens):

> O que os burgueses (em sua cegueira ideológica) chamam de natureza é apenas a cicatriz de uma mutilação social. Se é verdade, como afirma a psicanálise, que as mulheres sentem sua constituição física como consequência da castração, elas intuem a verdade em sua neurose. Aquela que se sente ferida quando sangra sabe muito mais sobre seu corpo do que aquela que se vê como uma flor porque assim agrada ao seu companheiro. A mentira não consiste apenas no fato de que a natureza só é afirmada onde é tolerada e enquadrada no sistema, mas também no fato de que o que na civilização aparece como natureza é, na realidade, antípoda da natureza: é pura e simples objetivação. O tipo de feminilidade que se atribui ao instinto é somente o de que toda mulher deve se adaptar à violência, a violência masculina. As mariquinhas são os homenzinhos.[36]

Em nome do falo, o macho é forçado a esquecer o vazio sensual de seu cu, negando sua plenitude erótica. Envergonhado do próprio ânus por ser este um orifício, e por isso – nas palavras de Sartre – "a presença de uma ausência" tanto quanto a vagina e o orifício do cu da mulher, ele passa a concebê-lo como "a ausência de uma presença": isto é, ele não sabe que poderia gozar com seu próprio ânus e considera vergonha e desonra máxima a sexualidade reconhecida e exercida com ele (o sentimento masculino de honra brota da vergonha). Os árabes, para quem a homossexualidade entre homens é quase universalmente manifesta, consideram, de modo paradoxal, muito desonroso para um homem deixar-se penetrar no ânus: censuram o "papel passivo"[37]. Esse tipo de discriminação e o fascismo sexual que ele

---

[35] Francesco Santini, *Note sull'avvenire del nostro passato*, cit., p. 28.

[36] Theodor W. Adorno, *Minima moralia* (Turim, Einaudi, 1970), p. 88.

[37] Ver Piero Fassoni e Mario Mieli, "Marocco miraggio omosessuale", *Fuori!*, n. 4, out. 1972. Ver também "Les Arabes et nous", em *Grande Encyclopédie des Homosexualités*, cit., p. 10-27 e artigos seguintes. Pouco se sabe na Europa sobre a realidade homossexual entre o povo árabe, e menos ainda no caso das nações islâmicas. Recordemos que a homossexualidade faz parte da instituição religiosa islâmica. Com base em um princípio contraditório, esta admite a homossexualidade ativa ao mesmo tempo que condena moralmente a homossexualidade passiva. Para o *meddeb*, o mestre da escola corânica, é lícito possuir sexualmente seus jovens discípulos. Isso não deve induzir a pensar-se que entre os povos árabe-islâmicos a homossexualidade se manifeste em forma de pederastia: não é verdade que os islâmicos tenham atração sexual exclusiva pelos adolescentes;

acarreta também são difundidos entre os italianos, entre os latinos em geral e entre muitos, muitos outros povos. Duplos machos são encontrados até na Groenlândia.

Coagido a matar a "feminilidade" em si mesmo para se submeter ao modelo imperativo do pai, o homem não pode amar a mulher como mulher, porque, se o fizesse, reconheceria a presença (sexual) feminina, refletindo nela sua própria "feminilidade". Ele ama as mulheres acima de tudo como objetificação e orifícios e, portanto, não as ama: ele tenderá a submetê-las, assim como submeteu à virilidade as presenças da "feminilidade", soterrando-as.

Logo: o amor heterossexual é a negação da mulher, a mutilação do Eros transexual; é o tormento das projeções e da alienação: "Tu és minh'Alma, eu sou teu Animus, contigo, querida, só sinto que superei o solipsismo, de ti não vejo mais do que o que não vejo de mim". O sistema sanciona a negação do amor, institucionalizando-o na Norma heterossexual, ou seja, naquela "normalidade" que é a lei da unicidade sexual do falo; e condenando a homossexualidade como uma rebelião contra a subjugação do Eros pela ordem da produção e reprodução e contra as instituições (em particular a família) que salvaguardam essa ordem.

Longe de matar o pai e depois casar-se com a mãe, o filho homem "mata" antes em si mesmo a "feminilidade" para se identificar com o pai: então será obrigado a se cegar recalcando na escuridão do inconsciente a visão da tragédia que foi obrigado a perpetrar para que nas trevas estabelecidas pelo destino patriarcal não ressuscite a "feminilidade" condenada à morte. Na tragédia de Édipo, não fará mais do que recordar a tragédia ocorrida de cabeça para baixo: uma tragédia que já estava no destino de Laio, um destino que envolve Jocasta e é cumprido por seu filho. Para Freud, a heterossexualidade é a "solução normal" do complexo de Édipo. A homossexualidade, que é uma resposta invertida à tragédia, a homossexualidade que, como diz Ferenczi, é "uma inversão em grande estilo (*en masse*)", é condenada e marginalizada porque a ela está ligado o risco, para o "poder" masculino, de que os verdadeiros fantasmas da tragédia ressurjam junto com sua versão autêntica, a única que pode ser autenticamente apagada e superada para sempre: "somente um amor particular", escreve Virginia Finzi Ghisi, "pode talvez

---

se fosse assim, seria mais fácil entender a limitação dos adultos ao papel ativo: o adolescente, com base na concepção patriarcal, serve como *trait d'union* entre a mulher e o homem, e isso motiva sua fixação no papel passivo. Mas os árabes também têm relações frequentes e prazerosas com homens adultos: é como se a culpa que, segundo sua religião, acomete aquele que se deixa possuir não os envolvesse, ainda que com frequência sejam eles que proponham a relação.

denunciar *a natureza particular da relação universal por excelência*, a relação sexual natural, o amor homem-mulher que reflete no pequeno círculo mágico da família ou casal a estrutura idêntica fundante e ao mesmo tempo fundada por ele, da grande família (escritório, fábrica, relações comunitárias, mercado mundial)". A homossexualidade permite "a quebra de papéis que a relação natural generalizada cristalizou e a recomposição de novos papéis, complicados e até bizarros, ricos em nuances: 'Todos os homens são mulheres e todas as mulheres são homens'"[38].

A homossexualidade é uma relação entre pessoas do mesmo sexo: *entre as mulheres, declara a existência autônoma e independente da sexualidade feminina*; entre os homens, ainda que historicamente impregnada de falocratismo, a homossexualidade duplica a "singularidade" sexual do falo, negando-a, e revela a disponibilidade do ânus para o coito e o prazer erótico. Além disso, "na relação homossexual entre homens e entre mulheres, questionam-se o poder e a delegação: entre dois vencedores e duas perdedoras sociais todos nos vemos obrigados a ter cuidado e recompor afeto, sexualidade, poder, ausência de poder, e não os distribuir na divisão social de papéis. E isso parece uma questão trivial, mas mina a ordem distributiva da sociedade atual, a maneira de fazer política, a própria estrutura dos grupos políticos"[39].

7. A compulsão a repetir. O gueto. "Sair do armário" no local de trabalho

A união dos corpos masculinos e, paradoxalmente, a união dos pênis redimensionam a abstração autoritária do falo; mas a homossexualidade masculina também pode se apresentar duplamente fálica onde – e já mencionei os costumes dos árabes e a ideologia do "Duplo Macho" –, muito reprimida, mimetiza sem reservas os modelos heterossexuais. Nesse caso, a relação sexual entre homens é incomunicabilidade alienante: enquanto a homossexualidade for considerada "aberração" e tratada em âmbito social como tal – ou, enquanto a homossexualidade passiva for julgada desonrosa e deplorável, como nos países do Islã –, o desejo gay, culpabilizado, também pode tender a se justificar adaptando-se plenamente às leis do "poder" masculino, tornando-se até seu paladino. Até mesmo as lésbicas são às vezes coagidas a isso.

---

[38] Virginia Finzi Ghisi, *Le Strutture dell'Eros*, cit., p. 172.
[39] Coletivo Autonomo Fuori! de Milão, "I gruppi di fronte alla questione omosessuale: la complice alleanza?", *Re Nudo*, n. V, nov. 1975.

Neste ponto é preciso lembrar como o homossexual, assim como o heterossexual, está sujeito à fixação a normas e valores, herança da educastração edipiano-falocêntrica, e à compulsão à repetição. A educação – observa Corrado Levi – "tende a predispor e cristalizar a libido de cada um, com ações contínuas de repressão e escrutínio, em imagens e modelos que então sustentam consistentemente os comportamentos subsequentes, na tendência forçada de buscá-los e personificá-los"[40]. São imagens e modelos ligados, todos, aos valores atualmente vigentes no contexto capitalista. "A cristalização do desejo nas imagens adquiridas tende, e às vezes inequivocamente, a excluir todas as outras que diferem daquelas: buscam-se apenas as imagens de homem e mulher (e são apenas heterossexuais ou homossexuais), perseguem-se tipos físicos que ressoam com essas imagens: jovem ou velha, loira ou morena, barbudo ou barbeado, burguês ou proletário, homem ou mulher etc., com uma tendência a excluir seletivamente" um dos dois termos. A cristalização de comportamentos nos modelos familiares, por outro lado, determina o tipo de relação com os parceiros: "casal, trio, ativo, passivo, paterno, materno, filial etc. São verdadeiros filtros e diafragmas através dos quais deve passar a nossa atuação ou a das pessoas à nossa frente e que por sua vez ativam respostas com mecanismos semelhantes". Modelos, imagens, comportamentos geralmente tendem a tomar forma no horizonte dos valores masculino-capitalistas: dominação, subordinação, propriedade, hierarquia etc., "e isso está ligado", conclui Corrado Levi, "tanto ao conteúdo dos modelos perseguidos quanto ao mecanismo de persegui-los".

Mas, se tais filtros e diafragmas, esses mecanismos, são em parte comuns tanto aos heterossexuais quanto a nós gays, também é verdade que, a partir da fratura que nosso comportamento, enquanto transgressão da Norma, representa para a sociedade, nós homossexuais somos capazes de questioná-los, descobrindo em nossa vida um profundo *décalage* [vão] entre a regra transgredida e as normas ainda aceitas e a contradição que isso cria no sistema de valores vigentes. Também é certo que o crescimento do movimento ainda não nos levou a uma descristalização completa dos modelos internalizados e da compulsão de repeti-los e persegui-los; porém pelo menos nos inspirou alguns traços, desenvolvendo em nós o desejo de "experimentar" e acentuar novos e diferentes comportamentos paralelos em progressiva substituição daqueles que são repetitivos e forçados. É o

---

[40] Corrado Levi, "Problematiche e contributi dal lavoro di presa di coscienza del collettivo Fuori! di Milano", 1973: nessa citação remeto à versão do ensaio publicada como apêndice em *Un tifo*, Milão, outono de 1973.

que acontece sobretudo nos Estados Unidos, onde o movimento gay se expandiu muito mais do que na Europa, provocando uma considerável mudança na condição social e existencial dos homossexuais (particularmente em alguns estados), apesar da insuportável persistência da dominação do capital. Na América, acima de tudo, o desejo sexual entre os gays parece ter florescido novamente, o que em nosso país ainda permanece em grande parte latente, enquanto para muitos o fantasma do homem heterossexual, da besta, como o "objeto supremo" do desejo, permanece muito vivo.

Mas a situação no gueto, nos Estados Unidos como na Europa ou no Japão e na Austrália, decerto não é um mar de rosas. Muitas vezes, no gueto, muitos de nós ainda tendemos a oscilar entre reprimir e ostentar exageradamente, questionando (de forma deliberada) sua autenticidade, sua própria "efeminação": segue-se que toda espontaneidade, toda sinceridade, é colocada de lado e substituída pela pantomima de "normalidade" ou aquilo que a reflete, de "anormalidade". A fusão dessas encenações muitas vezes acaba tornando o gueto monstruoso aos nossos próprios olhos, bem como aos mais ou menos escandalizados olhos da sociedade heterossexual, muito mais monstruosa, que o cerca.

Por vezes vige no gueto uma particular regra férrea. A falta de abandono, naturalidade e carinho é muitas vezes sancionada ali como norma; a "comunicação" se dá por meio de uma trama de gracejos, entradas e saídas espetaculares, flechas disparadas com precisão sem precedentes (*sem precedentes* para pessoas heterossexuais). A bicha do gueto acaba por ser uma mestra não só em enfeitar-se a si mesma e a sua casa (com requinte ou em estilo *kitsch*, pouco importa, visto que agora está *out of date* [fora de moda] até mesmo o *kitsch* refinado), em criar uma certa atmosfera, em administrar melhor que qualquer pessoa sua própria máscara (com a qual dia após dia é reduzida a se identificar), mas também é mestra em converter as outras bichas. Muitos homossexuais hoje usam, como nos campos de concentração nazistas, o uniforme dos perseguidos: não se trata mais do triângulo rosa, mas de um invólucro que os envolve da cabeça aos pés, de uma máscara que desfigura a fisionomia, de uma couraça que aperta o corpo e que é muito menos poética que a dos crustáceos de Unamuno.

O sistema nos *guetizou* tanto, e colonizou tão profundamente o gueto, que nos leva a reapresentar muitas vezes, de forma grotesca e tragicômica, os mesmos papéis, a mesma encenação da sociedade que nos marginaliza. Justamente por isso nós gays podemos revelar muitas vezes a miséria que cerca o "nosso" gueto, e às vezes com gosto e ironia excepcionais. No entanto, se a sociedade se diverte com a sutileza irônica de alguns de nós e se diverte na representação homossexual de sua própria imagem invertida, ao mesmo tempo não refreia seu desgosto pelo gueto real (ou pelo que capta dele) e o ataca com racismo.

Mas o gueto não está descolado da sociedade que o construiu: é um aspecto *desse* sistema, do sistema. Além disso, a consciência da marginalização e o sentimento de culpa induzido pela condenação social envenenam o gueto, a ponto de fazê-lo assumir o mesmo sorriso distorcido e impiedoso da sociedade que o ridiculariza. E se muitas vezes os homossexuais não se atraem, isso se deve em grande parte à atmosfera do gueto, que é anti-homossexual precisamente porque é um coágulo da *falsa culpa* e da marginalização.

Os homossexuais sempre foram tão induzidos a se considerar doentes que por vezes acontece de eles se perceberem como tal: esse é o nosso verdadeiro mal, a ilusão da doença que pode até nos deixar verdadeiramente enfermos. De modo análogo, quem esteve internado por muito tempo em um manicômio pode acabar com os sinais estereotipados da "loucura" no rosto, ou seja, os traços de perseguição e prisão, "terapia" internalizada na forma de doença. Os médicos (psiquiatras e antipsiquiatras) são os verdadeiros difamadores, a verdadeira enfermidade e a "cura".

Com frequência, a ilusão de estar doente de alguma forma aflige o homossexual a tal ponto que o leva a tentar mascarar (deformar) seu ser, cuja deformidade é forçada a existir como deformidade. Se nós homossexuais às vezes parecemos ridículos, lamentáveis, grotescos, isso acontece porque não nos é permitida a alternativa de sentir-nos seres humanos. Os "loucos", os negros, os pobres são assustadores: os oprimidos trazem na face a marca da opressão sofrida.

Mas essa marca pode se transformar em anúncio da nova vida que surge: no rosto de uma travesti pode agora brilhar a *gaieza** do desejo que está sendo liberado, a energia propositiva que se volta para a criação do comunismo. A guerra contra o capital não está perdida: cada vez mais homossexuais, hoje, em vez de lutar cegamente contra si mesmos na angústia do individualismo, dentro do gueto, aprendem a (com)bater *gaiamente* de olhos abertos, de corpo aberto, pela revolução.

---

* *Gaiezza*: de gaio, gay. Mantivemos uma adaptação da forma original por não haver tradução exata, tal como fizemos com "gaio" e "gaia" e "gaiamente" – esta última aparece logo em seguida. (N. T.)

Não é mais o tempo de esconder nossa homossexualidade: devemos vivê-la em todos os lugares, de qualquer jeito, o mais abertamente possível, *mesmo no local de trabalho*, se não quisermos nos tornar cúmplices de todos aqueles que ainda nos oprimem. Quem tem medo de perder o emprego pode se revelar com cautela: e, quando necessário, é possível manter certa discrição sem fazer concessões mesquinhas à Norma. As coisas podem ser ditas claramente sem dizê-las, e pode-se comportar-se de modo coerente com as próprias ideias e desejos, evitando, no momento, expor-se muito explicitamente quando não se pode dar-se ao luxo de perder o emprego. Claro, a situação é muito mais difícil para os homossexuais que vivem em pequenas cidades, na província: mas espera-se que em breve os efeitos positivos do movimento de libertação também sejam sentidos nesses lugares.

Enquanto as pessoas forem obrigadas a trabalhar nas fábricas, nos escritórios, é bom que surjam coletivos homossexuais por toda parte, nos bairros, nas empresas: *a união faz a força de sair do armário abertamente*; e, agora também na Itália, os grupos gays estão se multiplicando nas escolas e universidades.

Tenho um amigo pederasta que é bancário e que no escritório convive bem, usando de argúcia e imaginação. Recentemente "desfilou" para os colegas, para o chefe e sobretudo para si mesmo, como se fizesse um desfile de moda primavera-verão para empregados de banco. Os colegas divertiram-se muito, até que um, assombrado, lhe perguntou se ele se dava conta do que estava fazendo. Ele respondeu: "sou louco", deixando todos a se perguntarem se era de fato louco ou se estava tirando onda de todos eles.

Assim, e quem sabe de quantas outras formas, o discurso de libertação passa implícito, sem heroísmo, sem que se corra o risco de ser demitido. Cada bicha, dependendo da situação em que se encontra, fará o que puder: o importante é dar o seu melhor (ou seja, identificar como se deve comportar para obter os melhores resultados no sentido da libertação) e nunca se curvar resignado à Norma.

"Contagiar" a homossexualidade no local de trabalho hoje significa incentivar as pessoas a recusar um trabalho que não tem sentido de existir e que consiste em grande parte em desejo homoerótico sublimado. Basta entrar num escritório, numa fábrica, para perceber imediatamente como toda a atmosfera embrutecedora do local de trabalho está impregnada de homossexualidade reprimida e sublimada. Os "companheiros" do trabalho, respeitando, como quer o capital, o tabu estritamente anti-homossexual, suportam oito horas por dia mais as horas extras, exibem-se rivalizando com as mulheres, "entendendo-se" entre os homens, enganando uns aos outros, trabalhando. Ao fazê-lo, eles jogam o jogo... *pardon* [desculpe], o trabalho do capital, estabelecendo uma falsa solidariedade entre os homens, uma solidariedade negativa que os coloca contra as mulheres e os coloca uns contra os outros numa ótica frustrada (e frustrante: ou terrivelmente gratificante) de rivalidade, da competição para ser o mais duro, o mais viril, o mais bruto, o menos fodido na foda geral, que – antes fosse foda! – nada mais é que a servidão à máquina capitalista, ao trabalho alienado, e o consentimento forçado à repressão mortal da espécie humana, do proletariado.

Se o desejo gay fosse liberado entre os "companheiros" de trabalho, eles se tornariam verdadeiros *companheiros,* capazes de reconhecer e satisfazer o desejo que sempre os uniu; capazes de criar, pela redescoberta da atração mútua, uma nova e autêntica solidariedade entre homens e mulheres; capazes de realizar, todas juntas, mulheres e bichas, o Novo Proletariado Revolucionário. Capazes de dizer basta ao trabalho e sim para o comunismo.

8. Subjetividade revolucionária e sujeição

Acredito que, diante da soma de argumentos que arrolei nestas páginas e em muitas outras, somente os pontos de vista daqueles que se encontram em posição antitética em relação à Norma institucionalizada podem cumprir uma função crítica plena. Em outras palavras, somente a autoconsciência feminista e a tomada de consciência homossexual[41] podem dar origem a uma visão de mundo completamente alternativa em relação àquela heterossexual masculina e a uma interpretação clara e revolucionária de problemáticas importantes que foram obscurecidas por séculos, ou mesmo colocadas em questão pelo dogmatismo patriarcal e pela absolutização da Norma; isso porque o ponto de vista das mulheres contém a potencialidade antitética fundamental em relação ao "poder" masculino, enquanto o ponto de vista gay representa a principal antítese subversiva contra a norma sexual estabelecida e hipostasiada por esse "poder" que, como vimos, é em todos

---

[41] Isso não significa fazer apologia de todos os grupos feministas e homossexuais existentes, muito menos enaltecê-los em virtude de um triunfalismo cego. Veja capítulo II, parágrafo 6º. Devemos destacar os aspectos contrarrevolucionários da política dos homossexuais e das mulheres e deplorar o machismo dos gays e a atitude anti-homossexual ainda comum a muitas feministas. Mas é justamente uma análise crítica das situações em que se debatem grupos feministas e homossexuais que nos permite avaliar de modo pleno a imensa importância dos problemas que os concebem. E então eles têm o mérito de ter levantado questões fundamentais desde tempos muito remotos; e entende-se que, se eles foram os primeiros a trazer à tona tais argumentos cruciais, têm capacidade de melhor discerni-los e agir, enfrentando-os de forma prática, para resolver o problema.

os aspectos funcional para a perpetuação do capitalismo. Se é o código masculino--heterossexual que impede o salto qualitativo que leva à liberação da transexualidade a que o desejo aspira profundamente, não se pode deixar de admitir a potencial e agora atual ruptura da homossexualidade no contexto da dialética entre "tendências" sexuais, assim como não pode ser negada a posição revolucionária ocupada pelas mulheres no contexto da dialética entre os sexos.

Aos antipsiquiatras que se deram ao trabalho de descobrir a natureza transexual reprimida do desejo, explicaremos que a liberação da transexualidade até então inconsciente não é alcançada por meio de repetições masculinas e heterossexuais de categorias psicanalíticas clássicas (substituindo, por exemplo, Édipo por um *Anti-Édipo*), mas é conquistada com a revolução das mulheres contra o machismo e com a revolução homossexual contra a Norma heterossexual; e que somente o ponto de vista das mulheres e dos gays, e em especial das mulheres gays, pode identificar o importantíssimo vínculo existente entre a sua subordinação e a subordinação social, puxando o fio que une a opressão de classe, de sexo e a repressão da homossexualidade.

Nas mulheres *submetidas* ao "poder" masculino, nos proletários submetidos à exploração capitalista, na *sujeição* dos homossexuais à Norma e na dos negros ao racismo dos brancos, reconhecemos os sujeitos históricos concretos capazes de derrubar os atuais planos da dialética social, sexual e racial para a conquista do "reino da liberdade". Reconhecemos a subjetividade humana não nas personificações da coisa por excelência, isto é, do capital e do falo, mas na sujeição de mulheres, homossexuais, proletários, crianças, negros, "esquizofrênicos", velhos etc. ao poder que os explora e reprime. *A subjetividade revolucionária ou potencialmente revolucionária se oculta na sujeição.*

Nisso reside uma série de graves contradições que serão superadas para que a verdadeira Revolução se acelere: de fato, ainda hoje o potencial subversivo da maioria é refreado por sua adesão a uma ou outra forma de poder. Muitos proletários, muitas mulheres, por exemplo, ainda defendem ferozmente a Norma heterossexual e, portanto, o privilégio masculino, daí o domínio do capital. Contudo, de acordo com Elvio Fachinelli, "não estamos longe do dia em que algum heterossexual pacífico e moderadamente eficiente será preso e fuzilado pelo seu colega homossexual"[42].

Mas Fachinelli sabe bem que o fuzil é um símbolo fálico. Nós gays não temos a intenção de reduzir ninguém a um alvo, mesmo se estivermos prontos para nos

---
[42] Elvio Fachinelli, *Travestiti*, cit., p. 38.

defender como pudermos e se estivermos prontos para nos defender ainda melhor no futuro: nossa revolução se opõe ao capital e à sua Norma, e tem a libertação universal como seu objetivo. Deixamos de bom grado a morte e a violência gratuita para o capital e para as pessoas que foram enredadas por sua ideologia desumana. Fachinelli, como um bom heterossexual, teme-nos *armados de fuzil* porque obviamente teme as relações homossexuais; deve-se desejar que esse medo heterossexual se transforme em desejo gay e não em Terror, para que não sejamos forçados a realmente pegar em armas. Acredito que o movimento de libertação da homossexualidade é irreversível, no quadro mais amplo da emancipação humana; cabe a todos nós fazer com que essa emancipação, como um todo, seja real. Não há mais tempo a perder.

Fim

Enquanto houver uma mulher que recuse ou receie a aproximação sexual por parte de outra mulher, enquanto houver um homem empenhado em garantir e defender a virgindade de seu ânus, o reino da liberdade não terá sido conquistado; essa é a certeza a partir da qual o ponto de vista homossexual ilumina o futuro.

(Mario Rossi)[1]

Acredito que esta conclusão não acrescenta nada de novo ao que foi discutido e afirmado nas páginas precedentes. Trata-se apenas de um resumo conciso das principais perspectivas decorrentes da análise da questão homossexual. Aqueles que me acompanharam até aqui, portanto, encontrarão nas últimas páginas apenas uma espécie de resumo do que já deveriam ter entendido. Para quem começa dando uma olhada na conclusão (e não são poucos os que o fazem), as afirmações insólitas aqui reunidas devem induzi-lo a ler tudo desde a primeira página ou a jogar o livro pela janela, imediatamente, percebendo que não está interessado (ou talvez esteja demais...) em uma leitura desse tipo e em *certas* hipóteses.

A partir da crítica à ideologia do primado heterossexual e do exame da questão homossexual e dos ricos temas inerentes à libertação do Eros, é possível e mesmo necessário tirar conclusões hipotéticas – e mais do que hipotéticas – sobre o futuro da humanidade. Essas conclusões são apresentadas como a soma das consequências que derivam do atual movimento da dialética sexual no quadro da emancipação humana: a menos que – e neste ponto devemos antes propor a hipótese contrária – a antítese de revolução e comunismo não sejam a destruição, a guerra e a aniquilação biológica da espécie, tendência da dominação mortífera do capital.

---

[1] Mario Rossi, "Dirompenza politica della questione omosessuale", *Fuori!*, n. 12, primavera de 1974.

1) A libertação de Eros e a emancipação da humanidade passam necessariamente – e esta é uma *gaia* necessidade – pela libertação do homoerotismo, que compreende o fim da perseguição aos homossexuais manifestos e a expressão concreta do componente homoerótico do desejo por parte de *todos* os seres humanos. *Baise soit qui mal y pense**.

2) Além disso, a liberação da sexualidade implica o reconhecimento completo e a manifestação concreta do desejo erótico por pessoas de sexos diferentes por parte dos homossexuais, e a realização de uma nova forma de amor gay entre mulheres e homens.

3) A (re)conquista de Eros determina a superação das atuais formas coagidas em que a heterossexualidade e a homossexualidade se manifestam. Isso significa que a liberação, que é sobretudo a liberação do desejo gay, levará não apenas à negação da heterossexualidade como Norma heterossexual mas também à transformação da homossexualidade, ainda hoje amplamente dominada pela ditadura dessa Norma. A antítese heterossexualidade-homossexualidade será assim superada e será substituída por uma síntese *transexual:* não haverá mais heterossexuais nem homossexuais, mas seres humanos *polissexuais*, transexuais; melhor: não haverá mais heterossexuais nem homossexuais, mas seres humanos. A espécie terá se (re)encontrado.

4) O Eros livre será transexual também porque a liberação da homossexualidade e a abolição do repressivo primado heterossexual-genital terão favorecido e determinado a completa desinibição e liberação da natureza hermafrodita profunda do desejo, que é transexual (a psicanálise diria redutivamente bissexual) tanto para os "objetos" *quanto para o sujeito*.

5) A descoberta e a progressiva liberação da transexualidade do sujeito levarão à negação da polaridade entre os sexos e à realização utópica (no sentido revolucionário da *utopia-eutopia*) do novo homem-mulher ou, muito mais provavelmente, mulher-homem.

6) Mas a semelhança (quase) especular, ainda que na alteridade, entre o *objeto* de desejo transexual e o *sujeito* transexual que deseja levará a um reconhecimento do sujeito no objeto e, em consequência, à criação de uma verdadeira reciprocidade

---

* "Foda-se quem pensa errado". Paráfrase do célebre lema da Ordem da Jarreteira *"Honni soit qui mal y pense"* (Quem pensa mal não tem honra). Segundo uma lenda, o rei inglês Eduardo III (1312-1377) instituiu a Ordem da Jarreteira em homenagem à sua amante, a condessa de Salisbury, que havia deixado cair uma liga durante uma dança. O rei apanhou-a imediatamente e pronunciou a famosa frase aos cortesãos, que sorriram com o gesto. (N. I.)

intersubjetiva. Nela, do ponto de vista sexual, a (re)conquista da comunidade humana se manifestará, e o Eros liberado não mais estará separado das demais expressões da comunidade: curada da neurose, a sexualidade poderá mostrar-se livre do sentimento de culpa, mesmo nas formas sociais e artístico-científicas de sua sublimação positiva, e terá lugar o verdadeiro Renascimento. A sublimação positiva (*sublime ação*) substituirá completamente o trabalho entendido como trabalho estranhado e forçado e a sublimação estéril e autodestrutiva em que hoje se perde a maior parte do tempo "livre" neurótico. Todos os seres humanos conhecerão a si mesmos, e não mais do ponto de vista individualista, que terá sido superado, mas do ponto de vista transexual-intersubjetivo, comunitário: o conhecimento terá anulado as barreiras entre Eu e não Eu, entre Eu e os outros, entre o corpo e o intelecto, entre o dizer e o fazer.

7) Para que se deem a liberação da homossexualidade e da transexualidade e a emancipação humana, *é necessária a afirmação do movimento revolucionário das mulheres*, que, sendo os sujeitos históricos concretos da antítese universal ao poder masculino vigente, derrubarão esse poder, convertendo sua posição antitética em revolucionária e fazendo desmoronar o sistema de repressão do Eros que é absolutamente funcional ao poder estabelecido, a começar pela Norma heterossexual e a rejeição da homossexualidade.

8) O colapso do sistema falocêntrico acarreta o colapso do sistema capitalista, que se baseia na estrutura machista-heterossexual da sociedade e na repressão-exploração do Eros que garantem a perpetuação do trabalho alienado e, portanto, do domínio do capital. O proletariado revolucionário e o movimento revolucionário das mulheres são duas faces do Partido Comunista-comunidade humana, e o movimento revolucionário homossexual é o cu. Como a transexualidade, o movimento revolucionário é *uno e múltiplo*.

9) Se a afirmação do movimento de homossexuais conscientes contribui para tornar revolucionário(s) o(s) movimento(s) comunista(s) de mulheres, a progressiva libertação das demais tendências reprimidas de Eros fortalecerá ainda mais o movimento revolucionário, tornando-o cada vez mais *gaio*. A própria presença, por exemplo, de uma organização subversiva de homossexuais sadomasoquistas nos Estados Unidos revela que estamos caminhando em direção oposta à totalização capitalista destrutiva, na direção da liberação completa do desejo. Não é possível nem imaginar a importância da contribuição dada à revolução e à emancipação humana pela progressiva liberação do sadismo, masoquismo, pederastia

propriamente dita, gerontofilia, necrofilia, zoofilia, autoerotismo, fetichismo, escatologia, urofilia, exibicionismo, voyeurismo etc., senão movendo-se na *primeira pessoa* para a desinibição e para a concreta expressão dessas tendências de nosso desejo, senão remetendo ao trabalho, prático e teórico, daqueles que já vivem manifestamente uma ou mais formas dos desejos chamados "perversos", sem esquecer que, muitas vezes, estão entre os mais "perversos" aqueles que são definidos como "esquizofrênicos".

Em particular, se aspiramos à conquista da transexualidade, não podemos deixar de reconhecer naqueles que hoje são fisiológica ou mesmo psicologicamente transexuais (no drama de sua vida individual, banidos pelo sistema repressivo das fechadas vidas individualistas monossexuais "normais") a única expressão contemporânea e concreta, embora perseguida e longe de ser livre, da "milagrosa" amplitude e do alcance do desejo, do Eros. "O milagre é que não há milagre", disse Sartre.

Apêndice

Premissa
por Paola Mieli*

Com a distância de mais de um quarto de século, um texto político com caráter de manifesto, de declaração vanguardista e programática intrinsecamente associado ao contexto social e histórico do qual se origina, requer uma contextualização. Isso também é aplicável a uma tese de láurea, obra juvenil escrita com ímpeto e publicada imediatamente, sem o trabalho de refinamento editorial que mereceria (à diferença da edição inglesa do texto de 1980, polida e ressistematizada por seu editor-tradutor, David Fembach, com a concordância do autor, que se apresenta como um livro mais bem trabalhado e eficaz). Foi nossa intenção publicar o texto italiano original, atualmente esgotado, na tentativa de proceder a uma publicação filológica e racionalizada da obra de Mario Mieli.

Com seu caráter inovador, ousado e excessivo, com seu humor cáustico, *Elementos*** continua sendo "até hoje o ensaio teórico mais importante produzido na Itália na área do movimento de libertação homossexual", afirma Gianni Rossi Barilli. A sua fortuna subterrânea no contexto italiano, complementar à marginalidade local desse movimento, é ampliada por sua difusão no mundo inglês e, em consequência, na cena internacional, como progenitora, junto a outros textos ilustres, de um discurso posteriormente desenvolvido no âmbito dos Estudos de Gênero e da Teoria *Queer*, hoje central para a cultura estadunidense e anglo-saxônica.

---

* Paola Mieli é psicanalista em Nova York e presidente da Après-Coup Psychoanalytic Association. (N. I.)

** O título original da primeira edição deste livro é *Elementi di critica omosessuale* (Elementos de crítica homossexual), chamado em diversas ocasiões neste "Apêndice" somente de *Elementos*. (N. E.)

Elementos nasce e permanece como um texto de batalha. É o manifesto de uma certa política da experiência. Nesse sentido, dirige-se diretamente aos seus companheiros de percurso, não apenas aos intelectuais mas também aos companheiros de todas as origens e estratos sociais; e, como muitos testemunharam, não deixou de ser fonte de íntimo encorajamento, de libertação. É a voz aguda de uma época historicamente demarcável – aqueles anos 1970 de que é testemunha –, mas é ao mesmo tempo uma ponte para a atualidade. 1977, ano em que foi publicado pela Einaudi, "aparece como um ponto culminante, ao mesmo tempo de equilíbrio e ruptura", observa Claude Rabant, "antes da grande virada dos anos 1980". E, como Tim Dean aponta, "nada revela a idade de *Elementos* mais cruelmente do que sua inevitável ignorância da Aids".

Pareceu-nos, por isso, útil acompanhar esta reedição de 2002 com um apêndice que relocalizasse o ambiente histórico e cultural do livro e dos seus fruidores, que demarcasse a sua voz original dentro de um movimento em evolução, permitindo-nos identificar tanto os pontos fracos quanto os méritos, tanto os anacronismos quanto o valor inovador ou criativo. Por essa razão, recorremos a diferentes estudiosos, destacados porta-vozes em nível nacional e internacional do movimento que *Elementos* contribuiu para criar e no qual se insere.

Gianni Rossi Barilli reconstrói a experiência social a partir da qual o discurso de Mieli encontra sua inspiração, aqueles grupos de autoconsciência que foram "laboratórios de liberação sexual muito em voga nos anos 1970, nos quais a fórmula 'o privado é político' encontrou sua expressão mais concreta". Como ele aponta, *Elementos* representa "a síntese mais bem-sucedida" da teoria então articulada pelos grupos de libertação milaneses dos quais Mieli fez parte e foi o animador entre 1971 e 1976/7. O "homossexual evidente", escreve Rossi Barilli, "condenado a existir como não homem, híbrido fracassado de masculino e feminino, torna-se revolucionário ao assumir o defeito de sua própria feminilidade como instrumento de rebelião, descobrindo então quase com espanto que para além da revolta ele abre, de fato, o caminho para a libertação". Essa transvaloração de valores, esse fazer da chamada diversidade uma arma de batalha em vez de uma condição de humilhação, tornou-se a base para uma nova forma de compreender tanto a própria sexualidade quanto seu potencial subversivo, suas possíveis consequências disruptivas na realidade social.

Mas como fazer com que o desejo gay se torne a pedra angular de um processo político de reestruturação da civilização? Como conciliar uma experiência feita de singularidade e sua universalização, sua apropriação coletiva?

Seguindo os argumentos teóricos de Mario Mieli, baseados em uma fé genuinamente marxista e em algumas descobertas freudianas, cada um dos autores que intervém neste apêndice aponta para as evidentes contradições. Por exemplo, o apoio à noção de perversão polimórfica por um lado e uma leitura descuidada de Freud por outro, uma desatenção que, aliada às referências marcusianas e junguianas, faz perder de vista um elemento central, como aponta Teresa de Lauretis, o fato de que repressão política e recalcamento psíquico pertencem a ordens conceituais muito distintas. Ou a recaída em um discurso ideologicamente prescritivo – em um novo "voluntarismo", como aponta Simonetta Spinelli – dessa mesma experimentação para além dos papéis sexuais codificados que se pretende instrumento de libertação e pedra angular rumo à revolução: o desejo, de fato, não pode ser "organizado" por um ato de vontade, como observa Christopher Lane em seu minucioso exame das soluções propostas por *Elementos* para revogar o que costumamos chamar de identidade sexual. Ainda, o aspecto de que a noção proposta de hermafroditismo originário não está "a salvo das armadilhas da bissexualidade, também criticadas por Mieli, nem da fantasia de uma natureza originalmente boa e completa", como aponta Rabant.

Mas "o que de fato separa *Elementos* da atual crítica gay da sexualidade [...] é sua ignorância de Foucault, uma ignorância que deve ser atribuída a uma circunstância fortuita: o primeiro volume da *História da sexualidade* saiu tarde demais para que Mieli pudesse refletir sobre o fato de que os argumentos de Foucault questionavam fundamentalmente os seus próprios", comenta Tim Dean. Publicados com poucos meses de diferença, nenhum dos livros levou o outro em consideração. A ideia de repressão, "fulcro do raciocínio de Mieli", é justamente o que Foucault coloca em questão, apontando como "o objetivo de 'libertar' o sexo é completamente equivocado, pois se baseia na suposição errônea de que a sociedade nega o desejo em vez de criá-lo". Em seu cuidadoso e útil exame da relação, ou falta de relação, entre *Elementos* e o mundo feminista dos anos 1970, para o qual o livro se volta constantemente, Simonetta Spinelli sublinha que o fato de Mieli conhecer, citar e compartilhar teorizações feministas não é suficiente para construir um encontro. Ela nos oferece informações importantes sobre esse encontro perdido ou esse encontro à distância, ou um encontro futuro talvez possível mas conflituoso, bem como a tensão entre o movimento feminista e o discurso lésbico do qual Mieli aponta alguns aspectos.

E, no entanto, Teresa de Lauretis observa que "a riqueza do pensamento de Mario reside nas contradições em que se contorce, entre teoria e experiência, entre saber formal e saber 'subjugado'". Uma necessidade, a de articular o discurso teórico e as práticas da sexualidade que, como ela acrescenta, alimentaram a inventividade da fantasia científica feminista daqueles anos. E o argumento de Mieli "é menos abstrato que o de Foucault", aponta Lane, pois é mais focado em como as ideias são traduzidas em experiência, francamente centrado na lacuna entre a política e a teoria gay.

O cerne de *Elementos* é a proposta de elaboração de uma estética transexual como prática da experiência, subvertendo um sistema identitário, codificante e explorador da força humana. O termo "transexualidade" proposto por Mieli, sobre o qual se debruça cada um dos comentadores aqui reunidos, deve ser diferenciado de seu uso atual (que se refere principalmente às chamadas intervenções de "redesignação sexual" sobre o corpo). A noção de transexualidade adquire, ao contrário, sua definição particular na própria articulação de *Elementos*, com a intenção de desfazer a ideia de identidade sexual. Ao demonstrar como a sexualidade "mina a própria base da identidade ao revogar todos os traços de certeza e fixidez", como sublinha Lane, a noção de transexualidade pretende abrir um novo campo, uma contribuição previdente da teoria *queer*. A polêmica "contra a identidade gay e a favor de uma transexualidade anti-identitária", aponta Tim Dean, permite que Mieli argumente, aproximando-se assim de Foucault, "não apenas contra a heterossexualidade, mas, em sentido mais amplo, contra as instituições da normalidade como tal", sobre a base de seu compromisso com uma política revolucionária e não reformista.

Esse é um ponto essencial da atualidade e da eficácia potencial do discurso de Mieli dentro de um universo gay ainda debatido entre integracionismo/assimilacionismo e radicalismo, o que faz da releitura de *Elementos* a ocasião para um precioso repensar das condições atuais desse movimento; um ponto sobre o qual, não por acaso, retornam com ênfase e sob diferentes perspectivas Tim Dean, Christopher Lane, David Jacobson e Gianni Rossi Barilli.

David Jacobson debruça-se sobre os aspectos autodestrutivos e contraproducentes do reformismo gay desenfreado, questionando, entre outras coisas, o atraso do movimento gay italiano. Denuncia, por exemplo, o descaso ou a satisfação narcísica com que o mundo gay participa da mercantilização do corpo masculino, dando sustentação a uma ideologia exploradora e repressiva que reforça de modo farsesco a habitual divisão de papéis; uma cumplicidade com a ideologia dominante que Mieli não deixou de desmascarar, lamentando "o triste e generalizado travestismo da sociedade reprimida que o circunda". E como esse travestismo sobrevive na legenda da subcultura gay e da subcultura midiática sobretudo "graças às extravagantes 'entradas e saídas' públicas, travestidas, cáusticas e cômicas", vale esclarecer a censura especial reservada com razão por Mieli, aponta Jacobson, "ao *camp** das bichas de gueto".

É essencial não confundir, como muitos jornalistas italianos confusos parecem não evitar de fazer, questões provocativas e contraditórias, ditadas tanto por uma estratégia política quanto por uma política da experiência, com o culto de um papel. Não por acaso, como lembram Rossi Barilli e Jacobson, Mieli logo optou por se tornar uma figura solitária, não disposta a ser transformada em um "monstro sagrado para as bichas" nem em um "líder fálico e carismático" para a comunidade gay; tampouco no palhaço da mídia. E o fato de muitos se esquecerem disso é um sintoma preciso.

Ao fazer a ponte entre *Elementos* e a teoria *queer* surgida na década de 1990 nos Estados Unidos, Tim Dean lembra que "*queer* identifica um terreno comum para aqueles que não se conformam às normas sociais baseadas na sexualidade e aqueles que não concordam com um ideal universalizante de subjetividade social [...]. Tal como a crítica cortante de Mieli à sociedade como a conhecemos, a política *queer* aspira conectar opressão sexual e discriminação de gênero, racismo, chauvinismo étnico e outros centros de exclusão social". Precisamente nesse quadro, Teresa de Lauretis, que foi uma das ilustres iniciadoras da teoria *queer*, encontra a atualidade da "*traviata Norma*" [Norma corrompida] proposta por Mieli: "Se a teoria *queer* de hoje pode representar uma *gaia ciência* [...] a figura do sujeito transgênero nela inscrita assumiu todo o ar de uma nova norma: minúscula, pós-moderna e antirrepressiva, é claro, mas não *traviata* [corrompida]". No entanto, uma Norma com letra maiúscula permanece: "A do capital. E seu domínio é sempre, como diz Mario, mortífero. Apesar de Foucault".

Resta um longo caminho a percorrer. Revisitar a noção de transexualidade de Mieli é útil. Se por transexualidade entendemos a superação das categorias apositivas hétero/homo, em direção a uma expressão síntese de uma polissexualidade originária (como expressa Spinelli), ou de uma totalidade perdida (como diz

---

* *Camp* refere-se a uma atitude estética (estilo) que é associada à estética da homossexualidade. Ver Susan Sontag, "Notes on 'Camp'", *Partisan Review*, n. 31, v. 4, outono de 1964, p. 515-30. (N. I.)

Rabant), então, para além do óbvio idealismo e utopismo dessa noção, "o que é um obstáculo, é a redução ao Uno": o que, testemunha Spinelli, as feministas dos anos 1970 já haviam entendido muito claramente. Mas não se trata apenas do fato de que "a superação da polarização dos sexos representaria uma enésima eliminação das mulheres", mas de que a redução à unidade recairia no universalismo fálico do discurso do patrão e do capital. Discursos que deixam espaço à alteridade, à diferença, apenas para dominá-las ou explorá-las.

Se por transexualidade, por outro lado, entendemos "uma força não prescrita por uma unidade preexistente", como escreve Rabant, "que, não emanando de uma totalidade [...] orienta-se em direção a algo diferente que ainda não existe e deve ser inventado", então a transexualidade torna-se "um télos infinitamente difratado e arriscado, sem retotalização"; ou melhor, um projeto infinito. As experiências "esquizofrênicas" de Mieli, como ele as definiu, estão inscritas na chave deste último tipo de experimentação, bem como o que se torna um interesse progressivo por experiências de caráter místico e esotérico. Pode-se talvez vislumbrar nessas tentativas a aproximação tateante de sua prática de experimentação daquele gozo Outro, que é o gozo feminino, suplementar ao gozo fálico – e não seu complemento –, ao qual Jacques Lacan foi o primeiro a conferir um estatuto teórico, uma noção fundamental para qualquer tratamento da questão sexual e humana, uma noção de riqueza inigualável e infelizmente ainda não utilizada pelas teorias da liberação sexual, ainda obscura para grande parte da surdez psicanalítica.

The aliveness to otherness [a vivacidade para a alteridade], a resposta vital em face da alteridade, que Lane cita tomando-a de Santner, continua sendo um traço fundamental da atitude de Mieli. E informa em grande parte não apenas o estilo político e de vida mas também o estilo de escrita.

Se *Elementos*, como Dean agudamente aponta, também pertence a uma precisa tradição visionária de utopismo extático, tanto literário quanto filosófico, sua vitalidade, observa Teresa de Lauretis, "está também na exuberância e no excesso de uma linguagem que passa do discurso filosófico, científico ou literário ao jargão da subcultura gay sem perder o ritmo".

Agradeço sinceramente a todos aqueles que colaboraram para a realização desta reedição. Antes de tudo aos amigos e colegas que aderiram com seu trabalho e seu entusiasmo à proposta deste apêndice. Agradeço a Gabriella D'Ina, por sua ajuda e paciência na organização deste livro. Agradeço a Carlo Feltrinelli, pelo interesse e confiança na publicação dos escritos de Mieli.

"O meu tesouro." Notas posteriores

por Tim Dean*

Reler hoje o manifesto de Mario Mieli remete-me aos dias inebriantes de minha radicalização política na universidade, em meados dos anos 1980, quando me inteirei pela primeira vez de *Elementos de crítica homossexual* e outros trabalhos de libertação homossexual e teoria psicanalítica, além de diversos textos produzidos pelo movimento de mulheres. O livro não fazia parte de nenhum currículo conhecido por mim; naquela época, na Universidade Britânica de East Anglia, onde fiz meu curso de graduação no auge do thatcherismo, não havia estudos gays nem cursos de teoria *queer*: entre os muitos artigos de leis reacionários daqueles anos havia um – a Cláusula 28 – que proibia as autoridades escolares locais de ensinar que a homossexualidade pode ser considerada socialmente aceitável. Embora o clima político tenha forçado as universidades a enfrentar alguns dos cortes de gastos mais duros da história britânica, recebi uma educação genuinamente radical em East Anglia – uma ampliação essencial da minha consciência e criatividade –, exatamente o oposto da "educastração" sobre a qual Mieli se expressa com tanta ferocidade. *Elementos* fez parte dessa formação vital: o fervor revolucionário e o utopismo selvagem do livro coloriram meus primeiros tempos no campus e desde então influenciaram muitas das escolhas – intelectuais, políticas e eróticas – que tomei ao longo dos anos.

Ainda que eu não tenha percebido na época, quando me deparei com o livro de Mieli o mundo que havia produzido *Elementos* já estava quase totalmente desaparecido.

---

* Tim Dean ensina psicanálise, teoria *queer* e literatura na Universidade de Buffalo (suNY). É autor de *Beyond Sexuality* (Chicago, University of Chicago Press, 2000) e organizador (com Christopher Lane) de *Homosexuality and Psychoanalysis* (Chicago, University of Chicago Press, 2001). (N. I.)

O assalto furioso da epidemia de Aids e o clima político cada vez mais conservador da década de 1980 alteraram o curso da libertação gay de formas que Mieli dificilmente poderia ter previsto. A linha divisória entre a era pré e pós-libertação da existência gay, convencionalmente indicada com a data de 1969, ano em que as *drag queens* desencadearam a revolta do Stonewall Inn em Nova York, encontrou correspondência pouco mais de dez anos depois, no divisor de águas entre a era pré e pós-Aids na vida gay. Nada revela a idade de *Elementos* mais cruelmente do que sua inevitável ignorância da Aids. No início dos anos 1980, período em que eu estava tomando consciência da homossexualidade, os anos 1970 pareciam estar a anos-luz de distância. Os homens da minha geração nunca souberam realmente como é o sexo sem a sombra da morte. Sem memória sexual ligada aos anos 1970, fascinam-me as descrições de Mieli, capazes de captar o clima da época.

A ambivalência cultural em relação ao sexo anal tão habilmente estudada por Mieli intensificou-se para se tornar uma aversão aberta quando se descobriu que no mundo ocidental o sexo anal desprotegido era o principal veículo de transmissão do HIV. Nosso conhecimento da Aids, embora ainda longe de ser completo, lançou uma sombra de morte sobre a aura de *joie de vivre* [alegria de viver] de frases como estas:

> Se o que horroriza o *homo normalis* – guardião do sistema hétero-capitalista – na homossexualidade é sobretudo a penetração no ânus, isso demonstra que um de nossos prazeres mais deliciosos, o coito anal, traz em si uma notável disruptura revolucionária. O que de nós gays é refutado contém grande parte de nossa *gaia* potencialidade subversiva. Eu guardo meu tesouro no cu, mas ele está aberto a todos...[1]

Nosso profundo conhecimento do perigo viral de deixar o cu "aberto a todos" não deve nos impedir de perceber quão provocador é o apontamento de Mieli nessa passagem. As reticências que fecham a última frase – e o capítulo em que aparece – lançam um convite excitante: meu cu também está aberto para *você*, caso esteja interessado.

Esse gesto de abertura a quem quer que se apresente denota o *ethos* radicalmente democrático de Mieli; a economia socioeconômica subjacente ao "comunismo gay" que ele teoriza é uma economia de abundância, em que a escassez sexual é desconhecida. Com base no modelo libertário da sexualidade gay, Mieli redefine drasticamente o comunismo ao descrevê-lo como uma redescoberta dos corpos e de sua função comunicativa fundamental, de sua polimorfa potencialidade amorosa.

---

[1] Neste livro, p. 189.

Nesse chamado à la Bataille das formas materiais, a corporeidade humana entra de forma livre em múltiplas relações igualitárias com todos os seres da terra, incluindo "os garotos e recém-chegados de todos os tipos, cadáveres, animais, plantas, coisas, flores, excrementos…". Mais uma vez a frase termina com reticências, agora para sugerir que a lista poderia continuar indefinidamente. E de novo a beleza ("as flores") se opõe metonimicamente ao bruto convencional ("os excrementos"), antecipando a transvaloração que se cristaliza no anúncio de que "guardo meu tesouro no cu".

Os excrementos podem ser considerados um tesouro, e não um desperdício, porque abraçar a homossexualidade (em vez de apenas tolerá-la) leva a uma erosão de toda a hierarquia de valores e do decoro sobre o qual repousa a convenção social. Segundo Mieli, ao ser plenamente reconhecido o significado da homossexualidade, o significado de todas as coisas muda. Do ponto de vista psicanalítico, é a criança pré-edipiana que vê seu excremento como um tesouro, e a polêmica de Mieli visa reportar a vida adulta à "potencialidade amorosa polifórmica" que jaz enterrada sob séculos de repressão. Nos prazeres polimórficos do sexo gay, particularmente em sua dessublimação do erotismo anal, Mieli vê a possibilidade de todos retornarem a um estado originário e puro de graça erótica, criando uma utopia na qual não apenas nossos cus, mas também nosso ser mais íntimo são também abertos à alteridade. Pelo sexo, superaremos nossa alienação no mundo.

Quanto à audácia, sua visão do potencial do sexo não normativo é praticamente inigualável no campo crítico, pois Mieli não hesita em incluir a pedofilia, a necrofilia e a coprofagia em sua lista de experiências redentoras. Aspectos da sexualidade que ele está interessado em explorar intimidam em geral o mais intrépido dos gays. Ainda hoje, quando o movimento gay parece tão dócil, parece-me que o compromisso de Mieli em pensar além dos limites da repulsa é particularmente revigorante. A coragem com que ele leva suas formulações conceituais muito além dos parâmetros socialmente aceitáveis me lembra a audácia moral e intelectual de Freud ao falar de questões sexuais. A excitação que senti com a descoberta de *Elementos* não foi diferente das sensações que experimentei na primeira vez que li *Três ensaios sobre a teoria da sexualidade*. De fato, a de Mieli é uma das primeiras interpretações radicais desse texto essencial freudiano, e muitos dos pontos que ele sustenta antecipam as leituras que Leo Bersani, Teresa de Lauretis e eu fizemos dele[2].

---

[2] Ver Leo Bersani, *The Freudian Body: Psychoanalysis and Art* (Nova York, Columbia University Press, 1986), cap. 2; Teresa de Lauretis, *Pratica d'amore: percorsi del desiderio perverso* (Milão, La Tartaruga, 1997), cap. 1; e Tim Dean, *Beyond Sexuality*, cit.

Quanto à psicanálise, Mieli foi bastante perspicaz para perceber que suas encarnações institucionais não podiam avançar nenhum direito legítimo sobre as principais intuições freudianas. Em vez disso, cabe aos movimentos de liberação de mulheres e gays elaborar as implicações de *Três ensaios sobre a teoria da sexualidade*[3], paradoxalmente em contraste com o *establishment* psiquiátrico. Esse projeto prossegue ainda em várias frentes no trabalho de feministas e teóricas *queer* que leem a psicanálise "contra si mesma" a partir de seu estranhamento das instituições psicanalíticas[4]. Tendo tido experiência direta com os "psiconazistas", é ainda mais meritório que Mieli tenha sabido distinguir o potencial radical dos conceitos psicanalíticos das práticas repressivas daquelas instituições psiquiátricas que rotineiramente invocam a autoridade freudiana em apoio às suas agendas homofóbicas. Aprecio de modo particular sua capacidade de reconhecer como a psicanálise "recua da lógica de suas próprias intuições, da trama de conclusões teóricas 'extremas'". Mieli entendeu que a conceituação psicanalítica representa uma empreitada inacabada e que muitos analistas são inibidos, pelas convenções profissionais, de buscar as implicações perturbadoras das ideias freudianas. A lógica proveitosamente incoerente da psicanálise, comensurável apenas com o inconsciente que é seu objeto, persegue até hoje objetivos que ainda nos são desconhecidos.

Redefinindo a partir de uma perspectiva gay os significados convencionalmente atribuídos à psicanálise e ao comunismo, *Elementos* insere-se na tradição do pensamento político freudiano-marxista, cuja vitalidade persiste de forma particularmente vívida na obra do filósofo esloveno Slavoj Žižek, cujos textos expressam uma sensibilidade *camp* em perfeita sintonia com o espírito da bicha de Mieli[5]. Diferentemente de Žižek, Mieli não tem paciência com Lacan e prefere a crítica "antiedipiana" do lacanismo de Deleuze e Guattari. No entanto, o que de fato separa *Elementos* da atual crítica gay da sexualidade – ainda que para escritores como eu o livro continue sendo uma fonte de inspiração – é sua ignorância de Foucault, uma ignorância que deve ser atribuída a uma circunstância fortuita:

---

[3] Sigmund Freud, "Três ensaios sobre a teoria da sexualidade", em *Obras completas*, v. 6: *Três ensaios sobre a teoria da sexualidade, análise fragmentária de uma histeria ("O caso Dora") e outros textos (1901-1905)* (trad. Paulo César de Souza, São Paulo, Companhia das Letras, 2016).

[4] Ver, por exemplo, os ensaios reunidos em Tim Dean e Christopher Lane (orgs.), *Homosexuality and Psychoanalysis*, cit.

[5] Entre os inumeráveis livros de Žižek, o *locus classicus* ainda é *Eles não sabem o que fazem: o sublime objeto da ideologia* (trad. Vera Ribeiro, Rio de Janeiro, Zahar, 1992).

o primeiro volume de *História da sexualidade* saiu tarde demais para que Mieli refletisse sobre o fato de que os argumentos de Foucault questionavam fundamentalmente os seus. Como foram publicados com poucos meses de diferença, nenhum dos dois livros pôde levar o outro em consideração, ainda que de alguma forma *A vontade de saber*[6] antecipe *Elementos*.

É a ideia basilar de repressão, fulcro do raciocínio de Mieli, que Foucault questiona, afirmando que o objetivo de "liberar" o sexo é completamente enganoso, pois se baseia na suposição errônea de que a sociedade nega o desejo em vez de criá-lo. A crítica foucaultiana da hipótese repressiva é tão conhecida que não há necessidade de voltar a ela aqui. Mas, à luz dessa crítica notável – que, afinal, nada mais é do que uma tentativa de pensar diferente sobre a relação entre sexo e poder –, a teoria de Mieli de que os heterossexuais nada mais são do que homossexuais latentes pode parecer ingênua. A partir do momento em que Foucault aspirou libertar o debate em matéria de política sexual do arcabouço freudiano-marxista que, na França, se exprimia melhor por meio de Althusser, o sucesso de *História da sexualidade* desviou sutilmente a atenção da tradição intelectual em que Mieli operava.

Por isso é fácil ignorar as muitas maneiras pelas quais *Elementos* antecipa, no entanto, os desenvolvimentos da teoria *queer*, uma escola de pensamento inspirada em Foucault e que surgiu nos anos 1990 principalmente nos Estados Unidos (embora uma de suas idealizadoras, Teresa de Lauretis, seja uma feminista lésbica italiana). Em sua crítica à Norma heterossexual, Mieli se aproxima mais de Foucault e de muitos teóricos *queer* contemporâneos do que aparenta à primeira vista. Com efeito, sua controvérsia contra a identidade gay em favor da transexualidade anti-identitária vai além de muitas das críticas aparentemente radicais da política identitária que associamos à era pós-liberação. Como resultado de seu compromisso com uma política revolucionária e não apenas reformista, Mieli desenvolve uma visão totalizante das relações sociais que lhe permite argumentar não só contra o heterossexismo, mas, em sentido mais amplo, contra as instituições da normalidade enquanto tal. Como Foucault, ele reconhece que, mesmo quando as leis que proíbem a sodomia ainda estão em vigor, as culturas modernas regulam o comportamento sexual mais mediante as convenções sociais do que por sua proibição legal.

---

[6] Michel Foucault, *História da sexualidade: a vontade de saber* (trad. Maria Thereza da Costa Albuquerque e J. A. Guilhon Albuquerque, Rio de Janeiro: Paz e Terra, 2020).

No final de seu manifesto, Mieli garante aos homens heterossexuais que "Não é contra vocês, mas contra a sua 'normalidade' que nós combatemos"[7] – nos anos 1990, essa distinção foi retomada pela teoria *queer* pelo reconhecimento de que sustentar a identidade lésbica ou gay contrastando-a com a heterossexualidade limita a subjetividade e o desejo. O conceito de orientação sexual é uma ideia normalizadora e já na década de 1970 Mieli conseguiu enxergar além de seus benefícios estratégicos. Eis porque adotou a fórmula jocosa de Wilhelm Reich, *homo normalis*, para designar aqueles contrarrevolucionários – homens ou mulheres, heterossexuais ou gays – que simplesmente tentam seguir seu caminho dentro dos parâmetros prescritos pelo status quo.

A tensão entre revolucionários gays e integracionistas segue viva. Os gays integracionistas ou assimilacionistas lutam dentro do sistema político existente em nome da tolerância social, direitos civis e proteção igual perante a lei; tendem a considerar o desejo homossexual como uma característica imutável comparável à cor da pele e, portanto, permanecem ligados a uma ideia convencional de identidade sexual. Os assimilacionistas, cujo porta-voz mais credenciado é agora o "especialista" conservador Andrew Sullivan nos Estados Unidos, tentam se distanciar dos elementos "extremos" do seu movimento político – *drag queens*, transexuais, amantes do couro [*leather queens*], praticantes do sadomasoquismo, membros da Associação Norte-Americana pelo amor homem/criança, trabalhadoras e trabalhadores do sexo, entre outros. No momento, a prioridade número um dos assimilacionistas é garantir que os casais do mesmo sexo tenham o direito legal ao matrimônio.

Os gays radicais ou revolucionários, por outro lado, rejeitam por completo essa abordagem superficial e veem a tentativa dos integracionistas de se adaptarem às regras vigentes na sociedade como um sinal de sua disposição de se curvar às próprias normas sociais que estão na origem da opressão sexual. Quando os gays burgueses ou "cisgênero"* saem do normal, apresentando-se como pessoas "iguais a todas as outras", intensifica-se a pressão disciplinar para a adaptação aos modelos normativos contra aqueles que continuam a posar como *queer*, como indivíduos que ultrapassaram os limites. O teórico *queer* Michael Warner lamenta que o movimento gay tenha caído nessa armadilha assimilacionista: ao contestar

---

[7] Neste livro, p. 253.

* Termo que indica quem aceita e reproduz em si os papéis e estilos de comportamento convencionalmente associados ao "masculino" e/ou "feminino". (N. I.)

erroneamente o estigma associado à identidade gay, na verdade reforçou o sentimento de vergonha ligado a certos comportamentos sexuais. Assim como Warner, Mieli vê "*the trouble with normal*"[8] [o problema com o normal] quando, na verdade, é a normalidade que cria o problema.

Ao questionar a suposição essencialista de que a homossexualidade representa a característica imutável de uma minoria bem definida, os gays radicais ou revolucionários continuam céticos em relação ao conceito de identidade sexual como um todo, preferindo o termo abrangente *queer* ao termo *gay*, mais específico e redutivo. O *queer* não se expressa apenas em questões de orientação sexual e desejo, mas em outros indicadores sociais – como raça e classe – que, por sua vez, podem nos afastar da Norma. Em outras palavras, *queer* identifica um terreno político comum àqueles que não se conformam às normas sociais baseadas na sexualidade e àqueles que não se alinham a um ideal universalizante de subjetividade social fundado em sua condição racial ou de classe. Como a crítica afiada de Mieli à sociedade como a conhecemos, a política *queer* aspira a conectar opressão sexual e discriminação de gênero, racismo, chauvinismo étnico e outros fulcros de exclusão social. A capacidade do *queer* de funcionar como um ponto de conexão para a organização política e seu compromisso com a criação de alianças entre diferentes grupos revoga a estreiteza das categorias de gênero; em consequência, diferentemente dos integracionistas, os teóricos *queer* acolhem de braços abertos essas figuras marginais – transgêneros, sadomasoquistas, profissionais do sexo – que, de maneira independente de sua identificação sexual, discordam da Norma. E assim como durante a liberação gay o triângulo rosa (símbolo que os nazistas impuseram aos homossexuais nos campos de concentração) foi apropriado ao ser transformado em sinal de orgulho, a teoria *queer* contemporânea reivindicou e assumiu para si a infâmia que por certo tempo assinalava nossa degradação social. Hoje, *queer* é um termo que expressa dignidade e desafio.

Se Mieli escrevesse hoje, sem dúvida se apresentaria como *queer*; na verdade, a força de *Elementos* deriva em grande parte do desejo explícito de seu autor de não ser normal, do prazer com que ele vive sua condição de "bicha louca", extravagante e escandalosa. Muito da corrosividade do livro decorre da capacidade de Mieli de ser inatacável em termos de seriedade intelectual e ao mesmo tempo muito divertido. Em seu tempo e nas suas condições, a melhor maneira de não ser normal era

---

[8] Michael Warner, *The Trouble with Normal: Sex, Politics and the Ethics of Queer Life* (Nova York, Free Press, 1999).

praticar o travestismo, ou o que hoje se chamaria *genderfuck* – ou seja, desorganizar as categorias da normatividade de gênero a um ponto de não retorno. Eis porque, seguindo o exemplo de Luciano Parinetto, Mieli fala de transexualidade, intencionando, com isso, mais do que o *cross-dressing* ou a redesignação sexual por meios cirúrgicos. Praticamente sinônimo do que Freud chamou de perversidade polimórfica, a transexualidade de Mieli, que chamo de *queer*, desafia os fundamentos sociais ao desmantelar as definições de gênero e, por meio do contato erótico que se segue, abre a mente de cada indivíduo para o encontro com sua própria alteridade. Esta, segundo Mieli, não comporta uma terrível perda de limites, mas uma multiplicação de prazeres, uma maior abertura para o que todos de fato queremos.

Tomando como exemplo a universalidade do desejo homossexual afirmada por Freud, Mieli acredita que mesmo o mais machista dos homens heterossexuais realmente aspira a ser bicha, que seu machismo forma um véu que esconde seu verdadeiro desejo. Esse raciocínio leva a teoria freudiana da repressão a conclusões que parecem bastante implausíveis, e é sintomático que, para chegar lá, Mieli tenha recorrido à inconsistente visão junguiana dos arquétipos, segundo a qual a *Anima* seria essencialmente bissexual.

Em conclusão, porém, parece-me irrelevante se os leitores contemporâneos concordam ou não com os detalhes das formulações conceituais de Mieli. Tendo ofuscado os ancestrais intelectuais que alimentam seu livro, gostaria de enfatizar que *Elementos* também pertence a uma tradição visionária de utopismo extático que é tanto literária quanto filosófica. Demonstrando conhecer muito bem a história literária inglesa, Mieli manifesta o entusiasmo revolucionário típico dos poetas bárdicos de língua inglesa, de William Blake a Walt Whitman e Allen Ginsberg, cada um dos quais articulou minuciosamente a relação entre transexualidade *queer*, loucura e crítica social. Para Whitman e Ginsberg (como para Mieli), a revolução se inicia com o sexo entre homens, melhor se entre mais de dois. Sua visão dionisíaca da democracia radical não propõe um modelo de reorganização social; em vez disso, oferece uma inspiração vanguardista para esta última. Ao restringir esses escritores aos cânones de uma epistemologia racionalista, acabamos perdendo aquilo que os torna interessantes, e não apenas do ponto de vista histórico.

Elementos captura a nossa atenção não só porque é um testemunho fascinante de uma época que já passou mas também porque é uma fonte duradoura de inspiração para o nosso desejo contemporâneo de imaginar um futuro diferente do presente em que vivemos.

A *gaia* ciência, ou a Norma corrompida

Teresa de Lauretis*

Realmente, eu não conhecia o livro de Mario antes. Ouvira falar dele e lera alguns trechos citados em textos ingleses. Quando a primeira edição saiu em 1977, eu já estava nos Estados Unidos, imersa em estudos sobre as mulheres (*women's studies*), crítica feminista e teoria do cinema. Em meu ambiente intelectual e político como assistente universitária, discutíamos psicanálise e semiótica, ideologia e estruturalismo, Marx, Freud, Lévi-Strauss e Lacan, mas sempre em relação a uma reconfiguração política e teórica em curso do sujeito mulher. Os estudos gays ainda não existiam, embora existisse o movimento, que, no entanto, prosseguia paralelamente ao das mulheres, sem comparações ou trocas recíprocas. Além disso, a teoria *queer* de hoje só apareceria nos anos 1990.

É absolutamente surpreendente ler *Elementos de crítica homossexual* hoje. Agora que meu trabalho universitário se desenvolve em um programa de doutorado interdisciplinar no qual muitas vezes as teses têm como tema a representação cinematográfica, literária ou filosófica da diversidade transgressora e antinormativa, meu primeiro pensamento depois de ler o livro de Mario foi: como eu gostaria que esta tese pudesse ter sido escrita em meu departamento, como eu gostaria de ter sido a orientadora desta esplêndida e impossível tese de graduação. Esplêndida pela vastidão da pesquisa, pela lucidez da análise crítica e pela paixão teórica e

---

* Teresa de Lauretis é professora de História das Mentalidades na Universidade da Califórnia em Santa Cruz. Entre seus últimos livros em italiano: *Sui generis. Scritti di teoria femminista* (Milão, Feltrinelli, 1996), *Pratica d'amore. Percorsi del desiderio perverso* (Milão, La Tartaruga, 1997) e *Soggetti eccentrici* (Milão, Feltrinelli, 1999). (N. I.)

política que a anima. Impossível, e fascinante, pela incompatibilidade dos pressupostos teóricos e as contradições de um pensamento que margeia os limites do discurso no qual e contra o qual forma-se e debate-se. Não muito diferente do próprio Freud, mas mais próximo do Fanon de *Pele negra, máscaras brancas*[1], ou de *The Straight Mind* de Monique Wittig[2], textos em que a experiência psíquica de um corpo ou de um desejo não conforme à norma socialmente prescrita busca uma linguagem para dizer, cava as evidências para se fazer entender, molda novas palavras para nomear a si mesmo. Procuro então ler o texto de Mario como imagino que ele gostaria, "com *gaia* seriedade"[3].

Freud se destaca com justiça em *Elementos*, aliado e inimigo a um só tempo. Vem dele a intuição de uma sexualidade infantil polimórfica e perversa, daí a ideia de que as perversões nada mais são do que o reverso das neuroses, ou seja, o efeito de um faltante recalcamento; daí emerge e se delineia, no livro, a figura de um Eu que não cede à imposição edipiana e aos fins (re)produtivos do capital ou, como diz Mario com humor, à "educastração". Mais uma vez vem de Freud a noção de uma bissexualidade originária do ser humano, que Mario traduz em transexualidade, justamente contestando a redução do polimorfismo perverso da infância aos dois termos do Édipo – mãe e pai, feminino e masculino. Aqui Freud é um aliado traiçoeiro: sua bissexualidade sempre se refere à divisão dos sexos, portanto à heteronormatividade, e basicamente nada mais do que a simples duplicação do que Mario chama de monossexualidade, e Irigaray, com outra inflexão, *hommo-sexualité*. Logo, é preciso inventar um termo que ultrapasse os limites conceituais do pensamento *straight*, e Mario propõe a transexualidade, entendida como originária disponibilidade e pluralidade das tendências eróticas. Para medir a dificuldade desse projeto, basta pensar no atual significado "científico" da transexualidade, que retoma a ideia de uma divisão dos humanos em dois sexos e indica a passagem de um para o outro. Voltarei a isso adiante.

Mas Freud é também inimigo. Não só pela forte ambivalência em relação à homossexualidade, que o leva a assumir atitudes ora benevolentes, ora cáusticas, e posições claramente contraditórias mesmo na análise de um único caso clínico

---

[1] Frantz Fanon, *Pele negra, máscaras brancas* (trad. Raquel Camargo e Sebastião Nascimento, São Paulo, Ubu, 2020).
[2] Monique Wittig, "The Straight Mind", *Feminist Issues*, n. 1, 1980.
[3] Neste livro, p. 138.

(ver "Sobre a psicogênese de um caso de homossexualidade feminina"[4]); e não só porque, como o lendário Cronos, deu origem ao gênero dos psicoterapeutas ("psiconazistas") que, em uma longa linhagem, de Reich ao atual Socarides, repudiaram qualquer de suas posições *soft*; mas sobretudo porque, no final, sobre a homossexualidade, Freud lavou as mãos. E aqui se poderia objetar a Mieli com suas próprias palavras sacrossantas: "as lésbicas são as únicas pessoas que sabem o que é lesbianidade e não dizem bobagens sobre isso"[5]. Ou seja, não pedimos a César o que César não tem para dar: Freud não pode explicar a homossexualidade senão pela fantasmática edipiana porque esta é o pivô, o motor lógico e desiderativo de sua construção teórica. Por que Mario, leitor assíduo e interlocutor de Freud, não entende isso?

Apesar de seu exame perspicaz da relação edipiana entre pai e filho e dos complexos mecanismos psíquicos que levam à formação do homem heterossexual normalmente edipilizado (um exame muito mais detalhado e sutil do que os de tantas críticas feministas e gays nos Estados Unidos, que em Freud veem apenas um inimigo), Mario na verdade não lê Freud com atenção. Ele capta bem os conceitos, é claro, mas não capta o modo de pensar, o método de leitura analítica que vai além da superfície aparente. Ele busca respostas em Freud, as quais às vezes encontra e, com mais frequência, não as considera satisfatórias, porém não acompanha as idas e vindas, as ambiguidades, as inconsistências de um pensamento cuja originalidade está justamente na formulação de questões inéditas e hipóteses especulativas que não podem ser confirmadas. Mario, que tem pouco mais de vinte anos, quer respostas precisas: se a homossexualidade (bissexualidade) é congênita, como diz Freud (mas Freud não diz bem assim), então o homem heterossexual tornou-se tal como o resultado de uma repressão que o priva de seu potencial erótico original e o torna uma "pseudobicha" [*pseudochecca*], um homossexual reprimido, um caso patológico. Assim, conclui ele, é a heterossexualidade que é patogênica. Por que não? Mario pode ter razão, contudo essa reviravolta de termos e signos não serve para nos dizer quem somos ou para onde vamos. Não nos dá uma resposta útil, não explica por que a homossexualidade "não é imitação da heterossexualidade, mas outra coisa". Disso Mario tem certeza porque essa "outra coisa", que ele sublinha, ele vive – e muitas/muitos de nós com ele. Mas o que é?

---

[4] Sigmund Freud, "Sobre a psicogênese de um caso de homossexualidade feminina (1920)", em *Obras incompletas*, v. 5: *Neurose, psicose, perversão* (trad. Maria Rita Salzano Moraes, Belo Horizonte, Autêntica, 2022).

[5] Neste livro, p. 23.

Mario não lê Freud com atenção porque sua crítica tem outro motor desejante, outro modelo intelectual e político: Marx e a revolução comunista. (Quem não o tinha naqueles anos, quando o mundo se agitava com os movimentos de libertação?)

Mesmo Marx, entretanto, gerou um Stálin e uma repressão talvez mais feroz do que as repressões operadas pelo Supereu; e o comunismo, até o mais libertário, o dos primeiros anos após a revolução, não responde à pergunta de Mario. Em busca dessa "outra coisa", o caminho que ele escolhe é integrar o momento utópico, humanista da crítica marxiana/marxista à ideia mais transgressora de Freud, o polimorfismo perverso da sexualidade infantil, entendido como potencial erótico originário da pessoa humana. Ele o chama de Eros e, seguindo Marcuse e Norman O. Brown, coloca-o como um estado de natureza ("Essência do nosso ser"[6]) então explorado, reprimido, esclerosado pela dominação socioeconômica e falocrática do capital: "bastaria parar a maquinaria do sistema para que a espécie pudesse descobrir, por si mesma, sua salvação biológica e a liberdade comunitária"[7]. O objetivo do *gaio comunismo* e a meta do homem unidimensional só serão alcançados com a libertação total do Eros.

Se a tese é impossível, não é porque a história decidiu o contrário, mas pela incompatibilidade fundamental entre os companheiros de viagem que Mario vai reunindo com o objetivo de acertar as contas entre Marx e Freud. O inconsciente coletivo de Jung ("A libertação revolucionária do Eros e da vida não tem lugar sem a explosão coletiva do inconsciente, que é em grande medida coletivo"[8]) é apenas um parente distante do inconsciente freudiano, sempre individual e contingente à materialidade de um corpo. O polimorfismo perverso de Freud tem pouco a ver com o Eros de Marcuse e menos ainda com o próprio Eros de Freud, que é antes a antítese da sexualidade polimorfo-perversa. Conceito elaborado no segundo tópico, o Eros de Freud é princípio de coesão, pulsão vital ou impulso reprodutivo que liga o Eu aos outros para preservar a vida individual e comunitária, em contraste com o princípio do prazer e a força desintegradora da pulsão de morte. E mais uma vez: a imagem de um Eu autossuficiente, rígido, compacto, que "se arroga [...] o monopólio da subjetividade"[9] e reprime os impulsos eróticos vindos do inconsciente como o Hétero-Estado reprime os homossexuais revolucionários, deve ser

---

[6] Neste livro, p. 139.
[7] Neste livro, p. 136.
[8] Neste livro, p. 194.
[9] Idem.

lida no contexto da política psicanalítica daqueles anos, marcada pela influência de Lacan e sua reavaliação do inconsciente contra a *ego psychology* estadunidense. Muito importante para o pensamento psicanalítico, a intervenção de Lacan deu origem a uma leitura política da psicanálise que levou muitos, inclusive Mario, a absolutizar a oposição entre o Eu e o inconsciente e, portanto, a uma visão quase cartesiana e certamente não freudiana do Eu. Tampouco, por outro lado, o Eu é comparável à antiedipiana máquina desejante de Hocquenghem: para sobreviver à condição infantil da prematuridade biológica, o sujeito humano de Freud necessita de mecanismos psíquicos de defesa como a sublimação, a projeção, a introjeção e, em primeiro lugar, o recalcamento.

Mario, na ânsia de imaginar um mundo habitável, confia imprudentemente nas promessas de um freudianismo fácil que afirma ver "nos desejos inconscientes reprimidos [...] a ideia do que poderíamos nos tornar se a realidade deixasse de nos reprimir" (Norman O. Brown, citado na p. 139). Ele não se detém para refletir que a repressão (política) e o recalcamento (psíquico) pertencem a ordens conceituais distintas e que, se libertar o mundo da repressão – de qualquer tipo – é um objetivo político subscrito pelo próprio Freud, libertar o sujeito humano do recalcamento, ainda que fosse possível, o tornaria absolutamente impotente não apenas diante dos pais, dos adultos e da norma social, mas também diante das imensuráveis exigências do Id. A explosão do Id [que] "dilata e 'dissolve' as fronteiras do Eu"[10] não marca a vitória do Eros, mas a dissolução do sujeito e da comunidade. Pergunto-me como teria ficado a tese de Mario se, em vez de *La vita contro la morte*[11] de Norman O. Brown, tivesse lido *Vita e morte nella psicoanalisi* de Jean Laplanche[12], ou se tivesse lido Foucault.

A teoria *queer* de hoje, que Foucault leu ou resumiu, insiste que a sexualidade não é tão reprimida quanto é produzida pelo discurso. Multicultural, anti-humanista e antiessencialista, não se deixa iludir por promessas baseadas numa suposta natureza humana *ab origene* dotada de uma sexualidade congênita, inerente a um corpo sexuado desde o nascimento; não aceita a ideia de um destino sexual determinado pela biologia nem, portanto, concebe um projeto de liberação. Junto com a natureza

---

[10] Idem.

[11] Norman O. Brown, *Vida contra morte: o sentido psicanalítico da história* (trad. Nathanael C. Caixeiro, Petrópolis: Vozes, 1972).

[12] Jean Laplanche, *Vida e morte em psicanálise* (trad. Cleonice Paes Barreto, Porto Alegre, Artes Médicas, 1985).

humana, a imaginação utópica e o impulso para a revolução também expiraram. (O capital, por outro lado, reformulou o *look* [visual] e vai com regularidade à academia.) Paradoxalmente, com a transformação do mundo em um mercado global e a reconfiguração da esfera pública no espaço virtual da *world wide web*, restringiu-se o horizonte da política, e a militância *queer* se expressa, por um lado, em intervenções locais de direitos civis e, por outro, em projetos acadêmicos ou midiáticos em busca de formas de resistência e transgressividades "performáticas".

Pergunto-me se Mario gostaria da teoria *queer* e me respondo sim e não. Sim, certamente, pela ênfase na transgressividade e na desconstrução de qualquer binarismo (natureza-cultura; sexo-gênero; masculino-feminino; hétero-homo; normal-diferente; adulto-criança; humano-animal; humano-máquina e por aí vai), por perseguir algo além da visibilidade e da autorrepresentação, pela performance de uma identidade sexual antinormativa, fluida, descaracterizada, mutável, em devir. Mas provavelmente não, pela visão política individualista e ao fim indiferente, implícita no pensar todas as diferenças como construções discursivas, efeitos de uma performatividade inerente ao poder e, logo, segundo um certo Foucault, em todo caso produtiva.

Não é por acaso que o que Mario chama de transexualidade não corresponde à concepção hodierna de transexualidade, que ainda se baseia em dois sexos biológicos distintos e antitéticos, ainda que não haja correspondência entre o sexo dado e a conformação psíquica do sujeito transexual; concepção compartilhada tanto pelo discurso médico-psiquiátrico quanto por muitos transexuais pré ou pós-operatórios. Tampouco corresponde à concepção *queer* de uma identidade transgênero independente do sexo biológico como uma construção discursiva baseada na performance de gênero (*gender*). A figura do sujeito trans da teoria *queer* é transgressora da divisão de gênero (masculino-feminino), pois dissocia a identificação ou pertencimento de gênero tanto do corpo anatômico quanto da escolha do objeto; no entanto, não tem um valor heurístico em relação à sexualidade, que é subsumida ou subordinada ao gênero e pensada simplesmente como sexo (no sentido corrente de "fazer sexo"), ou seja, reduzida a uma simples "escolha" sexual. Em outras palavras, mesmo a teoria transgênero não responde à pergunta de Mario: como pensar a homossexualidade como algo diferente da Norma reprodutiva e conservadora, ancorada na família, no biopoder e nos fins produtivos do capital. (O sujeito transgênero também vai à academia.)

É precisamente aqui, na comparação entre *Elementos* e as contribuições da crítica *queer*, que encontro a vitalidade da "*traviata Norma*" [Norma corrompida] de Mario[13] e a atualidade, para quem ainda se faz urgentemente a pergunta, de um livro escrito há quase trinta anos. Se a atual teoria *queer* pode representar de fato uma *gaia ciência*, inclusive para uma certa herança nietzschiana que deriva de Foucault sem seu conhecimento – eu diria quase filogeneticamente –, a figura do sujeito transgênero nela inscrita assumiu todo o ar de uma nova norma: com letra minúscula, pós-moderna e antirrepressiva, claro, mas não corrompida [*traviata*]. A partir do momento em que, nessa *gaia* ciência, homossexualidade e heterossexualidade, tanto gay quanto lésbica, são termos que remetem a uma velha ideologia, a um imaginário essencialista que ancora identidade e sexualidade a um corpo naturalizado, e a partir do momento em que se argumenta que a subjetividade, libertada da sujeição ao corpo, das pulsões e fantasmas do inconsciente, pode transitar, negociar ou "traficar" as fronteiras de gêneros e corpos, não há mais norma sexual a ser corrompida. Contudo, continua a ser uma Norma, performativa e autorreprodutiva: a do capital. E seu domínio é sempre, como diz Mario, mortífero. Apesar de Foucault.

Já disse que, em minha opinião, a riqueza do pensamento de Mario está nas contradições em que se contorce, entre teoria e experiência, entre saber formal e saber "subjugado". Mario compreende perfeitamente a natureza estrutural e institucional da heterossexualidade "enquanto Norma, base da família, garantia do privilégio masculino, opressão da mulher", como somente o feminismo lésbico teorizou, e documenta a função política de mandato de perseguição permanente dos e das homossexuais. Mas, ao contrário do feminismo e da maioria dos movimentos de gays, de lésbicas, de bissexuais, de transexuais, de transgêneros e *queer* de ontem e de hoje, sua crítica está empenhada em buscar os vínculos psíquicos (para isso precisa da psicanálise) entre vontade política e pulsionalidade, entre o Eu e o Id. Daí a descrição sem paráfrase de prazeres e práticas cotidianas raramente declaradas, senão por um Genet, como a passividade, a coprofilia, o masoquismo masculino, o travestismo ou a experiência de uma *trip* esquizofrênica em busca de desejos inconscientes, "a viagem ao além que é aqui"[14]. Quem ousou fazer

---

[13] Refiro-me ao espetáculo teatral *La traviata Norma, ovvero: Va ffanculo... ebbene si!*, encenado em Milão em 1976 pelo coletivo Nostra Signora dei Fiori, ligado aos coletivos homossexuais milaneses, de que fazia parte Mario, como conta Gianni Rossi Barilli em *Il movimento gay in Italia* (Milão, Feltrinelli, 1999), p. 84-5.

[14] Neste livro, p. 180.

um elogio da analidade, mesmo antes da Aids? Quantos, ainda hoje, expressariam orgulho gay se autodenominando "o cu" da comunidade humana em devir?

Da insistente necessidade de articular o discurso teórico às diferentes práticas da sexualidade surge também a inventividade de uma imaginação que se encontra na ficção científica experimental feminista daqueles anos – por exemplo, o "ginandro apto à partenogênese"[15] poderia viver no planeta descrito por Ursula Le Guin[16] em *La mano sinistra delle tenebre* (1969), o "novo homem-mulher ou muito mais provavelmente mulher-homem"[17] lembra *The Female Man* de Joanna Russ[18] (1973) –, mas ao mesmo tempo vai além para delinear os contornos de uma heterotopia (impossível não pensar no *Triton* de Samuel Delany[19], de 1976, com o subtítulo *Un'ambigua eterotopia*): um mundo no qual a sexualidade é perversa no primeiro sentido de Freud, ou seja, pré-edipiana, não fálica, não submetida à "tirania genital"[20], sem culpa ou vergonha. Nessa heterotopia, como um transatlântico cruzando o oceano de um ao outro dos infinitos pontos de terras adjacentes, não se limitando aos portos e rotas estabelecidas pelos interesses das companhias de navegação, a transexualidade atravessa o mar de inúmeras possibilidades eróticas que ocorrem entre sujeitos e objetos pulsionais múltiplos e heterogêneos.

Mas a vitalidade do livro também está na exuberância e no excesso de uma linguagem que passa do discurso filosófico, científico ou literário ao jargão da subcultura gay sem perder o ritmo, como na *mini-lectura Dantis* do capítulo III; da terminologia psicanalítica mais especializada às gírias mais coloridas (*smandrappato* [maltrapilho], *marchettari* [prostituto; gigolô]), aos neologismos mais completos (*iperacessoriati* [hiperequipados], *eterocheccaggine* [heterobichice]); da citação culta ao insulto venenoso, sutil ou grosseiro; de metáforas surrealistas ("O inconsciente é vendido em fatias no balcão do açougue"[21]) ou dignas da poesia metafísica de um John Donne ("o falo no cérebro impede o homem heterossexual de ver além de

---

[15] Neste livro, p. 259.
[16] Ursula Le Guin, *A mão esquerda da escuridão* (trad. Marcela Capista Cantuária, São Paulo, Aleph, 2019).
[17] Neste livro, p. 284.
[18] Joanna Russ, *The Female Man* (Nova York, Bantam Books, 1975).
[19] Samuel Delany, *Triton: An Ambiguous Eterotopia* (Nova York, Bantam Books, 1976).
[20] Neste livro, p. 246.
[21] Neste livro, p. 316.

seu próprio pênis: por isso, a sociedade atual é governada por testículos"[22]) às gravuras autoirônicas de puro gosto *camp* ("sobre moda somos especialistas desde sempre"[23]). O próprio ritmo do texto, às vezes irrefreável, às vezes mais lento pela repetição e desordem dos parágrafos, imita o polimorfismo perverso dessa força em erupção e irresistível que Mario chama de transexualidade.

Não gosto dessa palavra, ela agora está comprometida pelo uso tanto quanto a palavra sexualidade. Prefiro esta última, mas é preciso reativar sua validade propriamente revolucionária e de ruptura com toda a tradição judaico-cristã que já se encontra no primeiro dos *Três ensaios sobre a teoria da sexualidade* de Freud. E este não é o lugar para fazê-lo. Entretanto, o problema que o livro de Mario coloca em exame – e relê-lo hoje mostra isso de forma essencial – é que para ressignificar a sexualidade precisamos ser capazes de imaginar outra forma de ser e agir no mundo. Nossa *gaia ciência* deve reinventar sua Norma corrompida.

---

[22] Neste livro, p. 161.
[23] Neste livro, p. 243.

Revelar-se ocultando-se
*por David Jacobson**

> *"Gay life is moving indoors: albeit with characteristic Roman caution, a whole gamut of venues is emerging. There are still few places, though, where gay men can meet during the day... Discretion is the keyword... Even quality newspapers use euphemisms..."*[1] *(Guia* Time Out *de Roma. Londres, 2000)*

"Eu nunca poderia ser homossexual", exclamou um italiano que conheci uma vez em Roma. "Não suportaria ter de ficar acordado até tão tarde todas as noites!" Entre um comentário e outro, ele fez uma pausa longa o suficiente para que os amigos gays ao seu redor pensassem que iria se entregar a uma daquelas objeções morais alienantes, silenciadas e totalmente insuspeitadas com as quais os homossexuais muitas vezes têm que lidar mesmo quando partem daqueles mais "tolerantes". Hoje, se o guia *Time Out* estiver correto, cerca de vinte anos depois da minha estadia naquela cidade, a homossexualidade em Roma ainda é algo que você tem que praticar de madrugada – ou buscar de dia e abertamente a pé, se o tempo permitir. Mesmo Mario Mieli, com sua franqueza característica, depois de ter deplorado a "gaiola de ouro" dos guetos gays no norte da Europa, admite que "nas saunas de Amsterdã você pode desfrutar muito mais intensamente e com maior tranquilidade do que nos banheiros da Piazza del Duomo em Milão"[2].

Na introdução de sua versão em inglês de *Elementos de crítica homossexual*, de Mieli, David Fernbach, por outro lado, fala com inveja das vantagens culturais

---

* David Jacobson, redator-chefe da revista cultural *Correspondence* e crítico *freelancer*, vive e trabalha em Nova York. (N. I.)

[1] "A vida gay move-se entre paredes: embora com a característica cautela romana, toda uma gama de locais está surgindo. Ainda há poucos lugares, porém, onde os gays podem se encontrar durante o dia... Discrição é a palavra-chave... Até jornais de qualidade usam eufemismos..."

[2] Neste livro, p. 121.

do movimento gay italiano em relação ao britânico: já em 1973, de fato, "os elementos radicais do G[ay] L[iberation] F[ront] direcionavam-se a uma liberação puramente pessoal ou haviam sido fisgados pela esquerda hétero". Na Itália, ele explica, um movimento revolucionário mais vasto "permitiu que o movimento de libertação gay [...] mantivesse sua posição radical original por mais tempo e resistisse à sua própria dissolução em uma 'comunidade gay' apolítica e um movimento de direitos civis domesticado". Além disso, "o domínio do catolicismo" impediu a psicanálise italiana "de ser cooptada para a ideologia dominante pela prática clínica, de modo que o lado subversivo do freudismo emergiu com mais clareza", permitindo também às feministas compreender e desafiar "a construção social da feminilidade".

Se Fernbach tinha razão com respeito ao *establishment* psicossanitário anglo-americano, não creio que haja muitos gays e feministas italianos hoje que agradeceriam à Igreja Católica por inspirar esquemas e *slogans* utópicos mais ousados para os radicais do sexo que ela baniu. É provável que um jovem leitor gay italiano de hoje reaja aos *Elementos* de Mieli com uma mistura de inveja e irritação pelas condições e convicções que o livro apresenta (mas espero, diferenças à parte, também com grata euforia por sua perspicácia, audácia por seu inesgotável e provocativo *humour*).

Mieli, de fato, neste que Gianni Rossi Barilli descreve como a "Bíblia dos coletivos autônomos gays"[3], em vez de apenas aparar os golpes de uma direita ameaçadoramente em ascensão, permitiu-se o luxo relativo de denunciar o atraso da esquerda monossexual ("pré-transexualizada") e de encorajar os gays a seguir dois caminhos sexuais aparentemente opostos e amplamente abandonados: sua atração residual pelas mulheres e seu papel pioneiro na "restauração do prazer anal" universal. Se os ativistas seguidores de Mieli puderam elogiar o advento de uma "via anal contra o capital", hoje, nem é preciso dizer, não temos nem acesso à primeira, nem uma saída previsível do segundo. As metáforas confiantes de Mieli de um desejo homossexual que "se apodera" e "contagia" lançam um manto irônico sobre todo o seu manifesto.

E não há dúvidas de que o explícito desprezo do revolucionário Mieli pelo "mero" reformismo abalará alguns novos leitores cujas melhores esperanças políticas, em meio às novas ondas de violência homofóbica, parecem repousar na obrigação da Itália de cumprir as normas da União Europeia sobre direitos civis (não tão

---

[3] Gianni Rossi Barilli, *Il movimento gay in Italia* (Milão, Feltrinelli, 1999), p. 93.

brandos). Contudo, quando comparados aos seus companheiros europeus (hoje em grande vantagem jurídica em relação aos Estados Unidos), quantos italianos gays poderão valer-se de direitos como o da união estável? Em *Il movimento gay in Italia*, de Gianni Rossi Barilli, não há nada mais alarmante do que os resultados da pesquisa de 1989 do Ispes sobre homossexualidade relatados pelo autor: "se 61,8% dos entrevistados admitiram saber sobre gays ou lésbicas, apenas 2,6% localizava um entre seus parentes"[4]. Essa negação familiar se tornou mais meticulosa na última década?

A vida gay nos Estados Unidos e em partes da Europa setentrional e ocidental pode ter se tornado excessivamente domesticada, em sentido literal e figurado; mas na Itália é perfeitamente concebível que esta nova edição do livro de Mario Mieli seja mantida bem escondida por um gay não tão jovem que continua a viver com sua família como um filho "à espera de se casar". E esse, aliás, é um aspecto da cena italiana que não se enquadra nos "elementos" da crítica de Mieli, que se refere aos "aluguéis superinflacionados" que nos anos 1970 os gays estadunidenses nas cidades pagavam aos proprietários em troca de sua tolerância. Da mesma forma, na terra que cunhou o termo *gueto*, o "*gueto gay*" que Mieli deplora permanece principalmente metafórico: uma disposição do espírito ou de alguns poucos e esparsos sítios urbanos – discotecas, lojas, um punhado de livrarias. Além disso, a tão temida "tolerância repressiva" do gueto gay capitalista deixou um legado mais complexo e difuso do que Mieli poderia ter previsto. O epitáfio de Rossi Barilli para o ativismo gay dos anos 1970 e 1980 também se aplica às suas correntes mais revolucionárias: "Provavelmente, se hoje podemos ver dois meninos trocando carinhos no metrô, relaxados quase como se fossem um menino e uma menina, o devemos mais a Calvin Klein e Armani do que ao Arcigay"[5].

No entanto, os leitores gays, em dívida tanto com a moda quanto com os ativistas políticos que os precederam, voltaram-se mais uma vez para o manifesto de Mieli, em particular por sua crítica premonitória da "mercantilização do homoerotismo" e do "papel-chave" que a homossexualidade já havia começado a desempenhar dentro do "espetáculo capitalista totalitário"[6]. Por exemplo, o fórum de abril de 2001 intitulado "Sair do gueto: percorrer [*battere*] novos caminhos", uma releitura crítica coletiva de *Elementos* registrada no site do grupo bolonhês Antagonismo Gay

---

[4] Ibidem, p. 198-9.
[5] Ibidem, p. 238.
[6] Ibidem, p. 110.

(http://www.ecn.org/agaybologna/), após destacar a importância histórica e o brilhantismo estilístico de *Elementos*, recorre a este "trabalho orgânico e inigualável da teoria gay" por suas "críticas ao nosso presente, ao longo presente do domínio real do capital" e por suas análises da "espetacularização dos corpos, bem como dos papéis" operadas pela primeira vez pelas mídias contemporâneas. "A diferença", observa o grupo no prefácio à sua releitura precisa do texto, "em relação à época de Mieli é que mesmo o corpo masculino experimentou um aumento maciço de objetivação, coisificação, comparável talvez apenas a outro momento histórico, o da idealização pré-fascista do corpo, mas aqui o processo é de sinal contrário (a ideologia sublima por meio da idealização, o capital dessublima pela mercantilização)". Como escreveu Daniel Harris, historiador estadunidense e crítico da cultura de consumo gay: "A comercialização do corpo do homem gay foi uma das consequências não intencionais da liberação gay, que, depois de nos libertar de nossos véus, nos colocou à mercê da nossa *nécessaire* de maquiagem e de nossos armários de remédios"[7].

Mieli, é claro, foi uma excelente testemunha desse período inicial de infiltração gay aberta na cultura popular, ou melhor, a primeira adoção direta do estilo gay pela indústria cultural como um todo. Ele apreende esse fenômeno primeiramente através do conceito marcusiano de tolerância repressiva, vendo a nova "liberalização" consumista dos conteúdos homoeróticos como uma dessublimação repressiva do componente voyeurístico de nosso desejo[8]. Na época de *Elementos*, porém, a afirmação de Marcuse, como Mieli se esforça para acrescentar, "está parcialmente envelhecida e deve ser questionada"[9], justamente porque idealiza "o perverso", identificando nele uma ameaça potencial de derrubada do "processo de civilização". "A sociedade", corrige Mieli, "faz muito bom uso das 'perversões' para fins utilitários (basta ir às bancas de jornal ou ao cinema para dar-se conta imediatamente) [...] (caso contrário, quem publicaria este livro?). O inconsciente é vendido em fatias no balcão do açougue"[10].

Segundo Mieli, na indústria do esporte, da moda e da música *pop* de meados da década de 1970, a mercantilização e glamourização do "mito" homossexual abrigava, quase de forma homeopática, a mais perigosa "essência homossexual"[11]. Estrelas de rock heterossexuais, por exemplo, que descaradamente se entregaram

---

[7] Daniel Harris, *The Rise and Fall of Gay Culture* (Nova York, Ballantine, 1997), p. 108.
[8] Neste livro, p. 126.
[9] Neste livro, p. 255.
[10] Neste livro, p. 255-6.
[11] Neste livro, p. 152.

ao *drag* ou sobem ao palco enfeitados e maquiados como andróginos, se por um lado expressam a universalidade da latente homossexualidade universal, em última análise entregam a menos encorajadora das mensagens, ou seja, que "só uma estrela pode balançar a cabeça adornada com olhos pintados em dupla camada"[12]. Por outro lado, nos meios gays, Mieli descarta "os homossexuais heterossexuais, que [...] fazem de tudo para se passar por 'normais' ou mesmo por heterossexuais. Os homossexuais reacionários (*homoflics*); [...] as bichas disfarçadas de heterossexuais"[13].

Mieli não chegou a vivenciar a fase de assimilação impulsionada pela cultura de consumo gay que Daniel Harris analisou nos capítulos de *The Rise and Fall of Gay Culture* [A ascensão e a queda da cultura gay] dedicados ao corpo e à "feminização" da roupa íntima masculina. Como bom estadunidense, Harris pressupõe que comercialização e liberação são fenômenos concomitantes e simultâneos. "A liberação não veio só porque *drag queens* jogaram coquetéis molotov, incendiaram latas de lixo e arrancaram parquímetros de Stonewall, mas também porque nos tornamos preciosos demais para a América corporativa, a América dos grandes negócios: era impossível nos ignorar e nos relegar aos feudos exclusivos que a máfia organizou em cada metrópole"[14]. Em certa medida, em oposição aos novos leitores bolonheses da obra de Mieli, Harris deplora não tanto a objetificação do corpo masculino – inevitável em uma sociedade que objetiva tudo e todos –, mas a glamourização de uma minoria que, tal como os grupos étnicos estadunidenses, corre o risco de ser vagamente hiperassimilada (fato que se deve, em grande medida, à aquiescência gay). Os homossexuais, de árbitros tradicionais do gosto, conseguiram nos anos 1970 impor um estilo andrógino mesmo ao homem heterossexual "normal" (ainda que nem Harris nem Mieli expliquem adequadamente por que e como os heterossexuais inclinaram-se a isso). Para Harris, o "clone" ou estilo machão da década seguinte reflete o persistente autorrepúdio dos gays que nos anos 1990 levou a coisa a patamares ainda mais improváveis: "a tendência de voltar a vestir" repristinou a masculinidade ao erotizar a roupa íntima do "tolo, do '*guy*' [cara], o negligente desleixado *straight* tão desesperadamente heterossexual que é indiferente ao *sex appeal* de sua roupa íntima... aquele que se absteve da orgia consumista em que os gays estão envolvidos desde os anos 1960"[15].

---

[12] Idem.
[13] Neste livro, p. 240.
[14] Daniel Harris, *The Rise and Fall of Gay Culture*, cit., p. 88-9.
[15] Ibidem, p. 169-70.

Os homossexuais, no dizer de Harris, conferiram às roupas masculinas mais íntimas uma dimensão "feminizada" (não funcional); no entanto, mesmo a famosa objetificação do rapaz musculoso de cueca no anúncio da Calvin Klein, por exemplo, foi "no mínimo parcial". À primeira vista, a foto de cara fechada ou lúdico-adolescente do mancebo pode parecer tão degradante quanto a cena que ele representa; na verdade, porém, o modelo permanece "congelado em imagens centradas em seus genitais para que [ele] possa devolver o olhar do observador, devolvendo-lhe a mirada de cabeça erguida", uma "pose frontal" que continua a protegê-lo do "furtivo sodomita que poderia vir silenciosamente pelas costas e pegá-lo de surpresa"[16].

Elementos de Mieli tem o grande mérito de evocar e exaltar a cada momento esse traseiro, essa parte exposta e vulnerável que nenhum olho, nenhuma vigilância, pode proteger. Em sua célebre declaração de que "o proletariado revolucionário e o movimento revolucionário das mulheres são duas faces do Partido Comunista-comunidade humana, da qual o movimento revolucionário homossexual é o cu"[17], o traseiro não é tanto o local de uma obsessão erótica privada quanto o emblema da marginalização: o cu indefeso como vanguarda social. Para seus fins, a parte do corpo mais desprezada e considerada menos nobre é a melhor e mais expressiva da "encenação" da "bicha do gueto", que simplesmente internalizou sua própria opressão e que "acaba por ser uma mestra não só em enfeitar-se a si mesma e a sua casa [...], em criar uma certa atmosfera, em administrar melhor que qualquer pessoa sua própria máscara (com a qual dia após dia é reduzida a se identificar), mas também é mestra em converter as outras bichas"[18]. No gueto, "a falta de abandono, naturalidade e carinho é muitas vezes sancionada ali como norma, a 'comunicação' se dá por meio de uma trama de gracejos, entradas e saídas espetaculares, flechas disparadas com precisão sem precedentes (*sem precedentes* para pessoas heterossexuais)"[19].

Mieli, ao contrário, não deixa de afirmar sua própria natureza e de deplorar o triste e "generalizado travestismo" da sociedade reprimida que o circunda. E isso porque, como *folle* [bicha] autoproclamada, sobrevive na legenda da subcultura gay também graças às extravagantes "entradas e saídas" públicas, travestidas,

---

[16] Daniel Harris, *The Rise and Fall of Gay Culture*, cit., p. 161.
[17] Neste livro, p. 285.
[18] Neste livro, p. 277.
[19] Idem.

cáusticas e cômicas, vale a pena esclarecer a especial censura reservada por ele, em meio aos excessos identificadores, ao *camp* das "bichas de gueto". Sobretudo estamos diante de um homem que exorta as feministas a se livrarem das roupas com as quais os homens as oprimiram por séculos – e entregá-las a nós! Já faz mais de um século que os movimentos gays estão divididos sobre o status teórico e prático da "efeminação", uma tensão que Rossi Barilli detecta nas fileiras do final da década de 1970 entre as bichas e a ala mais masculinizante preocupada com que a efeminação militante possa prejudicar as relações públicas. Rossi Barilli – e isso não é surpreendente – sublinha que Mieli logo optou por se tornar uma figura solitária, indisponível tanto a se deixar transformar em um monstro sagrado para as "bichas" como, conforme escreve nos *Elementos*, em um "um líder fálico e carismático" para a comunidade gay italiana mais ampla. Essa posição intermediária entre os extremos do pseudomachismo e a hiperfeminilidade gay está de acordo com sua visão de que o transexual deve ser hermafrodita chegar à "superação da polaridade entre os sexos"[20].

Na verdade, logo no início de *Elementos*, Mieli afirma que o movimento de libertação gay, catalisado "nos países onde o capital atingiu o seu estágio de domínio real"[21] desde o levante de Stonewall de 1969, é apenas uma "segunda onda", já que a primeira teria começado na Europa do século XIX para ser interrompida pelo fascismo e pelo stalinismo. Mieli fornece pouca ou nenhuma explicação histórica da gênese dessa primeira onda, enquanto a identidade fascista-stalinista corresponde plenamente à sua visão de um comunismo enfim liberado pela via da "transexualidade". Mas talvez sua visão hermafrodita tenha encontrado força na importância reconhecida pelos teóricos da primeira leva, cuja identificação de um "sexo intermediário" foi compreensivelmente evitada pelos militantes de épocas sucessivas, que tinham o objetivo de liberar do estigma e despatologizar a homossexualidade.

Com frequência, quando participava de uma manifestação política, Mieli não se contentava em se apresentar com roupas *camp*, mas optava por vestimentas humildes e modestas. E justamente ao se distanciar do movimento das "bichas" que poderiam parecer seus aliados mais prováveis, nas últimas páginas do capítulo 6, "Rumo ao *gaio* comunismo", Mieli se separa momentaneamente do cauteloso racionalismo laico de seus companheiros de esquerda. Embora tenha feito uso constante da primeira pessoa do plural ("nós bichas"), em uma passagem crucial

---

[20] Neste livro, p. 193.
[21] Neste livro, p. 29.

ele de repente começa a falar sobre suas experiências em um hospital psiquiátrico e a "jornada esquizofrênica" que provavelmente se refere a algum tipo de colapso nervoso induzido por drogas alucinógenas. "A 'loucura' é materialista", declara na página[22] seguinte – tarde demais, sem dúvida, para dissipar o odor espiritualista que criou ao descrever sentimentos que mesclam sua incipiente "paixão secreta pelas mulheres"[23] com a sensação de sentir-se uma mulher, "às vezes espiritualmente grávida, outras a reencarnação de uma mulher"[24].

Por mais que se queira ler essa evidente tentativa de imaginar uma forma diferente e quase feminina de *jouissance* [gozo], deve-se notar que a passagem em questão vem imediatamente após sua recusa mais explícita em participar da "sociedade do espetáculo": "Se a vida na 'sociedade do espetáculo' é uma encenação, bem, eu me recusei a atuar"[25]. A visão transexual que substitui essa pantomima desajeitada revela, por contraste, "os recursos extraordinários da existência".

A resistência de Mieli à "Norma", portanto, ramifica-se de forma profunda nos novos conformismos do assimilacionismo gay e na ortodoxia "identitária" que se opõe a isso, nos excessos que em meados dos anos 1990 levaram muitos gays e lésbicas mais independentes a dar vida a um movimento dissidente "pós--homossexual" (uma escritora autodefinida lésbica, por exemplo, foi forçada a se redimir quando se espalhou o boato de que ela havia tido sexo consensual com um homem). Mieli teria ficado chocado com a fase de "protesto masculino" e do "praticamente normal", que acabaria se convertendo na subcultura gay construída ao longo das décadas de 1980 e 1990 (cujo ápice simbólico, no final dos anos 1990, é um artigo de Andrew Sullivan, defensor da "prática normalizada" dos homens gays, descrevendo o regime de testosterona que integra oficialmente sua terapia contra o HIV). Como defensor da desatribuição "hermafrodita" dos papéis sociais, no entanto, ele teria ficado igualmente chocado ao ver seu amado termo "transexual" reduzido ao significado de "redesignação sexual".

Não surpreende que Mieli não tenha se limitado a "ignorar" os outros militantes[26], mas que tenha acabado por concentrar suas imensas energias e seu senso dos "recursos extraordinários da existência" em uma narrativa muito variada e

---

[22] Neste livro, p. 230.
[23] Neste livro, p. 237.
[24] Neste livro, p. 230.
[25] Neste livro, p. 229.
[26] Gianni Rossi Barilli, *Il movimento gay in Italia*, cit., p. 97.

messiânica destinada a desafiar os mais vastos desequilíbrios da catástrofe ecológica iminente.

O que me surpreende, o que realmente acho surpreendente – e bem-vindo – nas transformações de Mieli é a voz da razoabilidade que ouvimos no final do capítulo "Rumo ao *gaio* comunismo". Aqui, exortando a "contagiar-se" a homossexualidade no local de trabalho, ele reconhece que na Itália de hoje isso poderia significar "se revelar com cautela [...] evitando, no momento, expor-se muito explicitamente"[27]. A resposta frívola e aparentemente autodepreciativa de um amigo de Mieli, funcionário de um banco, "sou louco", a quem lhe perguntou se ele percebia o que estava fazendo, ao desfilar para colegas e patrões "como se fizesse um desfile de moda primavera-verão para bancários"[28], é uma resposta pragmática que parece ressurgir de algum passado remoto pré-Stonewall. Contudo, é uma ambiguidade que muitos funcionários de bancos italianos (e também americanos) ainda precisam manter em seus locais de trabalho, até hoje.

Espontaneidade e recursos existenciais: talvez essas palavras de ordem "apolíticas", quase embaraçosas, retiradas do manifesto de Mieli, possam ajudar a guiar os gays através das restrições agora globais de cautela sexual cada vez maior e de cada vez mais elevada conformidade física. Quanto aos gays italianos, cujas conquistas civis graduais e dolorosas li nas crônicas de Rossi Barilli (em Bolonha algumas habitações sociais como consolo, em Milão um punhado de uniões civis celebradas entre o sério e o jocoso, a união estável tornou-se lei em… Empoli?!), espero que deixem à vista a nova edição deste marco: em sua casa ou na casa dos pais, onde os seus convidados ou namorados vão passar a noite.

---

[27] Neste livro, p. 279.
[28] Idem.

A estética transexual de Mieli

*por Christopher Lane**

"Um homem livre é gay e ama as mulheres"[1]

A primeira vez que me deparei com as ideias de Mario Mieli, eu era um estudante universitário na Inglaterra e tinha acabado de sair do armário. No início dos anos 1980, quando entrei em uma biblioteca de Londres, encontrei um exemplar de *Verso il gaio comunismo* [Rumo ao *gaio* comunismo]. Foi com entusiasmo que li aquele capítulo de *Elementos de crítica homossexual* publicado em forma de panfleto, quase como uma espécie de manifesto. Alguns anos depois, em 1987, enquanto estava em Amsterdã para a conferência "Homossexualidade, qual homossexualidade?", descobri uma edição econômica do livro de Mieli e estudei sistematicamente suas teses.

Mieli veio a Londres numa época em que o Gay Liberation Front [Frente de Libertação Gay] estava no auge. Na época eu tinha apenas cinco anos, por isso minha relação com aquele tempo inebriante é mediada por livros como o dele e por conversas com amigos mais velhos que eu. Um desses amigos me encantou ao me contar sobre sua participação, anos antes, em uma comuna gay, na época em que o traje a rigor [*de rigueur*] era o *drag*, o travestismo radical. Naqueles dias de euforia, ele me disse, homens e mulheres não apenas discutiam as questões que os uniam e os

---

* Christopher Lane leciona literatura inglesa na Northwestern University. É autor de *The Ruling Passion* (Durham, Duke University Press, 1995), *The Burdens of Intimacy* (Chicago, University of Chicago Press, 1999) e *Hatred and Civility: The Antisocial Life in Victorian England*. Escreveu ainda *The Psychoanalysis of Race* (Nova York, Columbia University Press, 1998) e, junto com Tim Dean, de *Homosexuality and Psychoanalysis* (Chicago, University of Chicago Press, 2001). (N. I.)

[1] Neste livro, p. 232.

dividiam mas também faziam piquetes em frente aos bares gays, cujos donos pareciam mais interessados em ganhar dinheiro do que na comunidade em questão. Nas palavras do jornal londrino *Come Together*: "O mercado da carne fede! Esvazie seu copo e saia dos bares que fazem negócios sujos... Traga a revolução para a sua vida"[2].

Em nossos dias é mais complicado imaginar uma época em que a libertação envolvesse uma rejeição quase total da cena de consumo gay, mas uma das coisas que me impressionou quando li Mieli pela primeira vez – e que me impressiona ainda mais hoje quando volto a ele, a quase duas décadas de distância – foi sua reiteração de que a liberdade consiste em sublimar o capitalismo e a diferença sexual. Aquilo que Mieli chamou de "estética transexual", antecipando o advento da teoria *queer* na Grã-Bretanha e nos Estados Unidos em quase doze anos, não visa suavizar as contradições sociais e sexuais, mas eliminar inteiramente "a Norma"[3]. "Nossa revolução", são suas palavras, "se opõe ao capital e à sua Norma, e tem a libertação universal como seu objetivo"[4].

Publicado na Itália em 1977, o livro de Mieli apareceu pela primeira vez em inglês três anos depois, no final de uma década de intensa atividade política e discussão por movimentos de gays e lésbicas na América do Norte e na Europa. Perto de 1977, Michel Foucault adverte que tais "movimentos afirmativos" devem, cedo ou tarde, dissolver-se para evitar produzir um discurso "invertido", reforçando as próprias categorias sexuais que pretendem transformar. Como diz Foucault, numa passagem muitas vezes citada, "o valor da crítica histórico-política da repressão sexual e seus efeitos na realidade foram consideráveis. Mas a própria possibilidade de seu sucesso estava ligada ao fato de que se desenrolava ainda no dispositivo de sexualidade, e não fora ou contra ele. [...] toda a 'revolução' do sexo, toda essa luta 'antirrepressiva' representava, nada mais nada menos [...] do que um deslocamento e uma reversão tática no grande dispositivo de sexualidade"[5]. Esse modo de

---

[2] Gay Liberation Front, "Come Together", n. 6, em Jeffrey Weeks, *Coming Out: Homosexual Politics in Britain, from the Nineteenth Century to the Present* (Londres, Quartet, 1977), p. 193. Ver as páginas 193-195 para detalhes específicos relativos aos piquetes em frente aos clubes para gays e lésbicas.

[3] Neste livro, p. 285.

[4] Neste livro, p. 282.

[5] Michel Foucault, *Power and Sex*, cit., p. 155; idem, *La volontà di sapere*, cit., p. 116-7; idem, *História da sexualidade*, v. I: *A vontade de saber* (trad. Maria Thereza da Costa Albuquerque e J. A. Guilhon Albuquerque, Rio de Janeiro, Graal, 1999), p. 123. Para maior aprofundamento, ver Jeffrey Weeks, "Capitalism and the Organization of Sex", em Gay Left Collective (org.), *Homosexuality: Power and Politics* (Londres, Allison and Busby, 1980), especialmente p. 19-20.

proceder, a rigor, no tocante à abordagem do estatuto sobredeterminado adquirido pela homossexualidade nas sociedades ocidentais assemelha-se ao ponto de vista de Mieli, que, no entanto, debruçou-se mais sobre as ramificações psíquicas de tal tentativa, em parte para mostrar como é possível provocar uma mudança, e em parte para avaliar por que a própria tentativa pode falhar. A esse respeito, o argumento de Mieli é menos abstrato que o de Foucault, mais centrado na forma como as ideias são absorvidas e traduzidas em experiência. O seu raciocínio pode, por vezes, parecer rudimentar, mas até certo ponto isso se deve à admirável forma direta com que o autor analisa o abismo entre a política e a teoria gay. Um dos seus méritos é ter iluminado – de forma enérgica, provocadora e muitas vezes hilariante – como os nossos desejos e fantasias por vezes traem as nossas mais caras crenças. Mieli lançou-se à sua busca muito antes de lésbicas e gays ganharem qualquer reconhecimento formal nos ambientes acadêmicos e políticos. A sua adesão a essa forma de pensar foi tal que estava preparado para abandonar a homossexualidade como forma de identidade se isso significasse recuperá-la como uma oportunidade sexual para todos.

Durante os anos 1970 e início dos 1980, muitos movimentos que tinham sido formados a partir da sexualidade tentaram evitar o impasse do "discurso invertido". Depois, por razões complexas, incluindo a glamorização da cultura e das problemáticas políticas lésbicas e gays, estes últimos acabaram por ser ignorados em sua maioria. Quando, no início dos anos 90, a teoria *queer* reavivou o raciocínio antinormativo de Foucault, Mieli e Guy Hocquenghem, o clima já não era o mesmo: a tendência era cada vez mais a de acreditar que os indivíduos desenvolvem ligações ou heterossexuais, ou homossexuais, e que a bissexualidade não é mais do que um breve interlúdio entre os dois. Os tempos em que se poderia discutir o colapso iminente da heterossexualidade ou os perigos de uma reificação fictícia da cultura gay parecem de fato remotos[6].

---

[6] Guy Hocquenghem, *Homosexual Desire* (Londres, Allison and Busby, 1978). No grande grupo de livros recentemente publicados que defendem essas mesmas posições, ver Leo Bersani, *Homos* (Cambridge, Harvard University Press, 1996) e Tim Dean, *Beyond Sexuality*, cit. Entre escritos teóricos e políticos produzidos nos decênios passados e caracterizados por uma radicalidade semelhante, recordamos, por exemplo: Gay Liberation Front, *Manifesto* (Londres, Russell Press, 1971, republicado em versão atualizada em 1979); Andrew Hodge e David Hutter, *With Downcast Gays: Aspects of Homosexual Self-Oppression* (Londres, Pomegranate Press, 1974); Don Milligan, *The Politics of Homosexuality* (Londres, Pluto Press, 1973, 1978); e vários números da revista marxista-feminista londrina *Gay Left*. Ver também: Dennis Altman, *Coming Out in the Seventies* (Boston, Alyson Publications, 1979); Gay Left Collective, *Homosexuality: Power and Politics*, cit.; e Weeks, *Coming Out*, cit., particularmente p. 185-230.

Vale a pena salientar que mesmo a terminologia utilizada por Mieli já não corresponde inteiramente à nossa, e por isso é fácil interpretá-lo mal. Hoje em dia, na cultura anglo-americana, o termo "transexualidade" refere-se principalmente a pessoas que se submeteram, ou estão prestes a submeter-se, à chamada cirurgia de "mudança de sexo". Embora de forma arbitrária e inadequada, o termo distingue entre aqueles que mudam o seu sexo biológico e aqueles que se reconhecem a si próprios como "*in-gender*" ou transgênero, quer optem ou não por confiar nas mãos de um cirurgião. Ainda que as práticas transgênero e o travestismo tenham, por sua vez, muito em comum, as primeiras em geral envolvem um maior compromisso político para suplantar o sexo biológico e promover, em contraste, aquilo que Kate Bornstein chamou de a comunidade dos "*gender outlaw*", os fora da lei do gênero[7]. Em vez disso, temos uma tendência a equiparar o travestismo à capacidade de "fazer-se passar" por uma pessoa do sexo oposto, em lugar da assunção definitiva do estilo de vida correspondente.

A dedicação de Mieli ao *drag* radical e à subversão dos significados associados à diferença sexual aproxima-o do transexualismo e, portanto, da posição e da terminologia de Bornstein, apesar de hoje as ligações entre esta posição e a da cultura lésbica e gay serem ainda mais tênues do que eram no tempo em que Mieli escreveu. Em nossos dias, "o amor que não ousa chamar-se pelo seu nome" raramente coincide, se é que o faz alguma vez, com um interesse em dissolver as diferenças de gênero. A cultura gay e lésbica ocidental tem cada vez mais prazer na afirmação da congruência entre gênero e desejo sexual, tornando a fórmula de "comportar-se como os normais" um sinal de assimilação e de desejável masculinidade – ou feminilidade, para as mulheres –, em vez de ser um sinal de "vender-se" ao sistema. Com efeito, uma das tarefas da teoria *queer* tem sido repolitizar a relação de lésbicas e gays com o gênero; nesse sentido, raciocínios como o de Mieli podem parecer novamente atraentes, em vez de utópicos ou absurdos.

Contudo, alguns dos mal-entendidos no raciocínio de Mieli não podem ser localizados na época em que ele escreveu. É minha intenção examinar algumas dessas intrincadas questões, porque elas ainda hoje têm uma grande influência sobre nós.

Embora Mieli discuta – e tente habitar – um território onde homossexualidade e *transgender* coexistem à custa da heterossexualidade, os seus argumentos por vezes mudam, com dramáticas consequências pessoais e políticas. Se lermos apenas o

---

[7] Ver Kate Bornstein, *Gender Outlaw: On Men, Women, and the Rest of Us* (Nova York, Routledge, 1994).

capítulo final, "Rumo ao *gaio* comunismo", que revisita muitas das suas posições mais antigas sobre repressão e homofobia, podemos acreditar (e o título do livro confirma-o de certa forma) que Mieli quer dissolver as discrepâncias de poder entre homens e mulheres, entre homens heterossexuais e homossexuais, e que o faz ampliando as consequências coletivas e anárquicas produzidas por homens que se fazem passar por mulheres e dormem com homens. Como Mieli explica, a "estética transexual" não permite que os homens se façam passar por mulheres, deixando a heterossexualidade intocada. De forma ideal, ela desloca toda a compreensão social do gênero, destruindo o estatuto de heterossexualidade e deixando-nos a todos para recomeçar, por assim dizer, do zero. Nas suas palavras, "os homossexuais que se deixam penetrar [estão na realidade mais próximos] da transexualidade, que é (uma tendência à) superação da polaridade entre os sexos"[8]. Essa é talvez a sua intuição mais provocativa – e, na medida em que ele tende a inferir tal complementaridade, é presumível que ela também se aplica a mulheres que dormem com mulheres e se fazem passar por homens. Mieli fala aqui obviamente de atos específicos, em vez de definições fixas de sexualidade, uma indicação adicional do seu empenho em revogar aquilo a que muitas vezes chamamos "identidade sexual". Como ele mostra de maneira convincente que a sexualidade mina a própria base da identidade, pois revoga todos os vestígios de certeza e de fixidez, o seu livro é uma contribuição premonitória ao "anti-identitarismo" que constitui hoje em dia boa parte da teoria *queer*. Essa forma de abordar as coisas realça a natureza problemática de uma visão puramente sexual da definição de si. Ao mesmo tempo – e precisamente porque Mieli tem a inteligência de compreender que a sexualidade confunde significado e ideologia –, é necessário perguntar se tal impulso inefável pode apoiar uma política de libertação com um escopo mais amplo.

A melhor maneira de abordar esse argumento é evocar o que Mieli diz a propósito do sexo. Não muito diferentemente de Bersani, ele equipara sexo anal passivo a abdicação de poder, depois extrapola esse raciocínio para uma política que se aplica a todos os homens gays[9]. Contudo, nem sempre é claro que posição é atribuída às mulheres em geral e às lésbicas em particular. Tendendo provocativamente a associar gays e mulheres heterossexuais, Mieli confunde por vezes os parceiros masculinos dos primeiros com a Norma que pretende subverter. Isso não só reforça a oposição biológica entre homens e bichas/mulheres, mas não diz

---

[8] Neste livro, p. 193.
[9] Ver também Leo Bersani, "Is the Rectum a Grave?" (1987), em Douglas Crimp (org.), *AIDS: Cultural Analysis/Cultural Activism* (Cambridge, MIT Press, 1988, 1993), especialmente p. 223.

sequer se Mieli identifica a Norma com a virilidade, e a sexualize como tal. Ele quer que esse pacto entre bichas e mulheres produza o "terremoto que provocará o colapso de toda a estrutura patriarcal"[10]. Em alguns momentos Mieli afirma que esse "colapso" será provocado pelo ativismo tradicional; em outros, escreve com maior ênfase metafórica e conceitual, convicto de que ele será o resultado da confusão de categorias que defende.

Adiante, quando seus argumentos acerca da homossexualidade aspiram a ter relevância universal, a Norma parece mais próxima de representar o banal conformismo, e gays e lésbicas podem unir-se para enfrentá-la. A homossexualidade e a transexualidade arruínam vantajosamente qualquer indício de essência sexual, ao mesmo tempo que traem a lógica de simples construção e as alusões ao voluntarismo que a acompanham. Mieli retrata a homossexualidade como um fenômeno limite que oferece felicidade erótica como uma forma de desejo hostil à heterossexualidade, negando a sua supremacia natural.

As implicações psicopolíticas dessa interessante tese são vastas e merecem uma análise detalhada. Segundo Mieli, a errônea convicção de que a heterossexualidade seja constituída de uma estrutura e de uma entidade política leva "a um duplo papel, a ser mais masculino, no caso do homem, papel muito normal que a luta feminista e homossexual acabará por fazer explodir, para libertar a transexualidade deles e a nossa, por eles reprimida"[11]. Tais argumentos encorajam Mieli a afirmar, provocativamente, e muitas vezes de modo jocoso, que "os heterossexuais [...] são todos bichas latentes"[12] – "também tu, hétero, és um gay negado [...]" e "[...] também eu sou uma mulher negada"[13] e que aqueles que, como Franco Berardi (Bifo), defendem sua própria "homossexualização" do ponto de vista do "movimento de homens" devem ser tomados literalmente, como se jogassem a isca do desafio sexual: "Quero ver sua 'homossexualização' em confronto com a minha homossexualidade em um leito: *quero vê-la, Bifo*"[14].

Mieli sabe bem que a homossexualidade é potencialmente volátil, e é por isso que seus pensamentos sobre o desejo homossexual só podem ser inconstantes e desorganizados. De fato, ele reconhece, "é muito difícil entender o que realmente

---

[10] Neste livro, p. 236.
[11] Idem.
[12] Neste livro, p. 35.
[13] Neste livro, p. 137.
[14] Neste livro, p. 243.

é o desejo humano"[15]. O que se entrelaça à importância que ele atribuiu tanto à fantasia quanto à autotransformação, mas retornarei a essas ideias e às oportunidades e obstáculos que elas apresentam mais adiante. Em outra parte do livro, pensando sobre questões que muitos gays e lésbicas podem achar desconfortáveis, Mieli considera seriamente o enunciado "somos tendencialmente hermafroditas", sugerindo que gays que dormem com mulheres – como gays, não como homossexuais velados – são cada vez mais numerosos. Nessas articulações, a afirmação de Foucault e de outros de que os movimentos gays mais cedo ou mais tarde deveriam ser dissolvidos, porque mantê-los vivos contribuiria para nossa opressão, chega desconfortavelmente perto de sugerir que a libertação é alcançada não mediante a homossexualidade, mas sim ao deixá-la para trás.

Analisemos com mais detalhe essa questão tão debatida. Nos capítulos anteriores de seu livro, Mieli escreve que "Eros também se liberta mediante a criação de novas relações eróticas entre mulheres e homens gays", um raciocínio que casa bem com sua rejeição das categorias sexuais[16]. Todavia, ainda que ele diga com razão que os homens gays aliviados de uma atitude de oposição à heterossexualidade desenvolverão relacionamentos diferentes com as mulheres, seu raciocínio não para por aí. "Fazer amor com uma pessoa do sexo oposto é sempre uma descoberta renovada de quem tem um corpo e formas de gozo *diferentes do nosso*"[17]. Como o título de Mieli se refere especificamente à homossexualidade, o impacto dessas declarações sobre seu pensamento a propósito do sexo gay traz alguns problemas. Como os teóricos e filósofos *queer* não se cansam de repetir, lésbicas e gays já descobrem em seus parceiros "um corpo e uma forma de prazer diferente do seu", ponto que vai até mesmo além do fato de o inconsciente ser em geral "estranho" à consciência e inacessível às categorias sexuais. A heterossexualidade, como consequência, deve deixar de ser retratada como nossa única via de acesso à alteridade[18].

"Não faça mais amor com homens, faça amor entre mulheres, façamos amor entre nós: essa é a nossa *gaia* proposta às mulheres"[19]. Afirmações desse tipo são provocativas o suficiente para prender o mais distraído dos leitores. Para os novatos,

---

[15] Neste livro, p. 213.
[16] Neste livro, p. 233.
[17] Neste livro, p. 234.
[18] Ver, por exemplo, Tim Dean, "Homosexuality and the Problem of Otherness", em Lane Dean (org.), *Homosexuality and Psychoanalysis*, cit., p. 120-43.
[19] Neste livro, p. 237.

essa é a única alusão de Mieli ao sexo lésbico no livro, mas sua proposição é enunciada como um imperativo (simplista ou irônico, conforme o caso): o sexo entre mulheres inclui potencialmente homens. Nem fica evidente de imediato como essa proposta é "gay", tanto no sentido clássico quanto no sentido atual do termo, pois é difícil distinguir o sexo entre mulheres e gays da heterossexualidade normativa. Mieli está convencido de que não apenas essas distinções existem mas que nossa liberação não deve terminar exclusivamente na companhia de parceiros do sexo masculino. Nesses pontos, seu tom torna-se decididamente prescritivo, como mostram alguns fragmentos de seu raciocínio:

> Acima de tudo, nós gays não tratamos as mulheres como "objetos" sexuais. [...]. Consideremos, por exemplo, o "problema" fálico: o homem se pavoneia pelo "poder" do seu pênis, embora saibamos que, muito provavelmente, nem teríamos uma ereção imediata fazendo amor com mulheres. Bem, aqui está um falso problema: estou convencido de que às mulheres isso não importa. As relações eróticas não são exclusivas nem antes de tudo genitais [...]. (Entre homens, pelo contrário, o brincar com os pênis – e das bichas que brincam com o falo – pode ser muito gay, é gay, é excitante e prazeroso para ambos ou para os três, quatro etc.) *Que os homens extravasem entre si seu próprio desejo fálico (e se necessário auxiliados pelo fist-fucking) sem mais impor isso às mulheres.* [...] Uma vez que o "problema" da ereção tenha desaparecido, o que é, portanto, um falso problema, o gay perceberá como é bonito fazer amor com uma mulher e a mulher ficará feliz em fazer amor com quem sabe fazê-lo, com um gay.[20]

Alguns aspectos dessa passagem são desconcertantes. A "substância" erótica que o fascina só vem à tona quando Mieli descreve o contato sexual entre homens. Além disso, ele o faz com tal exuberância que somos levados a duvidar de sua afirmação de que o "problema da ereção" pode simplesmente "desaparecer" graças a um belo gesto retórico ou a um ato de vontade. Já que está claro que a excitação é o pré-requisito para o contato sexual, por que Mieli supõe que as mulheres – e os gays que fazem sexo com elas – se contentarão com algo menos do que isso?

"Acredito que o desejo erótico pelas mulheres está vivo em minhas profundezas", escreve Mieli duas páginas depois[21]. À luz de sua ênfase na homossexualidade, é provável que nossa reação a essa frase seja bem diferente do que, por um lado, teremos quando nos depararmos com sua conclusão generosa, quase impessoal, do terceiro capítulo: "Eu guardo meu tesouro no cu, mas ele está aberto a

---

[20] Neste livro, p. 234.
[21] Neste livro, p. 236.

todos..."²². Tais afirmações implicam – e isso é intrigante – que Mieli poderia coexistir perfeitamente desenvolto em dois ou mais domínios sexuais e que ele se esforçou para dissolver as distinções entre um e outro de maneira verdadeiramente anti-identitária. O que me pergunto não é se os outros são capazes de imitá-lo com igual facilidade, mas se seu raciocínio contempla a possibilidade de que eles não queiram fazê-lo. Contudo, como o desejo não pode ser "organizado" por um ato de vontade, o princípio de liberdade que ele defende parece ceder à solicitação de fantasias opostas.

Segundo filósofos contemporâneos como Herbert Marcuse, Guy Hocquenghem, Gilles Deleuze e Felix Guattari, a psicanálise é tanto o problema quanto a solução do problema. Se por um lado devemos colocar sob acusação o complexo de Édipo como a causa de múltiplos problemas, desde a sustentação paranoica à família patriarcal nuclear até o que Mieli chama de "educastração"²³, a solução, para ele, consiste em contatar o "Eros mutilado" e "a espécie humana negada" – ênfase que se repete com destaque nas obras de Wilhelm Reich e Norman O. Brown, para não falar de *Eros e civilização*²⁴ (1955) e *O homem unidimensional*²⁵ (1964), de Herbert Marcuse.

Para esse grupo de pensadores, a emancipação política é acompanhada e ao mesmo tempo decorre de uma liberação massiva e generalizada do desejo, que permite que a "vida que fomos forçados a rechaçar pressione para (res)surgir livre e comunitária, tal como é, potencialmente"²⁶. Essas metáforas abundam na obra de Marcuse e são encontradas nas páginas de Mieli.

Em uma passagem fascinante, embora não suficientemente desenvolvida, Mieli vê esse aparente recalcamento da diferença sexual não apenas como uma alteração de nossa relação com o mundo mas também como "a resolução da contradição entre Eu e os Outros, entre Eu e não Eu"²⁷. O que repete, significativamente, pelo menos em certo sentido, sua conclusão do capítulo III. "A explosão do Id dilata

---

[22] Neste livro, p. 189.

[23] Neste livro, p. 34.

[24] Herbert Marcuse, *Eros e civilização: uma interpretação filosófica do pensamento de Freud* (trad. Álvaro Cabral, Rio de Janeiro, Zahar, 1975).

[25] Idem, *O homem unidimensional: estudos da ideologia da sociedade industrial avançada* (trad. Robespierre de Oliveira e Deborah Christina Antunes, São Paulo, Edipro, 2015).

[26] Neste livro, p. 225.

[27] Neste livro, p. 194.

e 'dissolve' as fronteiras do Eu. Em outras palavras, o Eu não se arroga mais o monopólio da subjetividade: a vida se revela recíproca, comunitária"[28].

Eloquentes e retoricamente convincentes, essas aspirações enfatizam de forma frutífera nossa necessidade de dissolver o Eu e suas repressões. Mieli acredita de maneira apaixonada que a mudança coletiva é forjada por profundas transformações psíquicas, e nesse ponto ele tem uma boa dose de razão. À luz do meu pedido anterior de cautela em relação às reflexões de Mieli sobre gays e mulheres, eu simplesmente acrescentaria que outros fatores políticos e psíquicos – incluindo aversão, agressividade e nosso próprio apego inconsciente a imagens sexuais – provavelmente frustrarão esse sonho de unidade. Minha cautela também decorre das dúvidas que numerosos críticos expressaram sobre os conceitos de desejo e libertação em Marcuse, Brown e Reich, além da suposição idealista de que a libertação da repressão subverterá o Édipo e nos "desobjetificará". Se Foucault dedicou grande parte de sua introdução à *História da sexualidade* a enfatizar que tais noções "fluidas" de repressão favorecem afirmações enganosas sobre a liberação do desejo, Lacan optou por uma linha de conduta semelhante, apesar de diferente, resistindo ao impulso de colocar desejo e emancipação no mesmo plano e representando a cisão, ou seja, "a falta no ser", como um axioma da subjetividade.

Se a sexualidade enquanto tal prevalece sobre o sentido, conforme a célebre formulação de Lacan, é inevitável que ela acabe minando as aspirações e a coerência da maioria dos movimentos políticos[29]. Em outras palavras, uma política baseada principalmente nos caprichos do desejo deve ser tão anárquica, informe, pré-linguística e contraintuitiva quanto o próprio inconsciente. Como pretende promover uma liberação anárquica da sexualidade, Mieli já está a certa distância de Marcuse. No entanto, onde seu argumento é mais programático, esse ponto acerca do inconsciente tende a trabalhar contra ele, em formas que Mieli nem sempre reconhece. Se não chega a fornecer uma explicação adequada, ou se não dá conta do mistério do desejo sexual, é arriscado ditar os termos de uma fantasia

---

[28] Idem.

[29] Jacques Lacan, *Seminaire XXI: Les non-dupes errent*: "Tudo o que se insere no empenho analítico perante o comportamento humano indica que o significado não reflete o sexual, mas o recupera", citado em Jacqueline Rose, "Introduction - II", em Juliet Mitchell e Jacqueline Rose (org.), *Feminine Sexuality: Jacques Lacan and the École freudienne* (Nova York, Norton, 1982), p. 47. Parafraseando essas linhas, Rose observa: "A sexualidade é o ponto de fuga do sentido" (p. 47), e Joan Copjec, comentando a mesma passagem, escreve: "O sexo é o obstáculo do significado", em *Read My Desire: Lacan against the Historicists* (Cambridge, MIT Press, 1994), p. 204.

de gozo válida para os outros – e, em particular, supor que sua felicidade consiste na reconstrução de anseios polimorfos reprimidos. Mesmo prescindindo da questão de se é ou não possível "recolocar em cena" desse modo o desejo, os riscos ético-políticos de supor o que se "deve" fazer são complexos, até mesmo inquietantes. Por exemplo, quando Mieli se propõe a "induzir" os indivíduos a repensar seus desejos, ele recai desajeitadamente na retórica que pretende combater.

Nem Foucault nem Lacan puderam aceitar a tentativa de Marcuse de combinar Marx e Freud. Contudo, que Lacan tenha sustentado nossa incapacidade de nos fundirmos plenamente com a sociedade é em si uma ideia política importante, que se torna a base de sua fascinante perspectiva sobre o inevitável conflito entre liberdade e autoritarismo. Lacan não estava disposto a ceder essa exigência de liberdade à sociedade ou aos "bons moços", e essa é uma das razões pelas quais seu raciocínio está longe de ser politicamente complacente ou reacionário. Distanciando-se de forma radical de Marcuse, Reich e Brown, ele acrescenta que, como nem todos os nossos impulsos psíquicos visam ao nosso bem-estar, eles não podem ser utilizados como possível base estratégica nem para a harmonia pessoal. Em particular, a distinção de Lacan entre desejo e *jouissance*, e gozo, alteraria – e talvez destruiria – a esperança de Mieli de que "o fascínio da própria morte só pode ser redescoberto e desfrutado quando a vida tiver sido reencontrada, e o ser humano viver em harmonia com a comunidade, com o mundo, com o outro que faz parte da sua existência"[30]. Segundo Lacan, esse "outro", mais do que um amigo ou confidente que poderia ser incorporado, é uma entidade perniciosa da qual não se pode escapar. Ao inverter os termos do raciocínio, é a impossibilidade de alcançar a harmonia que nos impede de nos reconciliarmos com as condições existentes e nos faz querer a mudança. Mieli e Lacan chegam ao problema por dois caminhos diferentes.

Embora existam diferenças fundamentais na maneira como Mieli e Lacan pensam sobre o desejo, estou intrigado com os elementos de semelhança presentes em seu entendimento comum da transformação social e subjetiva. O interesse de Mieli pelo que Eric Santner define como uma *nova(s) "maneira(s) de abrir-se ao Outro"* chega quase ao ponto de apoiar a *"rendição relacional"* como base da estratégia política[31]. Segundo Santner, essa "rendição" não surge meramente do Eu como um

---

[30] Neste livro, p. 214.

[31] Eric L. Santner, *On the Psychotheology of Everyday Life: Reflections on Freud and Rosenzweig* (Chicago, University of Chicago Press, 2001), p. 91 e 90, destaque do original.

ato de vontade (o que Mieli evidentemente apoia); mas também deriva do reconhecimento "daquilo que em nós parece mais fatalmente 'demoníaco'"[32], incluindo formas muito mais resistentes e hostis de transformação – o momento, talvez, em que os heterossexuais não podem ser "induzidos [...] a agarrar sua própria homossexualidade", e vice-versa. Diferenciando-se de Lacan ao redimensionar os aspectos psicopolíticos da inércia, da aversão e da negatividade que obstruem a transformação, Mieli promove em nós a consciência das múltiplas maneiras pelas quais a sociedade e o sujeito podem influenciar-se e transformar-se.

Ironicamente, parte da "*aliveness to otherness*" [vivacidade para a alteridade] de Mieli, como a chama Santner[33], deriva de sua propensão a reconhecer que "é muito difícil entender o que realmente é o desejo humano"[34]. No clima atual, em que as pessoas se orgulham de apoiar ministros "ex-gays", terapias "compensatórias" e programas de "reconversão", essa admissão direta oferece uma série de oportunidades paradoxais. Como Mieli, no entanto, estou convencido de que a promessa de libertação da "rigidez" e dos problemas a ela relacionados nos ajudaria em termos políticos, suavizando o antagonismo entre identidades "aceitáveis" e desejos "inaceitáveis" que às vezes aflige o movimento gay e lésbico[35]. Enquanto essa lacuna persistir em nossas comunidades, não fará mais que aumentar a tensão entre aqueles que aspiram alcançar a normalidade por meio da "conformidade" e aqueles que buscam acabar com a normalidade por meio da dissidência sexual. Além disso, se essa divisão se consolidar, os mesmos desejos que geraram o movimento lésbico e gay começarão a parecer cada vez mais estranhos à comunidade homossexual.

A segunda oportunidade tem a ver com esse ponto. Tem origem no reconhecimento de que a sexualidade desafia todas as categorias e pertencimentos. Esse é, em certo sentido, um raciocínio que Mieli compartilharia contra aqueles que buscam domesticar a homossexualidade, embora seu livro às vezes oscile entre representar o desejo como "revolucionário" e a esperança de que sua força inconsciente enriquecerá o crescimento pessoal. Apesar de ter expressado meu ceticismo em relação a ambas as perspectivas, seria um grave erro romper os laços, apagando efetivamente qualquer vínculo entre desejo e mudança. Não apenas a sociedade

---

[32] Ibidem, p. 97.

[33] Ibidem, p. 85.

[34] Neste livro, p. 213.

[35] Ver Michael Warner, *The Trouble with Normal: Sex, Politics, and the Ethics of Queer Life* (Nova York, Free Press, 1999), que em parte responde a Andrew Sullivan, *Praticamente normali: Le ragioni dell'omosessualità* (Milão, Mondadori, 1996).

pareceria surda e intratável, mas seríamos forçados a declarar politicamente impotente a cada cidadão. Significaria ignorar as formas vibrantes e concretas de rebelião cotidiana que Mieli propugna.

É evidente que o movimento gay e lésbico mudou de forma dramática desde que o livro de Mieli veio à luz em 1977, mas sem dúvida é hora de reexaminar suas teses e avaliar a relevância que tem hoje para nós. Hoje, sem dúvida, estamos mais cautelosos com argumentos que tematizam a dissolução da homossexualidade como categoria, e – talvez as duas coisas se complementem – mais inclinados a fazer distinções mais claras, ainda que nem sempre sustentáveis, entre homossexualidade, transexualidade e travestismo. De Mieli, porém, os leitores contemporâneos precisam recuperar o ponto de vista fresco e exuberante, sua encantadora falta de cinismo, sua indignação e a imperturbável radicalidade de sua posição em relação a uma maré de iniquidades sociais. Mieli escreve como se a dissolução da opressão estivesse ali, ao virar da esquina, e por isso – e pela descrição de seus "maquiagem [...] saias floridas [...] saltos prateados"[36] – seu livro vale o preço que se paga para lê-lo.

Agradeço a Armando Maggi, Paola Mieli e David J. Jacobson por suas observações no rascunho deste texto.

---

[36] Neste livro, p. 244.

Um clamor suspenso entre a vida e a morte
*por Claude Rabant**

> "*A Georgios: Arrête-toi et pleure sur la tombe du défunt Kroisos, dont le cruel Àres a pris la vie, alors qu'il combattait en première ligne*".[1]
>
> "*Oh my gay God!*"[2]

Pode ser, como sugere Didier Eribon[3], que Michel Foucault tenha intervindo a tempo, com uma previsão genial, além de tudo contra si mesmo, no final dos anos 1970, para ajustar a direção do discurso gay e, virando do avesso a ideologia da palavra libertadora, apontar para a invenção de novos modos de vida gay em vez do sonho de um humanismo libertário: "A meu ver, hoje o movimento homossexual precisa mais de uma arte de viver do que uma ciência ou um conhecimento científico (ou pseudocientífico) do que é a sexualidade. A sexualidade

---

* Claude Rabant é psicanalista em Paris. Autor de vários ensaios de psicanálise e cultura, publicou na França os seguintes livros: *Délire et Théorie* (Paris, Aubier-Montaigne, 1978), *Clins* (Paris, Aubier-Montaigne, 1984) e *Inventer le Réel* (Paris, Denoël, 1992). (N. I.)

[1] "A Georgios: Pare e chore sobre o túmulo do defunto Kroisos, a quem o cruel Ares tirou a vida enquanto lutava na linha de frente". Epigrama gravado na base de um mármore Kouros, 530--520 a.C., Museu Arqueológico de Atenas.

[2] Neste livro, p. 269.

[3] Didier Eribon, *Réflexions sur la question gay* (Paris, Fayard, 1999), p. 389. Terceira parte de: *Les Heterotipies de Michel Foucault*. Foucault, diz Eribon, critica "a hipótese repressiva" que ele mesmo havia aventado em *História da loucura* e que Guy Hocquenghem retoma extensamente em 1972 em *Le Désir homosexuel*: "Não há dúvida de que a intenção estratégica de *A vontade de saber* [...] se inscreve no espaço teórico e político definido pela interrupção, no início dos anos 1970, dos movimentos de 'libertação sexual' e, mais geralmente, pela sobrevalorização do discurso psicanalítico na vida intelectual francesa. Para resumir muito, pode-se dizer que Foucault tem como alvo político o marxismo de Freud e as obras de Herbert Marcuse e Wilhelm Reich, que se tornaram os principais pontos de referência dos movimentos de emancipação, e como alvo teórico a própria psicanálise".

faz parte do nosso comportamento, integra a liberdade que desfrutamos neste mundo. A sexualidade é algo que nós mesmos criamos – é tão mais nossa criação do que a descoberta de um aspecto secreto do nosso desejo"[4].

Seja como for, em retrospecto, 1977, ano em que saiu o livro de Mario Mieli na Einaudi, aparece como um ponto culminante, tanto de equilíbrio quanto de ruptura, como se maio de 1968 tivesse esgotado seus segredos antes da grande virada dos anos 1980. Na França, o livro *Comment Nous Appelez-Vous Déjà?* [Como você se chama mesmo?][5], que Jean-Louis Bory e Guy Hocquenghem publicaram juntos, marca ao mesmo tempo uma trégua entre as estratégias inimigas e o início de alguma visibilidade gay na mídia. Bory esboça uma autobiografia à sua maneira desapegada, enquanto Hocquenghem, à guisa de uma geografia do desejo gay, interpreta o sobrinho de Rameau à noite nas Tulherias. Na Itália, talvez ainda longe dessa relativa calmaria, o livro de Mieli atesta a inquietude intacta de um discurso cujas necessidades ressoam até nós e ao mesmo tempo traz vestígios dos impasses ou contradições que Foucault pode ter ajudado a dissipar. É por isso que vale a pena voltar a ele e debruçar-se.

O que de fato é um discurso gay, no que se funda (e fundou-se na época) sua possibilidade? A *Crítica* do título coloca a questão com uma alusão explícita a Marx e, implicitamente, a Sartre. A crítica, a partir de Kant, desenvolve as condições que tornam possível um discurso a partir de um vazio discursivo, em geral de uma experiência polêmica que deve abrir à força o seu caminho no discurso. A experiência como tal é vazia e rejeitada pelo discurso dominante. Projetar uma crítica é, portanto, paradoxal em si mesmo: trata-se de trazer a experiência vazia para o discurso, enquanto experiência fundadora de um novo discurso ou de uma nova discursividade. O *pólemos**, pai de todas as coisas, como dizia Heráclito, preside o projeto crítico. Como Mieli repete várias vezes, é uma guerra. O conflito não é apenas intradiscursivo, com o fim de legitimar uma experiência, ele é real e extradiscursivo, ou seja, corpo a corpo. A controvérsia ocorre em todos os níveis ao mesmo tempo. Ele não pode evitar deixar alguns mortos para trás.

---

[4] Michel Foucault, *Dits et écrits*, v. IV (Paris, Gallimard, 1994), p. 735.
[5] Jean-Louis Bory e Guy Hocquenghem, *Comment Nous Appelez-Vous Déjà? Ces hommes que l'on dit homosexuels* (Paris, Caiman-Levy, 1977).
* Do grego: guerra. Refere-se a "pólemos pater panton", famosa citação de Heráclito: "a guerra é o pai da história". (N. T.)

Mas, em primeiro lugar, trata-se de se apropriar da própria experiência, de se apropriar para si, enquanto experiência e enquanto discurso. A crítica é uma conquista de território, a nova apropriação de um território que equivale à reapropriação de si mesmo. É uma guerra que inevitavelmente afeta o território do outro, o dominante, que o coloca em dificuldade, não apenas em âmbito local, mas globalmente. Porque a afirmação crítica da experiência individual, em sua capacidade discursiva, não pode ocorrer se não for afirmando ao mesmo tempo sua universalidade. É o que Monique Wittig, por sua vez, sublinhará (voltaremos à relação entre Mieli e Wittig adiante). É somente afirmando polemicamente a própria universalidade que a experiência individual pode abrir à força o seu caminho no discurso[6]. Trata-se inevitavelmente de arrancar ao dominante uma parte de sua suposta universalidade para restabelecê-la de outro modo. E essa subversão do universal não pode deixar de ser acompanhada por uma subversão da própria subjetividade em geral, da colocação e distribuição dos sujeitos, de sua repartição em relação ao poder e, sobretudo, em relação ao poder da palavra (ou do texto). Mas, então, pode se tratar somente de uma "libertação"? As estratégias oscilam com efeito entre a vontade de revelação, de expressão individual e pública, de provocação, de um desejo, e a vontade mais política de construção de espaço, de modos de viver, de estruturas de legitimação. A questão era: até que ponto a expressão do desejo é direta e imediatamente política? A noção de discurso, tomada na perspectiva da "revolução", serviu de mediação para a passagem da expressão do desejo para o campo político da legitimação e da comunicação. A guerra define claramente, assim, seu inimigo: é o que Mario Mieli chama de "a Norma capitalista heterossexual"[7]. Como tal, essa Norma só pode ser destruída. Mas surgirá inevitavelmente o problema da recuperação por parte dos dominantes (o "Espetáculo", para usar a categoria de Debord, à qual Mieli às vezes recorre) daquelas que no início foram práticas de liberação.

Em primeiro lugar, trata-se de tomar do dominante o direito de falar de si mesmo, de nós. "Somente os homossexuais têm o direito de falar sobre si mesmos".

---

[6] "Depois de Proust, o tema nunca mais foi o mesmo, pois o autor, durante todo o percurso de *Em busca do tempo perdido* fez do 'homossexual' o centro classificatório a partir do qual se universaliza. [...] Um texto escrito por um autor pertencente a uma minoria é eficaz somente se conseguir universalizar o ponto de vista minoritário, se é um texto literário importante. [...] Em última análise, é por intermédio da empresa da universalização que uma obra literária pode transformar-se em máquina de guerra"; Monique Wittig, *La Pensée straight* (Paris, Balland, 2001), p. 113, 115 e 126.

[7] Ibidem, p. 78-9. Wittig fala de "contrato heterossexual" ou de "contrato social enquanto heterossexual".

E, portanto, é esse autoproclamado "nós" que se funda ao afirmar-se. Recuperando no outro (todos os outros) o direito à autodefinição e autolegitimação, é um coletivo inteiro que se afirma, não um sujeito singular. O livro de Mario Mieli raramente apresenta o "eu" (salvo para apresentar o projeto na premissa: *tentei, defini* etc., agradecer: *obrigado*, ou modular as afirmações conclusivas: *acredito que*...), constrói essencialmente um "nós", empresta sua força enunciativa a esse "nós": "nós gays", "nós homossexuais". De que modo o autor do livro, o escritor, junto ao homem por trás dele, é levado a fazer seu este nós, a incorporá-lo, a fazê-lo existir, a arrebatá-lo do nada, mesmo onde se tenta matá-lo? Direcionar um discurso entre a apropriação coletiva de uma experiência feita de singularidades e sua universalização tomada como alvo coloca o problema de como, historicamente, os indivíduos emprestam seus corpos, suas vidas, suas almas, suas energias, ou como se queira chamar, para realizar de forma concreta essa apropriação coletiva, para levar a bom termo essa tensão discursiva e essa universalização polêmica. Muitas vezes morrem disso. Nesse sentido, um coletivo é sempre adquirido a um preço alto para alguém (os *promachous*, como diz o epitáfio citado na epígrafe, aqueles que lutam na linha de frente).

Como de fato se passa da reapropriação de uma experiência ("só os homossexuais têm o direito de falar de homossexuais") ao horizonte de uma reivindicação mais ampla: a de uma *gaia* ciência, uma ciência gay, fortalecida pelo *gaio* saber nietzschiano e, por meio dela, de uma universalidade crítica da vida gay? Porque, devido à ressonância nietzschiana, é justamente disso que estamos falando: a vida que se torna uma ciência de si mesma, contra todo conhecimento dominante. Não se trata aqui de um "conhecimento científico ou pseudocientífico sobre a sexualidade", mas justamente do fato de que a própria vida, como experiência nua, como experimentação não normativa, torna-se uma ciência de si mesma, refutando de modo polêmico todos os outros saberes que poderiam se aplicar a ela (contextualmente e *in primis* [sobretudo], é claro, a psicanálise e o discurso psiquiátrico). Assim, a guerra ou a controvérsia operam seus cortes a tal ponto que nenhum sujeito pode sair ileso. A lâmina de Ares passa por quase todos os temas. Para ser mais preciso, dir-se-á que aqui a universalidade não se conquista pela incorporação de um "todo", mas pelo filtro mais fino de uma negação da qual, a priori, "ninguém" pode ser poupado, pois a ponta da "falsificação" atinge gradualmente todos os sujeitos (um pouco como em Proust, em que todos, ao final, um a um, são "alcançados" pela homossexualidade): é impossível que os heterossexuais digam a verdade sobre si mesmos. Falando de si mesmos, eles se mutilam mais uma vez com as próprias mãos. Mutilam-se perseguindo-se[8]. Mas, de maneira inversa, é impossível que a Norma não confesse sua mentira e sua violência (que, em linguagem freudiano-marxista, será chamada de "alienação"). É impossível que tal violência não se traia por si mesma. É impossível que, do ponto de vista multifacetado e heterogêneo oferecido pela homossexualidade, essa traição não se torne visível, com as consequências concretas que resultarão dessa sua manifestação. É impossível que a alienação não se desfaça de si mesma, quando o tempo se esgota, sob o peso de sua própria contradição.

Há guerra porque não há apenas repressão, no sentido banal do termo, mas perseguição, no duplo sentido de perseguição interna e subjetiva e perseguição objetiva, de forma completamente idêntica à perseguição dos judeus pelos antissemitas[9]. A luta é necessariamente impiedosa. Também aqui encontramos uma referência precisa a Wittig: se a exploração das mulheres ou a perseguição dos homossexuais devem ser pensadas no modelo da escravidão, então a luta é ao mesmo tempo histórica e impiedosa, a libertação e a guerra dos escravos que não podem se libertar e libertar o patrão de sua alienação senão destruindo-o[10]. Se o heterossexual, como afirma Mario Mieli, é por sua vez vítima da educastração, então o discurso gay deve libertá-lo destruindo-o enquanto heterossexual, assim como para Wittig a luta das lésbicas deve destruir as mulheres e a heterossexualidade em geral como forma histórica[11]. "A libertação universal do desejo gay [...] *só poderá ser realizada quando sua identidade heterossexual entrar em colapso*"[12]. Há uma guerra, mas

---

[8] O tema e o termo *mutilação* já se encontravam em Hocquenghem em 1972: "Todos nós somos mutilados em um campo que sabemos ser essencial em nossas vidas, um terreno que se chama desejo sexual ou amor. Podemos então começar a tentar revelar esses desejos, que tudo nos obriga a esconder, e ninguém pode fazer isso por nós"; "La Révolution des homosexuels", em Didier Eribon, *Réflexions sur la question gay*, cit., p. 423. Os temas da repressão, da mutilação, do desejo e sua liberação pela expressão e comunicação são conexos. O livro de Mario Mieli inscreve-se claramente nesse contexto.

[9] Pode-se perguntar se, ao descartar a "Tese Repressiva", Foucault também não contribuiu para evitar a ameaça persecutória e, com ela, todo um pelotão de dramas.

[10] "Por séculos, o poder explorou o trabalho dos homossexuais para subjugar as mulheres, assim como usou as mulheres para reprimir os gays (a qualquer homossexual, basta recordar sua própria mãe)"; neste livro, p. 244.

[11] Em 1971, em *Pour Une Concept homosexuelle du monde*, Hocquenghem já argumentava: "Queremos o fim da heterossexualidade na medida em que a heterossexualidade é hoje inevitavelmente uma relação de opressão", citado por Didier Eribon, *Réflexions sur la question gay*, cit., p. 426.

[12] Neste livro, p. 252-3.

também um convite, um convite à solidariedade militante: "Nós, revolucionários homossexuais, hoje, seduzimos os outros a nos imitar, a *vir conosco*, para que todos juntos alcancemos a subversão da Norma que reprime o (homo)erotismo"[13].

É nesse sentido que podemos falar, como horizonte, de um "comunismo gay", que será antes um alargamento da vida gay à dimensão de um comunismo que já não terá muito a ver com a forma como foi concebido politicamente até hoje (estaríamos, portanto, tão distantes das teses de Michel Foucault?). Obviamente, esse comunismo gay não pode ser mais do que uma utopia. Mais precisamente, esse comunismo gay não pôde dar o menor passo à frente, em 1977 e na Itália, senão servindo-se de uma dupla utopia, psicanalítica e humanista. E talvez tenha sido isso que, no final dos anos 1970, impediu a efetiva possibilidade de um discurso gay que ultrapassasse definitivamente a "hipótese repressiva"[14].

Com efeito, o livro de Mario Mieli é atravessado em todas as suas partes por um longo debate com a psicanálise. Um longo debate de duas faces. Por um lado, nunca se é suficientemente irônico ou amargo em face dos psicanalistas e psiquiatras, de sua homofobia arrogante, de sua ideologia heterossexual, com referência especial a Reich, Ferenczi e ainda mais aos personagens que eram então os mais populares, os antipsiquiatras Laing e Cooper (há algumas frases engraçadas a respeito disso!)[15]. Mas, por outro lado, é acerca da própria psicanálise, em todo caso de Freud parcialmente idealizado, que se apresenta a tese fundamental que serve de postulado teórico a todo o discurso crítico, a saber, a afirmação de um hermafroditismo originário, próximo do polimorfismo infantil freudiano, tanto que se pode argumentar que "o desejo gay está presente em todo ser humano, é congênito"[16]. Evidentemente, é este o seu ponto fraco: se se supõe que esse hermafroditismo originário[17] exista, ele já conteria, oculto,

---

[13] Neste livro, p. 99.

[14] Por exemplo, é sem dúvida para esse tropeço que poderíamos trazer a análise de Mario Mieli segundo a qual a inveja é o motivo da homofobia: "Eles têm raiva de nós porque nos invejam". O outro me odeia em razão do que ele supõe que eu lhe tirei, nesse caso específico, sua parte de homoerotismo. Bastaria, portanto, devolvê-la a ele, para que ele se tranquilizasse. Bom demais para ser verdade, essa explicação lembra, mais uma vez, certas interpretações um tanto simplistas demais do antissemitismo.

[15] "E os antipsiquiatras? Ah, eles entendem Lacan melhor do que entendem a homossexualidade ('*En voulez-vous de Lacan? C'est meilleur que la banane...*')"; neste livro, p. 55.

[16] Neste livro, p. 24.

[17] É também um exemplo de como o discurso gay pode ficar preso no discurso médico. "Desde que, na segunda metade do século XX, a homossexualidade se transformou nessa categoria

como um cristal ainda mais fraturado, o desejo gay enquanto tal? E, nesse caso, é preciso admitir nos mesmos termos um desejo "não gay", por assim dizer, presente em todo ser humano e também congênito? Aqui não estamos realmente protegidos das armadilhas da bissexualidade, também criticadas por Mieli, nem da fantasia de uma natureza originalmente boa e completa. O rousseaunismo dos *Discursos* nunca deixa de voltar a nos encantar secretamente. Logo, afastado da guerra, ainda que declarada, bastaria levantar o véu de Maya da normalidade para restituir a todos os seres humanos, inclusive aos heterossexuais, o pleno gozo de sua parcela de homoerotismo. Dessa forma, todos nós poderíamos estar em perfeita "comunicação" uns com os outros. "Sublinhei a importância da libertação da homossexualidade no quadro da emancipação humana: de fato, para a criação do comunismo, é *conditio sine qua non*, entre outras, a completa desinibição das tendências homoeróticas, as quais somente quando livres podem garantir a realização de uma comunicação abrangente entre os seres humanos, independentemente do sexo"[18].

Evidentemente há uma ambiguidade nessas afirmações – que talvez o autor, por motivos táticos, opte por não ver. Trata-se de uma "dupla natureza erótica do ser humano", historicamente alienada e mutilada pela "educastração", de forma que seria uma questão de retirar a ilusão de normalidade para restituir a plenitude perdida?

Nesse caso, uma sexualidade livre de todas as suas alienações deveria ser uma sexualidade homossexual e heterossexual ao mesmo tempo. Ou é antes uma "força erótica transcendente que perpassa todas as sexualidades" e que, por falta de algo melhor, chamaremos de transexualidade? Olhando de perto, apesar da confusão que Mieli talvez mantenha, uma vez mais, com fins táticos, não se trata absolutamente da mesma coisa. No primeiro caso, não se distancia em nada da hipótese da bissexualidade, sonhando em restituir em nós (sonho humanista ou platônico) uma totalidade perdida. No segundo caso, trata-se de uma força não prescrita por uma unidade preexistente, que pode, assim, atravessar e admitir todas as sexualidades em sua variedade e pluralidade, e que, em consequência, não emanando de uma totalidade prescrita, orienta-se para algo mais que ainda

---

médico-psiquiátrica, o que me impressiona é que ela tenha sido imediatamente analisada segundo uma grade interpretativa que é a do hermafroditismo. O que é um homossexual e sob qual forma ele entra na medicina psiquiátrica, se não na forma de hermafroditismo?"; Michel Foucault, "Le Gai savoir", *La Revue H*, n. 2, 1978, p. 48-9, retirado de Didier Eribon, *Réflexions sur la question gay,* cit., p. 397.

[18] Neste livro, p. 25.

não existe e deve ser inventado. "Indiquei a homossexualidade como ponte para uma dimensão existencial decididamente outra, sublime e profunda, que é aquela revelada de forma parcial pelas experiências ditas 'esquizofrênicas'"[19]. Wittig, por sua vez, escreve (em 1979): "A homossexualidade é o desejo por uma pessoa do mesmo sexo. Mas é também um desejo de outra coisa que não é conhecida"[20]. A segunda posição, "o hermafroditismo originário", muda radicalmente de significado: num caso é uma amígdala a ser reconstituída, no outro é uma força subversiva, explosiva e diversificante, um desejo de "outra coisa que não é conhecida". Porque tratar-se-ia, então, de ir além da diferença dos sexos (a transexualidade não é apenas nossa "disponibilidade erótica potencial", é sobretudo o *télos* da luta, mas um *télos* infinitamente difratado e arriscado, sem retotalização).

Lendo bem, o livro de Mario Mieli vai, sem dúvida, nessa segunda direção. Seu conceito de "transexualidade", o único capaz de dar um conteúdo concreto à ideia de "comunismo gaio", é um conceito cheio de energia, um conceito-vida, que permite universalizar a vida gay, não no sentido de uma uniformidade ou de uma simples generalização, mas de uma pluralização e de uma decomposição que desordenam as definições e tornam opacas as fronteiras (uma máquina desejante universal). É nesse sentido que deve ser entendida a referência à experiência "chamada esquizofrênica". Por "esquizofrenia" devemos entender, de fato, não a experiência mórbida e passiva descrita pela psiquiatria, mas aquela, ativa e produtiva, definida em 1972 por Deleuze e Guattari em *O Anti-Édipo*[21]. Eles assim escrevem:

> Antes de ser a afecção do esquizofrênico artificializado, personificado no autismo, a esquizofrenia é o processo da produção do desejo e das máquinas desejantes [...] Como foi possível figurar o esquizo como esse farrapo autista, separado do real e cortado da vida? [...] Pior ainda: como pode a psiquiatria fazer dele, na prática, esse farrapo, reduzi-lo a esse estado de um corpo sem órgãos tornado morto? [...] Na esquizofrenia é como no amor: não há especificidade alguma e nem entidade esquizofrênica; a esquizofrenia é o universo das máquinas desejantes produtoras e

---

[19] Neste livro, p. 24.

[20] Monique Wittig, *La Pensée straight*, cit., p. 102.

[21] Publicado em 1972 pela Éditions de Minuit, *O anti-Édipo* tinha como subtítulo *Capitalismo e esquizofrenia*. Em 1980, *Mil platôs*, publicado também em colaboração com Félix Guattari, terá como subtítulo *Capitalismo e esquizofrenia II*, transformando assim, retroativamente, *O anti-Édipo* em *Capitalismo e esquizofrenia I*.

reprodutoras, a universal produção primária como "realidade essencial do homem e da natureza".[22]

O esquizofrênico é ao mesmo tempo *Homo natura* e *Homo historia*, natureza e história encarnada na experiência de um sujeito, nos estados do corpo. Deleuze e Guattari falam da "caminhada do esquizo", das "máquinas esquizofrênicas, produtivas ou desejantes". Mario Mieli fala do "*trip schizofrenico*", e compreendemos melhor em que sentido se pode dizer: "O capital propaga a alienação do amor"[23]. Na esquizofrenia é como no amor: não há especificidade (ou seja, não há Norma), trata-se da produção primária universal do desejo. A "viagem esquizofrênica" e a "transexualidade" podem assim ser enxertadas uma na outra, afirmando a relação entre homossexual e esquizofrênico. O tratamento psiquiátrico reduz o universo existencial do esquizofrênico a um caso clínico, rotula-o de "perverso", reduz a paixão vital do homossexual a uma diversidade associal[24]. "*Na realidade, é o tabu anti-homossexual que, ao condenar as relações totalizantes entre pessoas do mesmo sexo, concorre para negar a comunidade autêntica*"[25]. *O tempo se esgota...* Há uma precipitação, uma aceleração da afirmação e da sua necessidade, uma afirmação da sua urgência, logo que acontece esse encontro, esse enxerto, da transexualidade e da viagem esquizofrênica. Uma irrupção explícita de intimidade, também. "Sei que tendo a generalizar uma experiência pessoal", diz Mieli, "que, após várias peripécias, me levou a clínicas de 'saúde mental' há dois anos"[26]. "Ademais devo sustentar a verdade sobre aquilo que senti e vi durante essa experiência: a própria transexualidade".

> Sentir-me transexual foi uma das causas e ao mesmo tempo um dos resultados da alteração progressiva da percepção do meu corpo e da minha mente, do mundo "externo" e dos outros. Às vezes me sentia uma mulher, às vezes espiritualmente grávida, outras a reencarnação de uma mulher. [...] Além disso, para dizê-lo em "certos termos", meus *fantasmas* recônditos, e com eles os "arquétipos" do inconsciente coletivo, foram "projetados", ou melhor, encontrados "externamente": a experiência "esquizofrênica" permitiu-me descobrir muitos dos segredos escondidos por trás das representações

---

[22] Gilles Deleuze e Felix Guattari *O anti-Édipo: capitalismo e esquizofrenia 1* (trad. Luiz B. L. Orlandi, São Paulo, Ed. 34, 2010), p. 41, 34, 16.
[23] Neste livro, p. 90.
[24] Neste livro, p. 223.
[25] Neste livro, p. 224.
[26] Neste livro, p. 229.

recorrentes do passado "normal". A rotina foi quebrada, a coação a repetir foi quase vencida.[27]

A afirmação da realidade esquizofrênica encontra, portanto, suas verdadeiras raízes precisamente na experiência "esquizofrênica", sustentada como experiência produtora de desejo e sentido, não como "doença mental", mas mais como na referência pseudofreudiana ao hermafroditismo originário, que serve para legitimar a posteriori a realidade da experiência.

Essa percepção interna da transexualidade pode, assim, generalizar-se ou universalizar-se como uma ponte entre a *trip* esquizofrênica e a homossexualidade, ou seja, fornecer seu verdadeiro conteúdo ao mesmo tempo que essa "outra coisa" que ainda deve nascer, não conhecida, para a qual dirige-se o desejo gay, e para este horizonte ou esta esperança de um "comunismo gay" no qual a guerra pudesse ser pacificada numa verdadeira comunicação não paranoica[28], independentemente dos sexos.

Pode-se dizer, agora, que há uma verdadeira afirmação ou reivindicação de pluralidade das práticas sexuais como tal, e que ao mesmo tempo está surgindo uma polaridade do movimento gay (revolucionário) que atribui às lésbicas o papel de vanguarda (mais uma vez, como em Wittig). O próprio Mario Mieli evoca um espaço que se dilata, um universal que multiplica as possibilidades em vez de limitá-las, que legitima, não o que é "straight" ou "normal", mas o existente enquanto tal, o desejo e suas práticas infinitamente variadas[29]. Dilata-se, alarga-se, multiplica-se, abre-se a realidade para a dimensão do real no processo de expansão da transexualidade. Devem ser considerados verdadeiramente homossexuais "todos os tipos de desejos, atos e relações sexuais

---

[27] Neste livro, p. 230.

[28] Ver Gilles Deleuze e Félix Guattari, *O anti-Édipo*, cit., p. 368, que no capítulo 4, "Introdução à esquizoanálise", traçaram uma divisão entre a paranoia de um lado e a esquizofrenia do outro. "Fenda matricial contra a castração paranoica; e a linha de fuga contra a 'linha azul'."

[29] *O anti-Édipo* já falava de transexualidade e afirmava: "uma transexualidade microscópica em toda parte, que faz com que a mulher contenha tantos homens quanto o homem, e o homem mulheres, capazes de entrar, uns com os outros, umas com as outras, em relações de produção de desejo que subvertem a ordem estatística dos sexos. Fazer amor não é fazer só um, nem mesmo dois, mas cem mil. Eis o que são as máquinas desejantes ou o sexo não humano: não um, nem mesmo dois, mas n sexos. A esquizoanálise é a análise variável dos n sexos num sujeito, para além da representação antropomórfica que a sociedade lhe impõe e que ele mesmo atribui à sua própria sexualidade. A fórmula esquizoanalítica da revolução desejante será primeiramente esta: a cada um, seus sexos"; Gilles Deleuze e Félix Guattari, *O anti-Édipo*, cit., p. 390.

entre pessoas do mesmo sexo"[30]. O sadomasoquismo deve ser resgatado de todas as suas hipotecas agressivas e culpadas para restaurar suas verdadeiras dimensões de prazer: "Mesmo no que diz respeito ao masoquismo e ao sadismo, a *gaia* crítica revolucionária rejeita a hipóstase de suas formas históricas atuais: dada a repressão capitalista geral, essas formas costumam expressar de modo alienado e mutilado tendências profundas e misteriosas que se manifestarão de maneira muito diferente no comunismo"[31]. Devemos deixar rédea solta ao disfarce e à efeminação das "bichas".

> Sem dúvida, as bichas, os homossexuais "efeminados" e as travestis estão entre os homens mais próximos da transexualidade (ainda que muitas vezes, por repressão, experimentem o desejo transexual de formas alienadas, contaminadas pela falsa culpa): bichas e travestis são os "homens" que, ainda que "machos", entendem melhor o que significa ser mulher nesta sociedade, onde os homens mais desprezados não são os autênticos brutos, os falocratas, os violentos, os individualistas presunçosos, mas aqueles que mais se parecem com as mulheres.[32]

O *télos* não é, pois, encarnado por Rachel – Rachel[33], "a única pessoa do sexo masculino admitida nas reuniões das feministas inglesas"?[34].

Mas as lésbicas são precisamente a verdadeira vanguarda do movimento e da revolução homossexual – mais uma vez, e aqui ainda mais, Mieli junta-se a Wittig: "direi que a vanguarda da revolução será constituída por lésbicas. *Em todo caso, a revolução será lésbica*".

"Acredito..." "Acredito que o movimento de libertação da homossexualidade é irreversível, no quadro mais amplo da emancipação humana; cabe a todos nós fazer com que essa emancipação, como um todo, seja real. Não há mais tempo a perder"[35]. A urgência. A urgência de uma realidade trazida à luz justamente pela experiência "esquizofrênica", que descobre essa "outra coisa, profunda e sublime" que é a transexualidade, sob o efeito da qual a realidade humana e social deve ser transformada, para cuja realidade absoluta devemos acreditar, que marca o

---

[30] Neste livro, p. 62.
[31] Neste livro, p. 155.
[32] Neste livro, p. 244-5.
[33] Fundadora do Grupo de Travestis e Transexuais da Frente de Libertação Gay, Rachel se considerava lésbica e participava de reuniões da Frente de Libertação das Mulheres.
[34] Neste livro, p. 240.
[35] Neste livro, p. 282.

próprio universal com seu selo irreversível, caso contrário morre-se. "Há uma experiência esquizofrênica das quantidades intensivas em estado puro, a um ponto quase insuportável – uma miséria e uma glória celibatárias experimentadas no seu mais alto grau, como um clamor suspenso entre a vida e a morte, um intenso sentimento de passagem, estados de intensidade pura e crua despojados de sua figura e de sua forma"[36]. Essa experiência de pura intensidade, Mario Mieli colocou a serviço do devir gay. Até sua morte.

---

[36] Gilles Deleuze e Félix Guattari, *O anti-Édipo*, cit., p. 33.

A revolução no corpo
por Gianni Rossi Barilli*

Elementos de crítica homossexual permanece até hoje o ensaio teórico mais importante produzido na Itália na área do movimento de libertação homossexual. Contudo, como muitas vezes acontece com livros importantes, foi muito pouco lido. Teve uma única edição, datada de 1977, e uma circulação muito limitada, atendo-se principalmente ao circuito político gay. Se, portanto, Mario Mieli foi o guia espiritual da ala radical do movimento homossexual italiano, provavelmente o foi mais com seu exemplo vivo e atividade política do que com seus principais escritos. Logo, os elementos por ele destacados serão para muitos, nos dias de hoje, uma descoberta.

Impressiona, em primeiro lugar, o grau de ambição intelectual. A elaboração de uma tese de láurea em filosofia moral na Università Statale di Milano torna-se uma receita para salvar a humanidade do abismo para o qual a empurra a Norma heterocapitalista, uma receita que é aguçada ao retirar do marxismo e da psicanálise o que era necessário para dar corpo (também no sentido literal) às novas urgências de libertação.

Por certo, Mieli era um menino prodígio. Nasceu em 21 de maio de 1952 e não tinha nem vinte anos quando, no início dos anos 1970, foi um dos fundadores do movimento gay na Itália e imediatamente começou a escrever artigos de peso sobre o "verdadeiro" comunismo da liberação homossexual. Tinha uma

---

* Jornalista e historiador da cultura gay. Autor de *Il movimento gay in Italia* (Milão, Feltrinelli, 1999). (N. I.)

agudíssima inteligência e uma língua afiada, uma vastidão impressionante de leituras para sua idade e um conhecimento direto do que era dito e escrito fora das fronteiras italianas, por exemplo, na França e na Inglaterra, como uma vantagem adicional. Mas, acima de tudo, ele era um líder natural e tinha carisma para dar e vender. Em consequência, a sua não poderia ser (apenas) a elaboração solitária, brilhante e louca de um sonho. Procurou sintetizar em termos teóricos os resultados de uma experiência em curso, que de pessoal e marginal, como era condenada a ser, historicamente, para todo homossexual, tornou-se coletiva e agora se projetava para o universal, visando atacar a ordem patriarcal moribunda em seu núcleo profundo.

A revolução a partir do corpo, ou melhor, do cu, lugar simbólico privilegiado de nossa recalcada civilidade e *gaia* porta de acesso à virada de mesa dos valores patriarcais, era uma possibilidade concreta para Mieli e seus companheiros de jornada. Fundava-se efetivamente em um trabalho de elaboração da própria experiência realizado por um grupo de homossexuais, iluminados pelas descobertas do feminismo, que fizeram sua a teoria/prática de partir de si mesmos. "Começamos a compreender melhor quem somos e por que somos reprimidos", explica Mieli no início do livro[1], "comunicando-nos uns com os outros, conhecendo-nos e encontrando-nos com base no nosso desejo comum, na perspectiva da libertação".

A empreitada para descobrir a si mesmo, seus próprios problemas e possíveis soluções ocorreu em grupos de autoconsciência, laboratórios de liberação sexual muito em voga nos anos 1970, em que a fórmula "o privado é político" encontrou sua expressão mais concreta. Nem todos, porém, tinham razões urgentes o bastante para questionar sua identidade em análises e debates infindáveis. Os homens heterossexuais da esquerda extraparlamentar, por exemplo, como Mieli nunca deixa de sublinhar clara e ironicamente em seu livro, limitaram-se muitas vezes, no campo sexual, a um progressismo comportamental (o ancestral do politicamente correto) para repropor os esquemas herdados inalterados, em substância, dos seus pais. Os gays e as mulheres certamente estavam mais motivados, ainda que seus caminhos de reflexão fossem paralelos e não se entrecruzassem com facilidade. As relações que de fato existiam também podiam ser turbulentas, com acusações mútuas de misoginia e homofobia, apesar de o feminismo ser um modelo a ser imitado pelos homossexuais revolucionários.

---

[1] Neste livro, p. 31.

A partir de sua própria vida, esses pioneiros gays do movimento trataram juntos de superar o emaranhado de culpa e necessidades psicofísicas inevitáveis a partir do qual a identidade homossexual se formou historicamente, moldada ao longo dos séculos por padres e depois por psiquiatras como antítese da Norma. Prosseguindo com o trabalho de conscientização, inventaram uma nova identidade, politicamente determinada a influenciar as transformações da identidade humana em geral. O método foi tirar do armário, além das inclinações sexuais genéricas, as respectivas histórias pessoais marcadas pela opressão para inseri-las em um projeto de crescimento coletivo. Com a pequena diferença, em relação ao grupo de alcoólicos anônimos, que nas reuniões de coletivos gays, assim como feministas, vinculava-se a liberação pessoal a um projeto de mudança no mundo, sem o qual essa mesma libertação não poderia ser alcançada.

Mario Mieli e os magmáticos grupos milaneses a que pertenceu entre 1971 e 1976/1977 partiram de seu próprio desejo, de que o conhecer e satisfazer em todas as suas formas era um dever moral, e construíram sobre isso uma teoria revolucionária da qual *Elementos* representa a mais bem-sucedida síntese.

Para demonstrar o quanto levavam isso a sério, o grupo rapidamente foi ao cerne do problema, colocando no prato o escândalo principal: a feminilidade dos gays. Os coletivos dos quais Mieli foi uma estrela entraram para a história porque o travestimento era sua maneira favorita de fazer política. Talvez não fosse o método mais adequado para obter apoio, mas por outro lado nunca deixou de ser notado. Nas manifestações da esquerda revolucionária eles cantavam palavras de ordem como "El pueblo unido é melhor travestido" e, em vez de Marx, Lênin e Mao Tse-Tung, eles elogiavam Dior, Chanel e Saint Laurent. Não eram muito compreendidos, e é certo que nem sempre se entendiam entre si, até porque a política do travestismo não era só (e talvez nem principalmente) uma questão de roupa. Poderíamos dizer que a estética estava a serviço da moral, e não o contrário, para marcar uma diferença gritante com as evoluções posteriores da arte tecnológica de transformar o corpo. O bigode e a peruca podiam coexistir pacificamente e os hormônios demorariam a vir, ou eram de fato uma outra história. O que importava sobretudo era dar um sinal evidente de ruptura para levantar a cortina que existia sobre a realidade negada do Eros que, extrapolando-se os escritos de Freud para além de suas intenções, se supunha "perverso e polimórfico".

O mais extraordinário e disruptivo, porém, foi que o modelo de referência para representar essa realidade foi a cultura histórica dos homossexuais mais oprimidos, das bichas desprezadas que, geração após geração, construíram sua própria consciência de si e seu próprio patrimônio de saberes sobre os estereótipos negativos da homossexualidade. As bichas e travestis haviam criado um fabuloso mundo alternativo à margem da sociedade que as rejeitava, cheio de falsas rainhas e falsas divas do cinema que viviam suas misérias com verdadeira nobreza e grande senso de humor. Agora as bichas revolucionárias estavam fazendo suas essas formas e linguagens desse universo do lado B, destacando seu potencial inesperado. Todo o repertório de saltos agulha, penas de avestruz e situações da comédia artística gay, "iluminados" pela consciência revolucionária, assumia uma dignidade e um significado ético completamente novos. Tornara-se uma chave privilegiada para libertar Eros das correntes da repressão. Tornara-se o material de construção da *gaia ciência*, que, ao liberar com os corpos também os significados, levava a tradição oral dos gays a equiparar-se com a "alta" cultura, com a filosofia, a psicanálise, a política, o destino do gênero humano.

Mario Mieli sintetizava materialmente os termos da questão, conciliando em si mesmo os perfis (raramente coincidentes) de líder político, intelectual refinado e bicha. Deste último, orgulhava-se: "Estou feliz", escreveu em *Elementos*[2], "por ser uma bicha óbvia, 'feminina': o sofrimento que isso acarreta nesta sociedade é ao mesmo tempo a medida ou, se preferir, o espelho da beleza dura mas frágil e preciosa da *minha vida*. É um grande destino possuir e tentar viver com clara consciência uma existência que a massa *regular*, em sua cegueira idiota, despreza e tenta sufocar".

O homossexual evidente, condenado a existir como um não homem, um híbrido fracassado de masculino e feminino, tornou-se revolucionário ao assumir o defeito de sua feminilidade como instrumento de rebelião, descobrindo então quase com espanto que, além da revolta, abria-se o caminho da libertação. Partindo da opressão histórica da homossexualidade e combatendo-a, chegou à conclusão de que não se tratava de conquistar um gueto ou uma fatia de normalidade, mas de uma mudança de perspectiva geral sobre o modo de viver e compreender o Eros e suas múltiplas consequências na realidade. O que, no entanto, revelou-se de certa importância, como Mieli explicou aos seus camaradas marxistas que "reivindicam a prioridade dos problemas socioeconômicos (estruturais) sobre os sexuais": "Na base da economia está a sexualidade: Eros é *infraestrutural*"[3].

---

[2] Neste livro, p. 79.
[3] Neste livro, p. 259.

A *gaia* ciência que Mieli inaugurou com *Elementos* pressupunha, portanto, que a rebelião dos homossexuais não tinha o objetivo "de alcançar a tolerância social para os gays, mas de liberar o desejo homoerótico em todo ser humano"[4]. O homossexual efeminado, ao expor-se, revelou o segredo da feminilidade reclusa em cada homem e ofereceu um indício fundamental para atravessar o espelho e encontrar uma saída para a destruição que o capitalismo, a expressão econômica da Norma heterossexual, promete à espécie e a todo o planeta.

Mas como se poderia generalizar o desejo gay e torná-lo, além disso, a pedra angular de um processo de reestruturação da civilização? Para resolver esse problema, a *gaia* ciência recorreu à psicanálise, cujos conceitos fundamentais (como os de inconsciente e recalque) se adequavam perfeitamente ao caso. Os homossexuais, vítimas privilegiadas e fonte inesgotável de experimentação para a "ciência da alma", retomaram o que era deles e colocaram conceitos tradicionalmente usados para reprimi-los a serviço de seu projeto político-existencial.

Mieli parte da observação mais banal – o ódio que a sociedade tem pelos gays – e a lê como o reverso de um desejo negado. As pessoas "normais" odeiam os homossexuais porque (ao menos) inconscientemente querem desfrutar de seus próprios prazeres. A repugnância violenta mascara a repressão de um desejo proibido. A diretriz heterossexual que todos recebem da educação (renomeada, portanto, educastração) se dá em detrimento de outras inclinações eróticas, a começar pela homossexual, que também estão originalmente presentes no indivíduo. Aqui, mais uma vez, a psicanálise vem em auxílio, com o "polimorfismo perverso" da sexualidade infantil hipotetizado por Freud e com a teoria "complementar" da bissexualidade originária. Dessas duas "sugestões" Mieli deriva o conceito de transexualidade, que é o cerne de toda a sua construção. Por transexualidade, explica em *Elementos*[5], deve-se entender "a disposição erótica infantil, polimórfica e 'indiferenciada' que a sociedade reprime e que, na vida adulta, todo ser humano carrega dentro de si em estado de latência ou confinada aos abismos do inconsciente sob o jugo do recalcamento". A contribuição gay para a revolução consiste justamente em trazer à luz a criança transexual que está enterrada em todos nós. A sua libertação derrubará o capitalismo, fundado na autorreprodução da Norma, e trará uma esperança concreta de felicidade para os seres humanos, permitindo-lhes viver de forma

---

[4] Neste livro, p. 99.
[5] Neste livro, p. 35.

mais sensata o Eros historicamente sublimado no trabalho ou transformado pela frustração em agressividade.

A perspectiva da transexualidade, diz Mieli, torna universal a luta dos homossexuais por sua dignidade e deixa claro que a homossexualidade também é um "primeiro passo" rumo a outra coisa. Somos todos transexuais, no sentido de "ultrassexuais", e só ganharemos nosso passaporte para o mundo do bem quando deixarmos para trás a ridícula monossexualidade a que a Norma nos obriga, quando tivermos nos reconhecido tanto machos quanto fêmeas e restituirmos ao nosso desejo a polivalência originária.

A transexualidade é a finalidade da luta pela libertação do Eros porque é também a causa, enquanto realidade preexistente, da rígida diferenciação cultural dos sexos e sempre operante, no estado "reprimido", no inconsciente coletivo. É o fio que une passado e futuro, a profecia que se autorrealiza eliminando os erros (horrores) da civilização. Para atingir o objetivo, será suficiente, portanto, retroceder, passando por sucessivas etapas de despertar do desejo que levam à pansexualidade e, finalmente, a uma espécie de Nirvana erótico em que nem mesmo as fronteiras entre Eu e não Eu são assinaladas com mais precisão nos mapas, a ponto de fazer pensar que em algum lugar existe um Uno pronto a fagocitar o múltiplo em sua totalidade originária e próspera.

O objetivo final, porém, está localizado em um futuro-passado impreciso, enquanto no aqui e agora contam muito as etapas de reconstituição do desejo mutilado. A começar pela homossexualidade. A primeira tarefa histórica a ser enfrentada é a de demolir a fortaleza da heterossexualidade masculina, sobre a qual repousa a ordem patriarcal da injustiça, disseminando o desejo gay. Nesse ponto, Mieli é muito claro e rejeita a posição, embora teoricamente razoável e muito popular entre os amantes da vida tranquila, daqueles que defendiam (e defendem) a necessidade de abandonar imediatamente, como sinal de evolução dos costumes, qualquer rótulo no campo das preferências sexuais. "Dado o contraste histórico concreto entre indivíduos que reconhecem seus próprios desejos homoeróticos e outros que, de maneira oposta, os negam taxativamente"[6], "não se pode hoje evitar distinguir homossexuais declarados de heterossexuais (isto é, de bichas decididamente *refoulées*). Caso contrário, haveria um perigoso e ilusório achatamento terminológico da real contradição entre heterossexualidade e homossexualidade: *nesta noite, nem todas as vacas são gays*".

---

[6] Neste livro, p. 63.

A libertação, mesmo que se entenda bem que é pacifista, não é pacífica e passa pelo conflito dos homossexuais contra os "normais". A homossexualidade é a porta de entrada para o poço dos desejos negados porque é a mais poderosa entre eles e é a perversão por excelência. A Norma define-se e torna-se heterossexual, mais precisamente porque exclui a homossexualidade e a condena, utilizando-a como modelo para classificar e excluir outros comportamentos considerados desviantes. "A repressão da homossexualidade", conclui, portanto, Mieli[7], "é diretamente proporcional à sua importância na vida humana e para a emancipação humana". Espalhar o desejo gay é (propedeuticamente) necessário para perverter a Norma.

Para ser revolucionário, porém, não basta fazer sexo, mesmo que seja gay. É preciso estarmos conscientes do dever de "derrubar todo o edifício da moralidade"[8] e não nos contentar em passar da perseguição à "segurança" dos guetos comerciais concedida às perversões pela falsa tolerância do capital. Mario Mieli, como Pier Paolo Pasolini, é extremamente duro contra a tolerância repressiva que liberaliza o sexo reduzindo-o a uma mercadoria de consumo alienado, mas enquanto a crítica de Pasolini se baseia na nostalgia poética do passado e em uma previsão pessimista do futuro, a da Mieli, em *Elementos*, focaliza-se, ao contrário, no desejo de acelerar os tempos confiando no que está por vir.

De fato, um excesso de confiança, pode-se comentar, pensando em como foram as coisas naquele futuro imediato que são os últimos 25 anos. Atravessado o limiar do século XXI, o capitalismo ainda está vivo e bem, a alienação do Eros tem ferramentas tecnológicas cada vez mais sofisticadas e a afirmação dos direitos de gays, lésbicas e transexuais anda de mãos dadas com um processo de normalização da homossexualidade que tende a alargar um pouco as malhas da Norma sem corrompê-la demais. O gueto comercial triunfou, enquanto a luta política dos homossexuais se voltou para a conquista da igualdade de oportunidades. A família lésbica e gay, que ao menos aparentemente tem características muito semelhantes à heterossexual, se firmou como modelo e objetivo político.

Não há dúvida, sendo este o caso, que a previsão de Mieli sobre o futuro a curto prazo revelou-se equivocada. Seu projeto de viagem ao centro do inconsciente e retorno tinha fraquezas fatais. O percurso que parte da conscientização dos homossexuais passa pela transexualidade e chega a uma pansexualidade mística em que as fronteiras entre o objeto de desejo e o sujeito desejante, que é a

---

[7] Neste livro, p. 139.
[8] Neste livro, p. 138.

própria possibilidade de vida e pensamento, se confundem em uma "verdadeira reciprocidade intersubjetiva"[9] difícil até de imaginar (quanto mais praticar). Não por acaso, em certo ponto do discurso Mieli repudia a política e se volta ao puro Eros (*Não mais políticos, os verdadeiros revolucionários serão amantes*[10]) que platonicamente atua como intermediário da ideia transexual. A partir daí ele chega à teologia e à fantasia, elaborando em torno da viagem [*trip*] esquizofrênica (com e sem a ajuda de substâncias que ampliam a área da consciência) o mito de um ser humano capaz de apreender todos os significados ocultos na realidade e de colocá-los a serviço de sua própria autorreforma, que antes do Nirvana prevê um destino evolutivo andrógino: "à realização utópica [...] do novo homem-mulher ou muito mais provavelmente mulher-homem"[11]. Esse novo e unitário representante da espécie é dotado não só de uma mente mais aberta que o *homo normalis* mas também de características biológicas diferentes, a cujos detalhes Mieli não impõe limites à providência.

Contestando o psicanalista Franco Fornari, que, usando um argumento superclássico, justificou a primazia do coito heterossexual pela sua função reprodutiva, Mieli de fato aponta que "nem é o momento de se falar sobre fertilização artificial ou qualquer outra coisa, porque é muito difícil imaginar quais grandes consequências derivarão da libertação das mulheres e do Eros"[12].

A receita liberadora descrita em *Elementos* se esgota muito antes de ver esse outro horizonte, também comum a muita da ficção científica "progressista" das últimas décadas e na verdade precursora de um debate hoje ainda incipiente sobre os modos e significados da reprodução humana. De fato, a conquista da transexualidade se apresenta como um dever, ainda que prazeroso nas intenções, em nome do qual todos devem ser induzidos a renunciar às suas mesquinhas identidades "corporativas" para permitir a superação da tradicional antítese heterossexualidade-homossexualidade e a abertura à polissexualidade.

A revolta contra a Norma neste ponto corre o risco de se tornar normativa por sua vez, mesmo que não contemple o uso de meios coercitivos ou terapias como as dos "psiconazistas" contra os quais Mieli argumenta com agudas investidas. A razão para embarcar na jornada em direção à transexualidade, felizmente, só pode

---

[9] Neste livro, p. 284-5.
[10] Neste livro, p. 210.
[11] Neste livro, p. 284.
[12] Neste livro, p. 269.

ser o desejo, que no entanto é muito mais fácil definir polimórfico na teoria do que manejar como tal na realidade.

Mieli sustenta, por exemplo, que a heterossexualidade e a homossexualidade exclusivas são produtos da mutilação do desejo causada pela educastração. Sua investigação sobre a sexualidade masculina, sustentada pelo ditado popular gay segundo o qual "os heterossexuais, se você souber pegar, cabem todos", atesta uma forte circulação do desejo homoerótico censurado entre os homens heterossexuais. Basta largar a censura e pronto. Simetricamente, a hipótese transexual afirma que os homossexuais também reprimem seu desejo por expoentes do sexo "oposto", não levando em conta o fato de que ninguém (muito menos a educação) sonha em induzir jovens gays ou lésbicas a abandonar sua heterossexualidade. Para desejar alguém, não basta querer, senão todos os gays e lésbicas seriam heterossexuais, porque, se pudessem, certamente achariam muito mais conveniente "deixar-se convencer" a amar pessoas de sexos diferentes. E quando se trata de desejos inconscientes, ainda ninguém encontrou uma maneira segura de trazê-los à luz, embora vários o tenham tentado.

A persistência de um desejo homossexual irredutível ao *diktat* [ditado] da Norma apesar de milênios de perseguições atrozes poderia demonstrar, além de sua inextricabilidade, que alguns homossexuais são objetivamente irrecuperáveis para a heterossexualidade, ainda que *part time* [em tempo parcial] e de formas não falocêntricas. E o mesmo, com base nos dados da experiência relativos à manifestação de inclinações naturais, pode-se pensar em pelo menos alguns heterossexuais, mesmo que não seja possível testá-los obrigando-os a viver em uma sociedade dominada pela homossexualidade compulsória para ver se eles resistem. Em suma, não é certo que a versatilidade sexual seja um destino acessível a todos, entendendo-se que todos devem ser livres para ir além de seus próprios esquemas.

O convite de Mieli para ir "mais longe" e sua alergia às identidades engessadas não conquistaram as massas nem mesmo o movimento. A identidade gay, após a fase eufórica da confusão sexual da década de 1970, até tendeu a se masculinizar e as bichas revolucionárias logo acabaram ficando desarmadas. A crítica da sexualidade enfrentada em *Elementos*, contudo, permaneceu um modelo de referência, enquanto algumas das intuições de Mario Mieli tiveram a oportunidade ao longo dos anos de revelar suas virtudes de premonição. Começando justamente por aquela transexualidade indescritível que hoje já pode parecer pelo menos mais inteligível do que há 25 anos. A evolução dos modelos masculino e feminino parece caminhar, apesar de mil resistências, para um abrandamento cada vez mais substancial dos contrastes. Além disso, um número crescente (ou pelo menos mais visível) de pessoas opta por escapar das tradicionais grades de classificação dos sexos. A transexualidade aberta começa a não mais ser forçada à identificação monossexual a todo custo garantida pela operação cirúrgica. Há quem escolha não ficar inteiramente de um lado ou de outro e o reivindica, encontrando apoio na cultura *transgender* [transgênero], da qual Mario Mieli certamente pode ser considerado um progenitor. Podemos falar também de afinidade espiritual no caso da teoria *queer*, que na Itália é um gênero de importação relativamente recente e indica um método de pensamento que vai além dos rótulos de "gay", "lésbica", "transexual", "travesti" etc. em nome de uma visão menos estável da não conformidade sexual.

A ruptura com a Norma continua em aberto, apesar das desilusões e contratempos, mesmo que fique claro que o conflito será longo. A satisfação de um erotismo esperançosamente insaciável que Mieli sugeriu como método de luta pode parecer, nessa perspectiva, de aplicação problemática, em especial após o surgimento da Aids. No entanto, não é de forma alguma certo que o sexo seguro impeça a liberação de modo irreparável.

Para garantir a sobrevivência, é preciso, em todo caso, fazer uma certa economia de energia, algo de que o autor de *Elementos*, de pouco mais de vinte anos, provavelmente escapou. Ele pensou em fazer coincidir a teoria e a práxis, oferecendo em garantia sua própria vida com o máximo entusiasmo, querendo experimentar sua própria ideia de revolução. Incluindo, é claro, a exploração de "perversões" entre as mais temidas e tácitas. Sobre as perversões, o ponto de vista de Mieli é consistentemente sincero: não há motivo para se envergonhar disso porque são também possibilidades de encurralar a Norma.

Ele opta, assim, por enfrentá-las de forma leve e positiva, descartando seus lados sombrios, atribuídos exclusivamente à repressão histórica e aos preconceitos dos "normais". Ele está ansioso para sublinhar a utilidade social do sadomasoquismo na sociedade "gaio-comunista" e enfrenta o tabu da pedofilia com uma alegria provocativa, tentando vê-lo pelo lado das crianças, as vítimas privilegiadas da coerção (hétero)sexual. "Quando era criança", nota *en passant*[13], "procurei em vão por alguém que me 'aliciasse'". E pouco antes[14] diz: "nossa ambiguidade está

---

[13] Neste livro, p. 92.

[14] Neste livro, p. 77.

mais próxima do jeito de ser das crianças. Não é à toa que somos gays, somos *folles* [loucas]; e, por um mundo melhor, penso mesmo que a 'educação' dos pequeninos deve ser confiada às bichas e às lésbicas: *deixai vir a nós os pequeninos!*". Nada poderia estar mais longe dos feitos assustadores de estupradores e assassinos adultos que aparecem nas crônicas dos jornais, propondo no clichê do monstro "pedófilo" um seguro objeto de ódio que em tempos de politicamente correto já não se sabe mais para onde olhar.

Mieli não desce do salto nem mesmo quando fala da coprofilia, cuja reavaliação ele defende com fartura de argumentos, apresentando-a como a culminação de uma reapropriação revolucionária do prazer anal. O tema da coprofilia, em seu componente crítico, está ligado à denúncia da destruição ambiental produzida pela alienação capitalista: o capitalismo, apavorado com sua própria merda, transforma o mundo inteiro em merda. Em sua misteriosa parte construtiva, porém, desenvolve-se esse tema de mãos dadas com o interesse de Mieli pelo esoterismo e pela magia. Há alguma menção a isso no livro, mas Mieli tratará disso sobretudo mais adiante. Seu manifesto político ainda é animado pela esperança racional (no final da fase histórica que a legitimava) de uma mudança que pode ser determinada por movimentos coletivos.

Paixões em confronto:
Mieli e as lésbicas feministas

*por Simonetta Spinelli**

Uma paixão descontrolada, excessiva, irônica, implacável. A paixão de Mario Mieli e a paixão das lésbicas feministas. No entanto, relendo hoje, depois de mais de vinte anos, *Elementos de crítica homossexual*, me pego pensando que, apesar disso, nos anos 1970 um encontro não era possível. E que hoje um encontro é possível, mesmo que conflituoso. Mas o conflito não se inscreve apenas nas teorias de Mieli. Origina-se também de uma paixão – a nossa – que não podia/não queria ser suficientemente irônica e, sobretudo, suficientemente implacável.

Entre lésbicas feministas e Mario Mieli existiram – e permanecem – pontos de contato: hipóteses apenas mencionadas que não foram totalmente exploradas e que, justamente por isso, sofreram evoluções pacificadoras e normalizadoras; críticas deixadas de lado que hoje se tornaram barreiras ou fossos. E uma distância que não foi construída pelo tempo. O tempo, no mínimo, atenuou os contrastes e a rigidez.

Vista de longe, a armadilha da utopia revolucionária de Mieli lembra – ainda que as mulheres fossem infinitamente mais críticas e desiludidas, sempre acostumadas às quedas dos "revolucionários" na vida cotidiana – certas contorções de dupla militância, entre coletivos e partidos, ou grupos extraparlamentares, de que sofria metade do movimento feminista. Observado a partir de hoje, seu uso inescrupuloso da psicanálise ecoa certas críticas ao primeiro feminismo, construído como

---

* Simonetta Spinelli é professora de disciplinas jurídico-econômicas. De 1985 a 1996 integrou a redação de *DWF* e do *Centro Studi DWF*. Na revista, publica artigos e pesquisas sobre lesbiandade, política e ficção científica feminina. Publicou em obra coletiva ensaio sobre Monique Wittig. (N. I.)

um mosaico no qual se infiltravam as tecituras, em razão de sua forma; independentemente da origem, misturando estilos e cores. Se superar o Édipo era uma obsessão comum, as análises sistemáticas vieram muito tempo depois.

Não foi o tempo que construiu a distância. Nem o desconhecimento do debate feminista, que Mieli acompanhou de perto, com uma disponibilidade intelectual e uma abertura raras nos anos 1970, quando mesmo a esquerda – mais ou menos oficial – oscilava entre a condescendência, a síntese aproximativa e a vulgaridade, que era descarregada igualmente sobre mulheres e os homossexuais (como é repetidamente enfatizado em *Elementos*).

Para Mieli, o movimento de mulheres – lésbicas em particular – que havia destacado as estratificações da opressão patriarcal, tanto de sexo quanto de classe, e sua origem comum, e recolocou a política do pessoal no centro do debate, representou a vanguarda da revolução a ser construída: "De minha parte, se eu realmente acreditasse nas vanguardas, diria que a vanguarda da revolução será composta de lésbicas. De todo modo, a revolução será lésbica"[1]. Do feminismo – cuja radicalização influenciou o nascente movimento gay, tanto nos Estados Unidos como na Europa –, pensava Mieli tomar emprestadas as práticas (autoconsciência, a partir de si mesmo). Práticas que, ao destacar o caso singular de opressão, permitiam apreender, ao mesmo tempo, as implicações patriarcais e a parcialidade da norma, mas também o que ficava fora do sistema codificado e que, negado, representava seu excesso. Um excesso a partir do qual se poderia começar a hipotetizar, para além do modo de produção capitalista, outra economia, uma economia marginal.

Mieli estava familiarizado com a teorização feminista. Citava constantemente os textos das feministas milanesas que apareciam no periódico *L'Erba Voglio*. Suas análises sobre os pontos de contato entre subordinação feminina, subordinação da sexualidade à reprodução, objetificação das mulheres e a impotência camuflada de virilidade dos homens heterossexuais, como expressão de um "Eros mutilado", referiam-se a muitas das análises dos coletivos feministas de Roma[2]. A sua leitura das ditas atitudes viris dos homens héteros – "o fanatismo patriótico representa uma expressão convertida do desejo homossexual latente"[3], "a camaradagem masculina é a encenação grotesca de uma homossexualidade paralisada e exacerbada

---

[1] Neste livro, p. 161.
[2] Ver Movimento Femminista Romano (MFR), "Sessualità maschile – perversione", panfleto de julho de 1973, em *Donnità*, Roma, 1976.
[3] Neste livro, p. 146.

que se apreende [...] por trás da negação da mulher"⁴; "O virilismo nada mais é do que a incômoda introjeção neurótica, pelo homem, de um desejo homossexual muito forte e censurado por outros homens"⁵ – fora afetada pelas teorias das feministas francesas do grupo parisiense Psychanalyse et Politique, que repercutiu na Itália a partir dos registros de encontros internacionais e locais publicados pelo periódico dos grupos feministas milanesas *Sottosopra*: "A sexualidade que existe hoje é pederasta no sentido da relação masculina e isso basta [...] é uma relação pederasta porque é funcional ao homem"⁶; "todos os investimentos, a coisa toda [a relação sexual hétero] começou a partir de uma investida homossexual feita pelo homem em si mesmo e ele me emprestou as ferramentas para que eu pudesse reconhecer nele uma sexualidade, mas era [...] o desejo dele que ele me oferecia, suas fantasias [...] [tudo] vinha do desejo homossexual do homem que nos pediu para apoiar sua sexualidade, seu investimento em seu corpo..."⁷.

Que Mieli conheça e compartilhe teorias feministas não é suficiente para construir o encontro. Na verdade, é aqui que a distância começa. Embora afirme repetidamente que a homossexualidade não está necessariamente fora da lógica falocrática, e que a equivalência entre opressão das mulheres e opressão dos gays é uma redução simplista, ele implementa – inevitável e inconscientemente – uma série de simplificações. De fato, interpreta a prática da autoconsciência, de partir de si mesmo, como meio indispensável para revelar a opressão do sexo. Opressão que tem a mesma raiz da opressão implementada pela norma heterossexual, destacada pela discriminação e violência contra os gays. Mas as práticas do movimento feminista, ao mesmo tempo que revelavam dinâmicas de opressão, eram fundamentalmente uma ferramenta cognitiva, a invenção da linguagem, a reapropriação do corpo e, sobretudo, a criação de uma relação: "nossa relação com outras mulheres, o imprevisto da história que nosso movimento colocou em prática"⁸. Para o femi-

---

[4] Neste livro, p. 148.
[5] Neste livro, p. 149.
[6] Do registro de uma discussão coletiva, domingo, 12 nov. [1972], após o encontro no Chateau Vieux-Villez (27 out.-1º nov. 1972), em "Le esperienze dei gruppi femministi in Italia, *Sottosopra*, Milão, 1973, p. 35.
[7] O corpo político (registro de um encontro entre grupos feministas em Milão, 1º-2 fev. 1975), em "Sessualità procreazione maternità aborto", *Sottosopra*, Milão, 1975, p. 11. Aqui preferimos citar trechos de debates do movimento, em vez de teorizações mais elaboradas, para destacar como os termos do debate francês tornaram-se patrimônio comum e já eram dados como certos desde 1973.
[8] "Sessualità procreazione maternità aborto", *Sottosopra*, cit., p. 4.

nismo mais crítico e atento, para além das propostas puramente reivindicativas, o desafio era viver/construir um espaço que, equilibrando-se entre a adesão aos modelos dados e o estranhamento em relação a eles, soubesse conjugar a lealdade a si, à própria singularidade – e a paixão por conhecer-se – com a necessidade de pertencimento como vínculo simbólico e político com outras mulheres[9].

Esse "imprevisto da história" Mieli – em excelente companhia, aliás – não o vê. A relação pessoal/política é para ele uma relação pessoal/público. Tem impacto imediato no público, onde o masculino é historicamente o único sujeito que sempre esteve visível, por homologação ou por contraste, por estar dentro de um determinado código, construído sobre/a partir de um sistema de cumplicidade masculina. Quando Mieli hipotetiza uma revolução disruptiva, a começar pela denúncia e pelo destaque do que é sancionado pelo código, ele reivindica a posse plena de um espaço que já habita, ainda que pagando preços altíssimos. A mesma reação brutal, especialmente contra o manifesto gay – como observa Mieli –, é uma reação totalmente interna a um pertencimento consolidado, ainda que – ou precisamente por isso – expresso de modo violento em termos contrastantes. É a inclusão no sistema de cumplicidade que impõe a sanção.

A exclusão do sistema codificado de cumplicidade identifica, por outro lado, uma irrelevância. Não surpreendentemente, no início da década de 1970, as reivindicações feministas foram rejeitadas com um irritado "São todas lésbicas". Uma frase costumeira que tendia a reduzir todas as feministas à insignificância, relegando-as a uma minoria marginal e acrítica, e a apagar duas vezes a existência concreta daquelas mulheres que eram lésbicas. Mieli – e foi essa uma das razões pelas quais seu ensaio passou quase clandestinamente entre as feministas lésbicas – faz a operação inversa: ele fala de feministas e lésbicas, por um lado sublinhando o significado revolucionário do pensamento lésbico, por outro separando claramente as lésbicas das feministas. Então, essa repetida distinção foi lida como uma definição: todas as feministas são heterossexuais. Mas isso era inaceitável em um período histórico em que, na Itália, a maioria das lésbicas politizadas convergia em coletivos feministas e ajudava a construir o pensamento feminista. As palavras de Mieli foram lidas por lésbicas feministas como mais uma tentativa de empurrá-las de volta à invisibilidade ou de tomá-las como certas, homologando-as acriticamente aos gays, justamente no momento que estávamos construindo cumplicidade e pertencimento com as outras mulheres.

---

[9] No final da década de 1970, os conceitos aqui expressos eram fragmentários. Uma discussão mais orgânica será encontrada mais adiante: ver owF, *Appartenenza*, 1986, 4, Editorial, p. 5-10.

A análise de ontem se choca com a releitura de hoje. Pergunta-se – e é aí que entra em jogo a paixão de Mieli, que conseguiu ser implacável, mesmo com os gays, como a nossa não pôde/não quis ser com as mulheres – se essa distinção não foi também fruto de uma previsão política. É de se perguntar, isso sim, se Mieli, que conheceu de perto – pela frequentação direta do movimento inglês, pelo conhecimento dos textos americanos e das lésbicas radicais francesas – as experiências de outros países em que, desde o início, coletivos lésbicos e feministas haviam se separado, e que sofria na pele a difícil convivência dos gays com os grupos de esquerda extraparlamentares, não tinha percebido que, a longo prazo, ocorreria uma separação que forçaria as lésbicas feministas a uma ruptura de fato, indesejada, tácita, ainda não totalmente analisada, mas irremediável.

Porque isso aconteceu, tornando problemática a cumplicidade completa entre as mulheres que queríamos construir[10]. Quando o discurso sobre sexualidade – que havia sido nossa força – destacou diferenças de práticas e vidas que repercutiram na análise política, as mesmas diferenças foram reduzidas à irrelevância e ao silêncio, em nome da unidade e da diferença de gênero. E, paralelamente, interditou-se o discurso sobre a sexualidade.

Se tentarmos repisar o momento em que essa fratura começou a ocorrer, o pensamento de Mieli volta a ter grande relevância. De fato, ele denunciou, com a habitual paixão implacável, a teoria – desenvolvida no interior do movimento feminista e que repercutiu em grupos extraparlamentares – da homossexualização das relações entre mulheres. Essa teoria – apenas esboçada na década de 1970 e que mais tarde, em 1980, será sistematizada e articulada por Adrienne Rich no "*continuum lésbico*"[11] – representou uma tentativa de superar as divisões entre lésbicas e heterossexuais que se dizia serem induzidas pela cultura masculina, reportando-se aos diferentes caminhos de pesquisa da identidade no terreno comum da subjetividade feminina, identificada pela prática de partir de si mesma.

A proposta – rejeitada com grande polêmica por muitas lésbicas feministas, mas apaixonadamente compartilhada por outras – é acusada por Mieli de voluntarismo

---

[10] Uma fratura que será destacada de forma controversa, já em 1980, por Monique Wittig com o seu provocador "Le lesbiche non sono donne", *The Straight Mind*, cit.

[11] A. Rich, "Eterosessualità obbligatoria ed esistenza lesbica", *nuova DWF*, n. 23-24, 1985, p. 5. Rich escreve: "Por *continuum lesbico* quero dizer uma série de experiências – tanto na vida de cada mulher individual quanto ao longo da história – nas quais se manifesta a internalização de uma subjetividade feminina e não apenas o fato de uma mulher ter tido ou conscientemente desejado relações sexuais com outra mulher".

e julgada mistificadora. Ele denuncia, em várias ocasiões, a ambiguidade de um discurso que, ao mesmo tempo que parece trazer uma recomposição, elimina a homossexualidade – tanto feminina quanto masculina –, reduzindo a prática intelectualista a uma prática corpórea e de desejos.

O estado da questão não parece ter mudado significativamente desde então. Se excluirmos o esforço apaixonado de teóricos que trabalham em outros países[12], esforço que, além disso, recai em nosso pântano com escasso retorno tanto entre lésbicas quanto entre heterossexuais, na Itália fala-se o menos possível sobre corpos e desejos.

O ensaio de Mieli está inteiramente voltado para a teoria da transexualidade como libertação do Eros, superação em uma nova síntese de categorias apositivas *heteronômicas,* expressão de uma polissexualidade original, reprimida pela Norma, que, finalmente desinibida, permitiria o trânsito do desejo tanto dirigido aos objetos quanto ao sujeito. O sujeito transexual, nessa perspectiva de superação da polaridade dos sexos, expressaria o novo homem-mulher "ou muito mais provavelmente mulher-homem"[13] da "comunidade humana" reconquistada.

E aqui, antes de discutir as perplexidades que a teoria suscitou – e continua a suscitar em parte –, cabe uma premissa: a abordagem de seu texto torna-se particularmente difícil e conflitante até mesmo por um resíduo de respeitabilidade que pairava – e paira – no feminismo (incluindo lésbicas feministas). Ainda hoje, relendo *Elementos,* me vejo lidando com minha suscetibilidade e com meus lapsos de ironia, muito cansativos de superar. Enquanto Mieli desconhece a hipocrisia e dificilmente perde a ironia.

Mieli, remetendo a Freud e forçando-o – mas outros/as falarão dele com maior conhecimento dos fatos –, vê no perverso polimorfismo pré-edipiano o estado de natureza originário que a "educastração" reprime e que a revolução erótico-política (e política porque erótica) deve desvelar. Como o polimorfismo perverso tem em si todas as possibilidades de Eros, a transexualidade, no sentido de Mieli, seria o estado natural liberado em que todas essas potencialidades se expressam e se atualizam simultaneamente.

Na época da publicação do ensaio, as críticas não apontavam a transexualidade como um estado da natureza, pois a "natureza" também era usada à exaustão pelas

---

[12] Em particular, ver Teresa de Lauretis, *The Practice of Love. Lesbian Sexuality and Perverse Desire* (Indiana University Press, 1994).

[13] Neste livro, p. 284.

feministas. Na década de 1970, de fato, ainda que houvesse franjas de movimento que elaborassem outros caminhos teóricos, a "natureza" era uma espécie de cobertor puxado por todos os lados. O que era um obstáculo era a redução ao Uno. A transexualidade liberada que, na visão de Mieli, deveria representar a superação da polarização entre os sexos, era lida como mais uma eliminação das mulheres que acabavam de ganhar a consciência de serem o sujeito cancelado da história. O transexual de Mieli – homem/mulher ou mulher/homem – só podia ser visto à luz da obsessão milenar do macho em reduzir tudo à unidade. A isso se soma outra contradição interna à análise de Mieli, que, depois de ter criticado – duramente – a mistificação implícita no discurso da homossexualização das relações sociais, que reduzia o desejo a um ato intelectualista e voluntário, repropõe, em nome dos objetivos revolucionários de superação de si mesmo e da Norma, outro voluntarismo. Se eu, como lésbica, sei que o corpo do meu desejo é uma mulher – assim como um gay sabe que o corpo do seu desejo é um homem –, como definir, se não intelectualista e voluntarista, a escolha de experimentar a relação sexual que não está em sintonia com o meu desejo?

O fascínio de Mieli, apesar das contradições que permanecem sem solução em seu ensaio, consiste ainda hoje em um pensamento que ao mesmo tempo consegue ser lúcido e visionário, e às vezes lúcido justamente por ser visionário. Por exemplo, a consciência de que as opressões de classe, sexo e raça têm a mesma matriz é inteiramente interna à sua análise abrangente. Uma consciência que não existia na década de 1970, todos presos, como éramos, à história do "bom povo italiano", o que foi negado, então, pelo primeiro desembarque de imigrantes em território nacional.

E para nós lésbicas, em particular, desde o primeiro impacto com a experiência, as práticas, as análises das lésbicas negras estadunidenses. Outra consciência que o movimento gay e a maioria das lésbicas ainda hoje não conseguem adquirir e que rejeitam: uma minoria ou é escandalosamente diferente, ou não é. A minoria que substitui a orgulhosa afirmação de si pela ansiedade de ser assimilada e que busca o mimetismo, persegue a adaptação à Norma, um lugar menor no grande circo da inclusão, na verdade contribui para o seu cancelamento ou deixa-se apanhar para o papel – minoritário – da excentricidade cultural.

Mieli considerava o mundo o seu lugar, um lugar onde a perda de toda a experiência significaria perda para todos. Daí a sua crítica contínua e obsessiva à tolerância, que interpretava como uma mistificação pacificadora que teria deixado inalterada a estrutura de poder subjacente às relações sociais e que, em nome de uma suposta igualdade, impediria a construção de um pensamento sincrético que continha em si o potencial, a força de todas as diversidades. Nessa ótica, ele era hostil a qualquer pedido que tendesse a colocar o movimento gay sob o guarda-chuva protetor de partidos ou organizações que não fossem explicitamente homossexuais, bem como às reivindicações de direitos civis que então se formalizavam e que ele interpretava como a derrota do orgulho gay em nome de uma heterossexualização geral.

Heterossexualizar-se, para Mieli, significava reprimir o excesso de uma paixão sem limites – sua paixão visionária, irônica – na posição defensiva de um código ampliado mas não transformado, portanto substancialmente inalterado em sua dinâmica binária de inclusão/exclusão. Significava reduzir a visão de um desejo liberado à contradição em termos de uma economia da miséria. E Mieli, que queria ser o equilibrista suspenso por fios infinitos e queria percorrer todos eles, não podia hipotetizar sua vida, sua paixão, precipitada no terreno plano da normalização.

É a intolerância lúcida e implacável que torna suas páginas ainda relevantes. Hoje nos deparamos com um cenário em que o desejo de integração é quase o único protagonista, e nos perguntamos, mais uma vez com uma queda de ironia, se era esse o desfecho para o qual tendia a nossa paixão.

Caminhão do Circolo Cultura Omosessuale Mario Mieli na
Parada do Orgulho Gay de Roma, em 2016 (Wikimedia Commons).

Logo comemorativo dos 40 anos do Círcolo di Cultura Omosessuale Mario Mieli, criado pelo Colletivo Narciso e pelo Fuori! após a morte do ativista e batizado em sua homenagem.

Publicada em 2023, quarenta anos após a morte de Mario Mieli, um dos mais importantes teóricos do movimento homossexual italiano, esta primeira edição brasileira de *Elementi di critica omosessuale* foi composta em Adobe Garamond Pro, corpo 11/14,3, e impressa em papel Pólen Natural 70 g/m² pela gráfica Rettec, para a Boitempo, com tiragem de 4.000 exemplares.